Adachitoka

Noragami

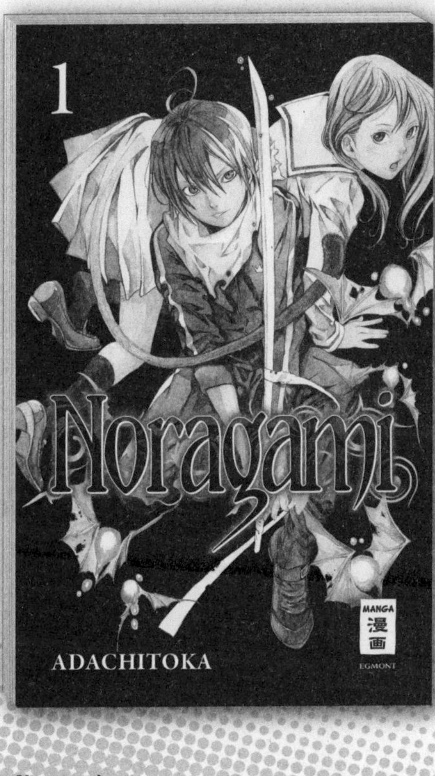

Ein Gott für alle Fälle!

Schluchzend sitzt Mutsumi auf der Schultoilette und weiß nicht, wie sie das Mobbing ihrer Mitschüler noch länger ertragen soll. Da fällt ihr Blick auf eine Telefonnummer an der Wand, die Hilfe verspricht. Sie wählt und plötzlich erscheint vor ihr ein Junge. Der selbsternannte, freche Gott Yato bietet seine Hilfe an, allerdings nicht ohne Hintergedanken. Denn Yato braucht Leute, die an ihn glauben, um ein echter Gott zu werden. Allerdings hat letztens seine „göttliche Waffe" gekündigt, weil sie es nicht mehr mit ihm aushielt. Kann Yato überhaupt jemanden von sich überzeugen?

Fantasy

Iida Pochi

MY ELDER SISTER

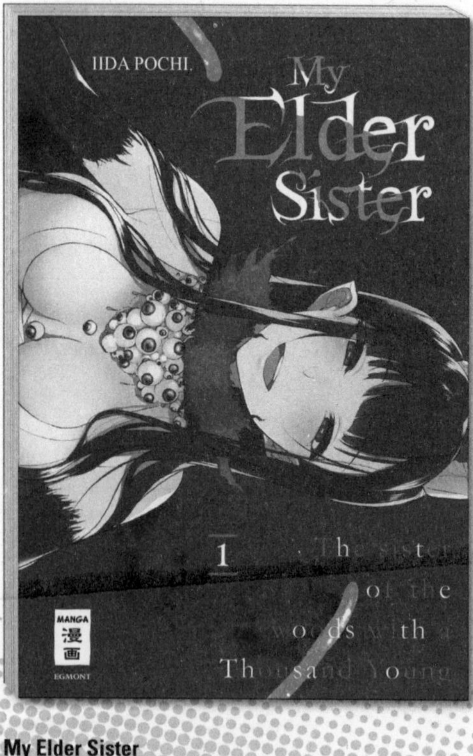

Nachdem Yus Eltern bei einem Autounfall ums Leben kamen, nehmen ihn Verwandte widerwillig bei sich auf. Als er eines Tages im Haus seines Onkels auf einen mysteriösen Raum voller okkulter Artefakte stößt, beschwört er versehentlich eine uralte Dämonenkönigin, die bereit ist, ihm einen Wunsch zu erfüllen. Doch Yu wünscht sich weder Reichtum noch Superkräfte – mehr als alles andere sehnt er sich nach einer Familie …

My Elder Sister

Band 1 ISBN 978-3-7704-5686-4

€ 7,50 [D], € 7,80 [A]

MANGA 漫画

www.egmont-manga.de

EGMONT

SUTOPPU!

**Koko wa kono manga no owari dayo.
Hantaigawa kara yomihajimete ne!
Dewa omatase shimashita!
Tanoshii hitotoki wo dozo!**

Egmont-Manga-Chiimu

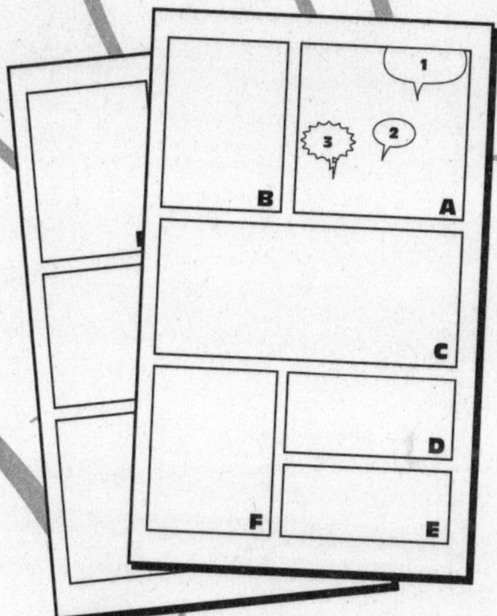

STOPP!

**Das ist der Schluss des Mangas.
Fangt bitte am anderen Ende an!
Und nun genug der Vorrede,
viel Spaß beim Lesen!**

Euer Egmont-Manga-Team

„Urataro – Deathseeker 01" von Atsushi Nakayama
Aus dem Japanischen von Monika Hammond
Originaltitel: „Uratarou"

Originalausgabe:
URATAROU

First published in Japan in 2016 by SHUEISHA Inc., Tokyo.
German translation rights in Germany, Austria and German-speaking Switzerland arranged by SHUEISHA Inc. through VME PLB SAS, France.

Deutschsprachige Ausgabe:

verlegt durch Egmont Verlagsgesellschaften mbH,
Alte Jakobstr. 83, 10179 Berlin

3. Auflage 2022
Verantwortliche Redakteurin: Luisa Steinhäuser
Redaktion: Katrin Aust
Gestaltung: Laura Bartels
Koordination: Angelika Schönhuber
Printed in the EU
ISBN 978-3-7704-4148-8

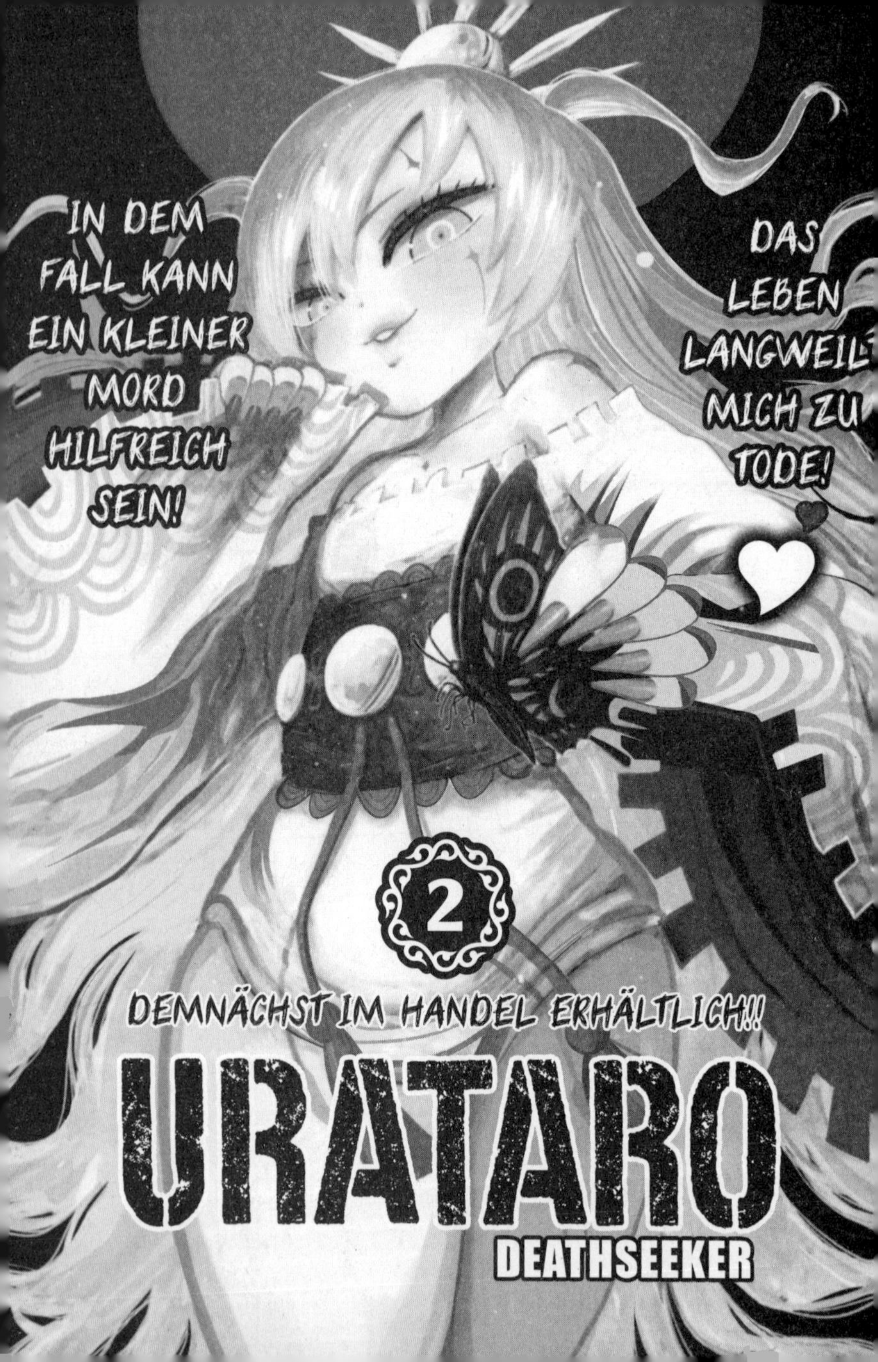

IN DEM FALL KANN EIN KLEINER MORD HILFREICH SEIN!
DAS LEBEN LANGWEILT MICH ZU TODE!
2
DEMNÄCHST IM HANDEL ERHÄLTLICH!!
URATARO
DEATHSEEKER

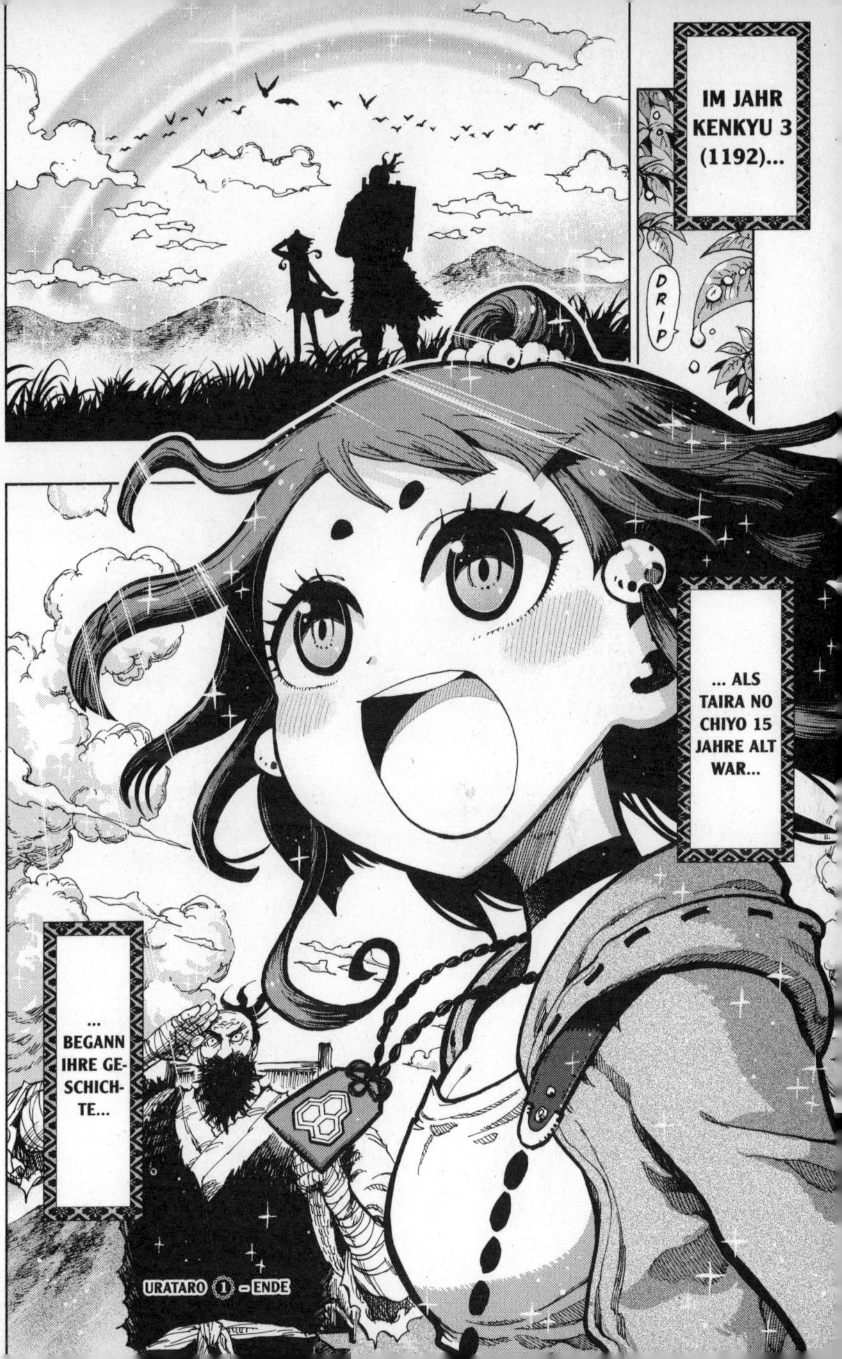
IM JAHR KENKYU 3 (1192)...
DRIP
... ALS TAIRA NO CHIYO 15 JAHRE ALT WAR...
... BEGANN IHRE GESCHICHTE...
URATARO 1 - ENDE

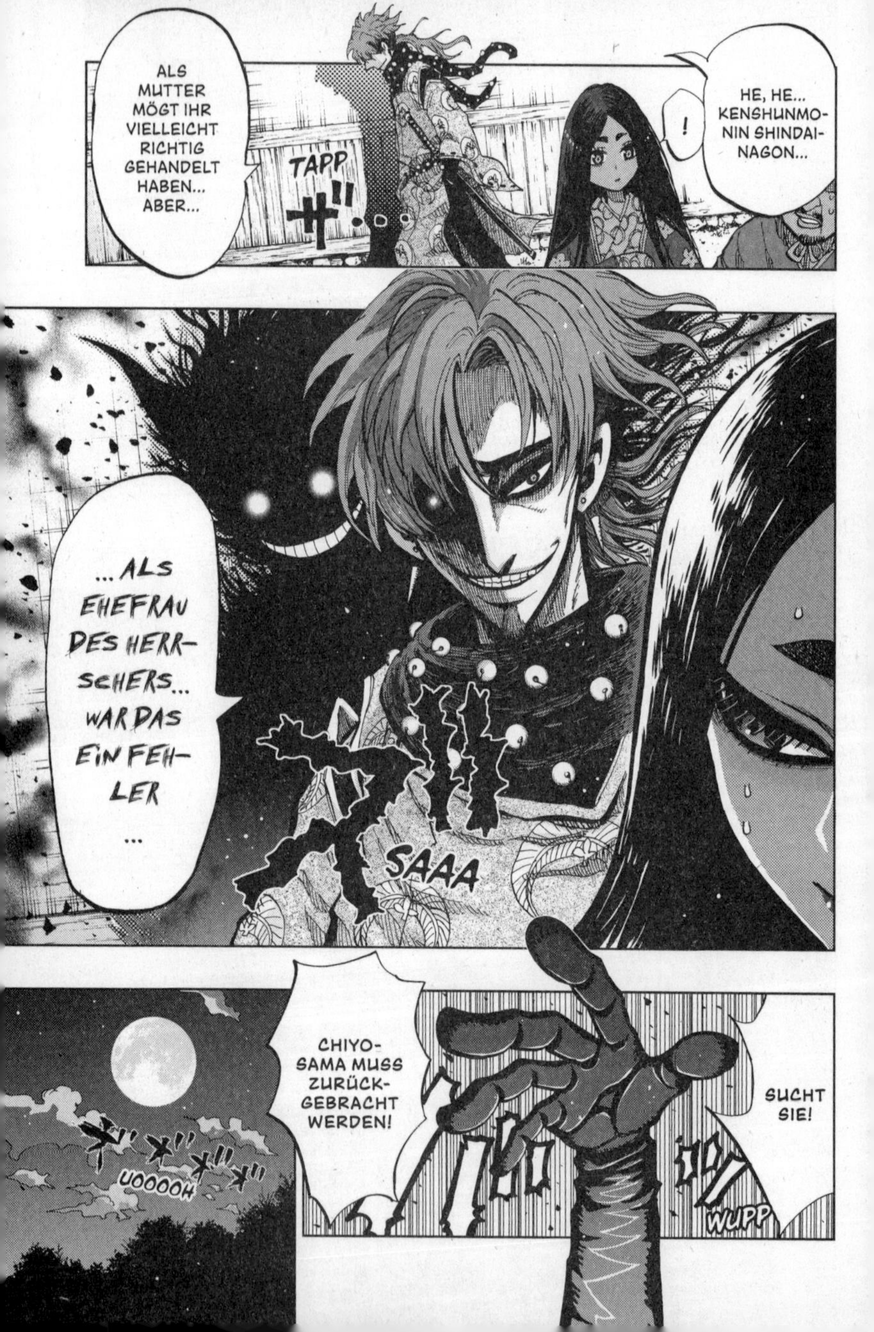
HE, HE... KENSHUNMO-NIN SHINDAI-NAGON...
!
ALS MUTTER MÖGT IHR VIELLEICHT RICHTIG GEHANDELT HABEN... ABER...
TAPP
...ALS EHEFRAU DES HERR-SCHERS... WAR DAS EIN FEH-LER ...
SAAA
SUCHT SIE!
CHIYO-SAMA MUSS ZURÜCK-GEBRACHT WERDEN!
WUPP
UOOOOH

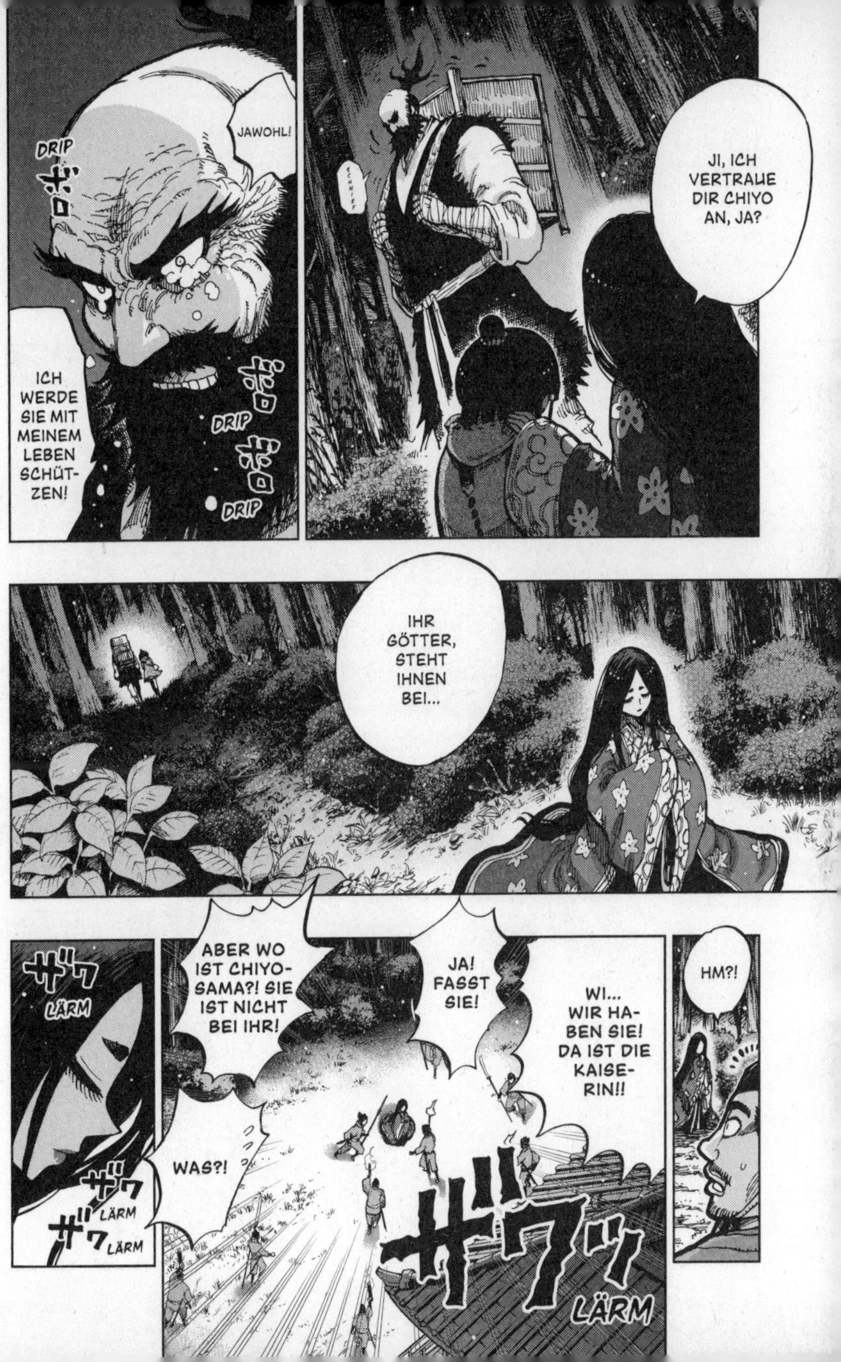

JI, ICH VERTRAUE DIR CHIYO AN, JA?
SCHNIEF
JAWOHL!
ボロ DRIP
ICH WERDE SIE MIT MEINEM LEBEN SCHÜTZEN!
ボロ DRIP
ボロ DRIP
IHR GÖTTER, STEHT IHNEN BEI...
HM?!
WI... WIR HABEN SIE! DA IST DIE KAISERIN!!
JA! FASST SIE!
ザワッ LÄRM
ABER WO IST CHIYO-SAMA?! SIE IST NICHT BEI IHR!
WAS?!
ザワ LÄRM
ザワ LÄRM
ザワ LÄRM

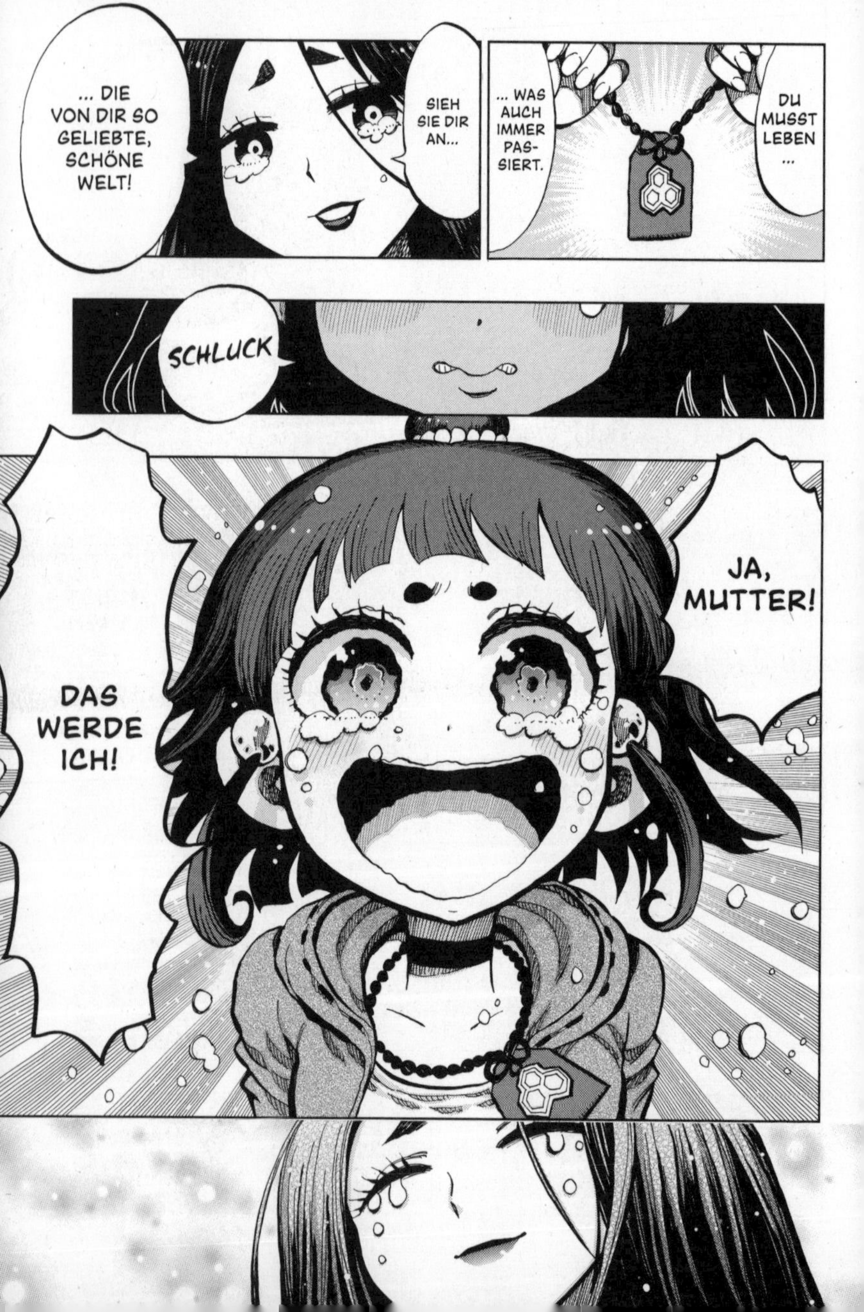
DU MUSST LEBEN ...
... WAS AUCH IMMER PAS-SIERT.
SIEH SIE DIR AN...
... DIE VON DIR SO GELIEBTE, SCHÖNE WELT!
SCHLUCK
JA, MUTTER!
DAS WERDE ICH!

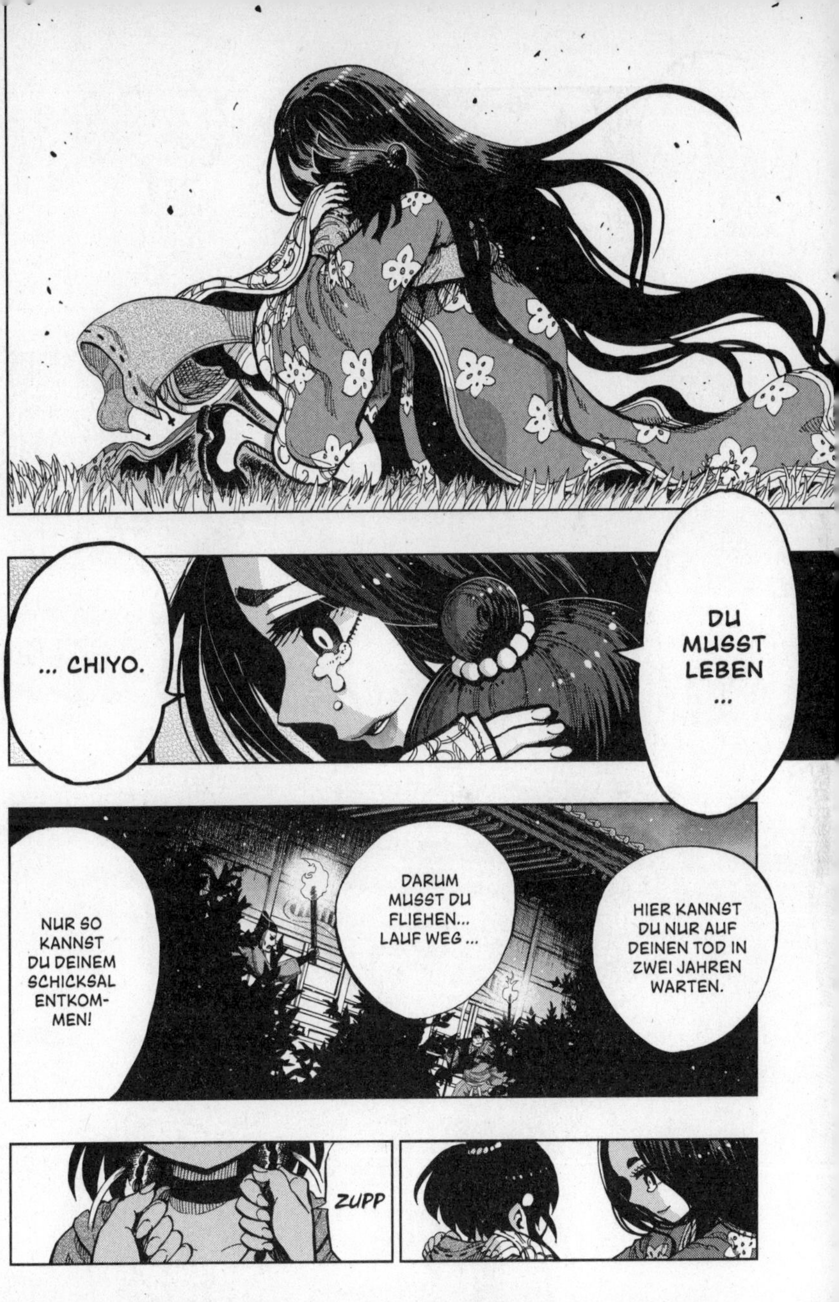
DU MUSST LEBEN ...
... CHIYO.
HIER KANNST DU NUR AUF DEINEN TOD IN ZWEI JAHREN WARTEN.
DARUM MUSST DU FLIEHEN... LAUF WEG ...
NUR SO KANNST DU DEINEM SCHICKSAL ENTKOM-MEN!
ZUPP

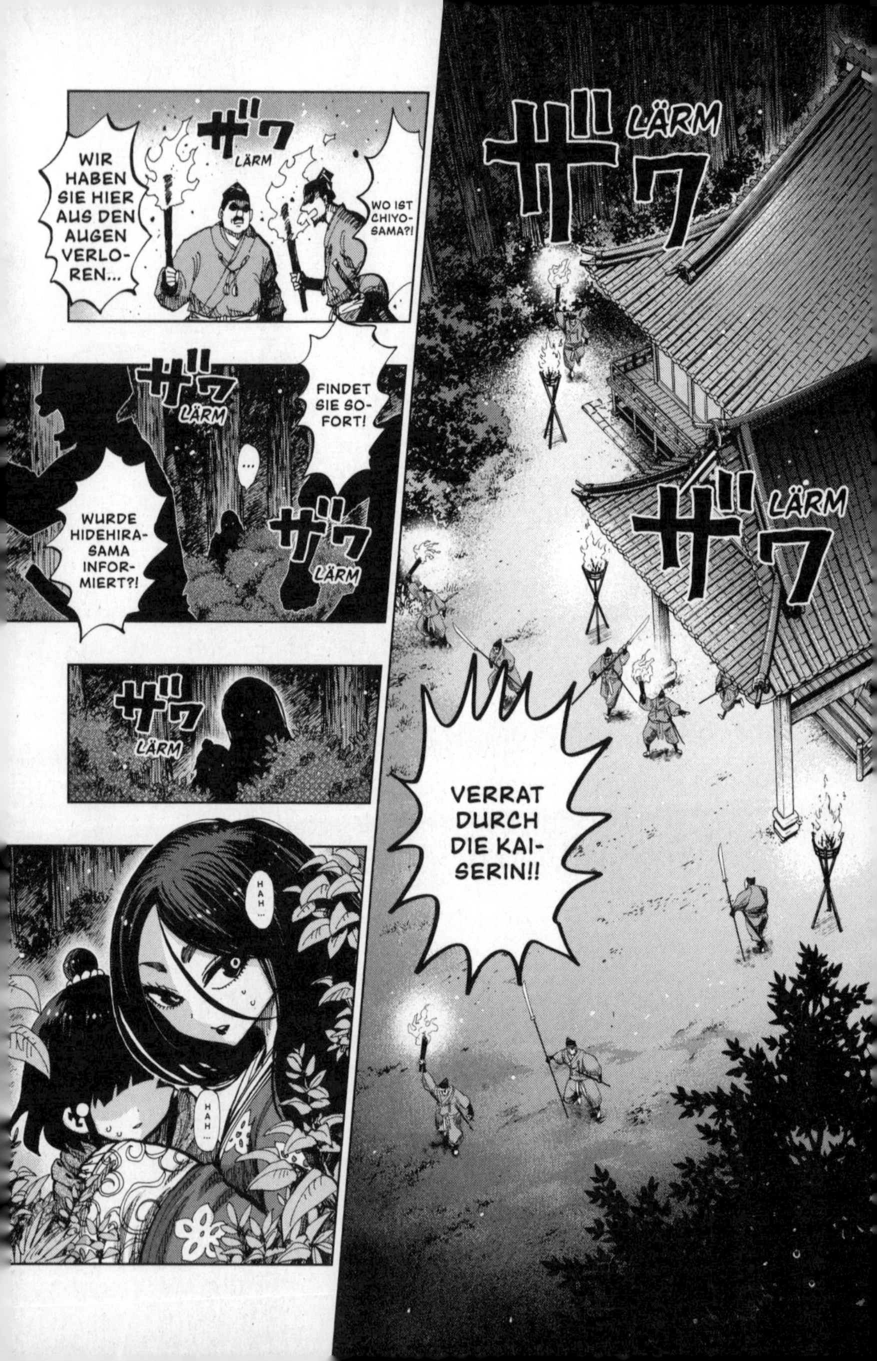
ザワ
LÄRM
ザワ
LÄRM
VERRAT DURCH DIE KAISERIN!!
ザワ
LÄRM
WO IST CHIYO-SAMA?!
WIR HABEN SIE HIER AUS DEN AUGEN VERLOREN...
FINDET SIE SOFORT!
ザワ
LÄRM
...
WURDE HIDEHIRA-SAMA INFORMIERT?!
ザワ
LÄRM
ザワ
LÄRM
HAH...
HAH...

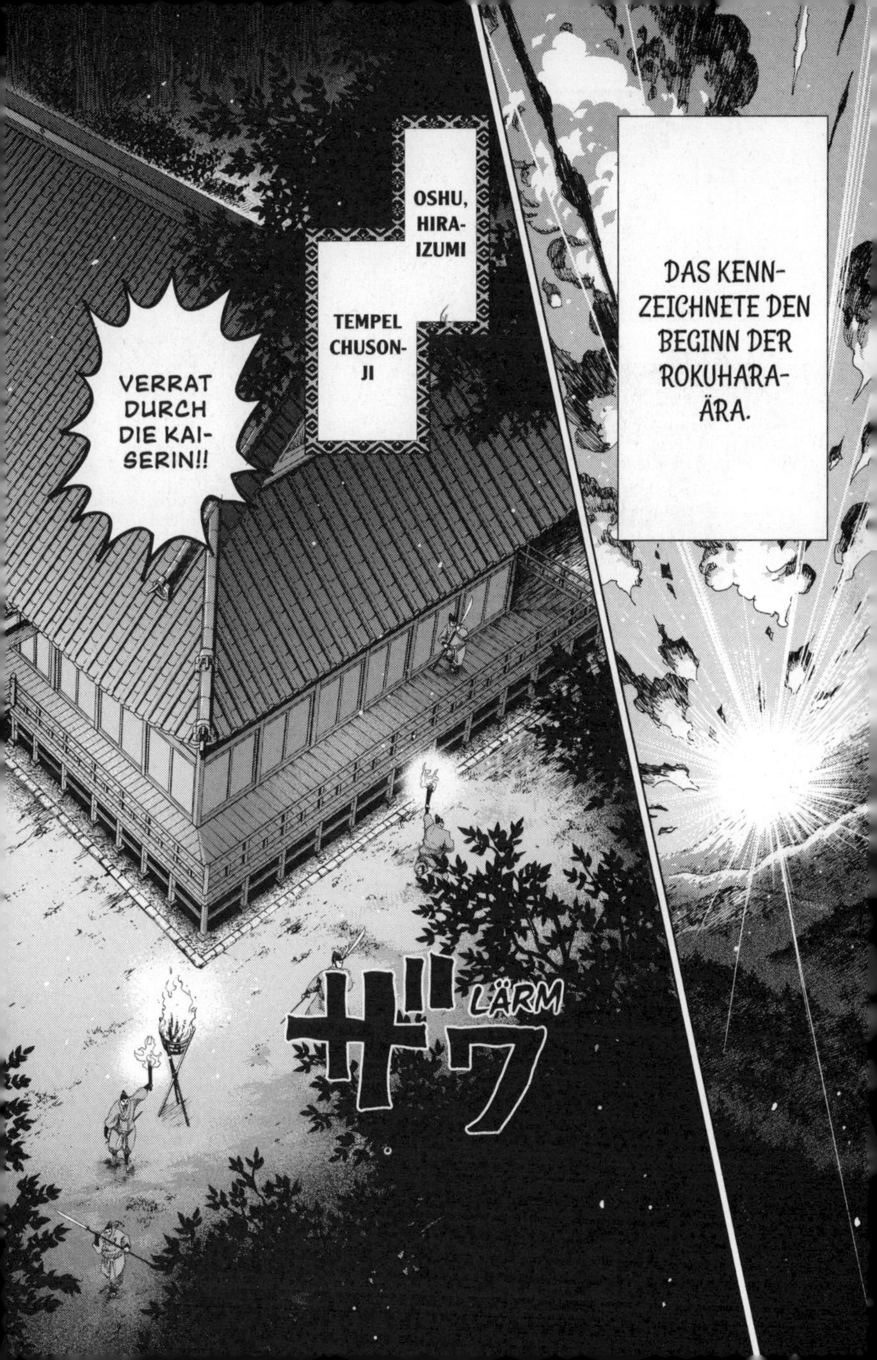
DAS KENN-ZEICHNETE DEN BEGINN DER ROKUHARA-ÄRA.
OSHU, HIRA-IZUMI
TEMPEL CHUSON-JI
VERRAT DURCH DIE KAI-SERIN!!
LÄRM

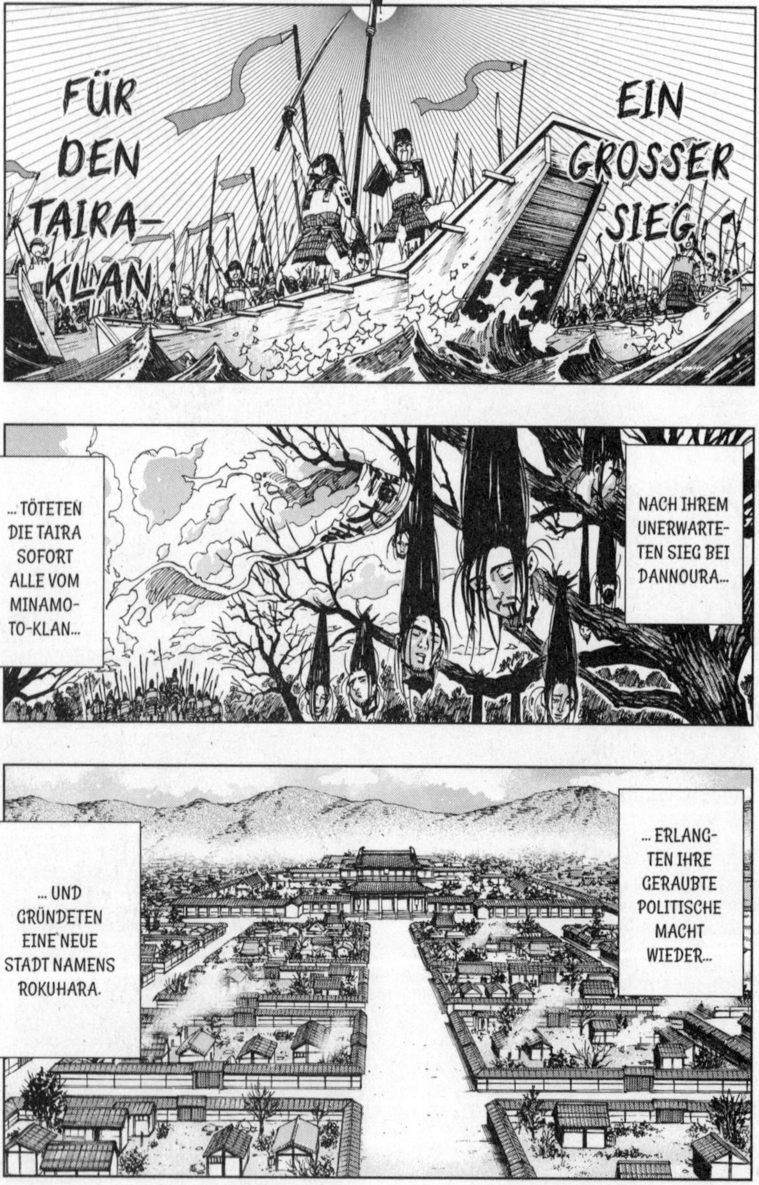
EIN GROSSER SIEG
FÜR DEN TAIRA-KLAN
NACH IHREM UNERWARTETEN SIEG BEI DANNOURA...
... TÖTETEN DIE TAIRA SOFORT ALLE VOM MINAMOTO-KLAN...
... ERLANGTEN IHRE GERAUBTE POLITISCHE MACHT WIEDER...
... UND GRÜNDETEN EINE NEUE STADT NAMENS ROKUHARA.

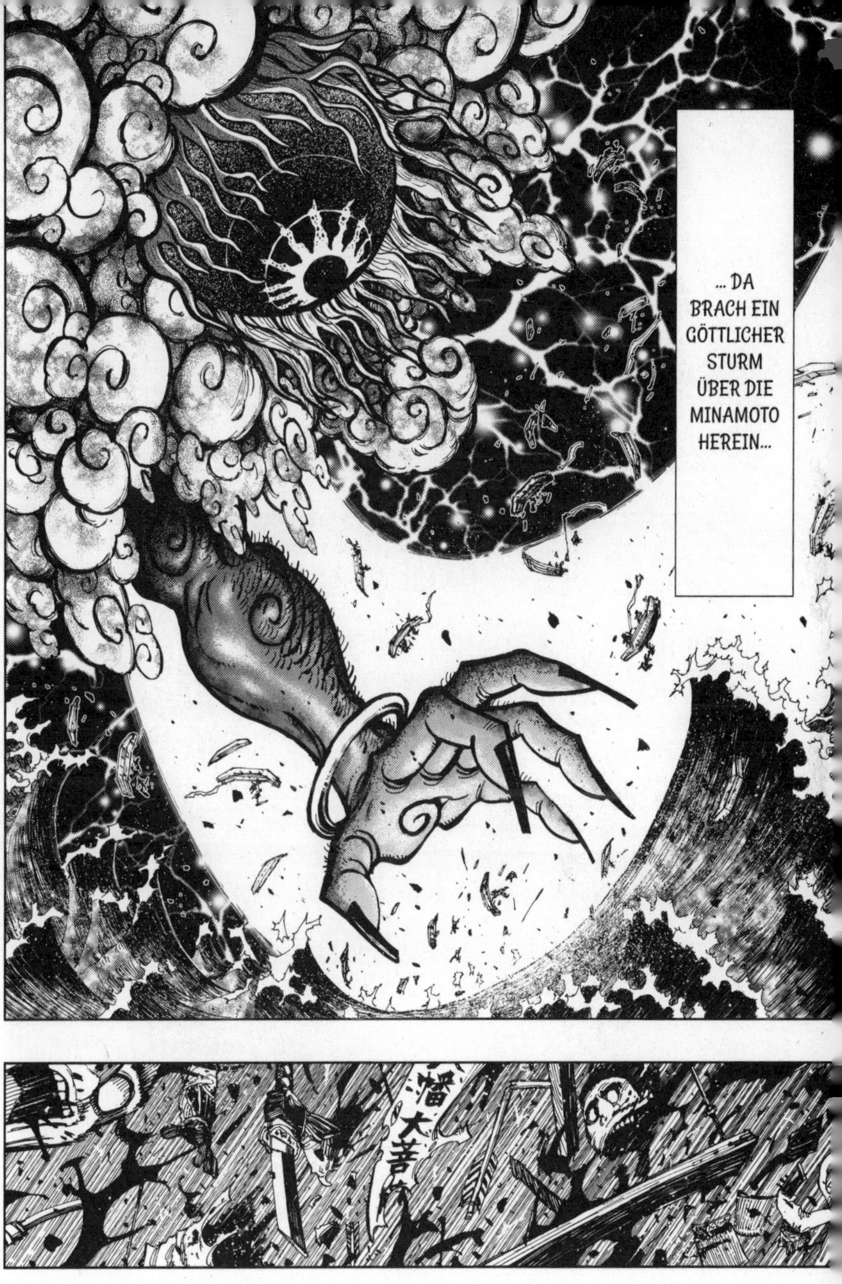
… DA BRACH EIN GÖTTLICHER STURM ÜBER DIE MINAMOTO HEREIN…

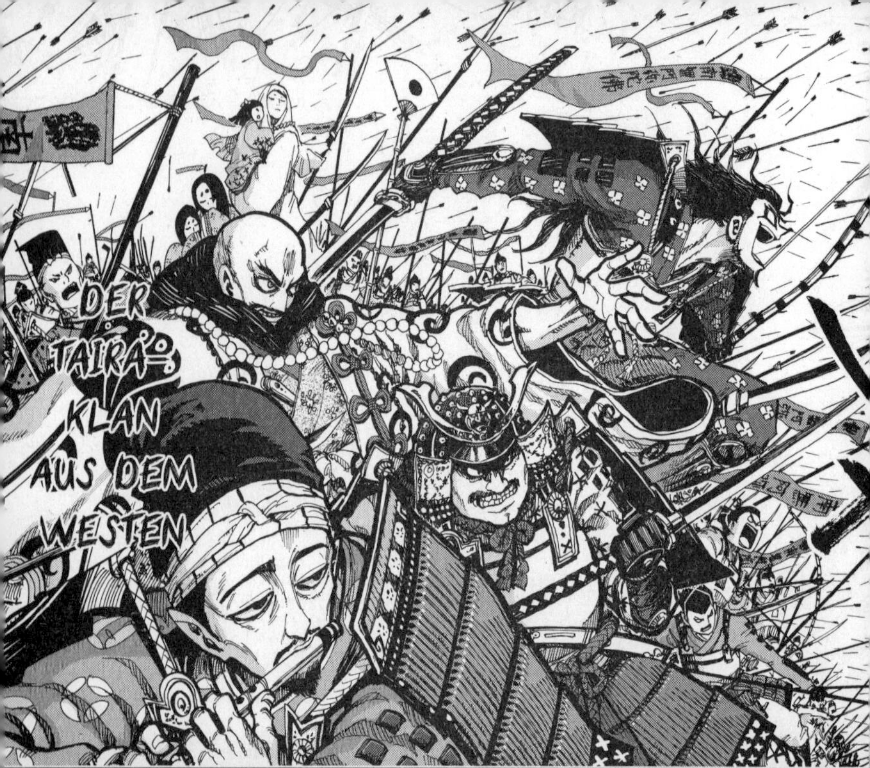

DIE MINAMOTO

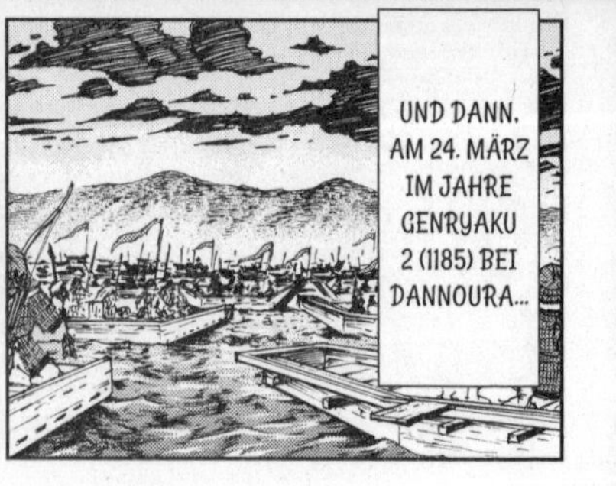

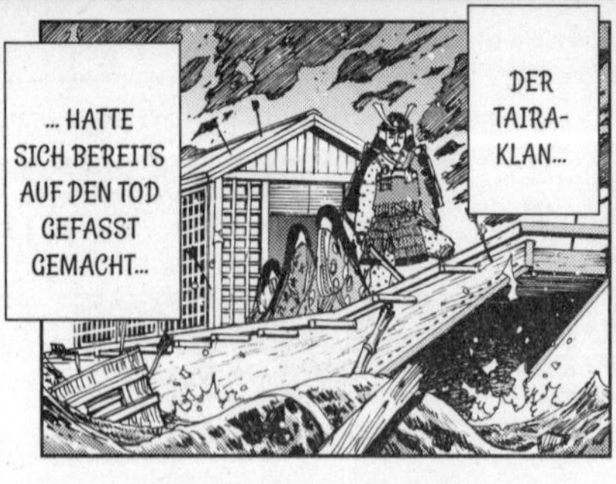

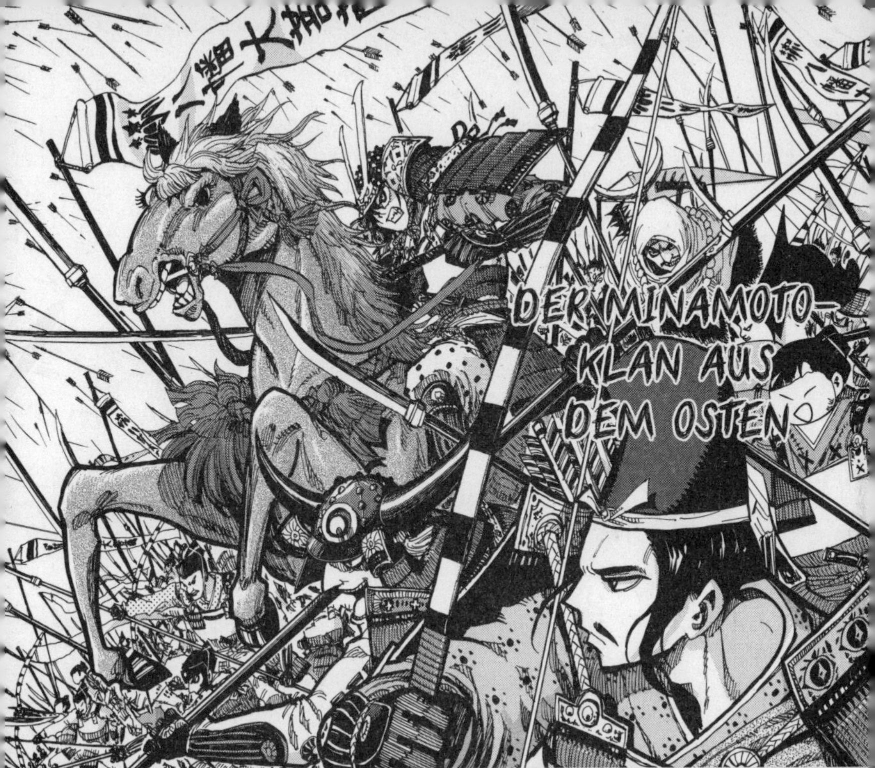

GEGEN DIE TAIRA

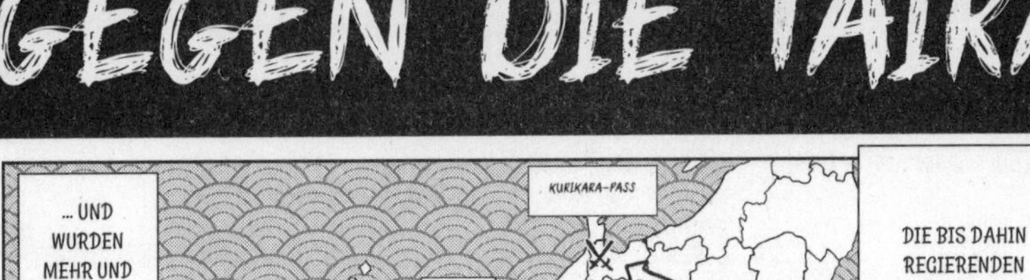

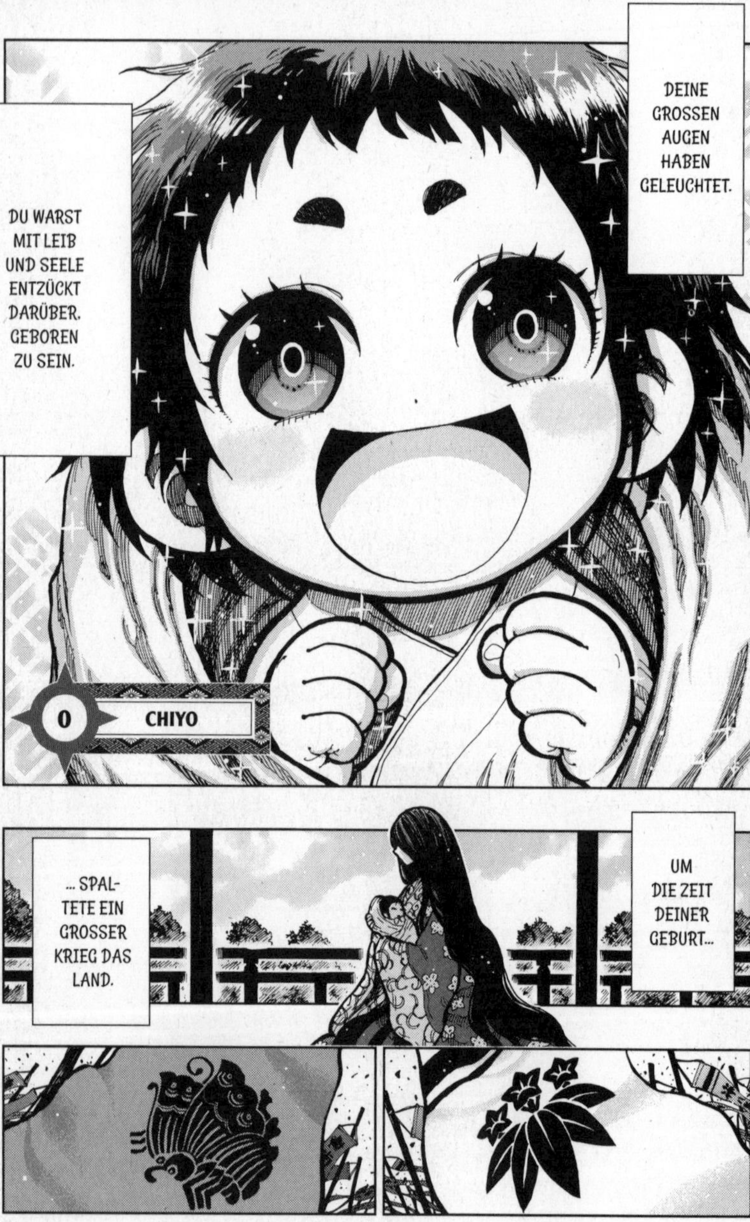
DEINE GROSSEN AUGEN HABEN GELEUCHTET.
DU WARST MIT LEIB UND SEELE ENTZÜCKT DARÜBER, GEBOREN ZU SEIN.
0 CHIYO
UM DIE ZEIT DEINER GEBURT…
… SPALTETE EIN GROSSER KRIEG DAS LAND.

URATARO

DEATHSEEKER

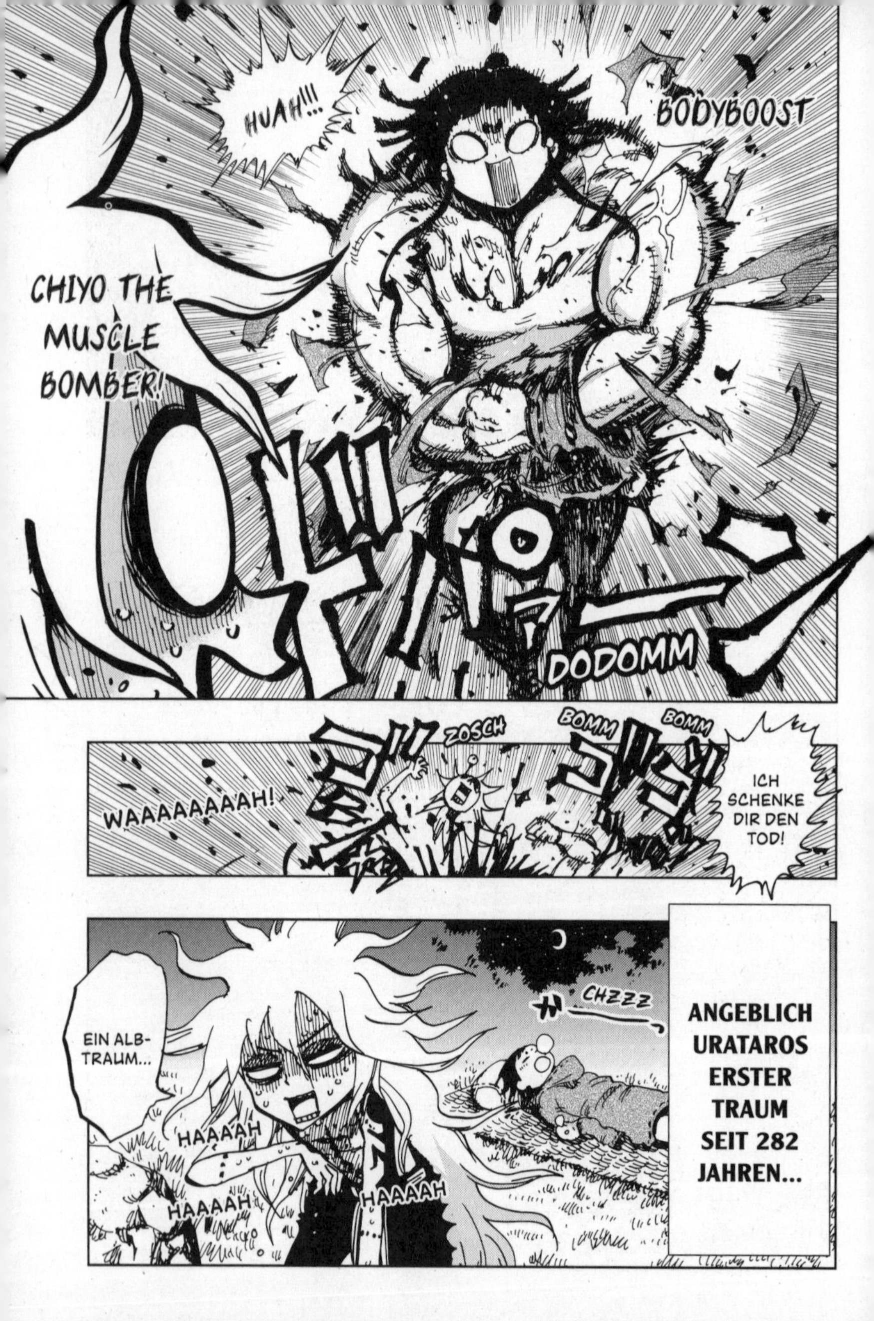
BODYBOOST
HUAH!!!
CHIYO THE MUSCLE BOMBER!
DODOMM
BOMM
BOMM
ICH SCHENKE DIR DEN TOD!
ZOSCH
WAAAAAAAAH!
ANGEBLICH URATAROS ERSTER TRAUM SEIT 282 JAHREN...
CHZZZ
HAAAAH
HAAAAH
HAAAAH
EIN ALB-TRAUM...

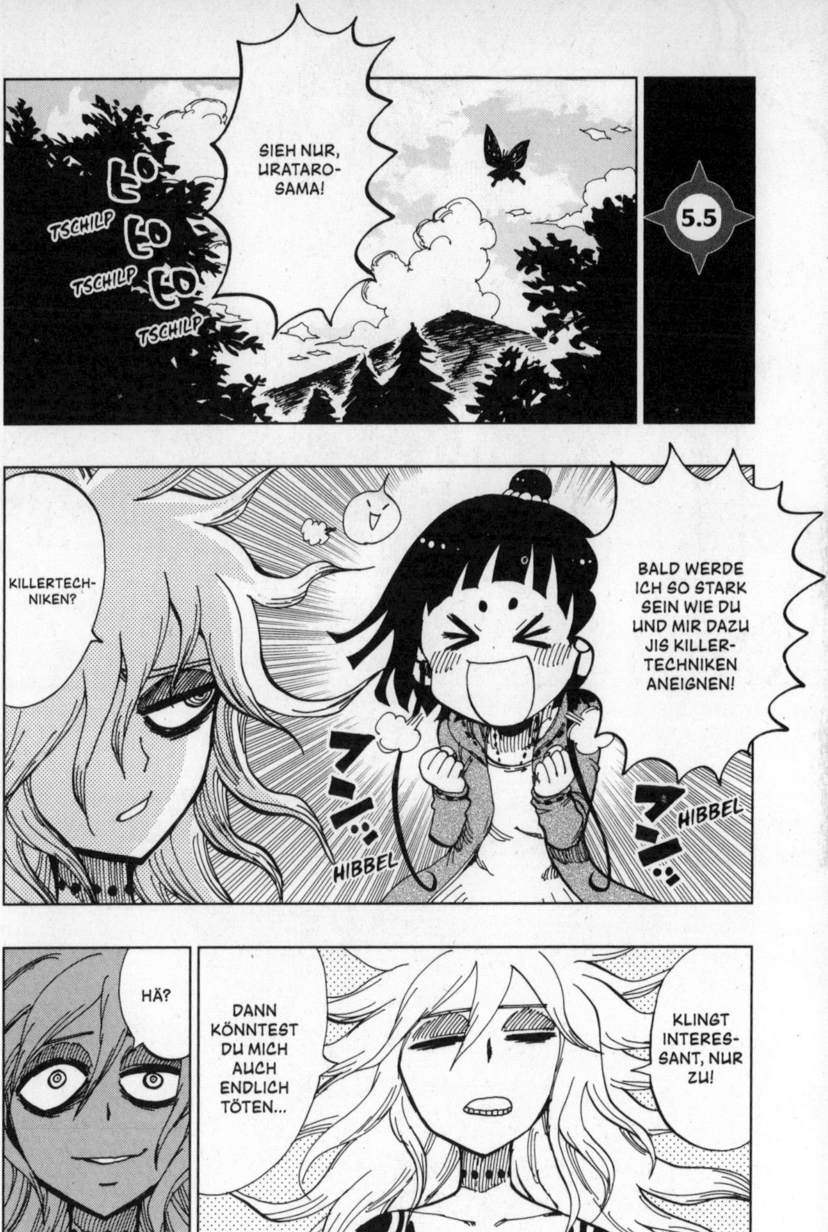
5.5
SIEH NUR, URATARO-SAMA!
TSCHILP
TSCHILP
TSCHILP
BALD WERDE ICH SO STARK SEIN WIE DU UND MIR DAZU JIS KILLER-TECHNIKEN ANEIGNEN!
HIBBEL
HIBBEL
KILLERTECH-NIKEN?
KLINGT INTERES-SANT, NUR ZU!
DANN KÖNNTEST DU MICH AUCH ENDLICH TÖTEN...
HÄ?

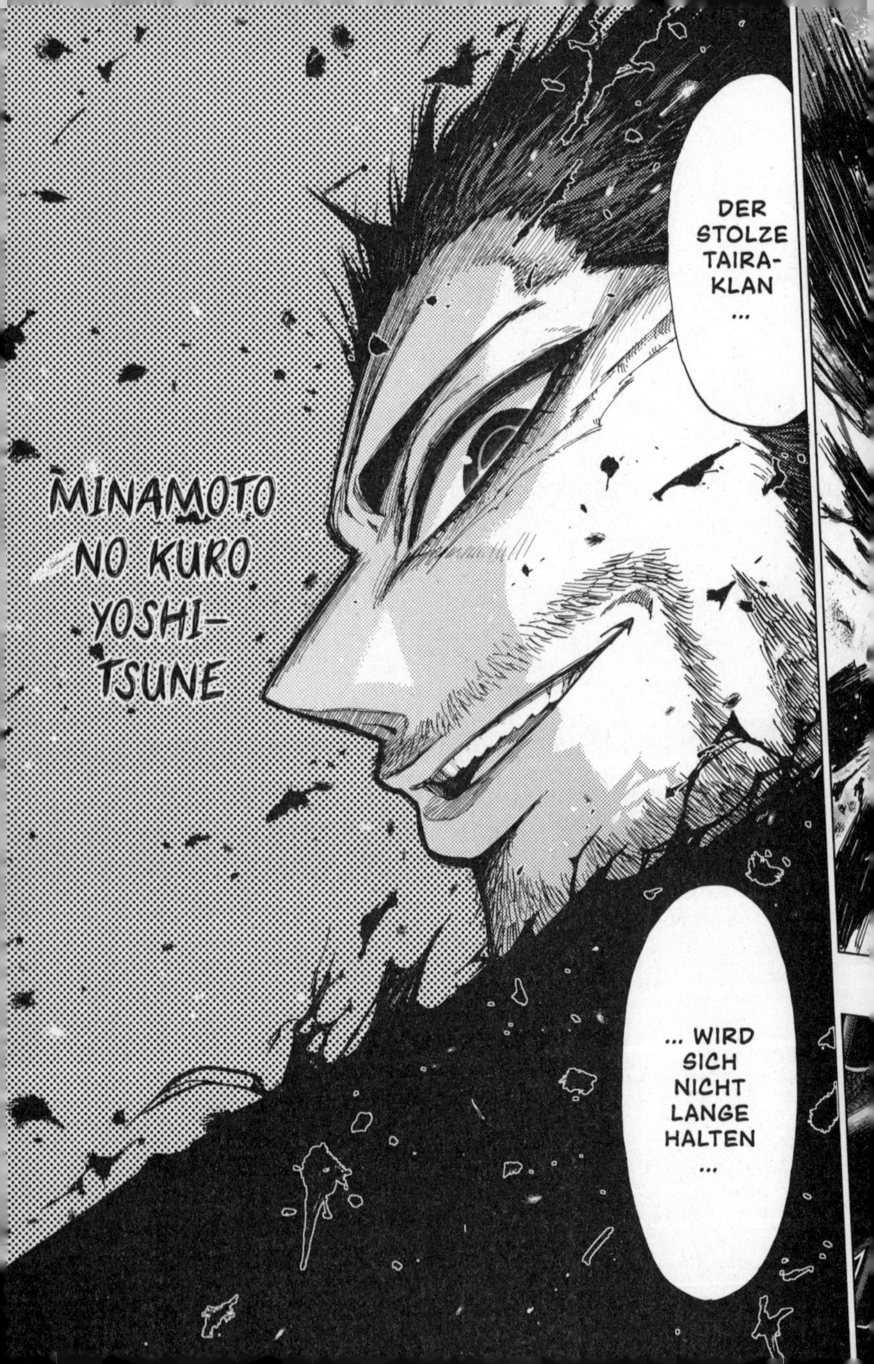
DER STOLZE TAIRA-KLAN ...
... WIRD SICH NICHT LANGE HALTEN ...
MINAMOTO NO KURO YOSHI-TSUNE

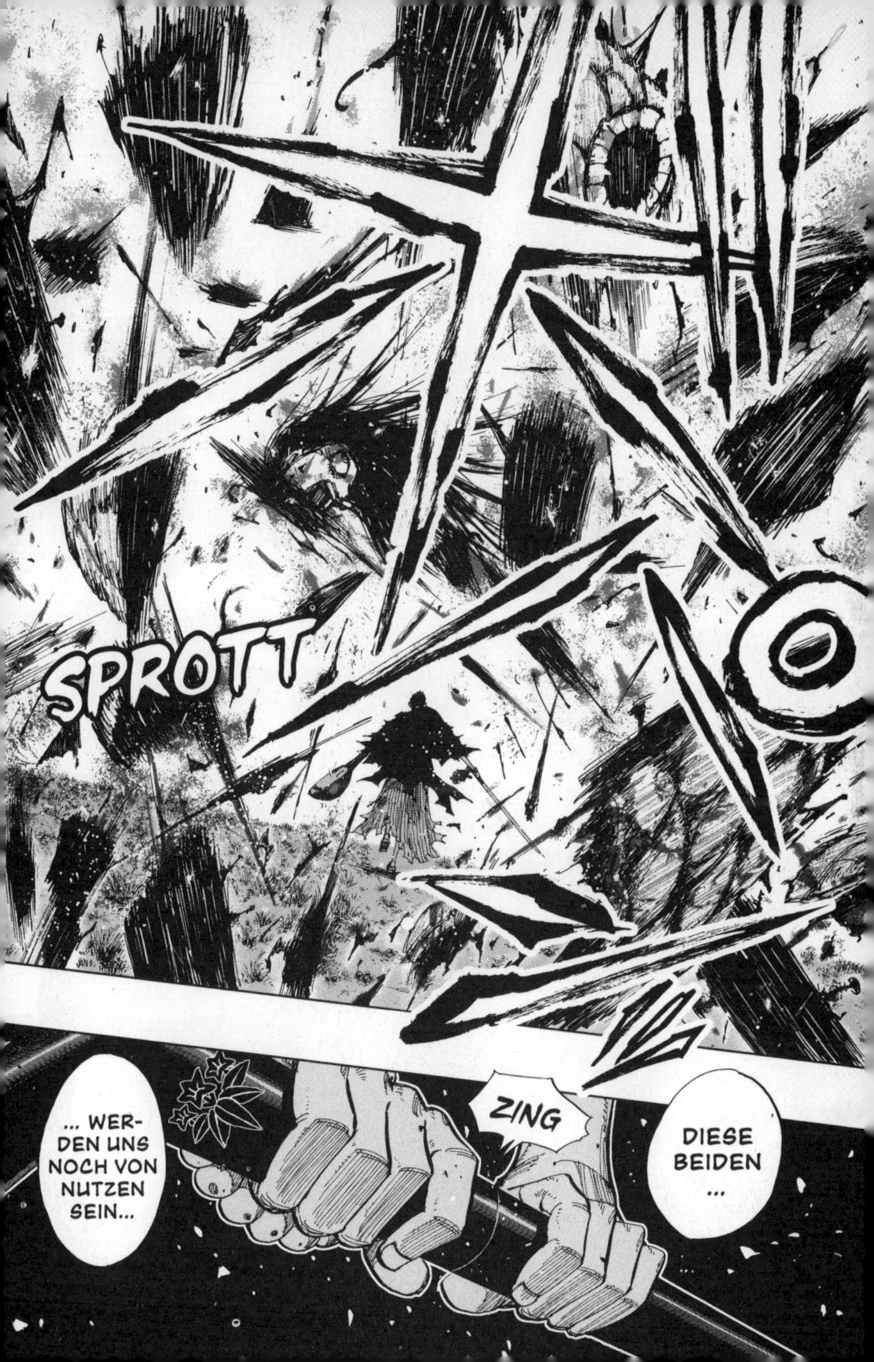
SPROTT
ZING
DIESE BEIDEN ...
... WER-DEN UNS NOCH VON NUTZEN SEIN...

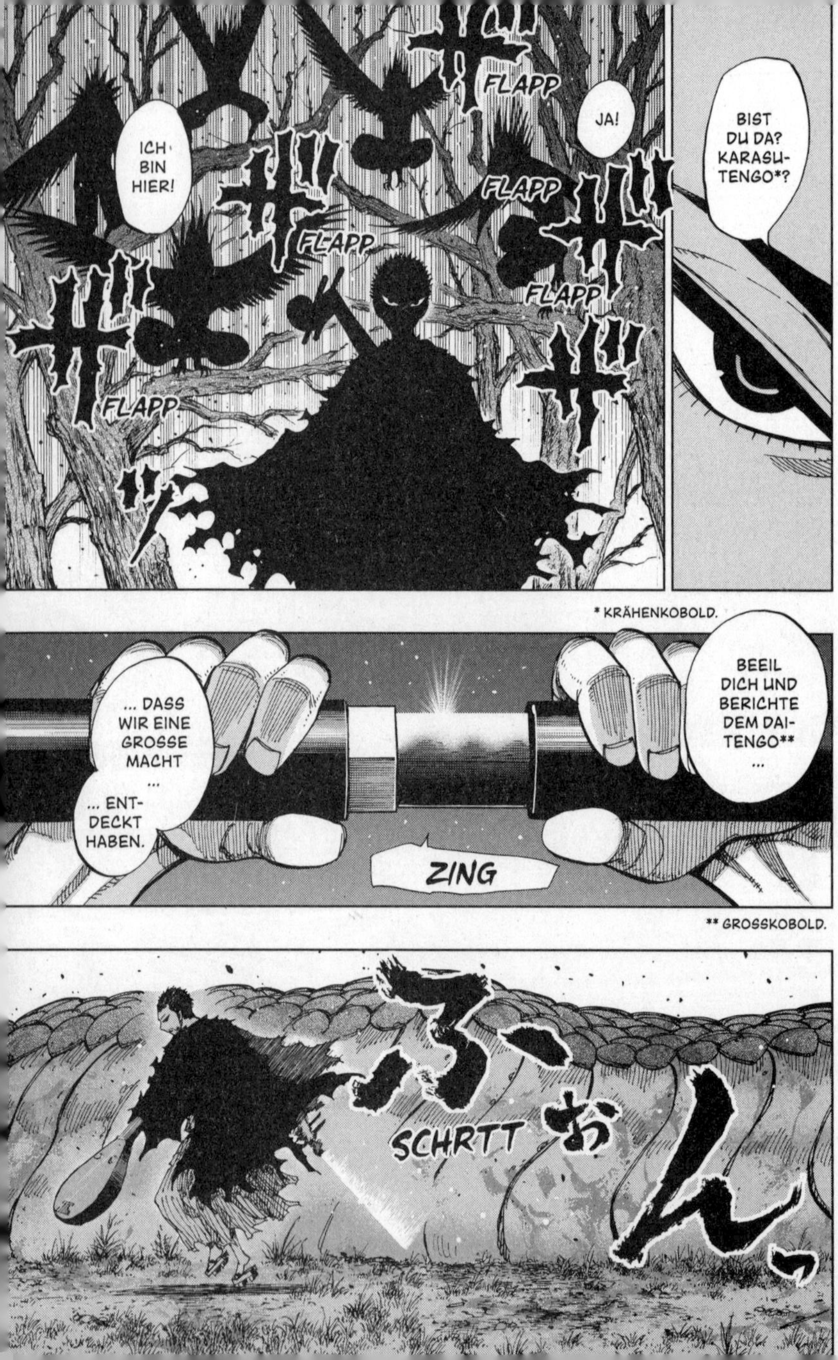
BIST DU DA? KARASU-TENGO*?
JA!
FLAPP
ICH BIN HIER!
FLAPP
FLAPP
FLAPP
FLAPP
* KRÄHENKOBOLD.
BEEIL DICH UND BERICHTE DEM DAI-TENGO** ...
... DASS WIR EINE GROSSE MACHT ... ... ENT-DECKT HABEN.
ZING
** GROSSKOBOLD.
SCHRTT

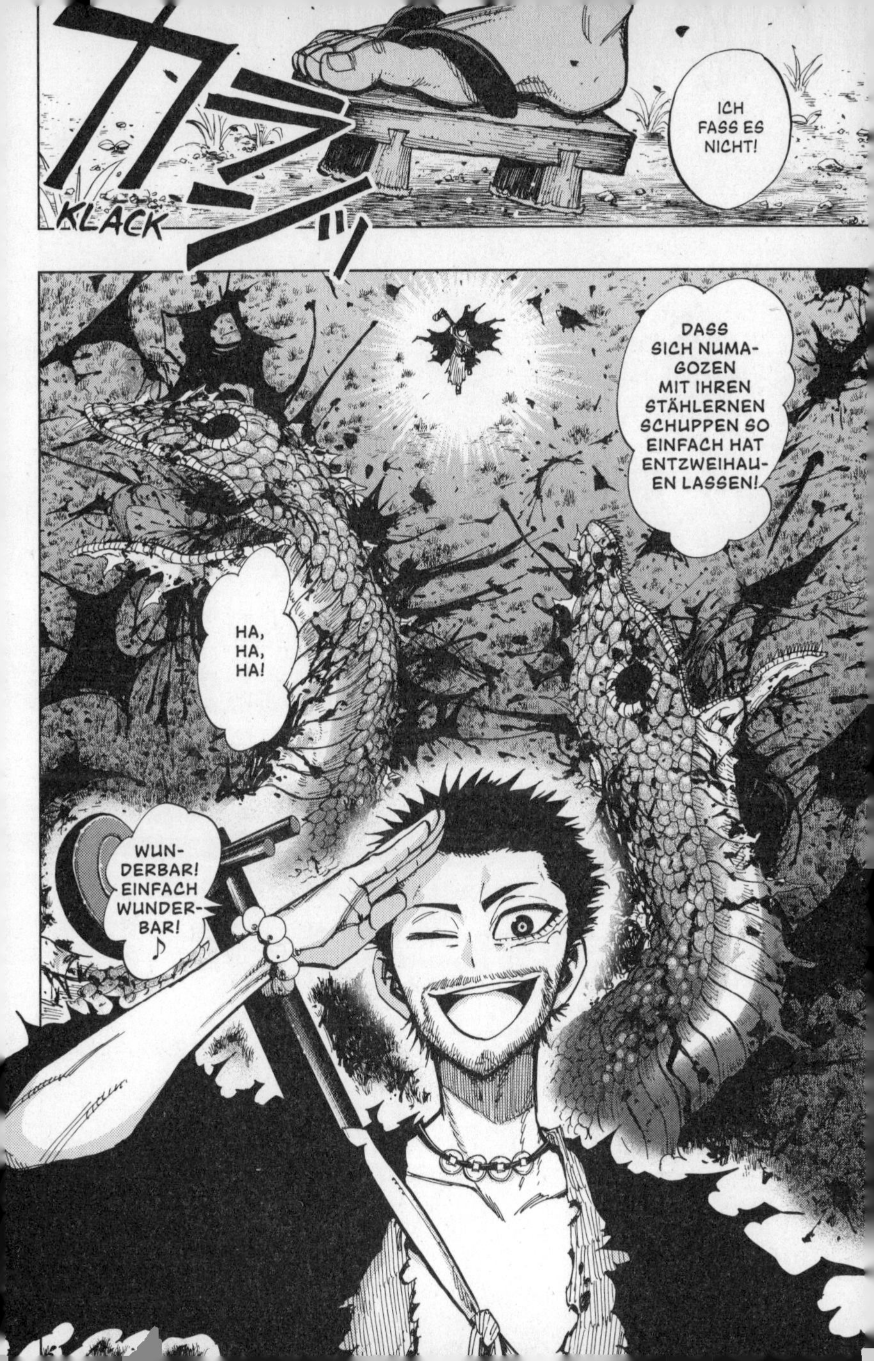
ICH FASS ES NICHT!
KLACK
DASS SICH NUMA-GOZEN MIT IHREN STÄHLERNEN SCHUPPEN SO EINFACH HAT ENTZWEIHAU-EN LASSEN!
HA, HA, HA!
WUN-DERBAR! EINFACH WUNDER-BAR! ♪

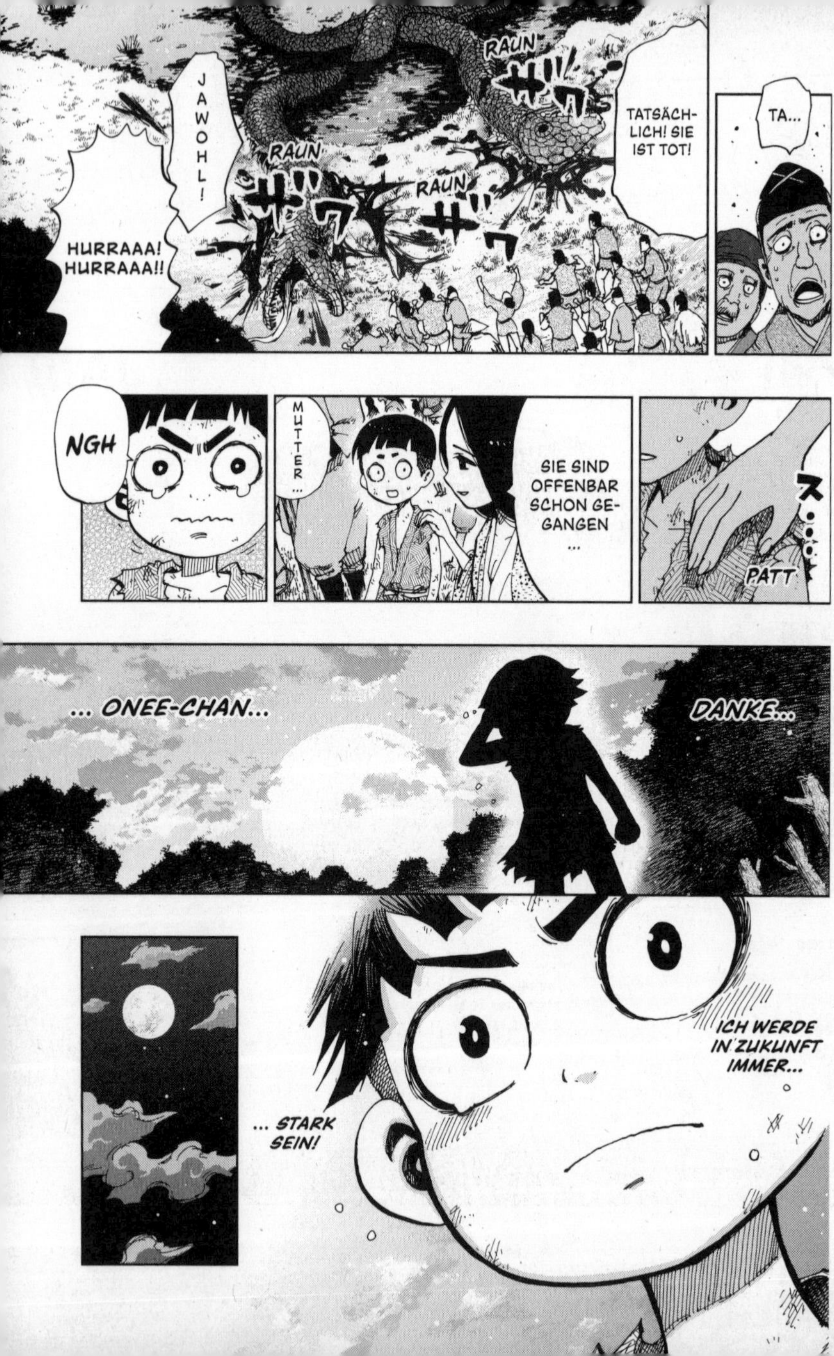
TA...
TATSÄCH-LICH! SIE IST TOT!
RAUN
ザワ
RAUN
ザワ
RAUN
ザワ
JAWOHL!
HURRAAA! HURRAAA!!
ス...
PATT
SIE SIND OFFENBAR SCHON GEGANGEN ...
MUTTER ...
NGH
DANKE...
... ONEE-CHAN...
ICH WERDE IN ZUKUNFT IMMER...
... STARK SEIN!

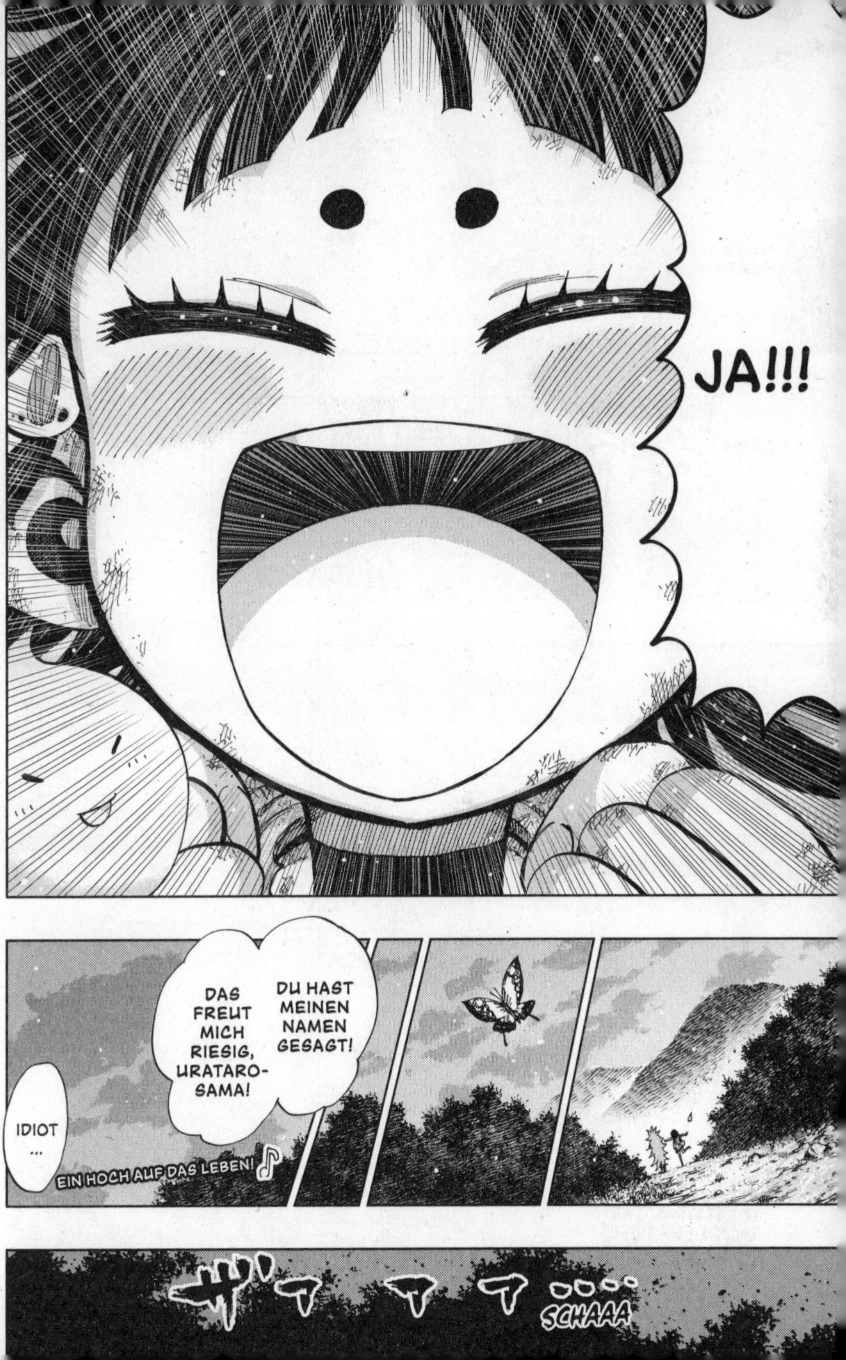
JA!!!
DU HAST MEINEN NAMEN GESAGT!
DAS FREUT MICH RIESIG, URATARO-SAMA!
IDIOT ...
EIN HOCH AUF DAS LEBEN!
SCHAAA

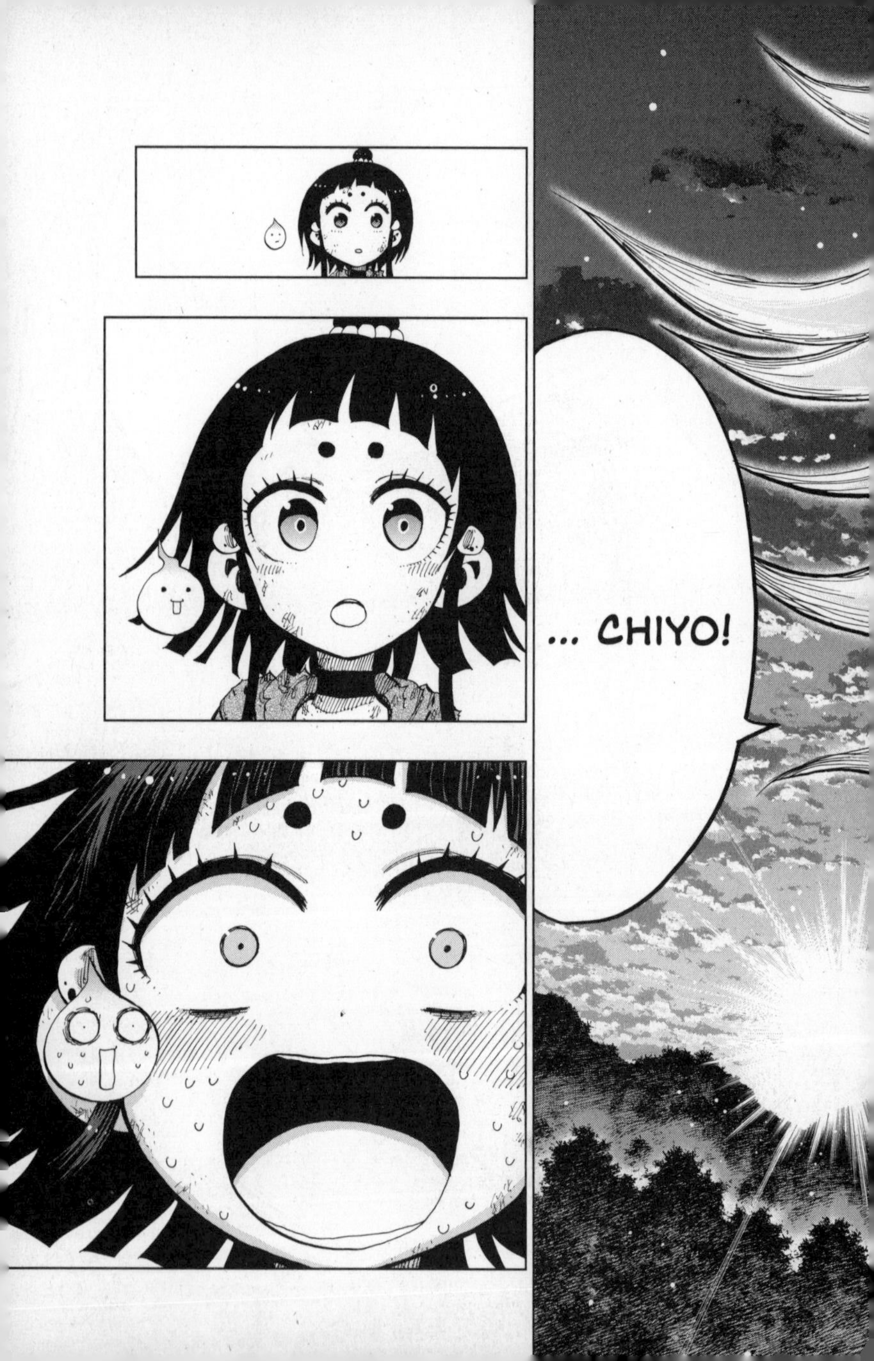
... CHIYO!

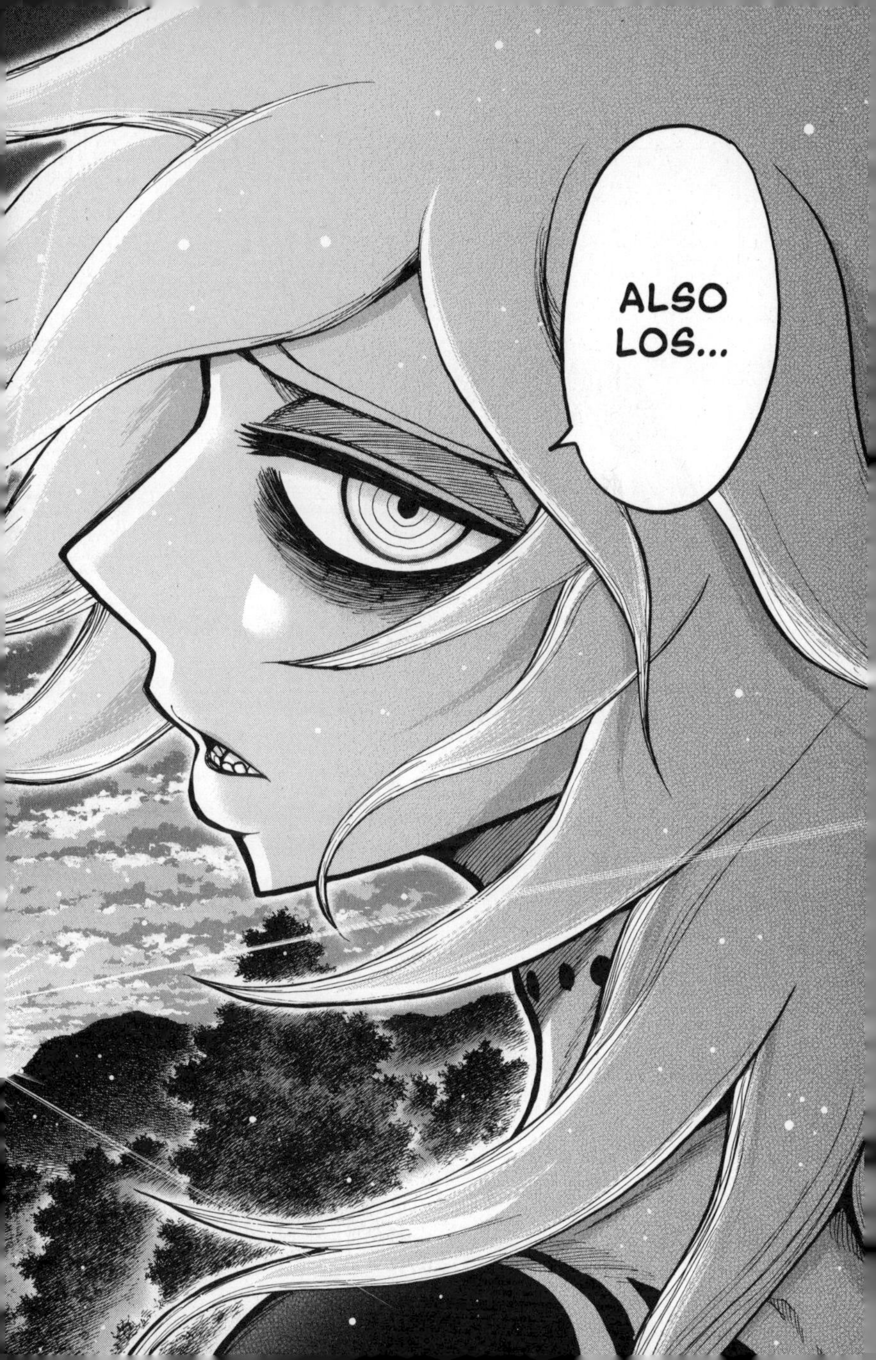
ALSO LOS...

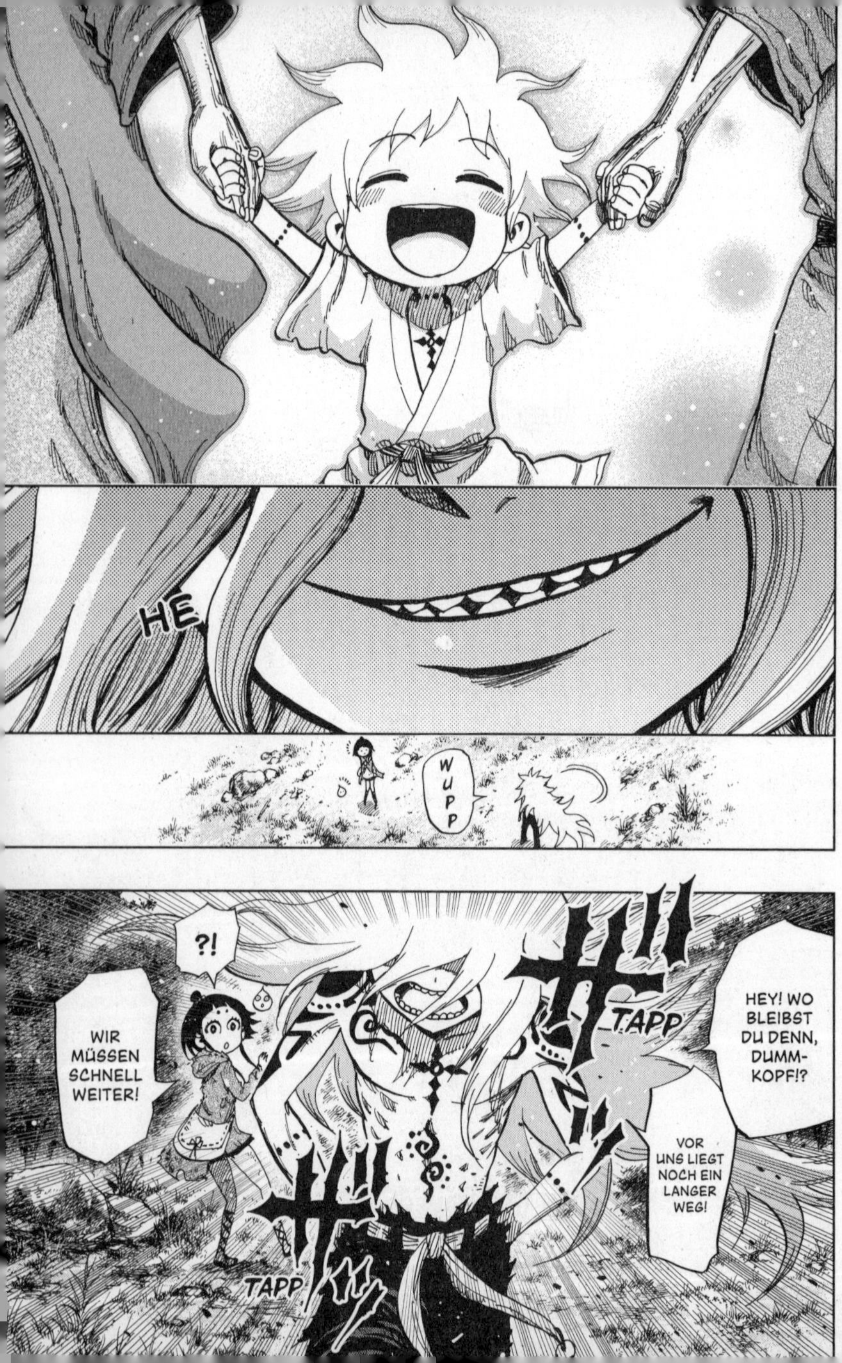

HE
WUPP
?!
HEY! WO BLEIBST DU DENN, DUMMKOPF!?
VOR UNS LIEGT NOCH EIN LANGER WEG!
TAPP
WIR MÜSSEN SCHNELL WEITER!
TAPP

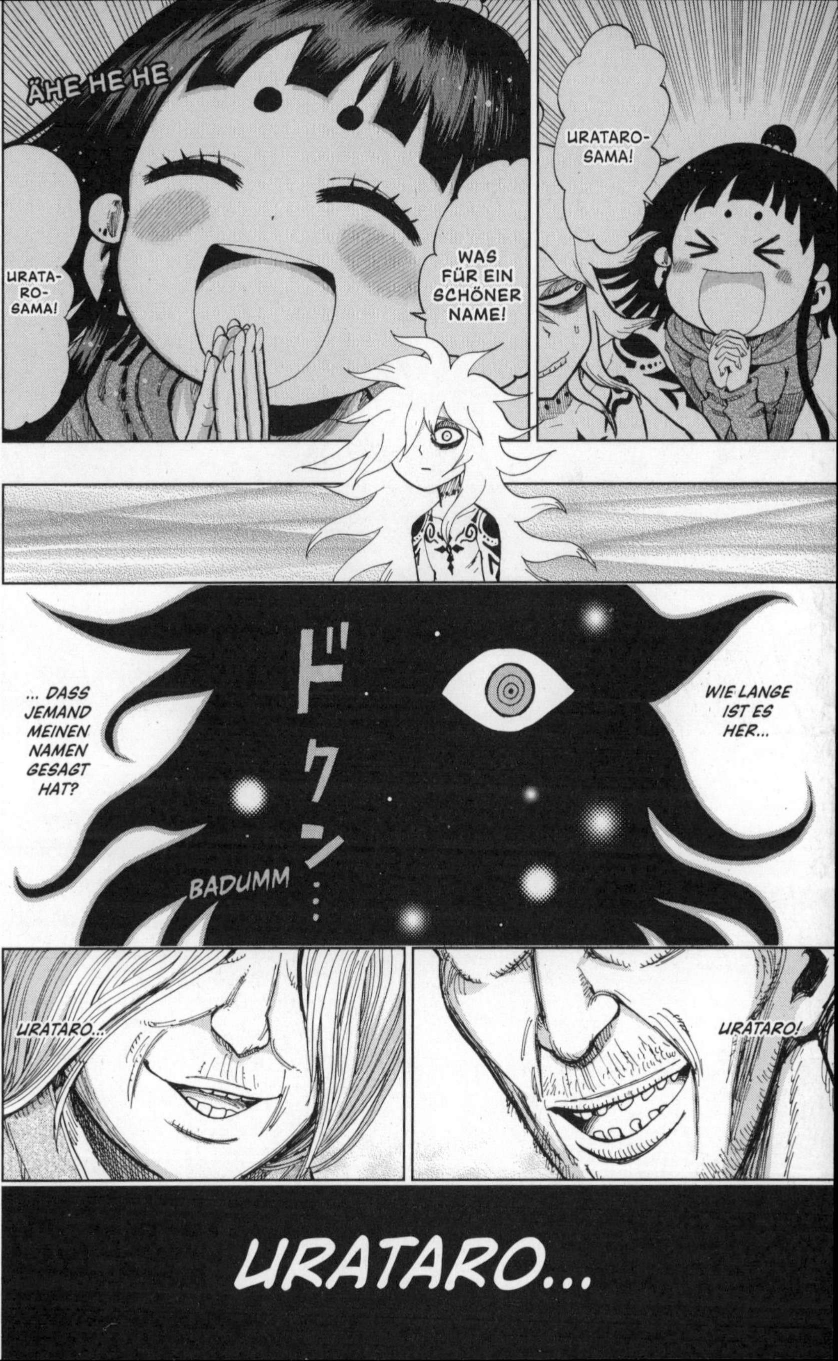
URATARO-SAMA!
ÄHE HE HE
WAS FÜR EIN SCHÖNER NAME!
URATA-RO-SAMA!
WIE LANGE IST ES HER...
... DASS JEMAND MEINEN NAMEN GESAGT HAT?
ドクン…
BADUMM
URATARO!
URATARO...
URATARO...

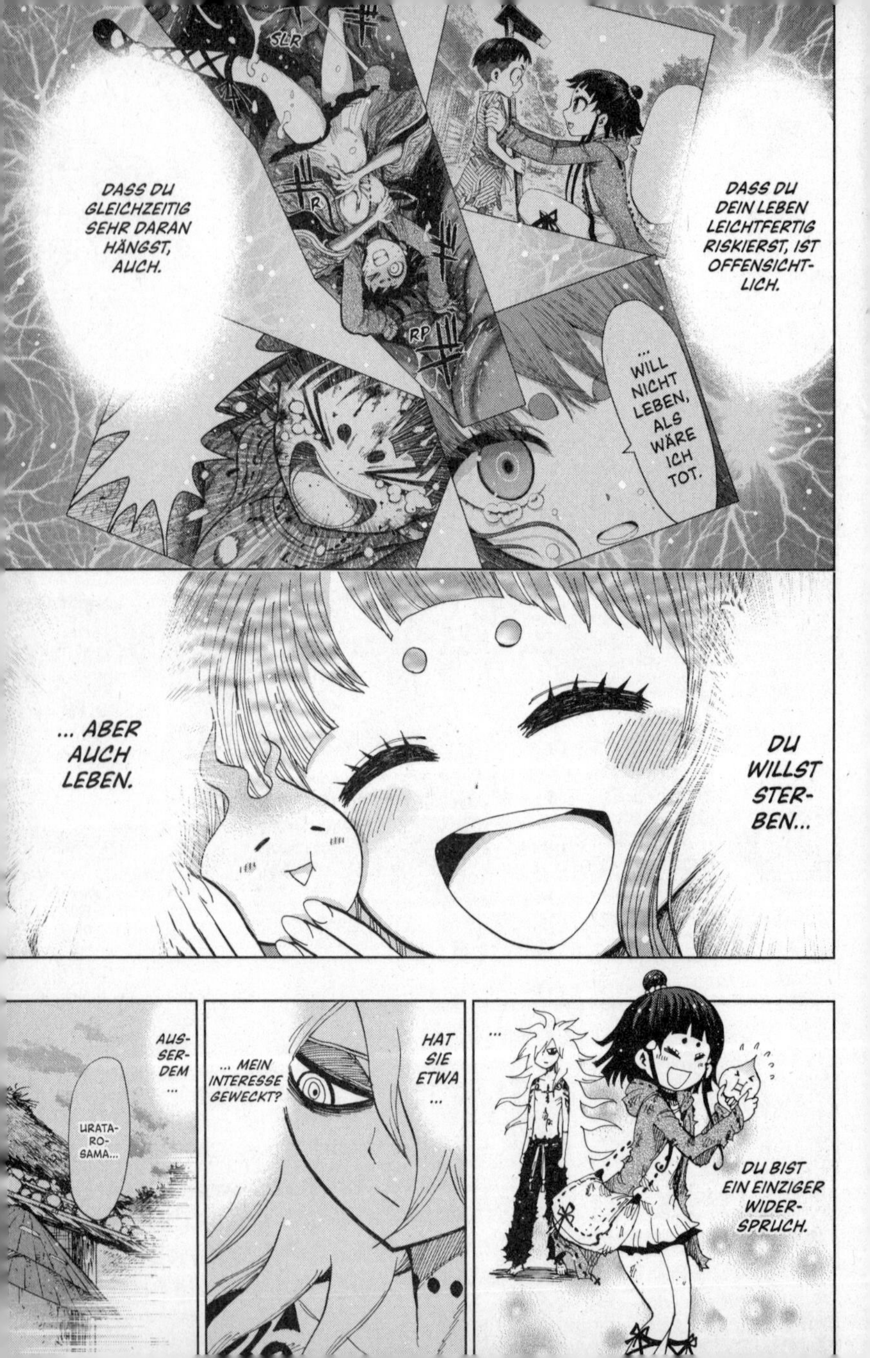
DASS DU DEIN LEBEN LEICHTFERTIG RISKIERST, IST OFFENSICHT-LICH.
DASS DU GLEICHZEITIG SEHR DARAN HÄNGST, AUCH.
SLR
R
RP
... WILL NICHT LEBEN, ALS WÄRE ICH TOT.
DU WILLST STER-BEN...
... ABER AUCH LEBEN.
...
DU BIST EIN EINZIGER WIDER-SPRUCH.
HAT SIE ETWA ...
... MEIN INTERESSE GEWECKT?
AUS-SER-DEM ...
URATA-RO-SAMA...

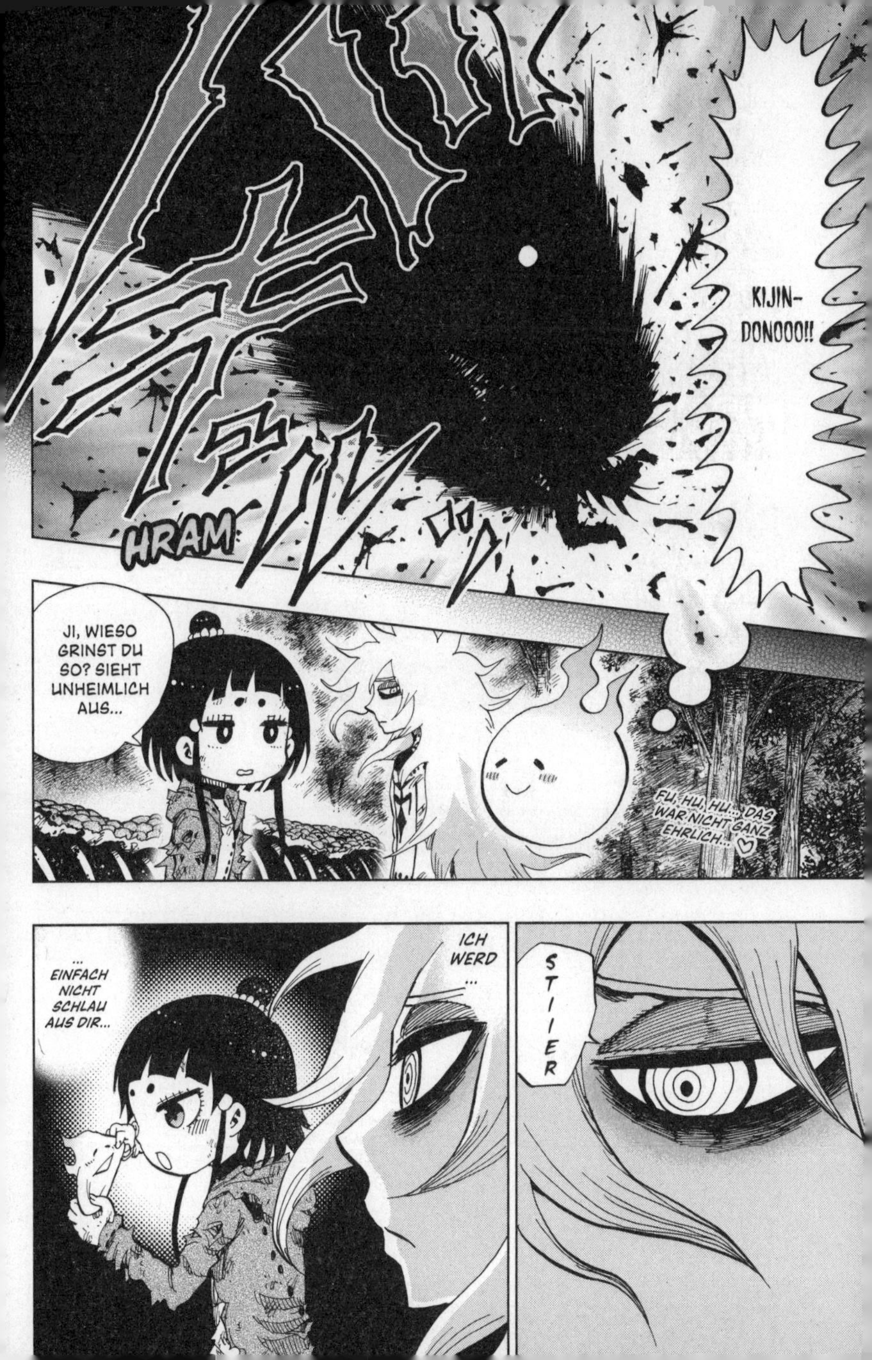
HRAM
KIJIN-DONOOO!!
JI, WIESO GRINST DU SO? SIEHT UNHEIMLICH AUS...
FU, HU, HU... DAS WAR NICHT GANZ EHRLICH... ♡
STIIER
ICH WERD ...
... EINFACH NICHT SCHLAU AUS DIR...

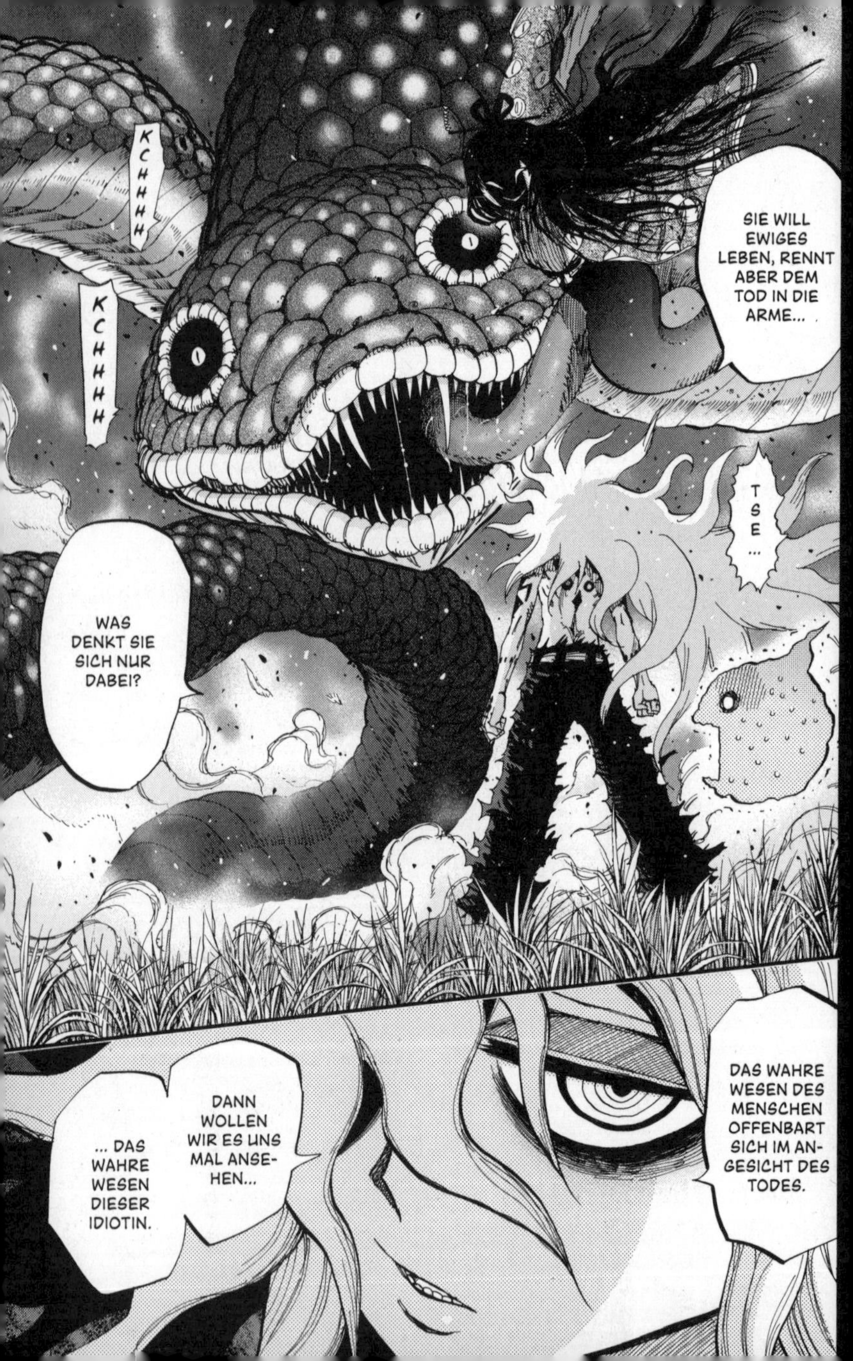
SIE WILL EWIGES LEBEN, RENNT ABER DEM TOD IN DIE ARME...
KCHHHH
KCHHHHH
TSE ...
WAS DENKT SIE SICH NUR DABEI?
DAS WAHRE WESEN DES MENSCHEN OFFENBART SICH IM ANGESICHT DES TODES.
DANN WOLLEN WIR ES UNS MAL ANSEHEN...
... DAS WAHRE WESEN DIESER IDIOTIN.

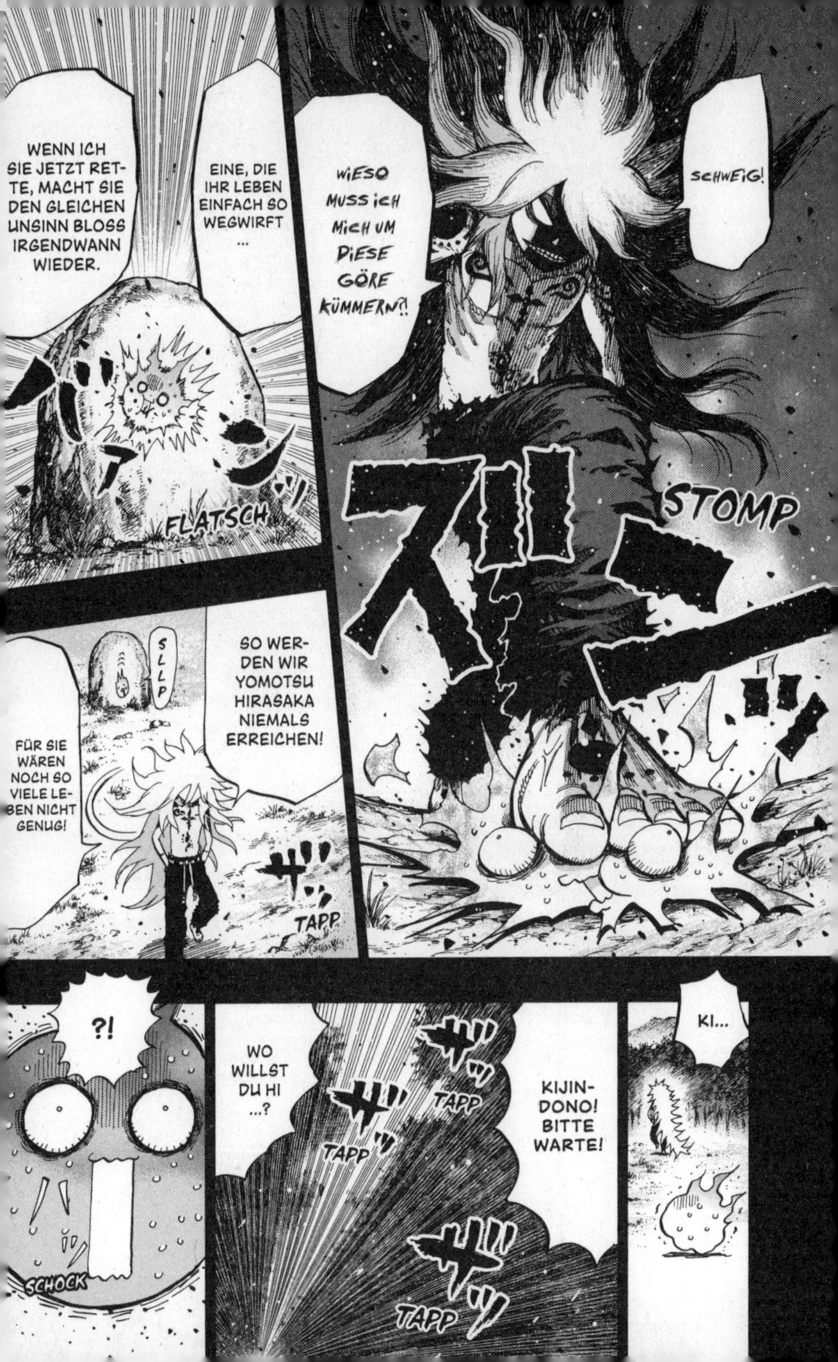
SCHWEIG!
WIESO MUSS ICH MICH UM DIESE GÖRE KÜMMERN?!
EINE, DIE IHR LEBEN EINFACH SO WEGWIRFT ...
WENN ICH SIE JETZT RETTE, MACHT SIE DEN GLEICHEN UNSINN BLOSS IRGENDWANN WIEDER.
FLATSCH
STOMP
SO WERDEN WIR YOMOTSU HIRASAKA NIEMALS ERREICHEN!
SLLP
FÜR SIE WÄREN NOCH SO VIELE LEBEN NICHT GENUG!
TAPP
KI...
KIJIN-DONO! BITTE WARTE!
TAPP
TAPP
TAPP
WO WILLST DU HI ...?
?!
SCHOCK

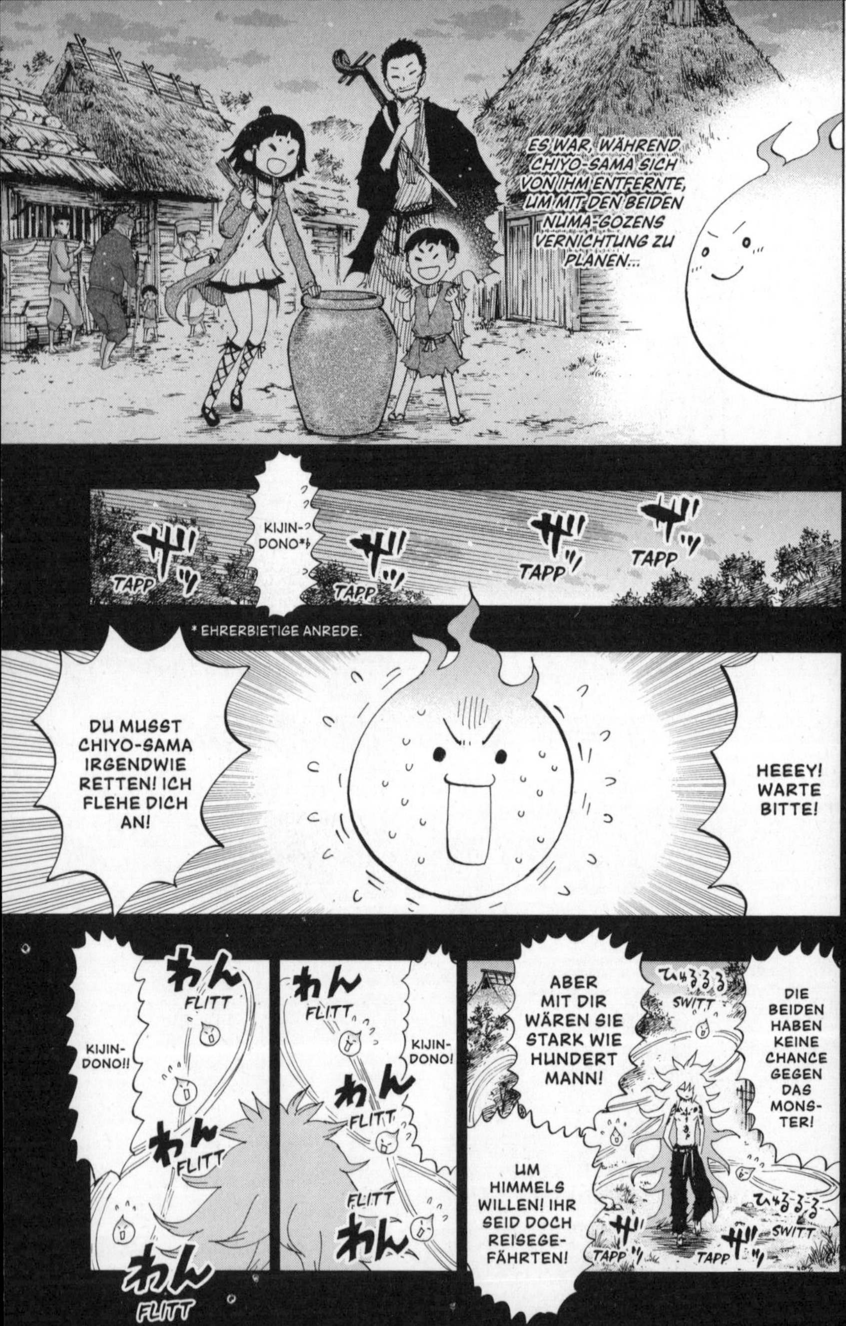
ES WAR, WÄHREND CHIYO-SAMA SICH VON IHM ENTFERNTE, UM MIT DEN BEIDEN NUMA-GOZENS VERNICHTUNG ZU PLANEN...
TAPP
TAPP
KIJIN-DONO*♭
TAPP
TAPP
* EHRERBIETIGE ANREDE.
HEEEY! WARTE BITTE!
DU MUSST CHIYO-SAMA IRGENDWIE RETTEN! ICH FLEHE DICH AN!
DIE BEIDEN HABEN KEINE CHANCE GEGEN DAS MONSTER!
SWITT
ABER MIT DIR WÄREN SIE STARK WIE HUNDERT MANN!
SWITT
TAPP
TAPP
UM HIMMELS WILLEN! IHR SEID DOCH REISEGEFÄHRTEN!
FLITT
KIJIN-DONO!
FLITT
FLITT
FLITT
KIJIN-DONO!!
FLITT
FLITT

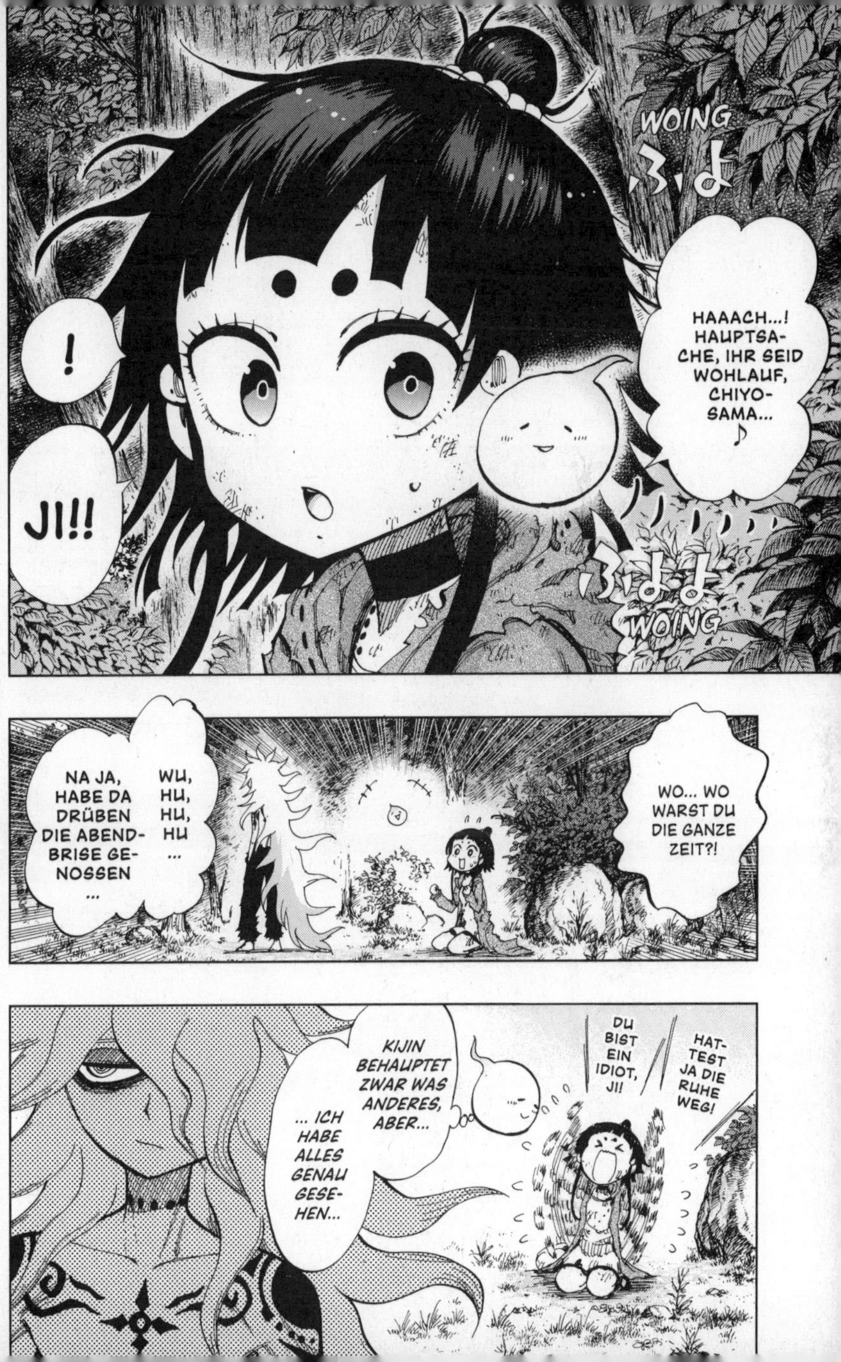
WOING
ふよ
HAAACH...! HAUPTSACHE, IHR SEID WOHLAUF, CHIYO-SAMA... ♪
!
JI!!
ふよよ
WOING
WO... WO WARST DU DIE GANZE ZEIT?!
WU, HU, HU, HU ...
NA JA, HABE DA DRÜBEN DIE ABENDBRISE GENOSSEN ...
HATTEST JA DIE RUHE WEG!
DU BIST EIN IDIOT, JI!
KIJIN BEHAUPTET ZWAR WAS ANDERES, ABER...
... ICH HABE ALLES GENAU GESEHEN...

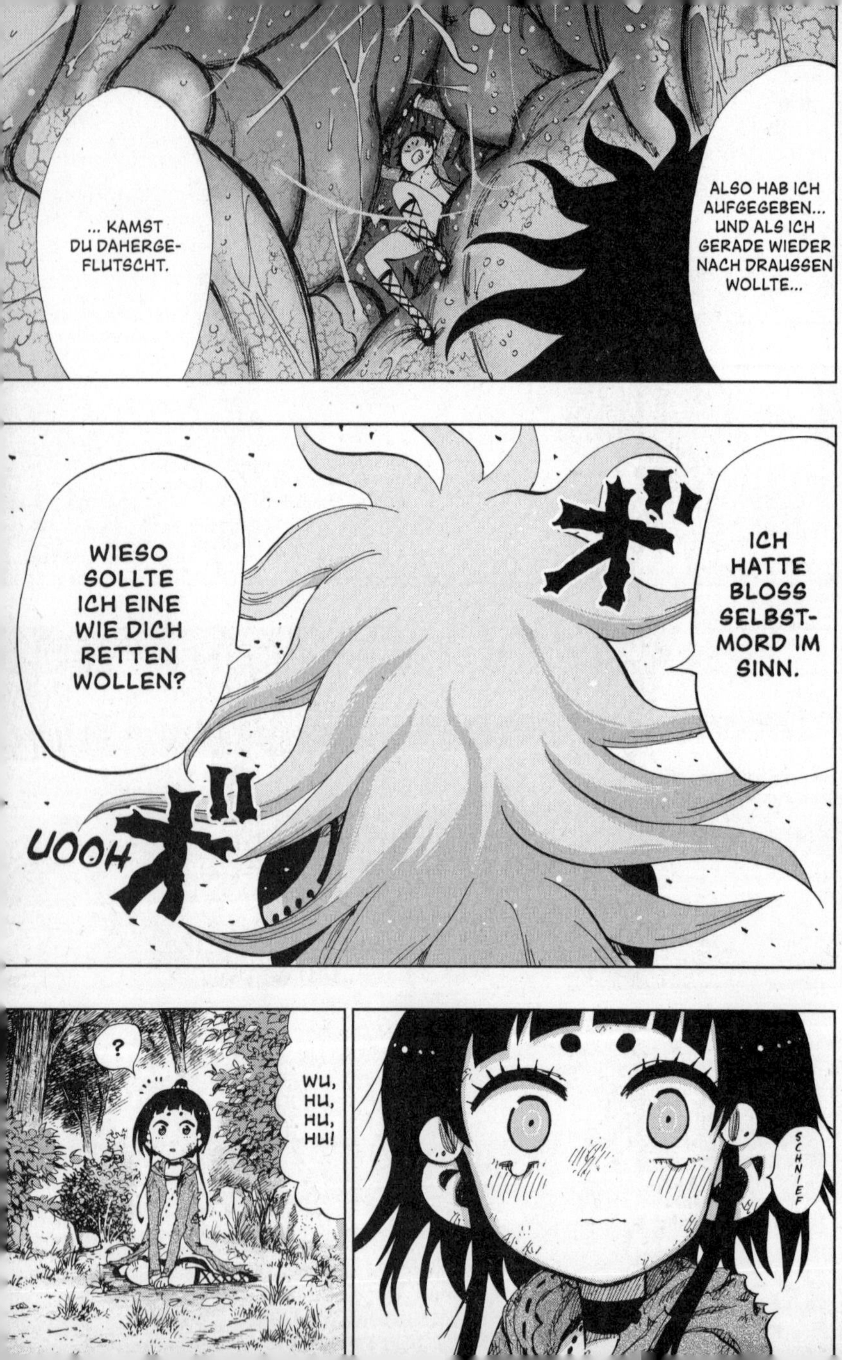
ALSO HAB ICH AUFGEGEBEN... UND ALS ICH GERADE WIEDER NACH DRAUSSEN WOLLTE...
... KAMST DU DAHERGE-FLUTSCHT.
ICH HATTE BLOSS SELBST-MORD IM SINN.
WIESO SOLLTE ICH EINE WIE DICH RETTEN WOLLEN?
UOOH
SCHNIEF
WU, HU, HU, HU!
?

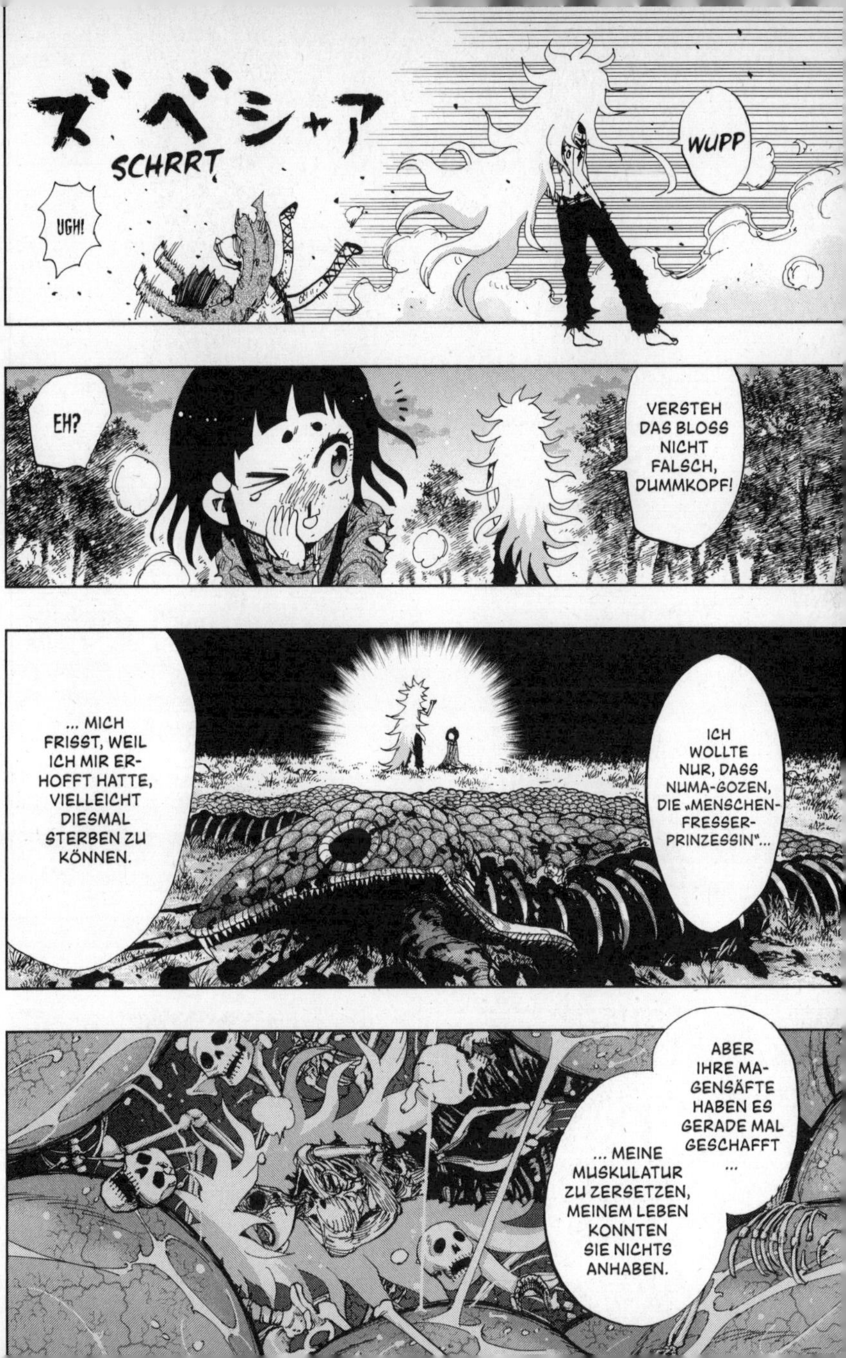
WUPP
ズベシャア
SCHRRT
UGH!
VERSTEH DAS BLOSS NICHT FALSCH, DUMMKOPF!
EH?
ICH WOLLTE NUR, DASS NUMA-GOZEN, DIE „MENSCHENFRESSER-PRINZESSIN“...
... MICH FRISST, WEIL ICH MIR ERHOFFT HATTE, VIELLEICHT DIESMAL STERBEN ZU KÖNNEN.
ABER IHRE MAGENSÄFTE HABEN ES GERADE MAL GESCHAFFT ...
... MEINE MUSKULATUR ZU ZERSETZEN, MEINEM LEBEN KONNTEN SIE NICHTS ANHABEN.

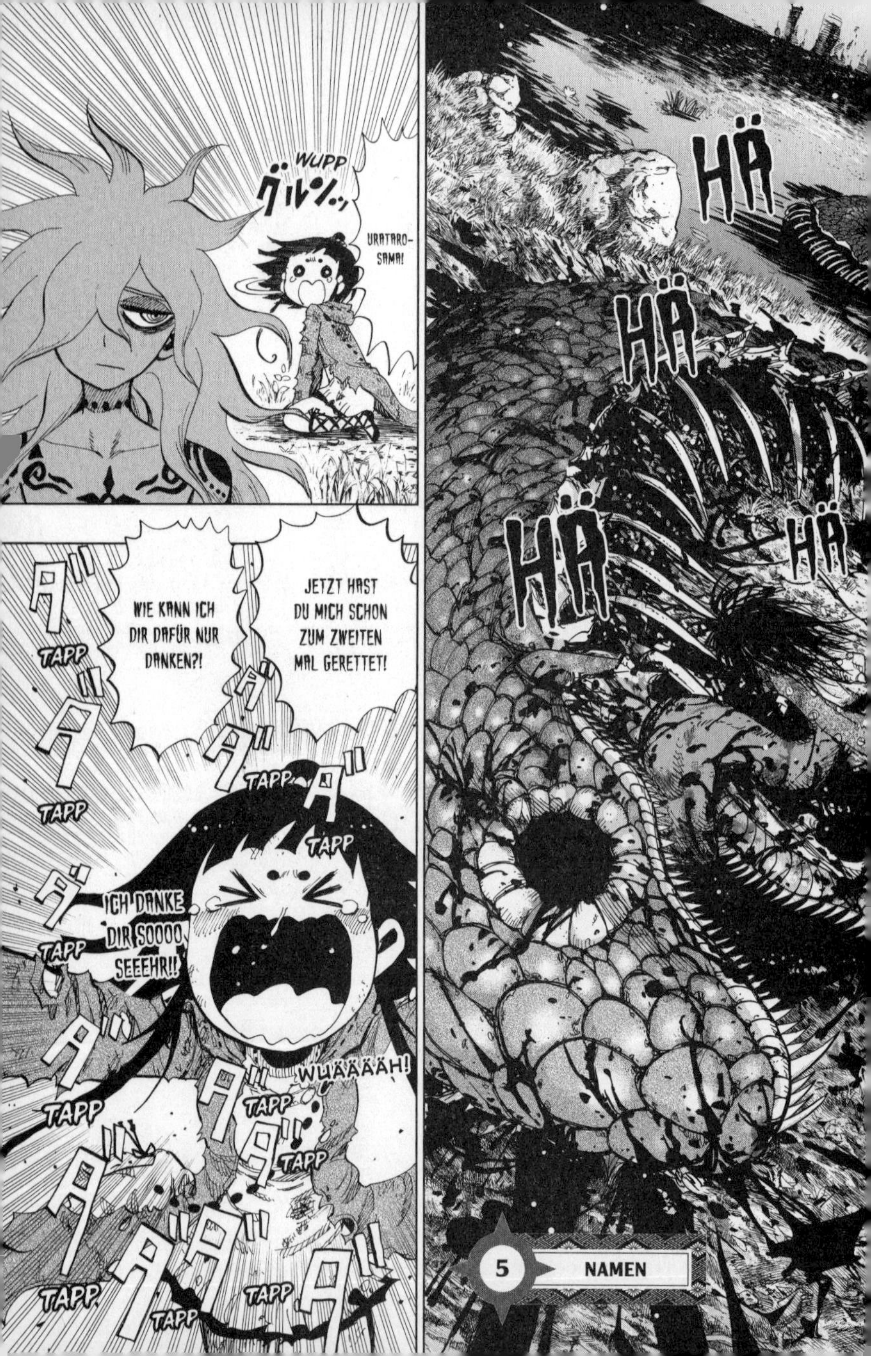
HÄ
HÄ
HÄ
HÄ
5 NAMEN
WUPP
グルッ
URATARO-SAMA!
JETZT HAST DU MICH SCHON ZUM ZWEITEN MAL GERETTET!
WIE KANN ICH DIR DAFÜR NUR DANKEN?!
ICH DANKE DIR SOOOO SEEEHR!!
WUÄÄÄÄH!
TAPP TAPP TAPP TAPP TAPP TAPP TAPP TAPP TAPP TAPP TAPP TAPP
ダ ダ ダ ダ ダ ダ

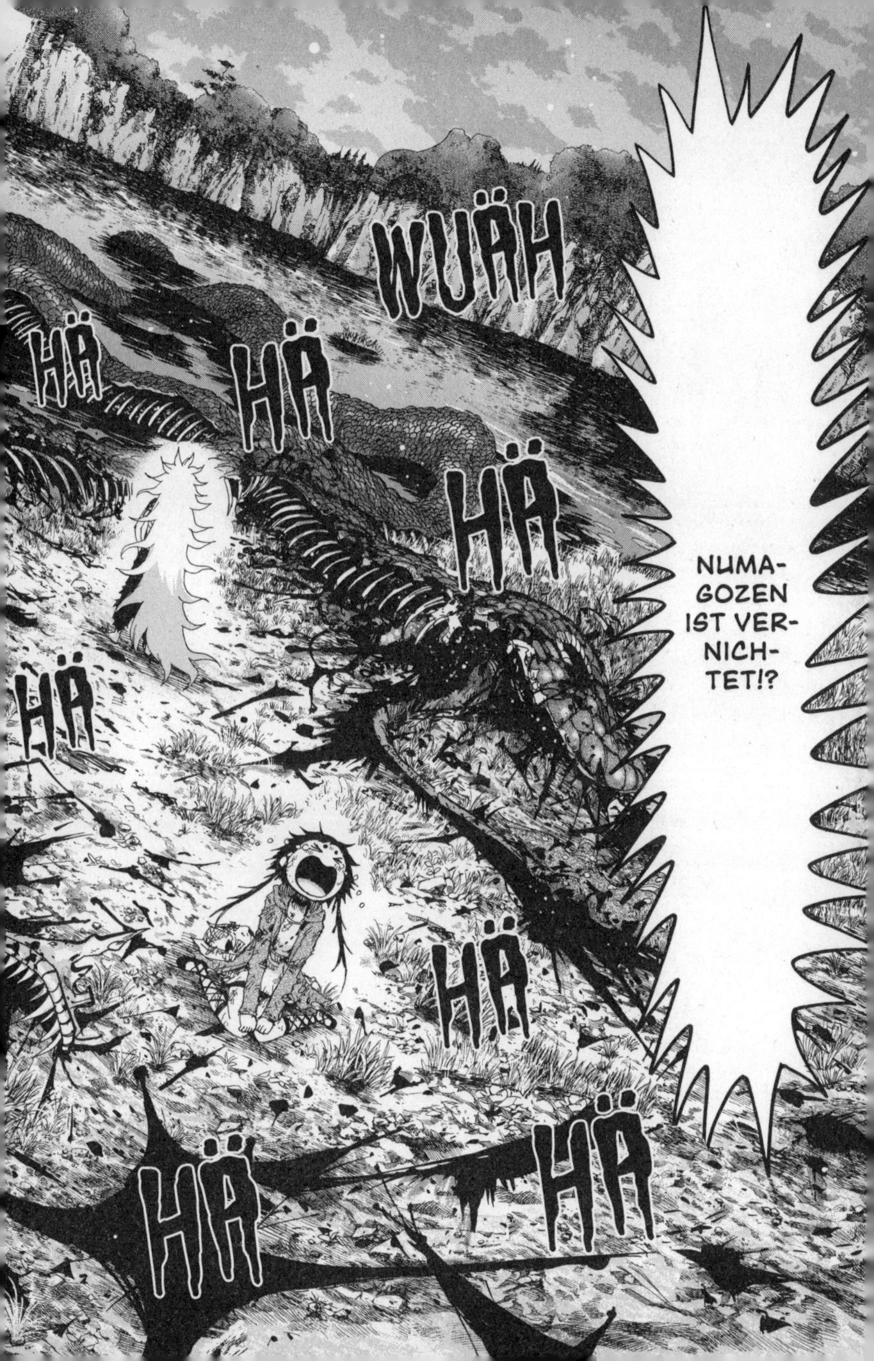
NUMA-
GOZEN
IST VER-
NICH-
TET!?
WUÄH
HÄ HÄ HÄ
HÄ HÄ
HÄ HÄ

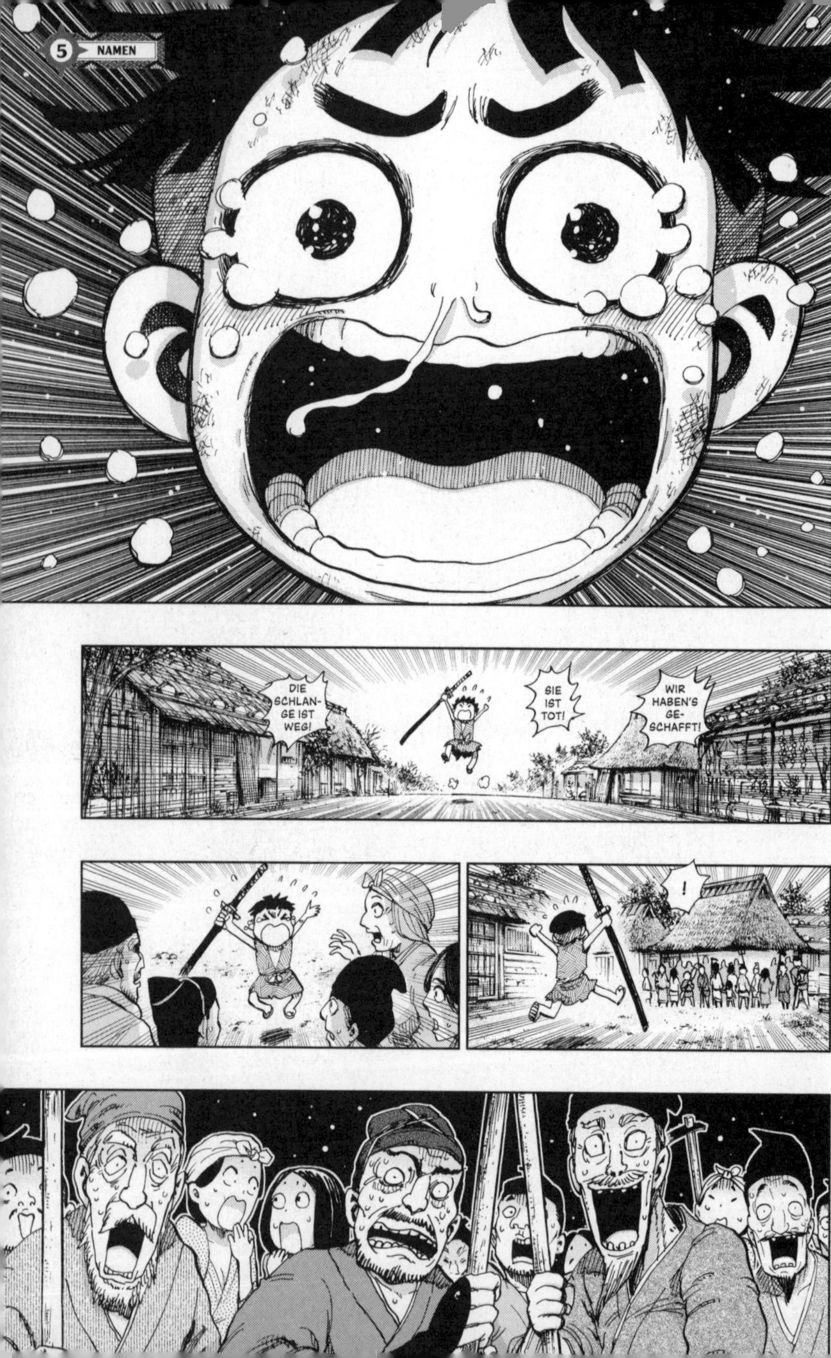
WIR HABEN'S GE-SCHAFFT!
SIE IST TOT!
DIE SCHLAN-GE IST WEG!
!

URATARO

DEATHSEEKER

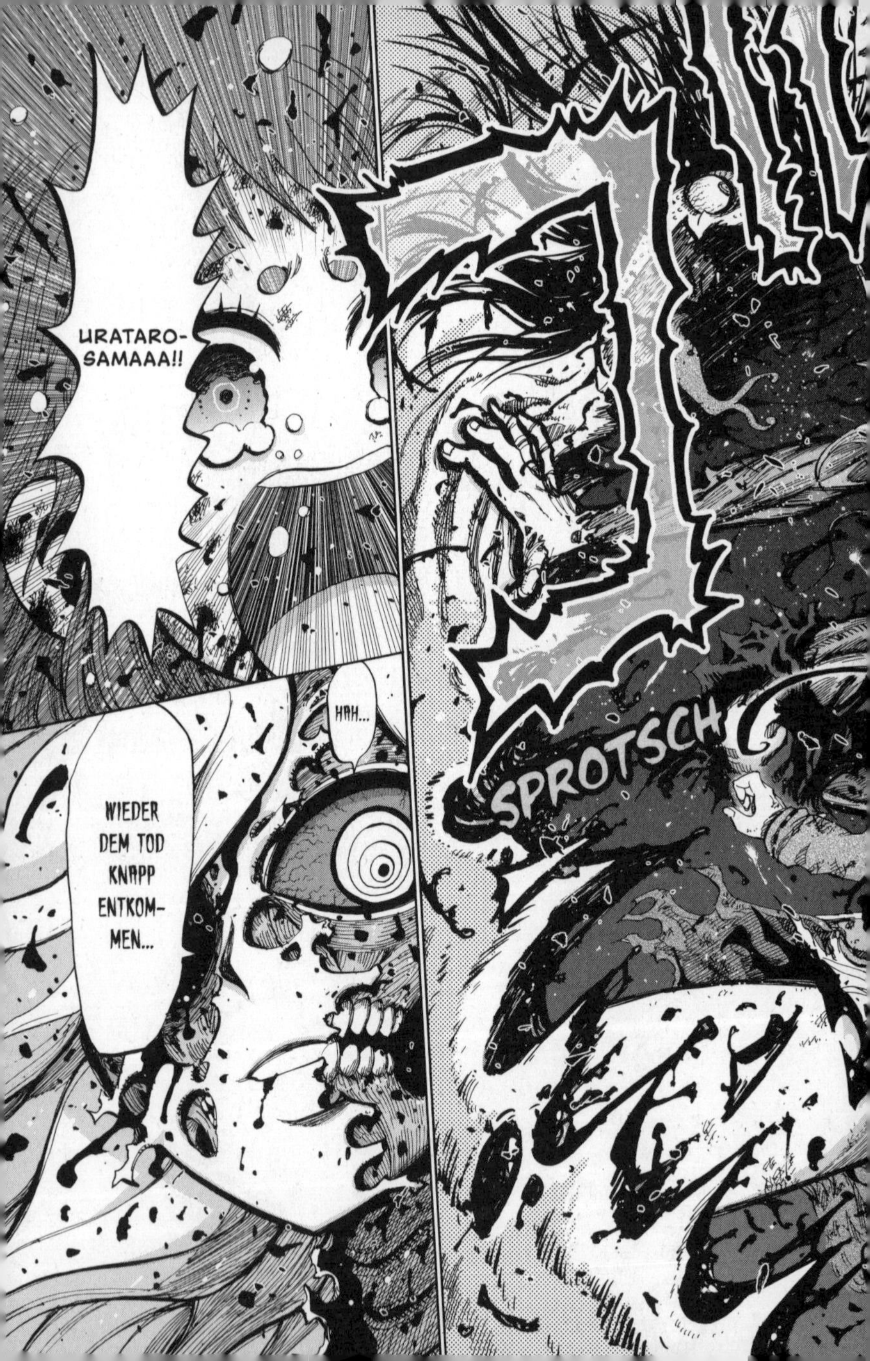
SPROTSCH
URATARO-SAMAAA!!
HAH...
WIEDER DEM TOD KNAPP ENTKOM-MEN...

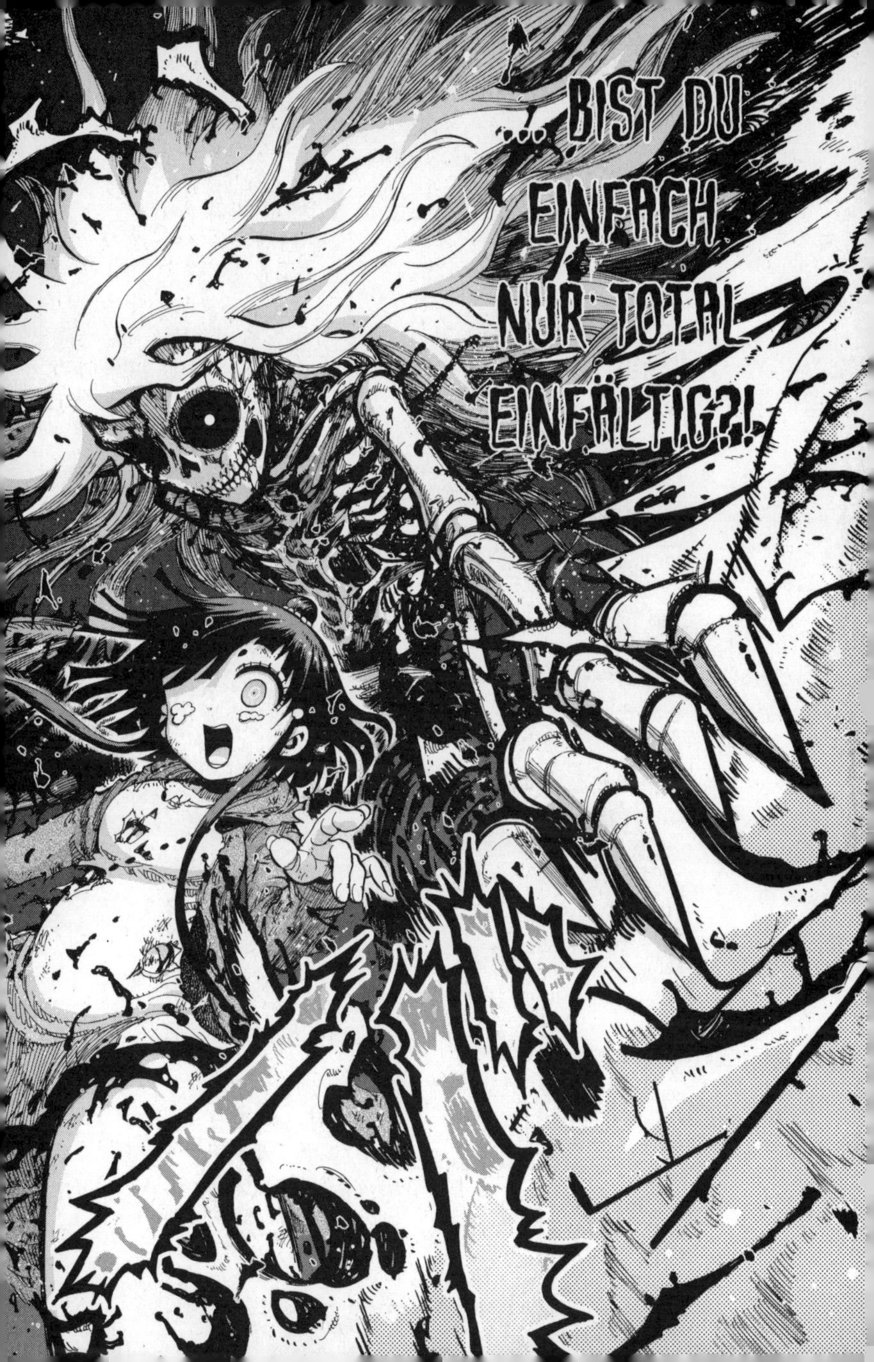
... BIST DU EINFACH NUR TOTAL EINFÄLTIG?!

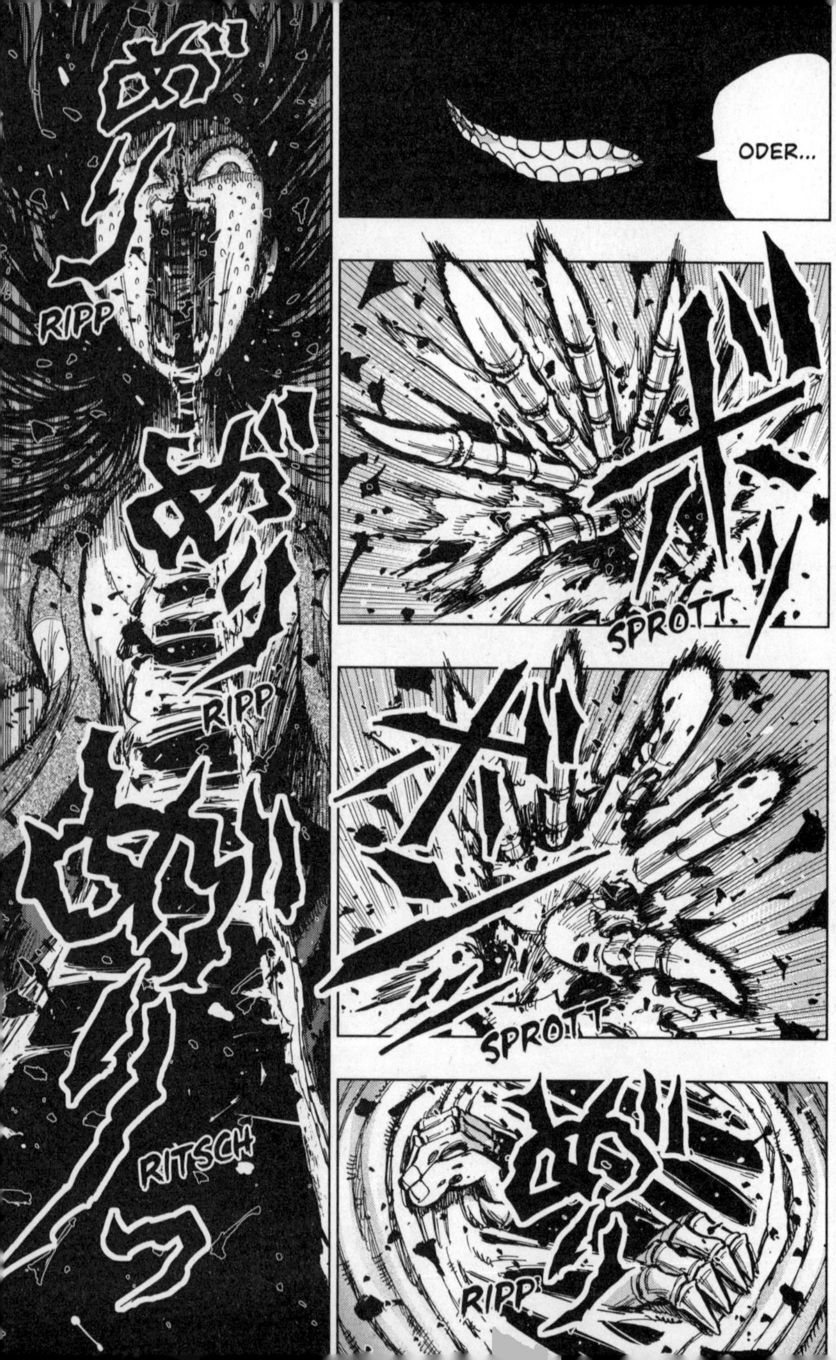
ODER...
SPROTT
SPROTT
RIPP
RIPP
RIPP
RIPP
RITSCH

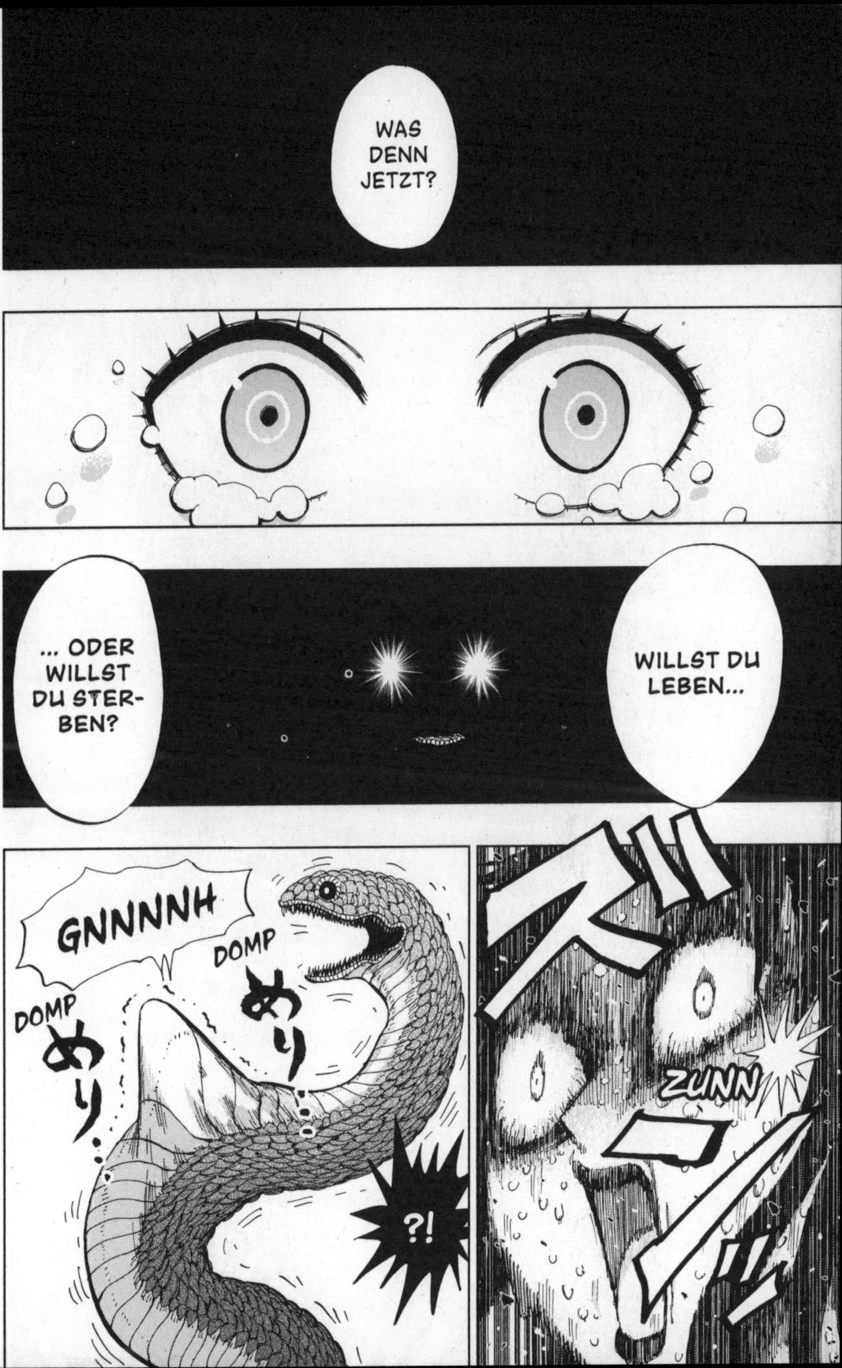
WAS DENN JETZT?
WILLST DU LEBEN...
... ODER WILLST DU STER-BEN?
ズ
ZUNN
GNNNNH
DOMP
めり
DOMP
めり
?!

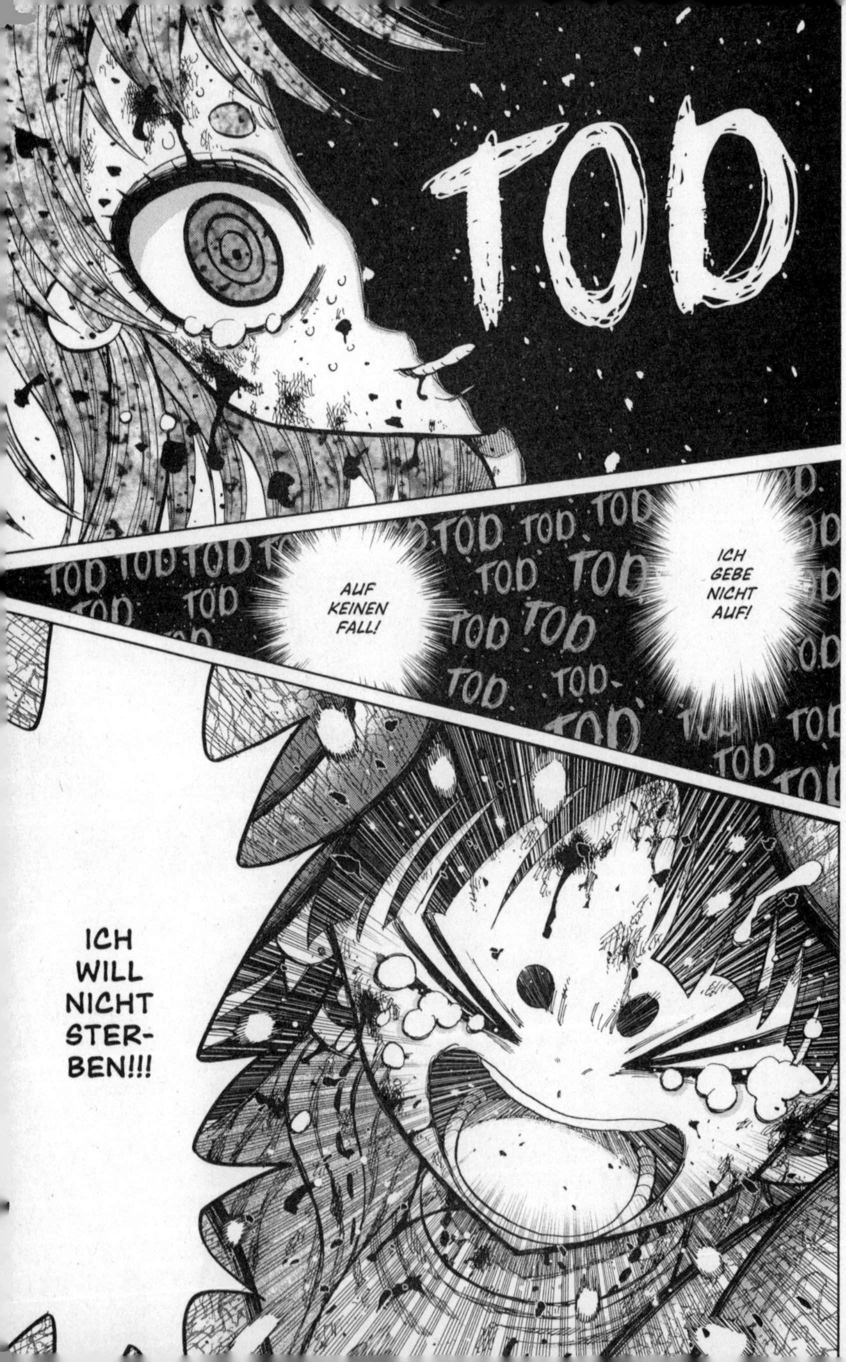
TOD
ICH GEBE NICHT AUF!
AUF KEINEN FALL!
ICH WILL NICHT STER-BEN!!!!

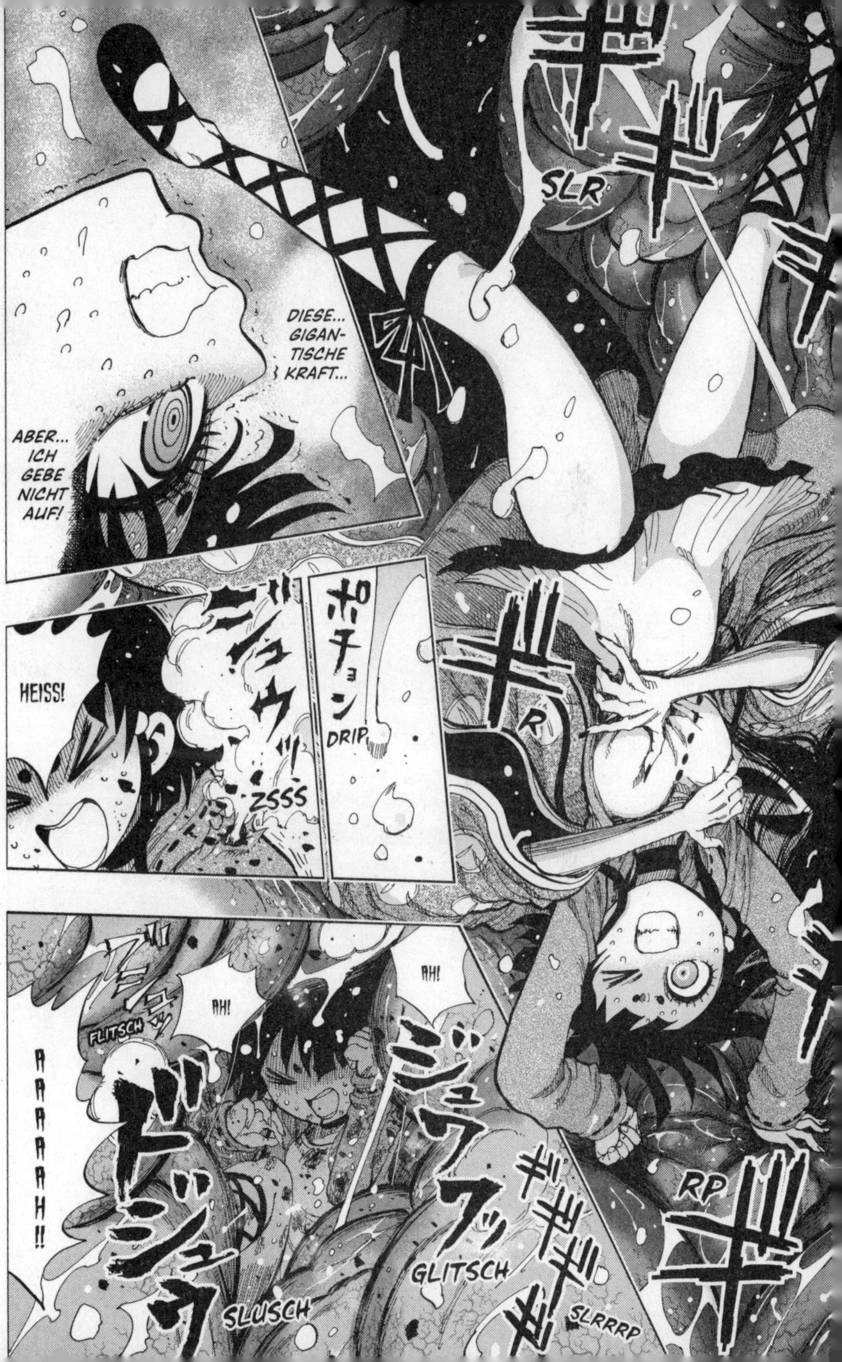
SLR
R
RP
SLRRRP
DIESE... GIGANTISCHE KRAFT...
ABER... ICH GEBE NICHT AUF!
ポチョン
DRIP
ZSSS
HEISS!
AH!
AH!
GLITSCH
FLITSCH
SLUSCH
AAAAAAH!!

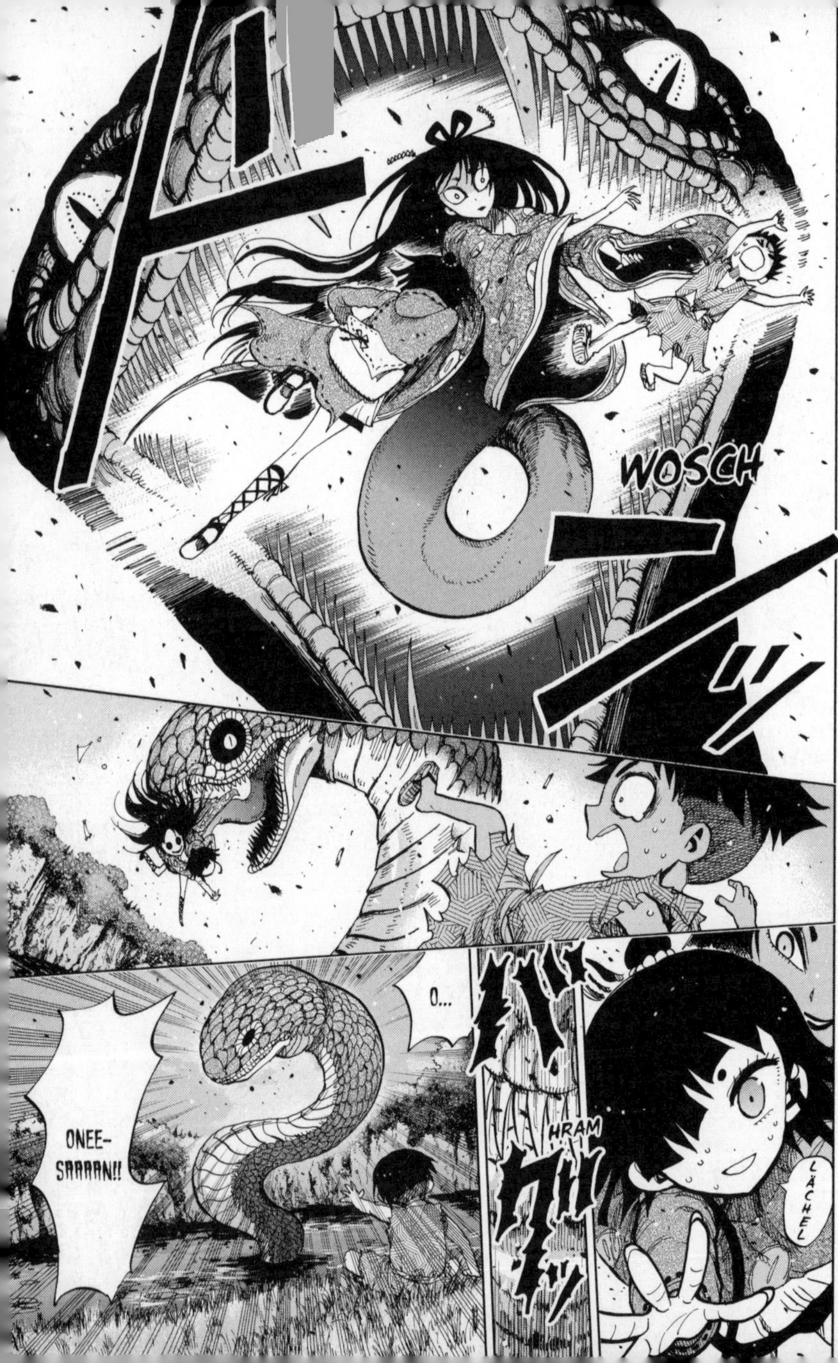

WOSCH
O...
ONEE-
SAAAAN!!
HRAM
LÄCHEL

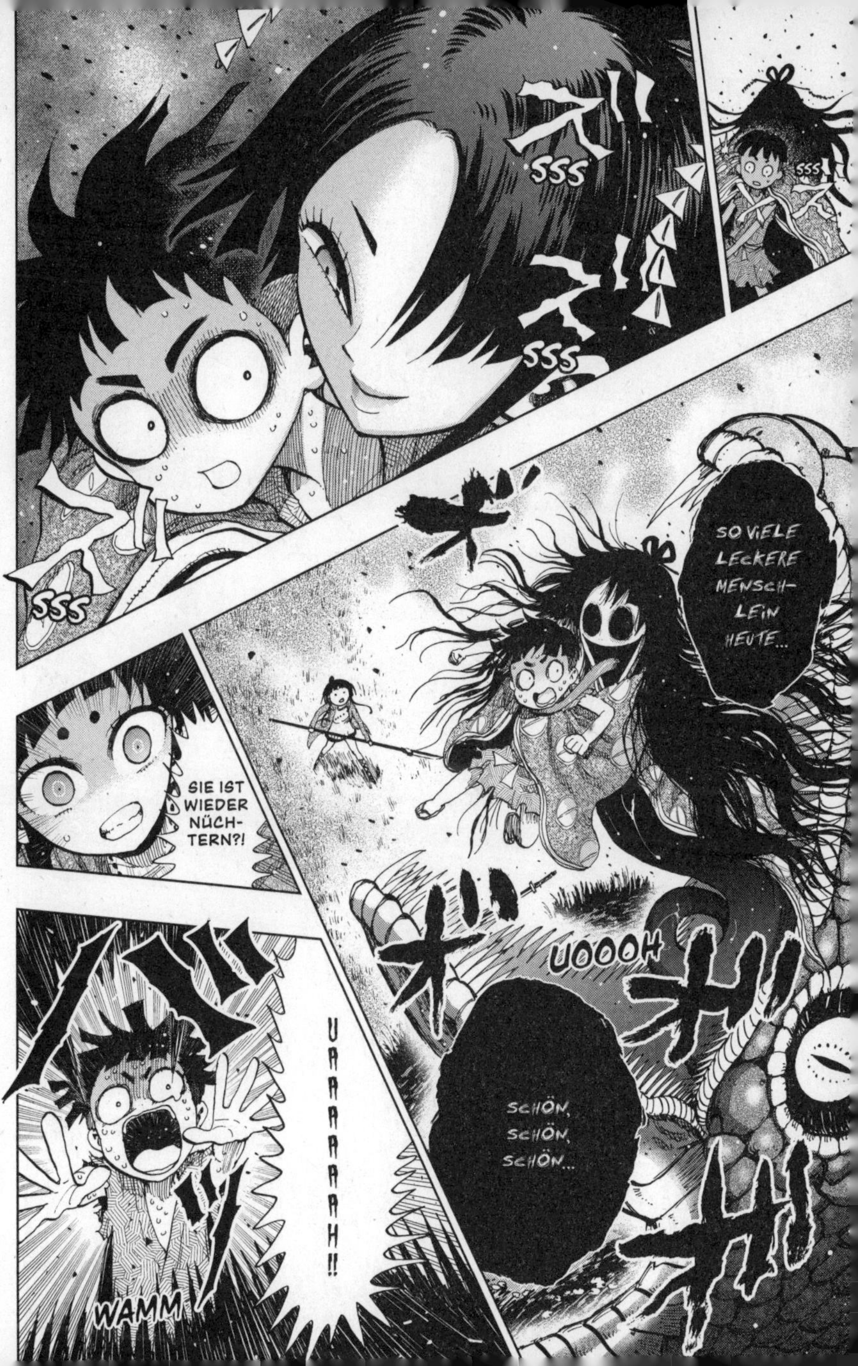
SSS
SSS
SSS
SSS
SO VIELE LECKERE MENSCH-LEIN HEUTE...
SIE IST WIEDER NÜCH-TERN?!
UOOOH
SCHÖN, SCHÖN, SCHÖN...
URAAAAAAAAH!!
WAMM

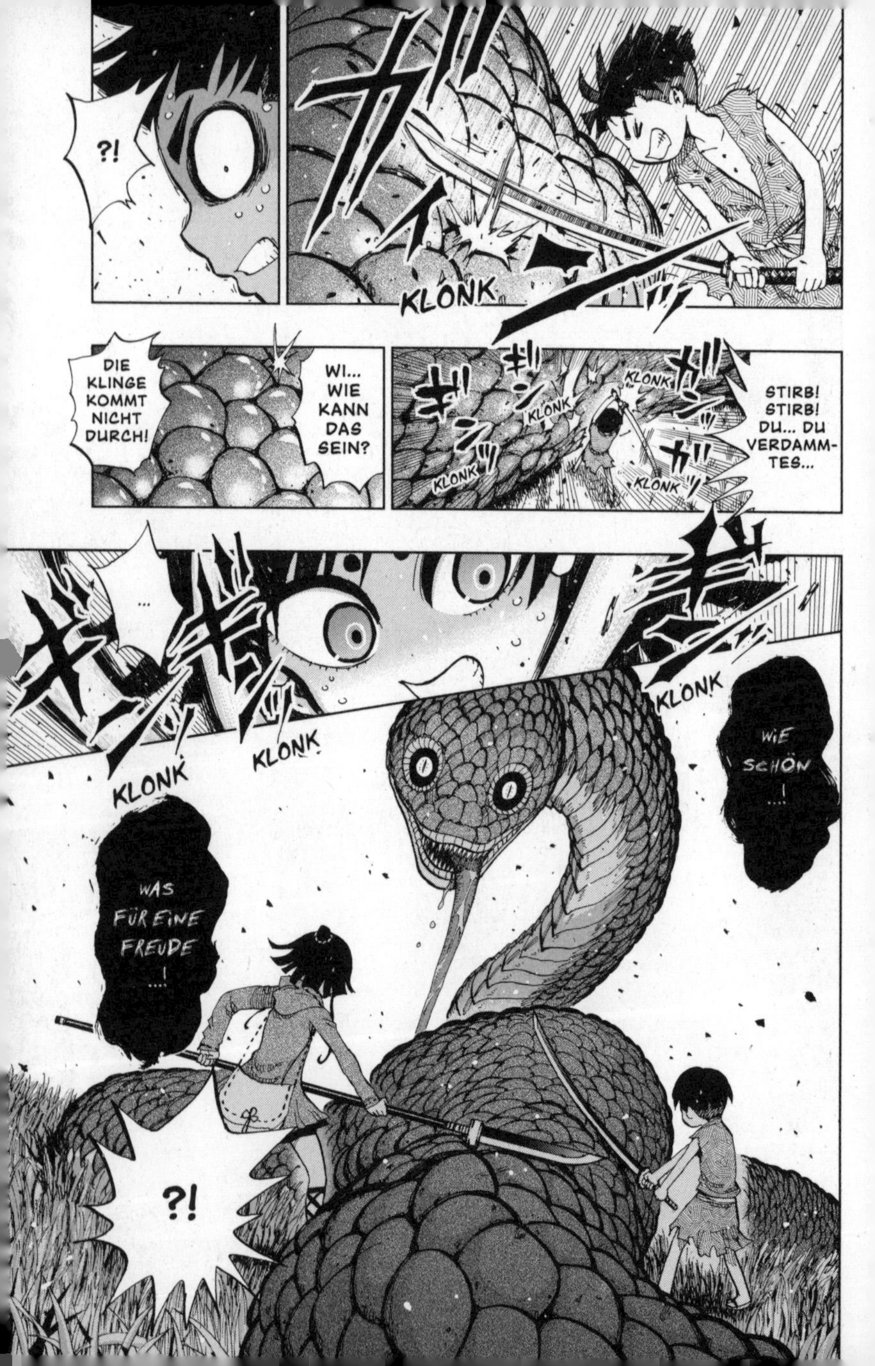

KLONK
?!
KLONK
KLONK
KLONK
KLONK
KLONK
STIRB! STIRB! DU... DU VERDAMMTES...
WI... WIE KANN DAS SEIN?
DIE KLINGE KOMMT NICHT DURCH!
KLONK
KLONK
KLONK
...
WIE SCHÖN!...
WAS FÜR EINE FREUDE!...
?!

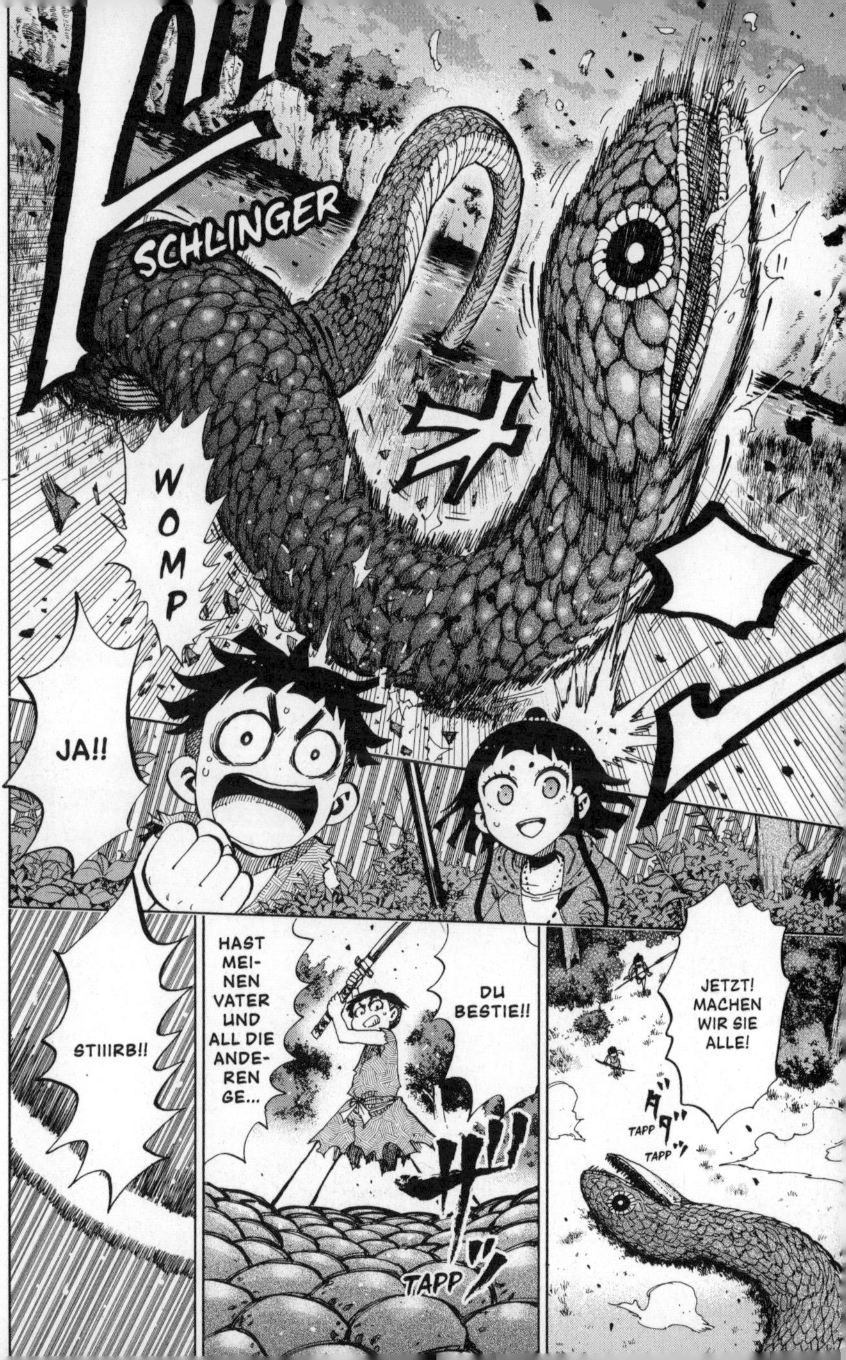
SCHLINGER
WOMP
JA!!
STIIIRB!!
HAST MEINEN VATER UND ALL DIE ANDEREN GE...
DU BESTIE!!
TAPP
JETZT! MACHEN WIR SIE ALLE!
TAPP
TAPP

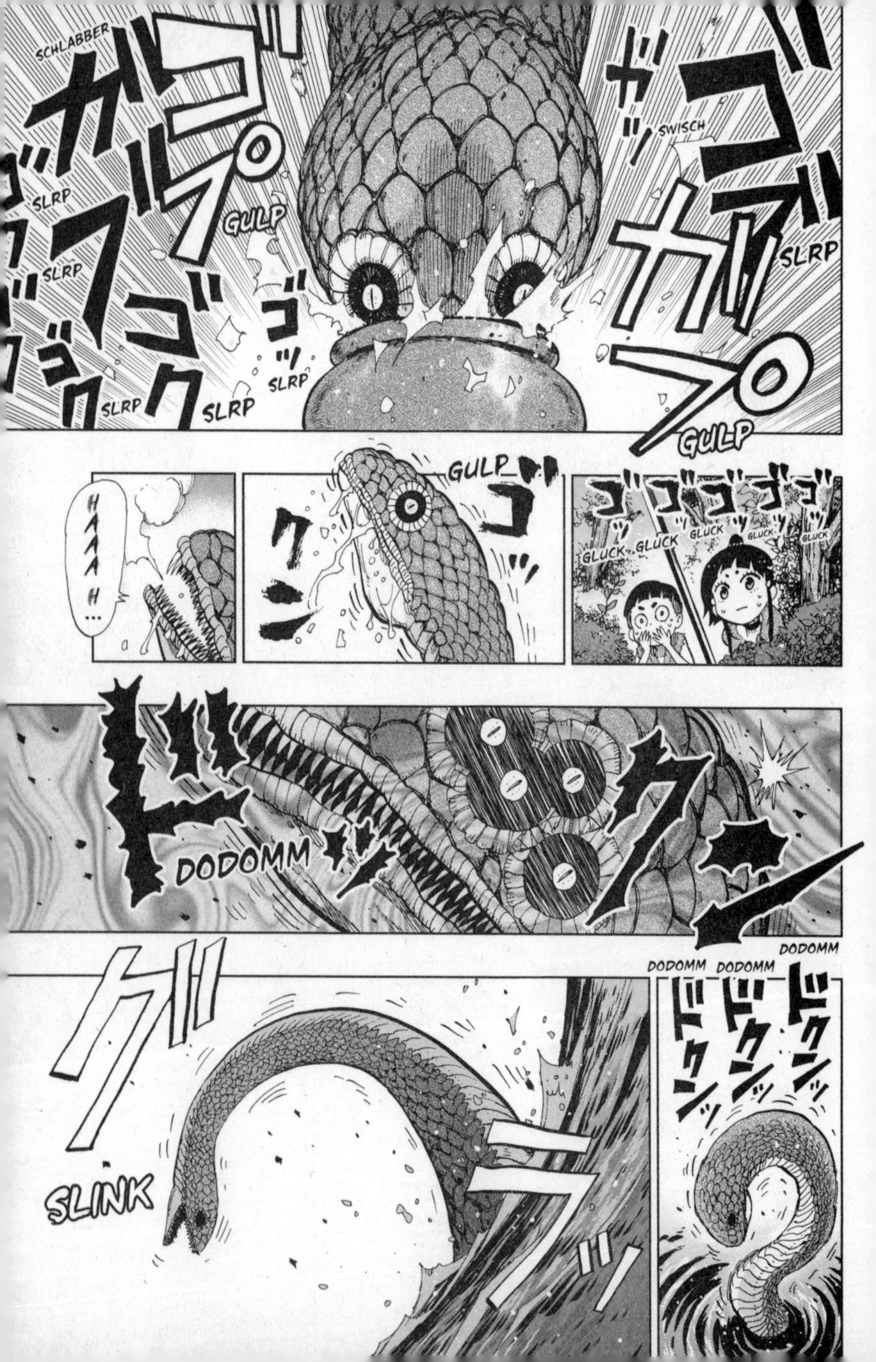
SWISCH
SLRP
GULP
SCHLABBER
SLRP
GULP
SLRP
SLRP
SLRP
SLRP
GLUCK
GLUCK
GLUCK
GLUCK
GLUCK
GULP
HAAAAH...
DODOMM
DODOMM
DODOMM
DODOMM
SLINK

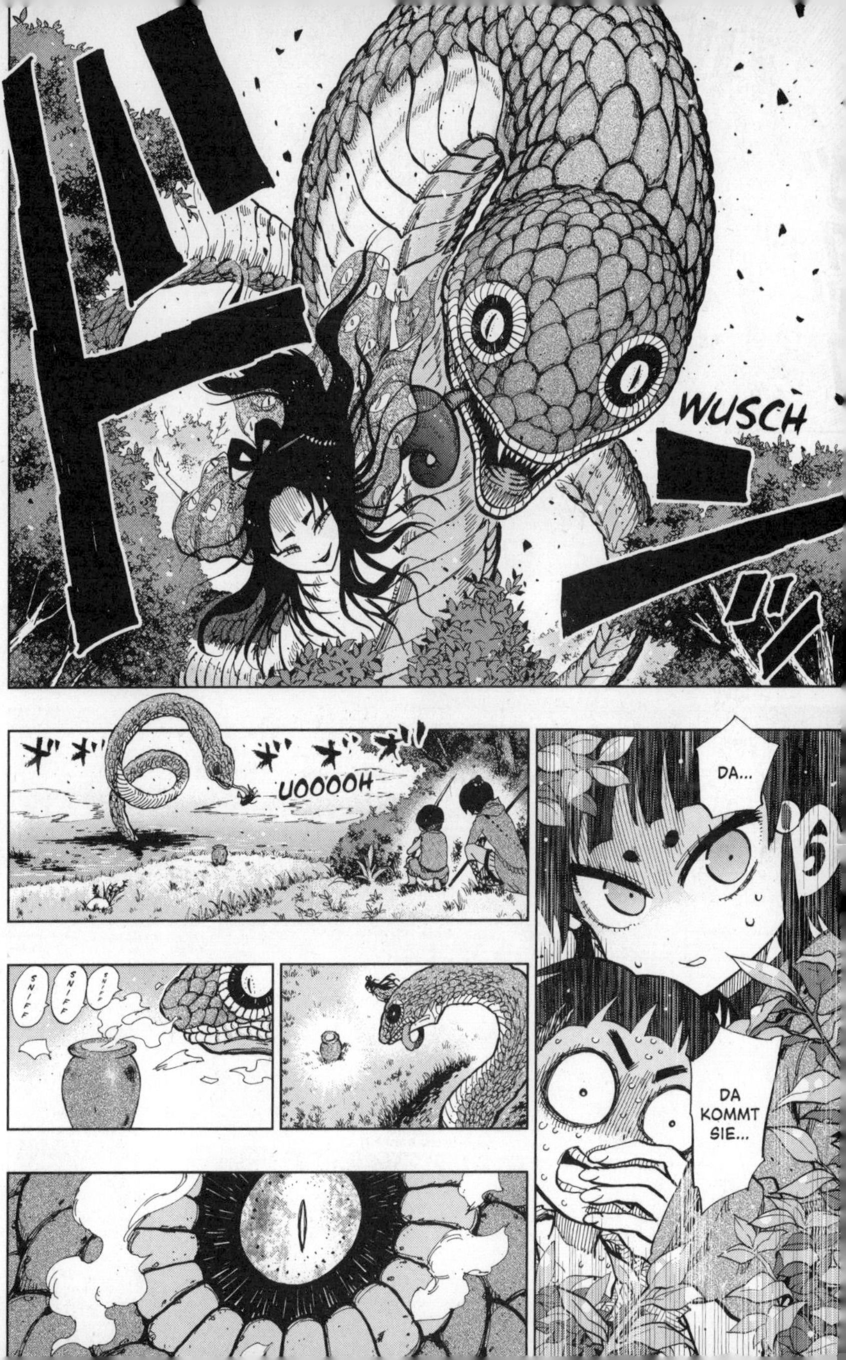
WUSCH
DA...
UOOOOH
SNIFF
SNIFF
SNIFF
DA KOMMT SIE...

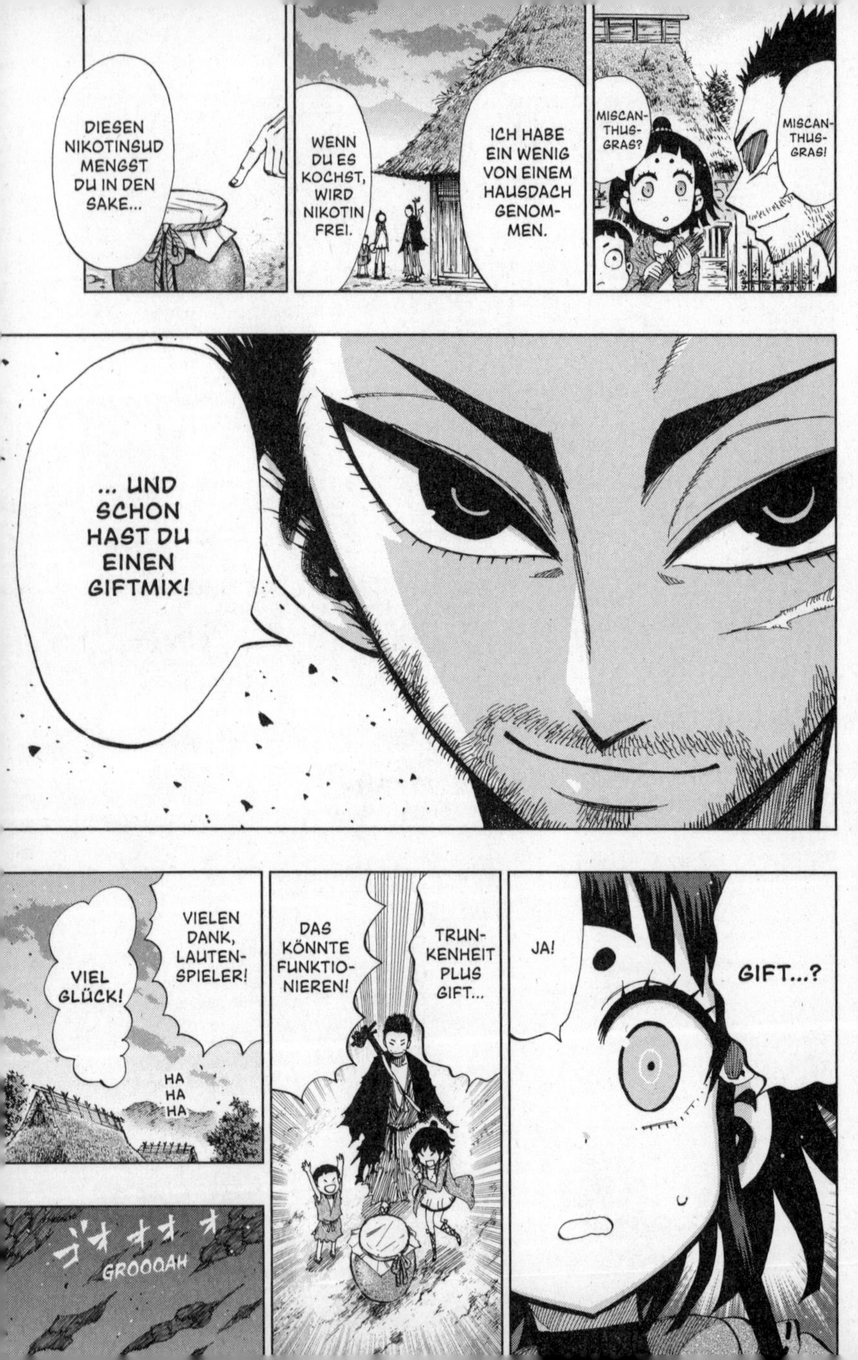

MISCANTHUSGRAS!
MISCANTHUSGRAS?
ICH HABE EIN WENIG VON EINEM HAUSDACH GENOMMEN.
WENN DU ES KOCHST, WIRD NIKOTIN FREI.
DIESEN NIKOTINSUD MENGST DU IN DEN SAKE...
... UND SCHON HAST DU EINEN GIFTMIX!
GIFT...?
JA!
TRUNKENHEIT PLUS GIFT...
DAS KÖNNTE FUNKTIONIEREN!
VIELEN DANK, LAUTENSPIELER!
VIEL GLÜCK!
HA HA HA
ゴオオオオ
GROOOAH

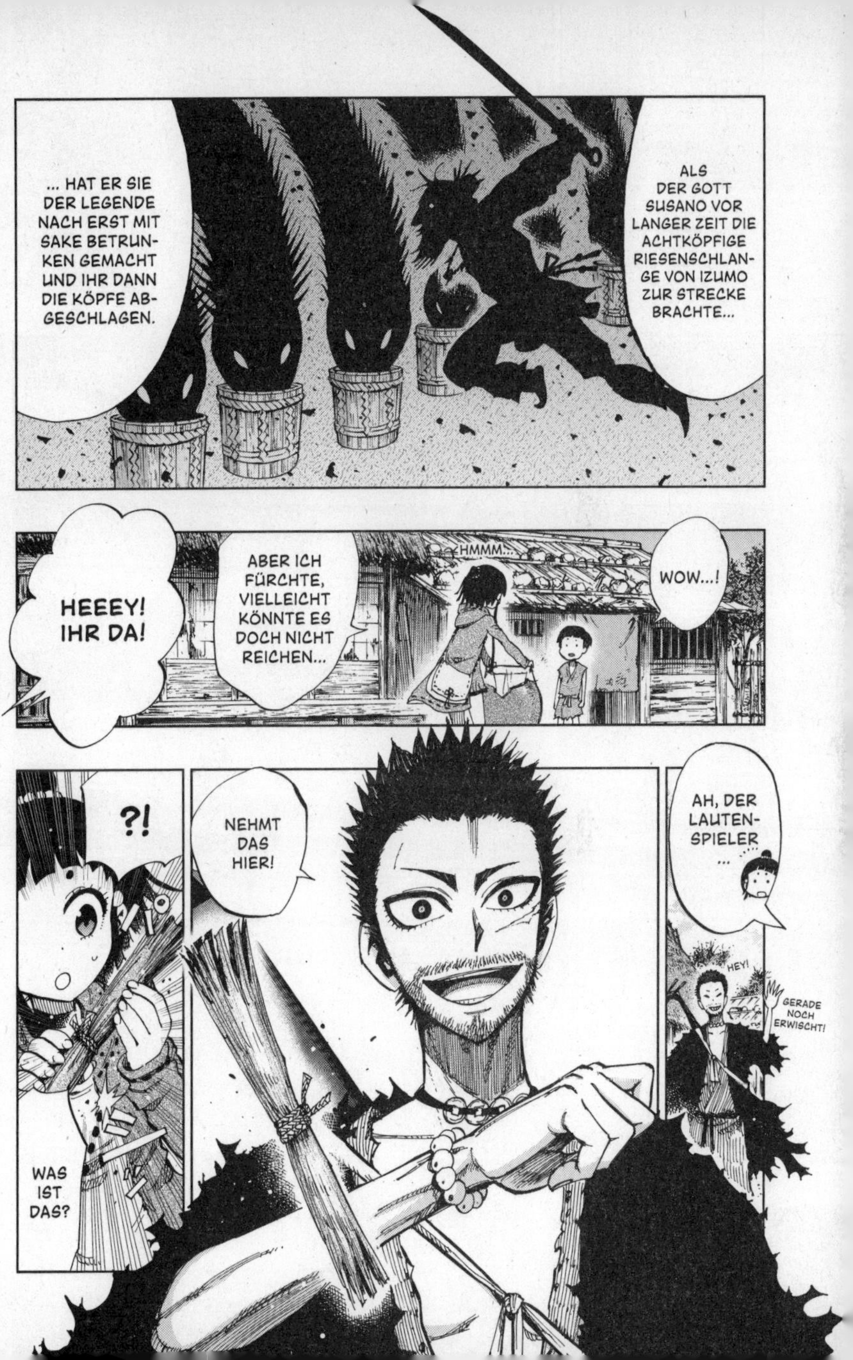
ALS DER GOTT SUSANO VOR LANGER ZEIT DIE ACHTKÖPFIGE RIESENSCHLANGE VON IZUMO ZUR STRECKE BRACHTE...
... HAT ER SIE DER LEGENDE NACH ERST MIT SAKE BETRUNKEN GEMACHT UND IHR DANN DIE KÖPFE ABGESCHLAGEN.
WOW...!
HMMM...
ABER ICH FÜRCHTE, VIELLEICHT KÖNNTE ES DOCH NICHT REICHEN...
HEEEY! IHR DA!
AH, DER LAUTENSPIELER ...
HEY!
GERADE NOCH ERWISCHT!
NEHMT DAS HIER!
?!
WAS IST DAS?

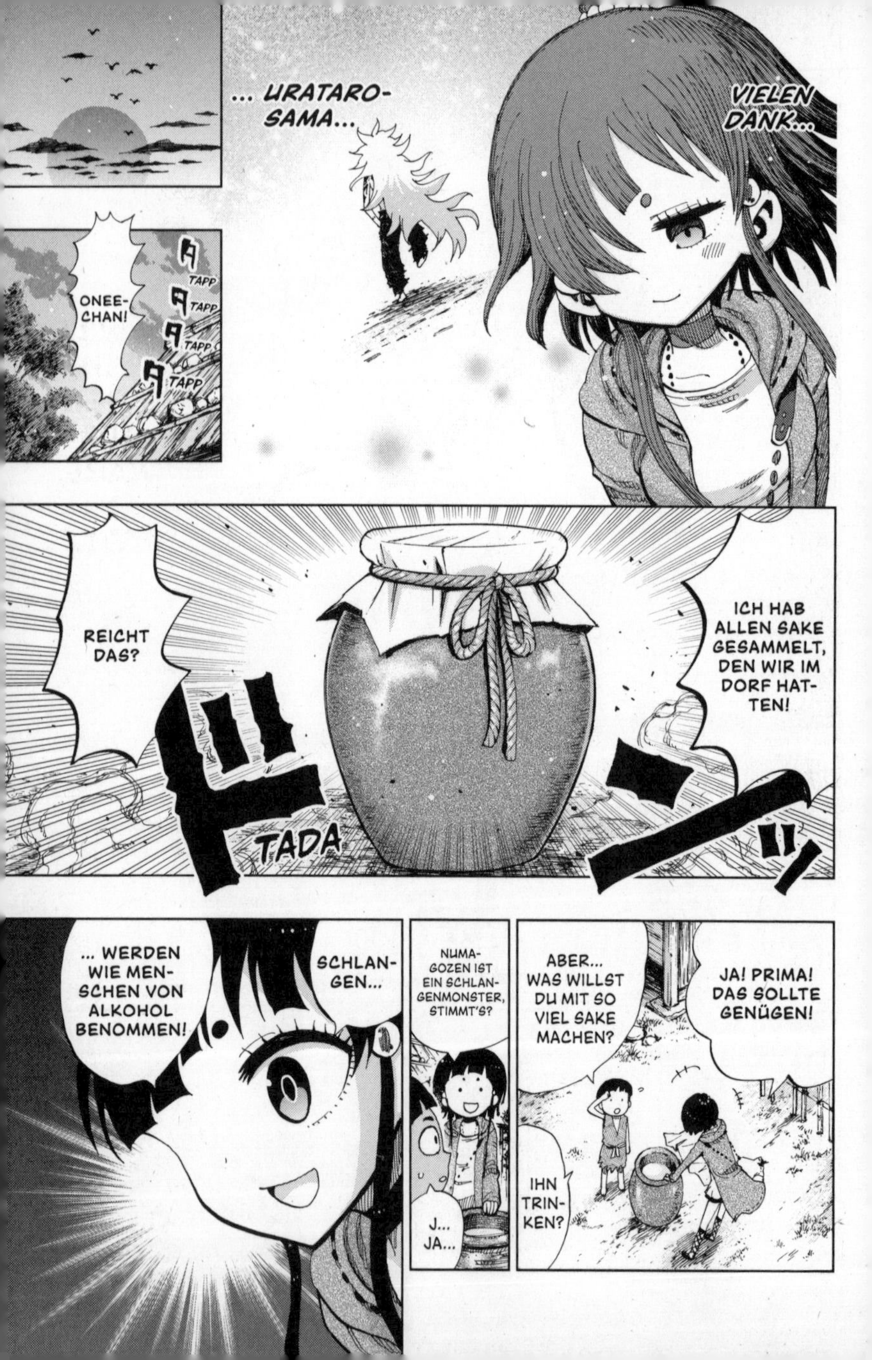

VIELEN DANK...
... URATARO-SAMA...
ONEE-CHAN!
TAPP
TAPP
TAPP
TAPP
ICH HAB ALLEN SAKE GESAMMELT, DEN WIR IM DORF HATTEN!
REICHT DAS?
TADA
JA! PRIMA! DAS SOLLTE GENÜGEN!
ABER... WAS WILLST DU MIT SO VIEL SAKE MACHEN?
IHN TRINKEN?
NUMA-GOZEN IST EIN SCHLANGENMONSTER, STIMMT'S?
J... JA...
SCHLANGEN...
... WERDEN WIE MENSCHEN VON ALKOHOL BENOMMEN!

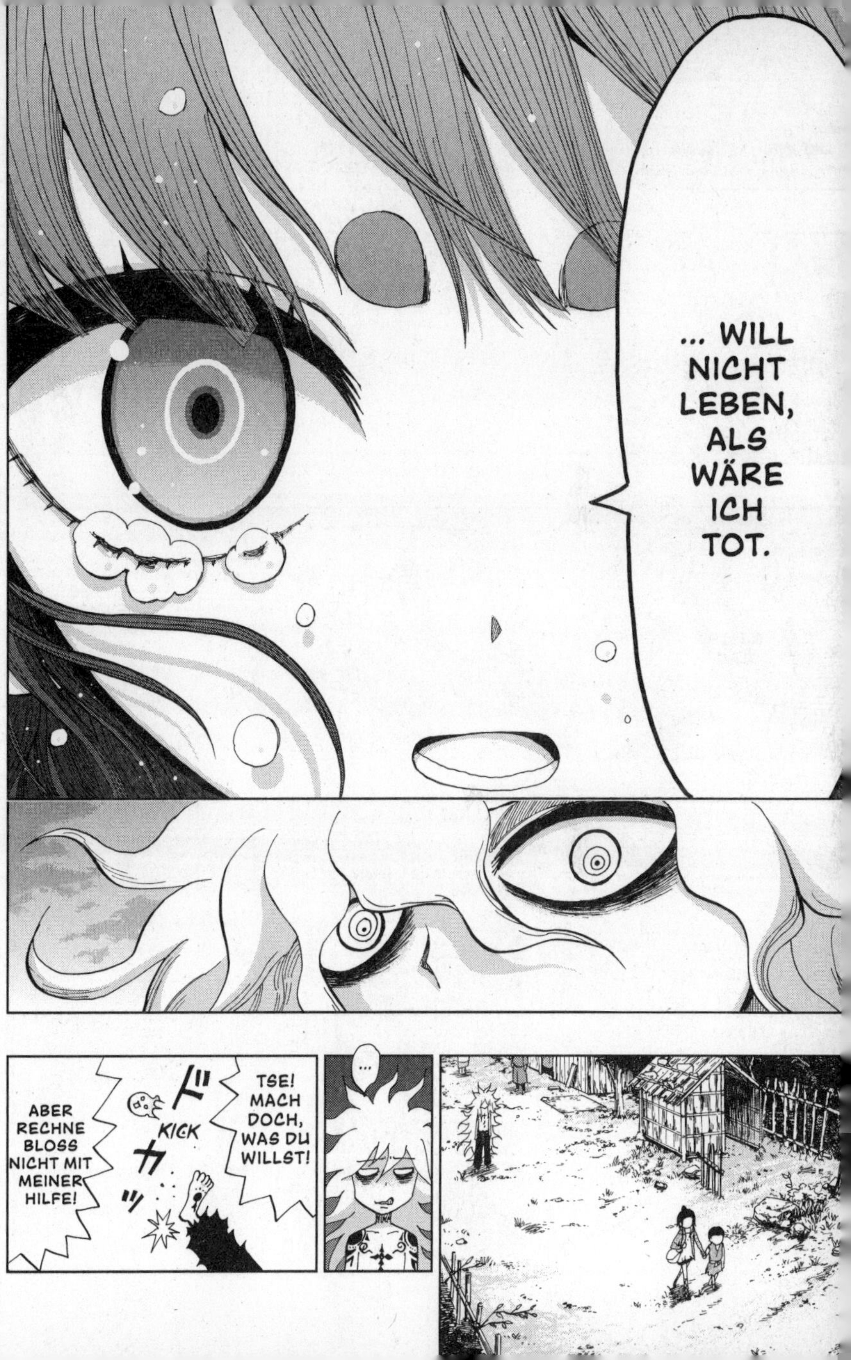
... WILL NICHT LEBEN, ALS WÄRE ICH TOT.
...
TSE! MACH DOCH, WAS DU WILLST!
KICK
ドカッ
ABER RECHNE BLOSS NICHT MIT MEINER HILFE!

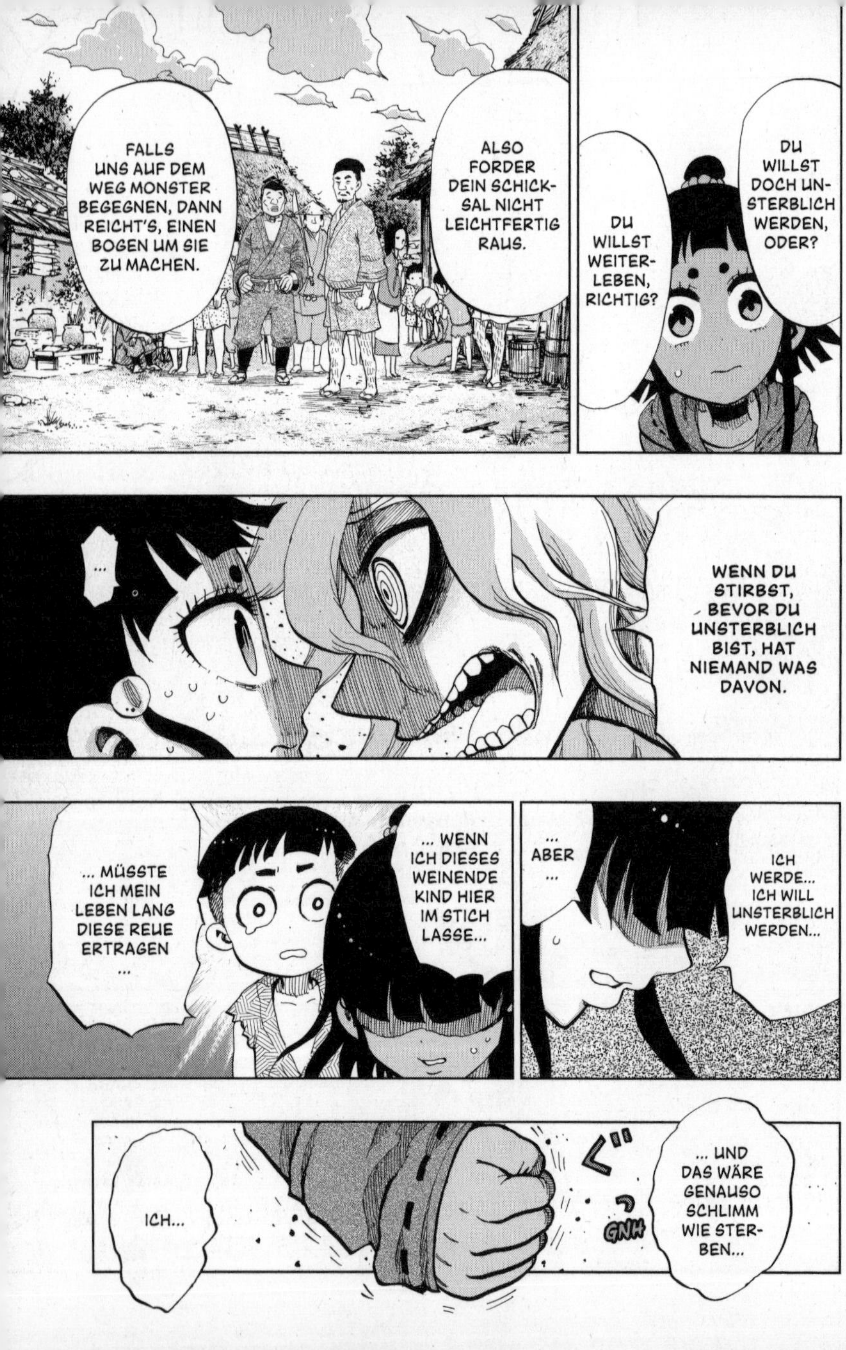
DU WILLST DOCH UNSTERBLICH WERDEN, ODER?
DU WILLST WEITERLEBEN, RICHTIG?
ALSO FORDER DEIN SCHICKSAL NICHT LEICHTFERTIG RAUS.
FALLS UNS AUF DEM WEG MONSTER BEGEGNEN, DANN REICHT'S, EINEN BOGEN UM SIE ZU MACHEN.
WENN DU STIRBST, BEVOR DU UNSTERBLICH BIST, HAT NIEMAND WAS DAVON.
...
ICH WERDE... ICH WILL UNSTERBLICH WERDEN...
... ABER ...
... WENN ICH DIESES WEINENDE KIND HIER IM STICH LASSE...
... MÜSSTE ICH MEIN LEBEN LANG DIESE REUE ERTRAGEN ...
... UND DAS WÄRE GENAUSO SCHLIMM WIE STERBEN...
GNH
ICH...

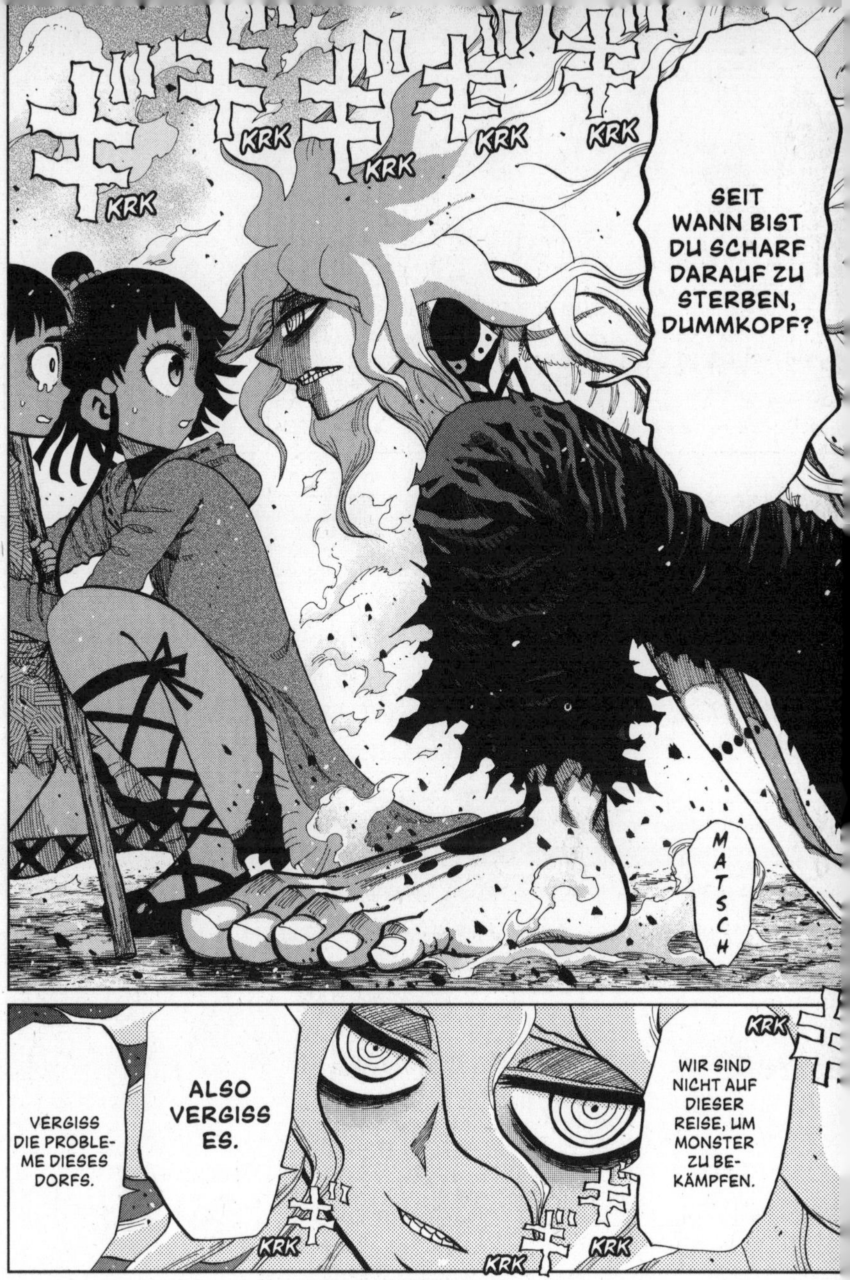
KRK
KRK
KRK
KRK
KRK
SEIT WANN BIST DU SCHARF DARAUF ZU STERBEN, DUMMKOPF?
MATSCH
KRK
WIR SIND NICHT AUF DIESER REISE, UM MONSTER ZU BEKÄMPFEN.
ALSO VERGISS ES.
VERGISS DIE PROBLEME DIESES DORFS.
KRK
KRK
KRK

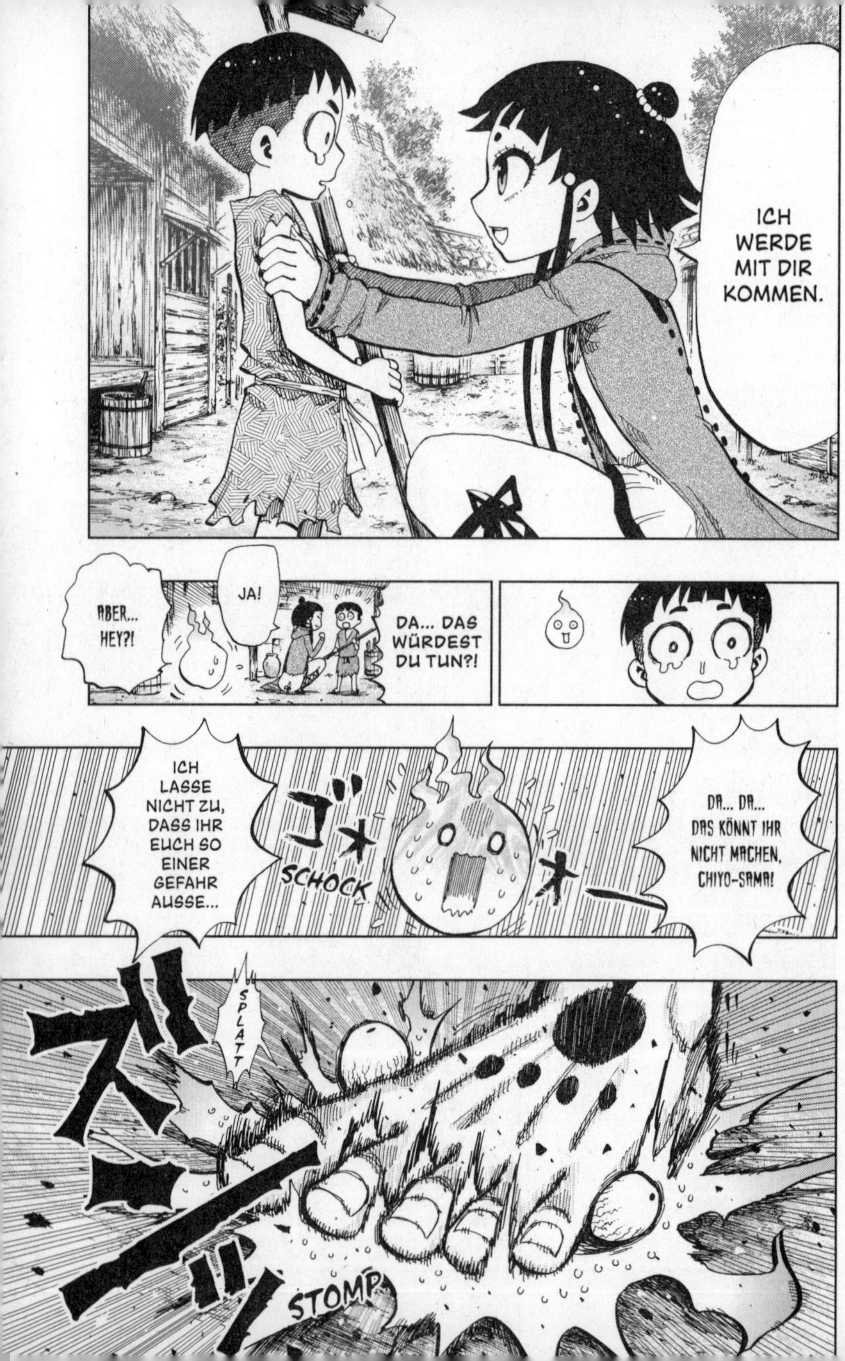
ICH WERDE MIT DIR KOMMEN.
DA... DAS WÜRDEST DU TUN?!
JA!
ABER... HEY?!
DA... DA... DAS KÖNNT IHR NICHT MACHEN, CHIYO-SAMA!
SCHOCK
ICH LASSE NICHT ZU, DASS IHR EUCH SO EINER GEFAHR AUSSE...
SPLATT
STOMP

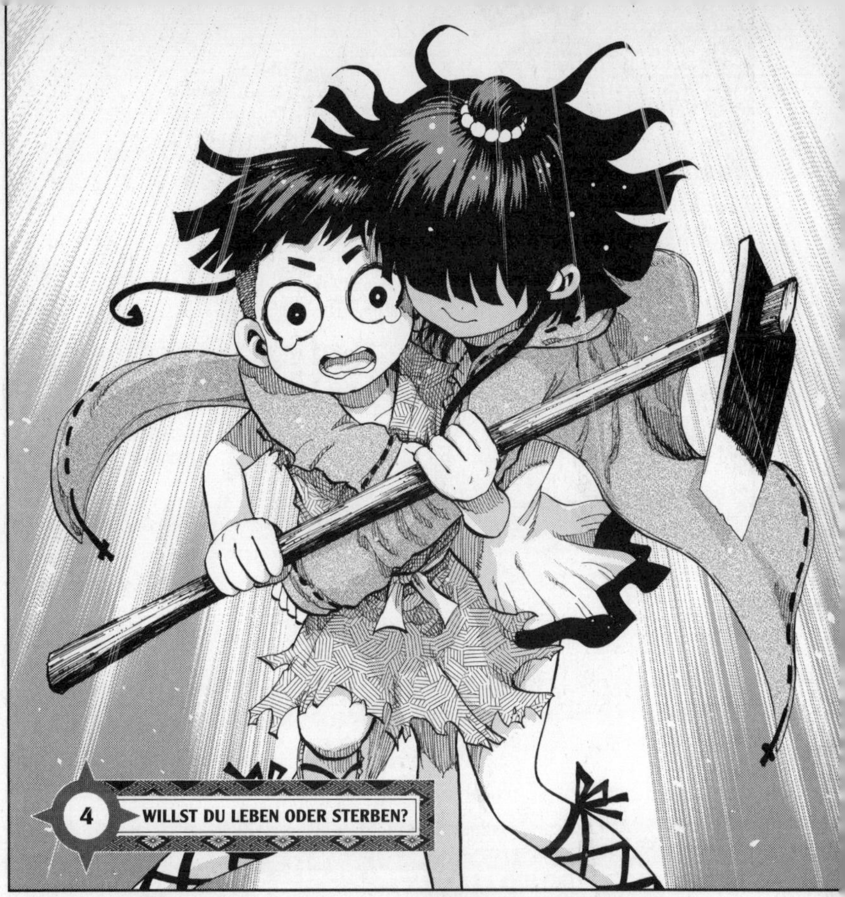

* ANREDE FÜR DIE GROSSE SCHWESTER, ABER AUCH FÜR ÄLTERE FREMDE.

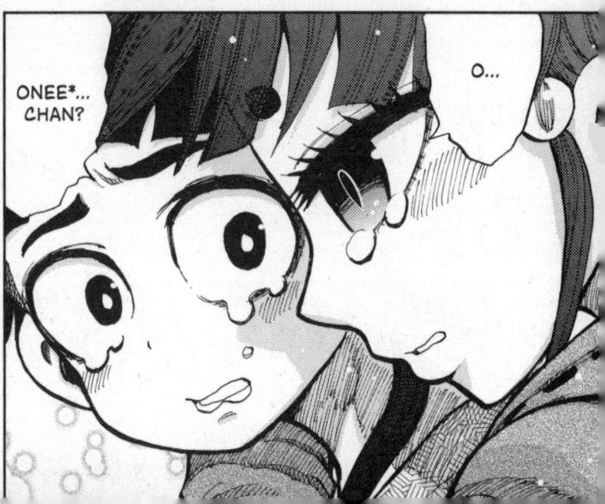

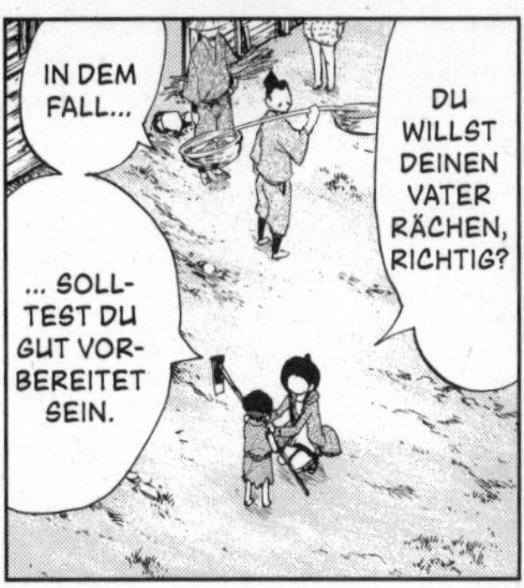

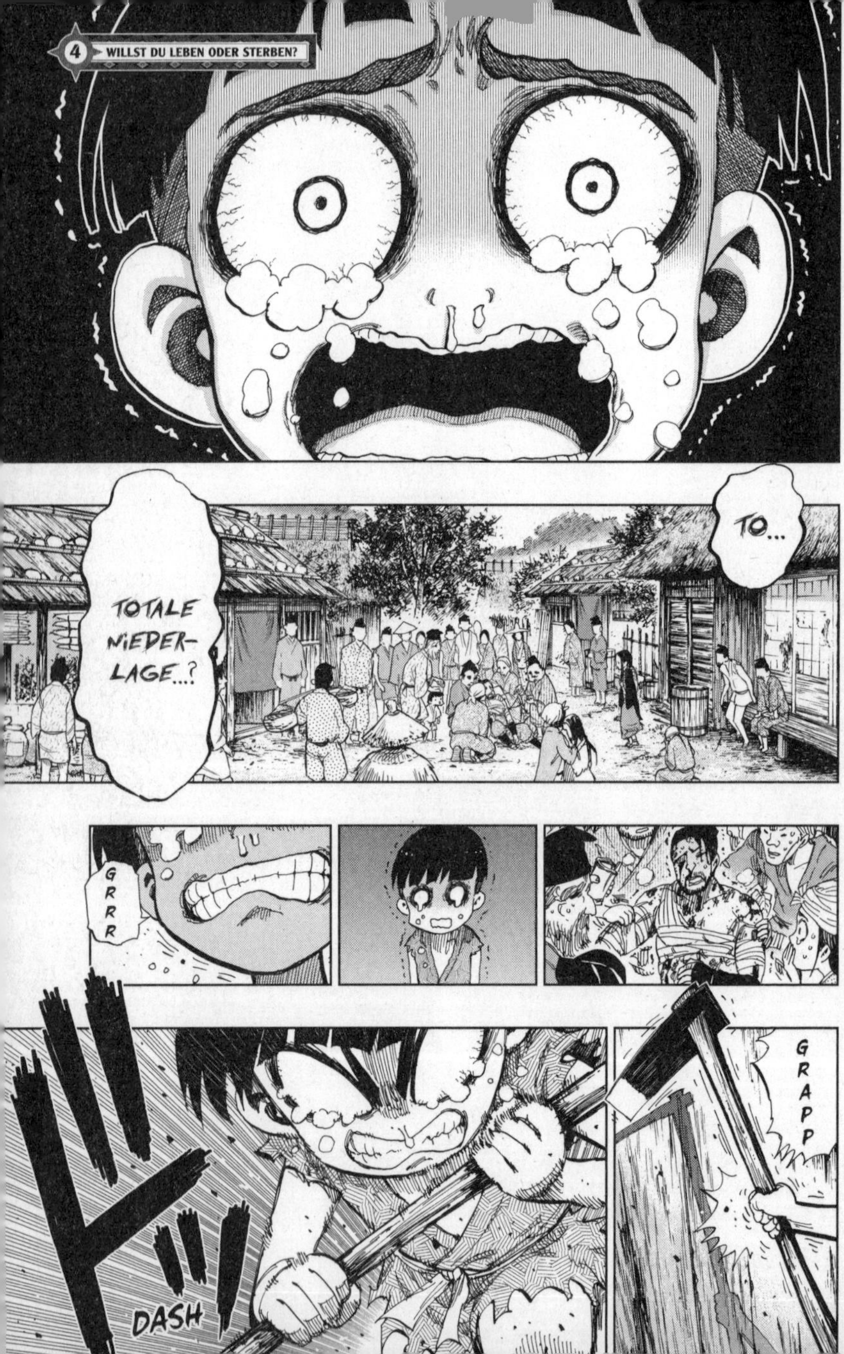
TO...
TOTALE NIEDER-LAGE...?
GRRR
GRAPP
DASH

URATARO

DEATHSEEKER

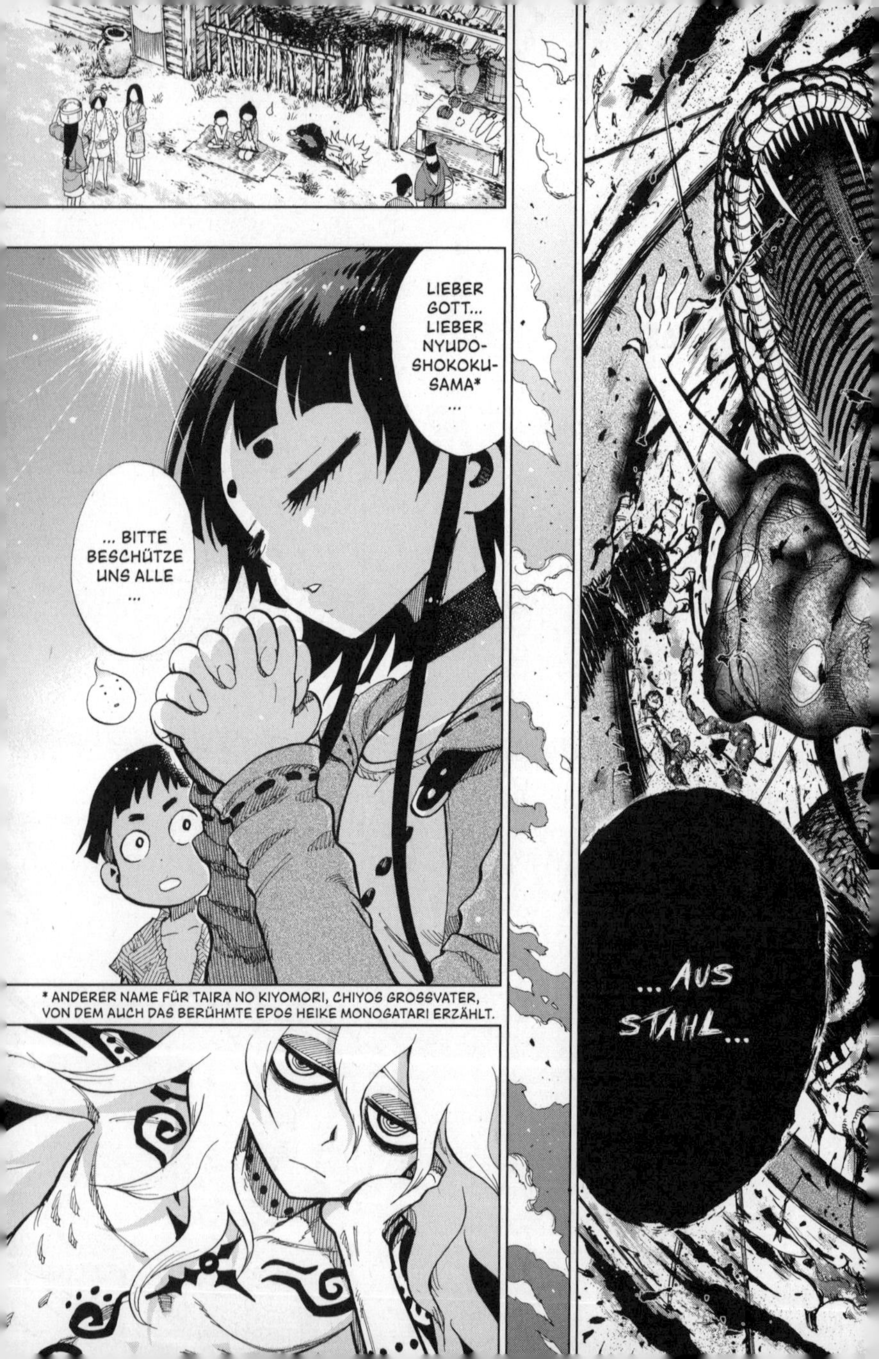

* ANDERER NAME FÜR TAIRA NO KIYOMORI, CHIYOS GROSSVATER, VON DEM AUCH DAS BERÜHMTE EPOS HEIKE MONOGATARI ERZÄHLT.

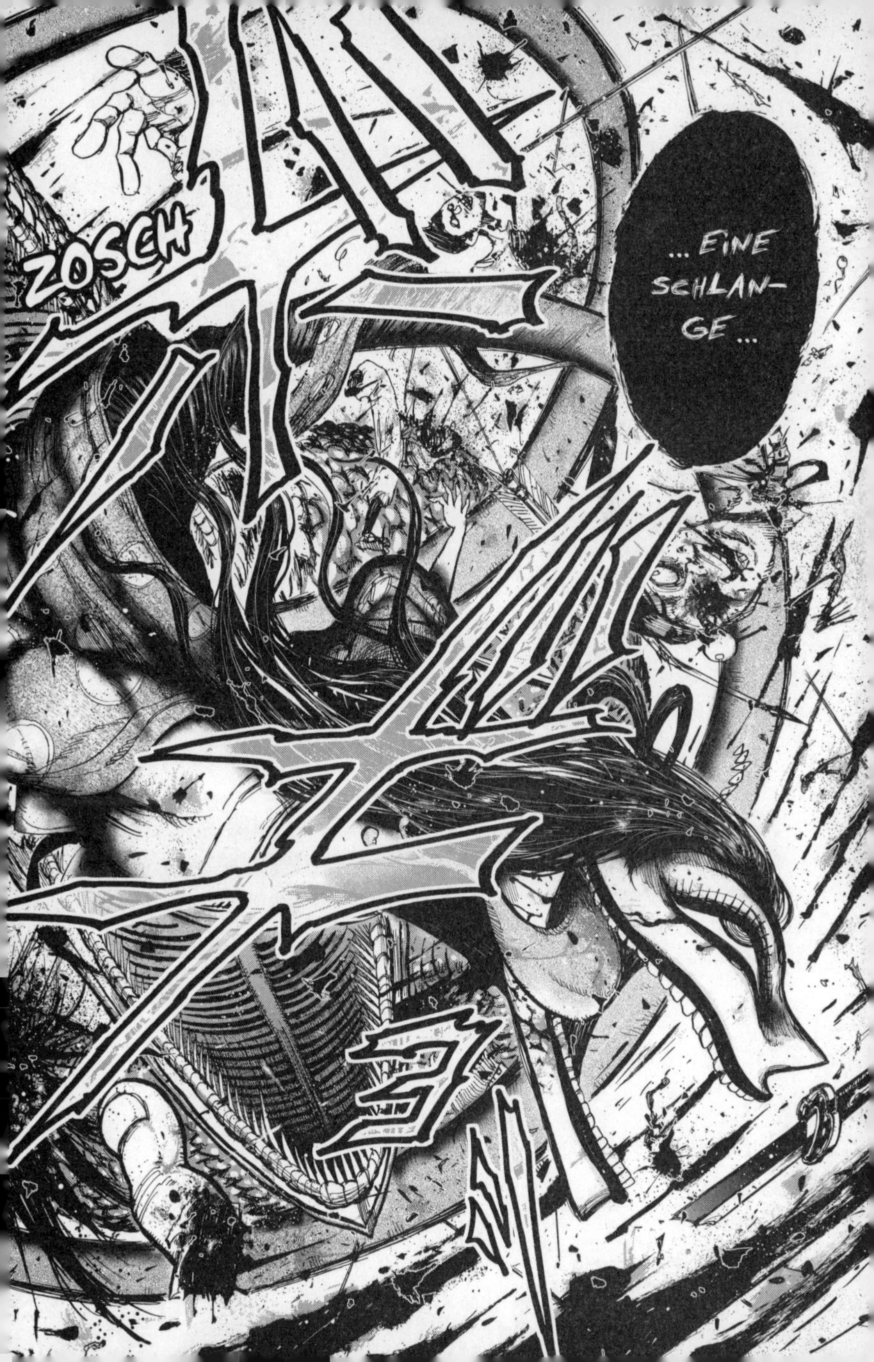
... EINE SCHLAN-GE ...
ZOSCH

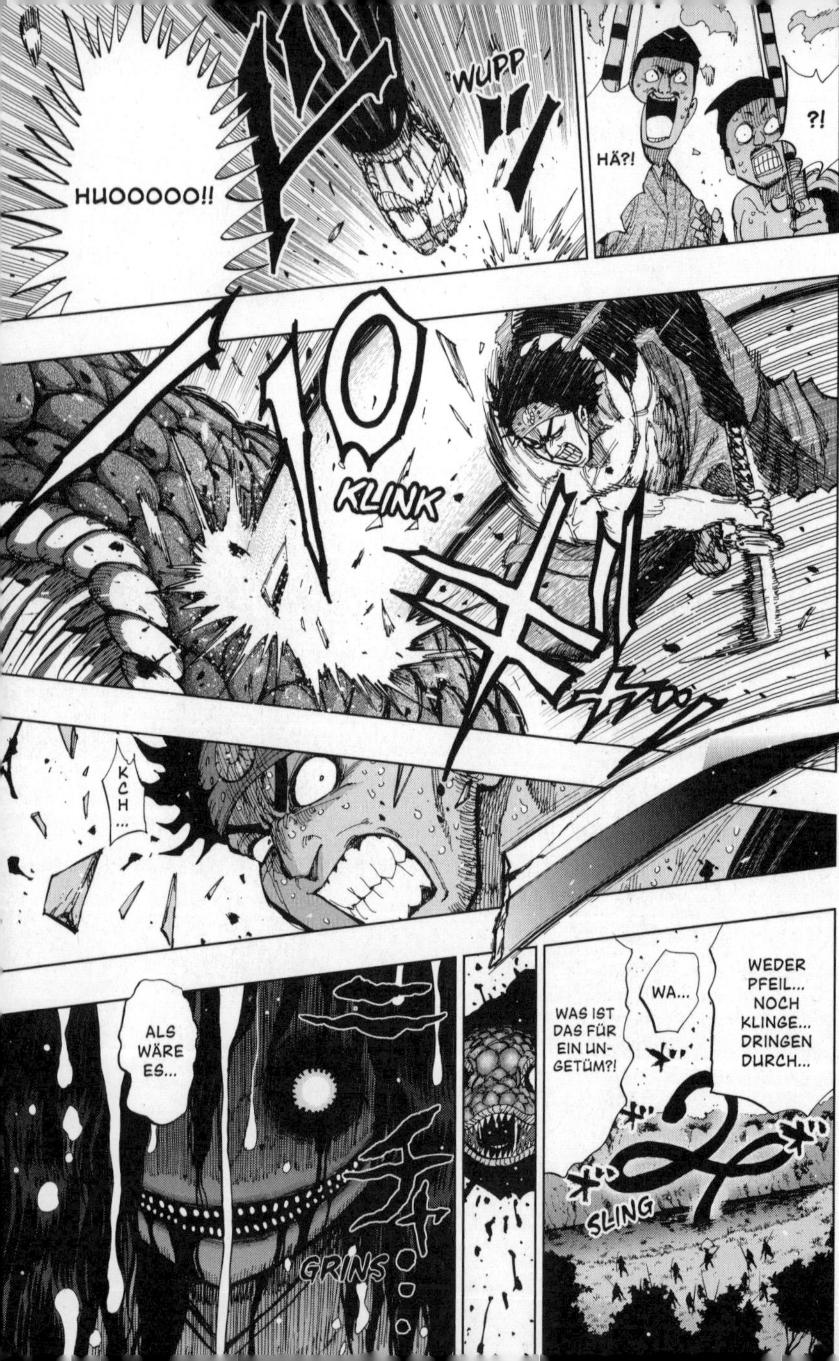
?!
HÄ?!
WUPP
HUOOOOO!!
KLINK
KCH ...
WEDER PFEIL... NOCH KLINGE... DRINGEN DURCH...
WA...
WAS IST DAS FÜR EIN UN-GETÜM?!
SLING
ALS WÄRE ES...
GRINS

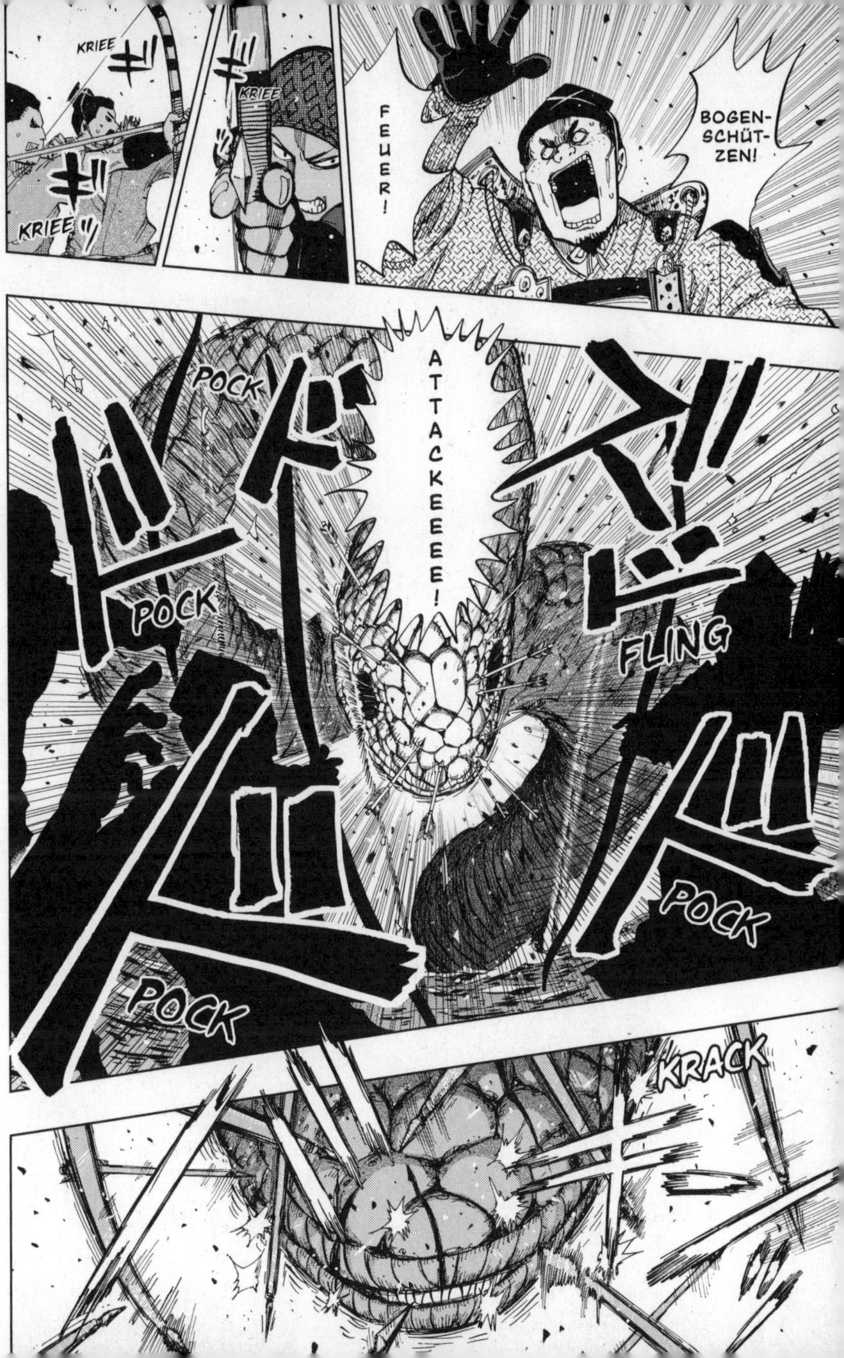
BOGEN-
SCHÜT-
ZEN!
FEUER!
KRIEE
KRIEE
KRIEE
ATTACKEEEEE!
FLING
POCK
POCK
POCK
POCK
KRACK

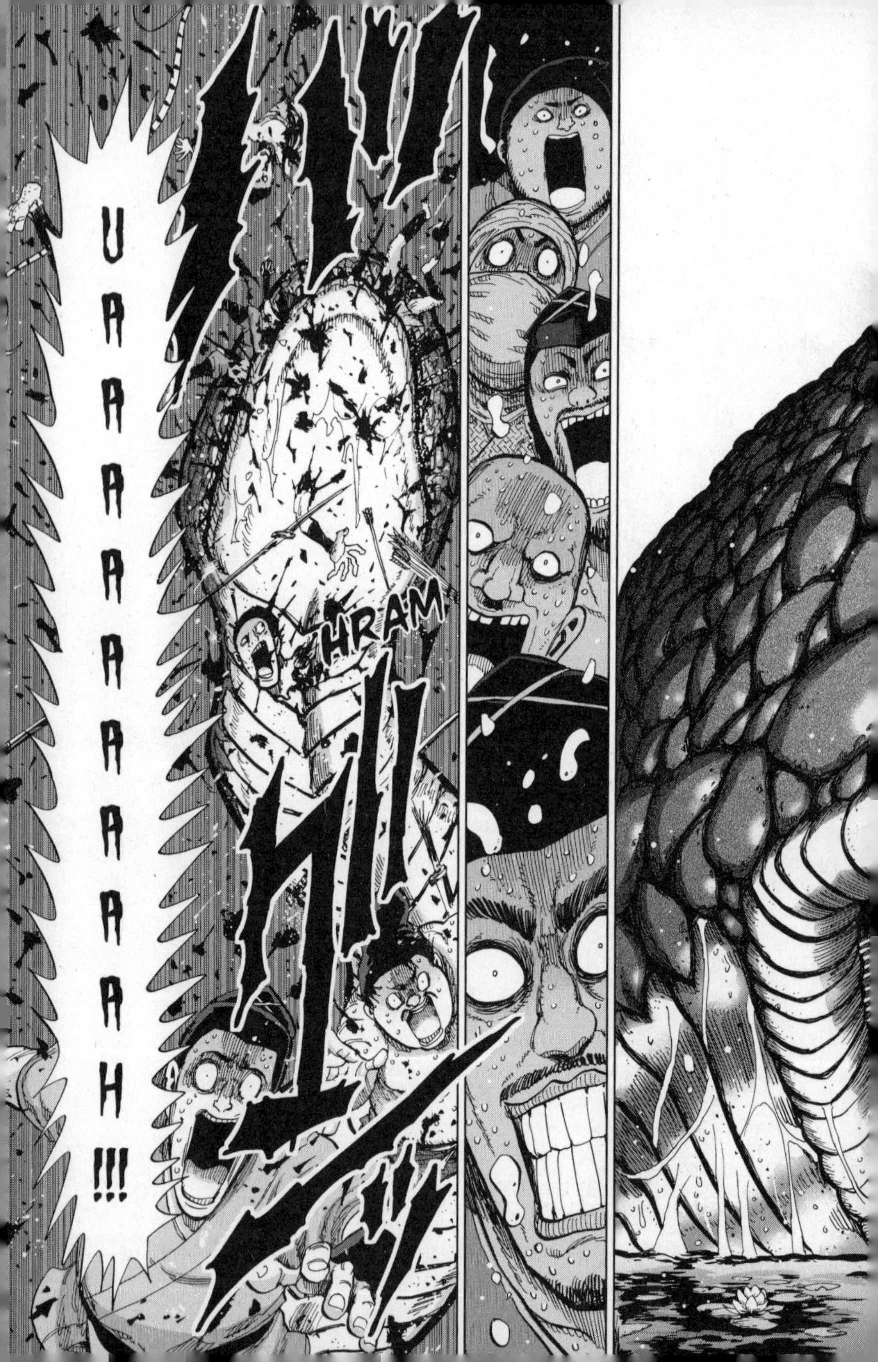
UAAAAAAAAAH!!!
HRAM

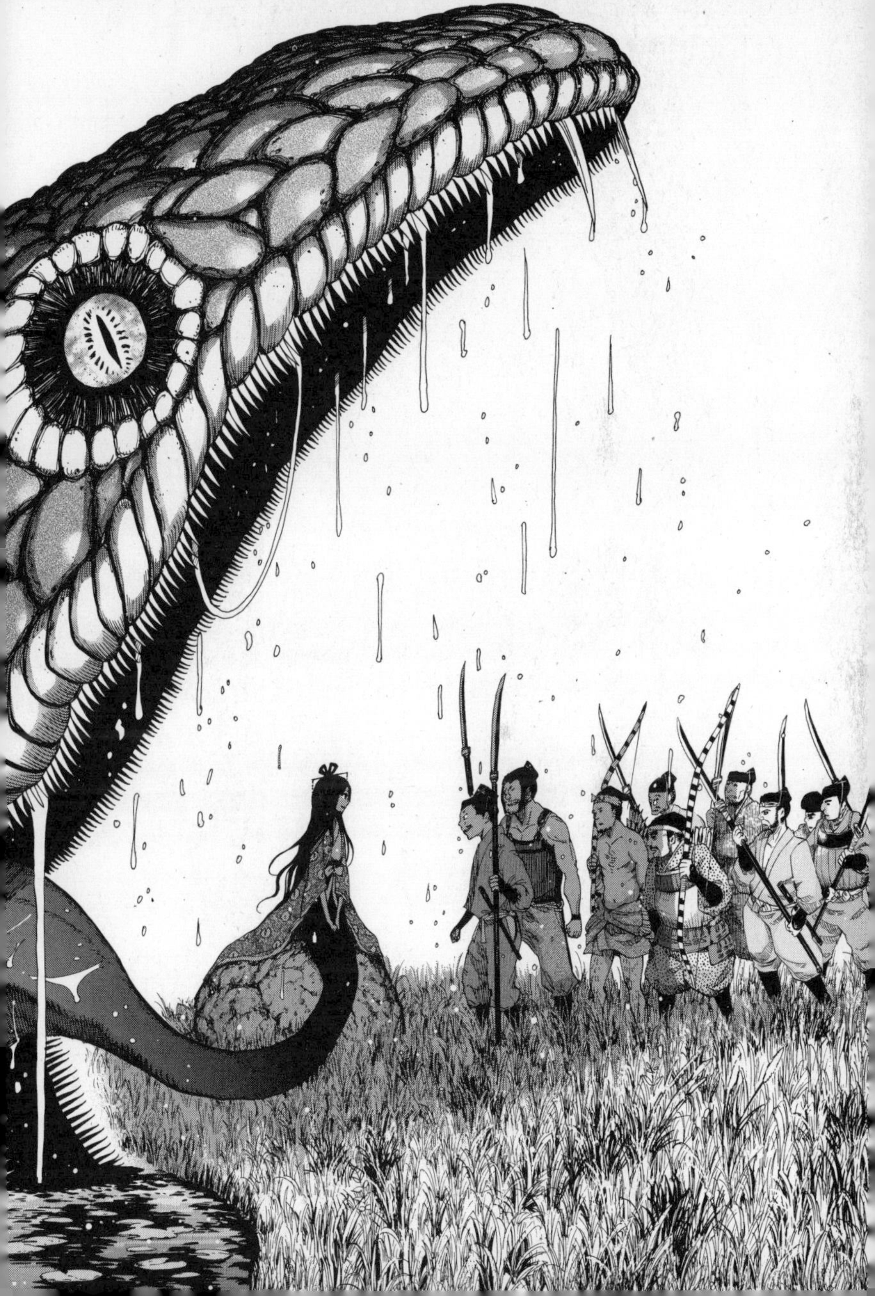

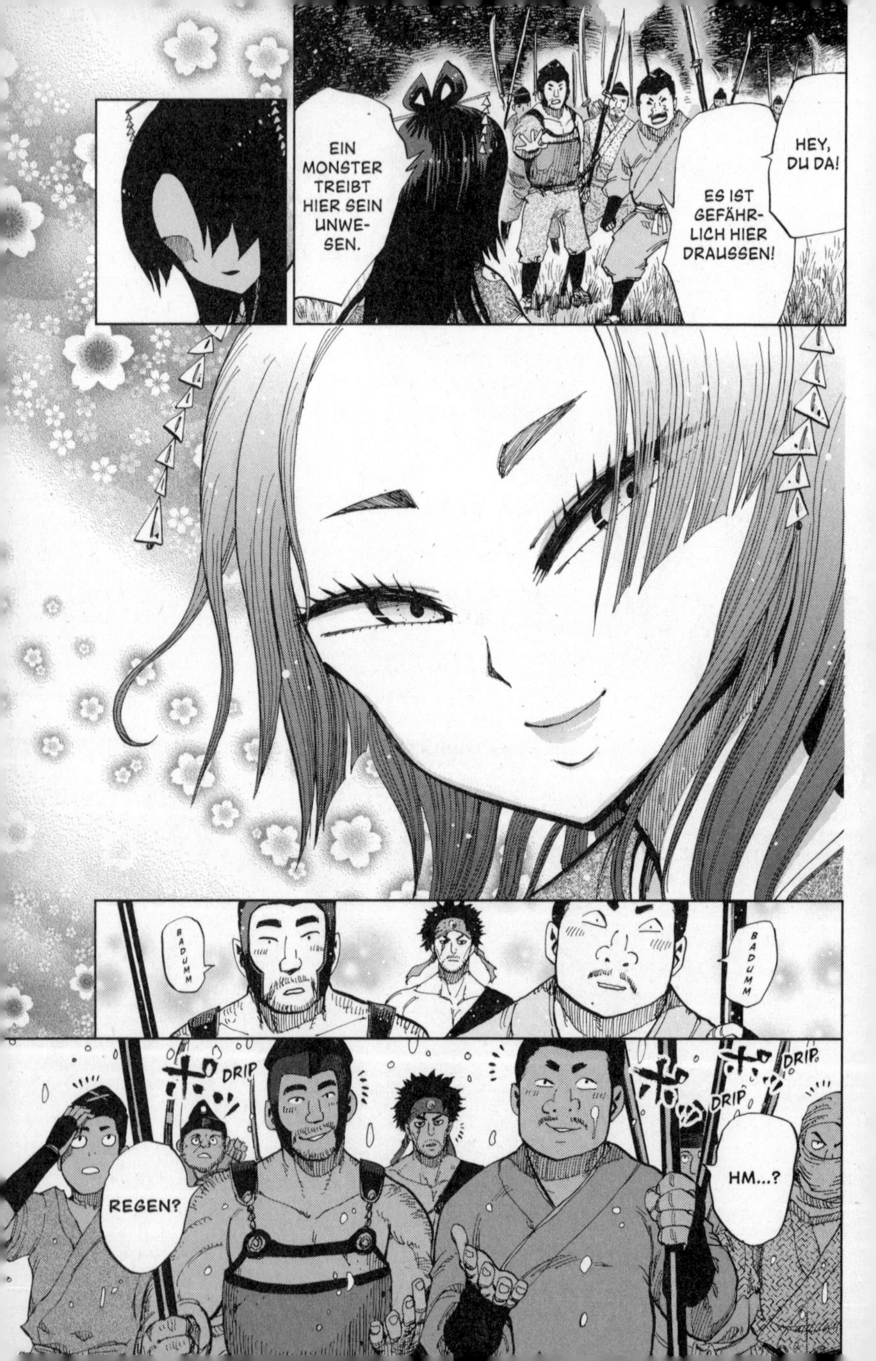
HEY, DU DA!
ES IST GEFÄHRLICH HIER DRAUSSEN!
EIN MONSTER TREIBT HIER SEIN UNWESEN.
BADUMM
BADUMM
DRIP
DRIP
DRIP
DRIP
HM...?
REGEN?

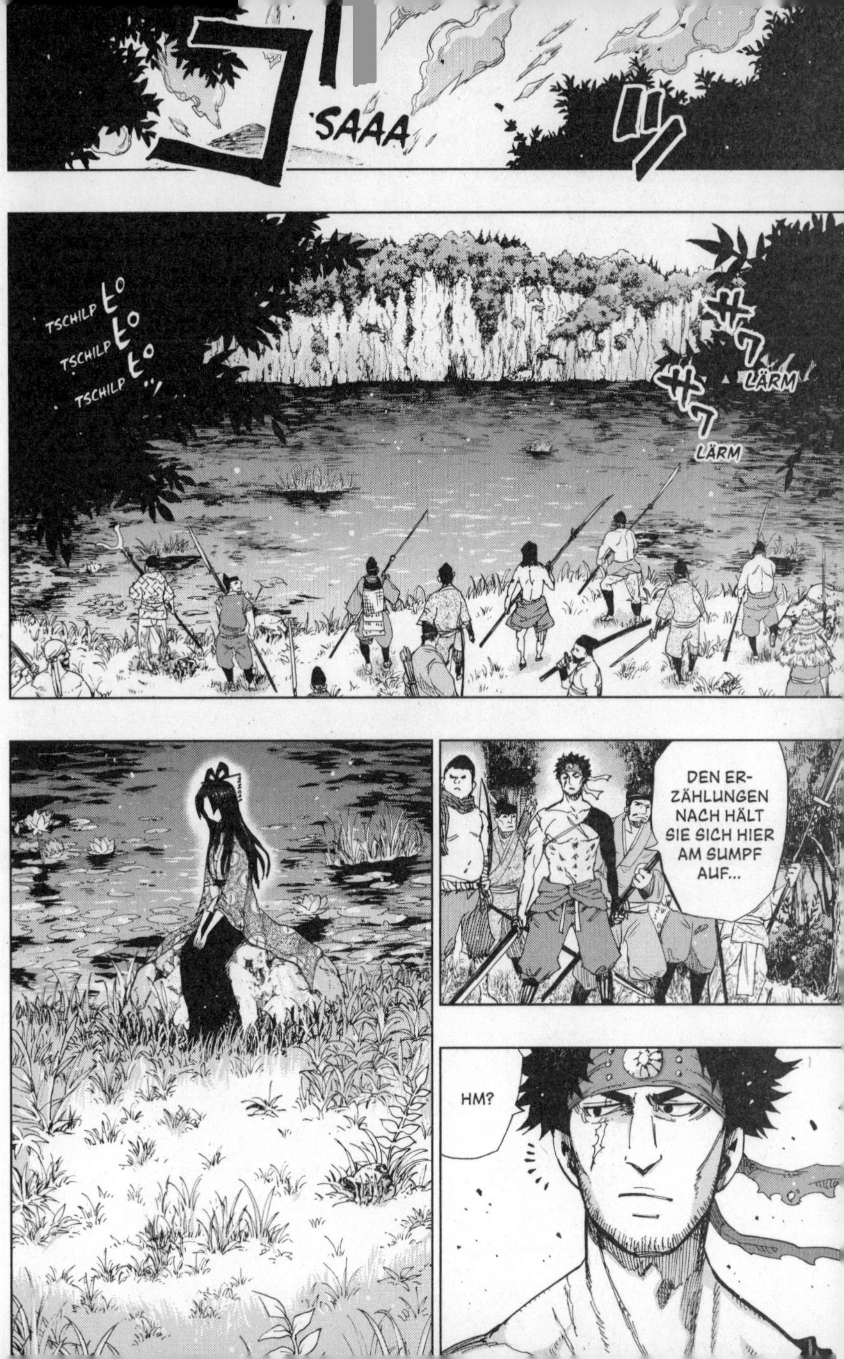
SAAA
TSCHILP
TSCHILP
TSCHILP
LÄRM
LÄRM
DEN ER-ZÄHLUNGEN NACH HÄLT SIE SICH HIER AM SUMPF AUF...
HM?

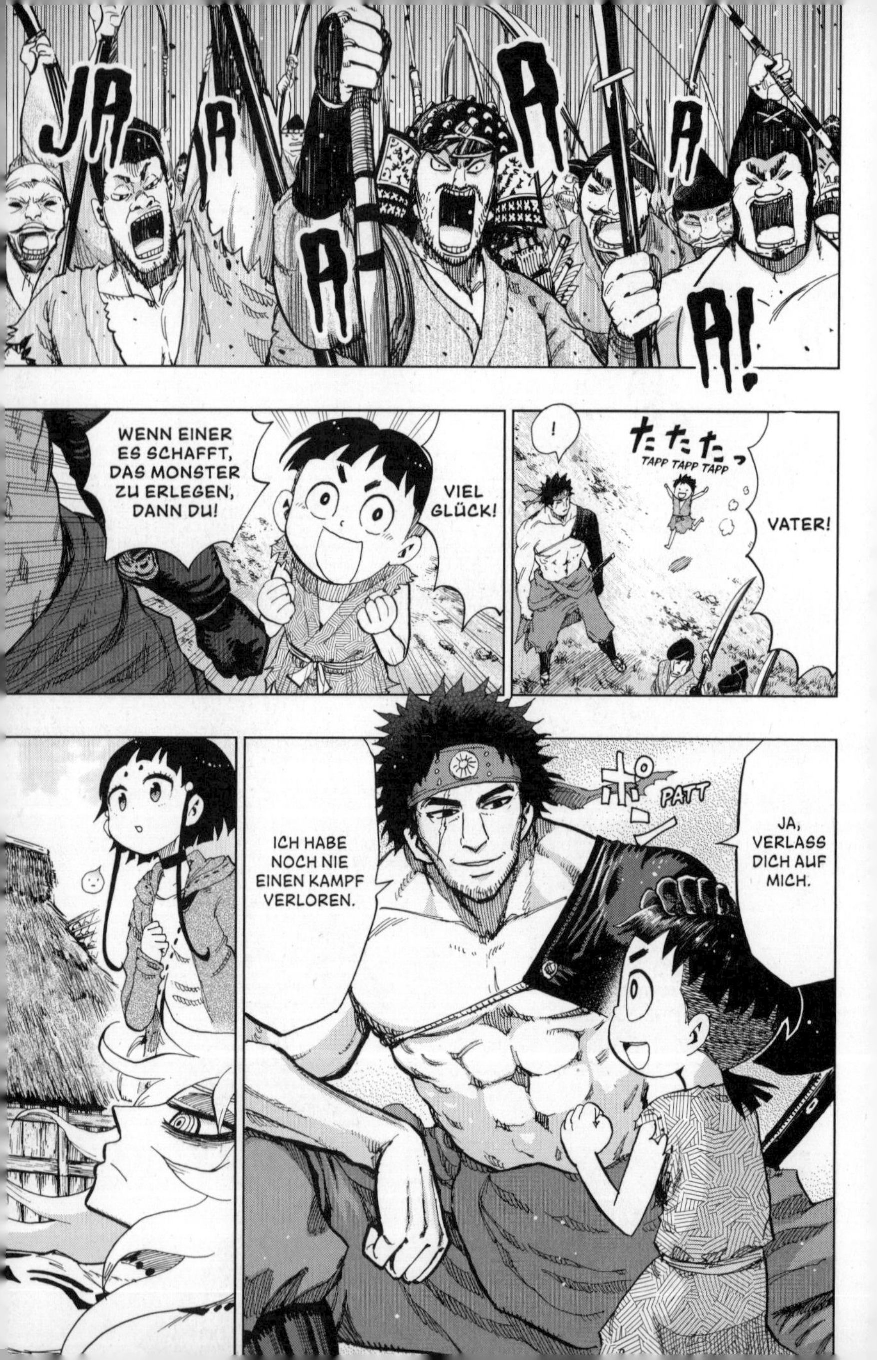
JAAAAAAA!
VIEL GLÜCK!
WENN EINER ES SCHAFFT, DAS MONSTER ZU ERLEGEN, DANN DU!
!
たたたっ
TAPP TAPP TAPP
VATER!
ポン
PATT
JA, VERLASS DICH AUF MICH.
ICH HABE NOCH NIE EINEN KAMPF VERLOREN.

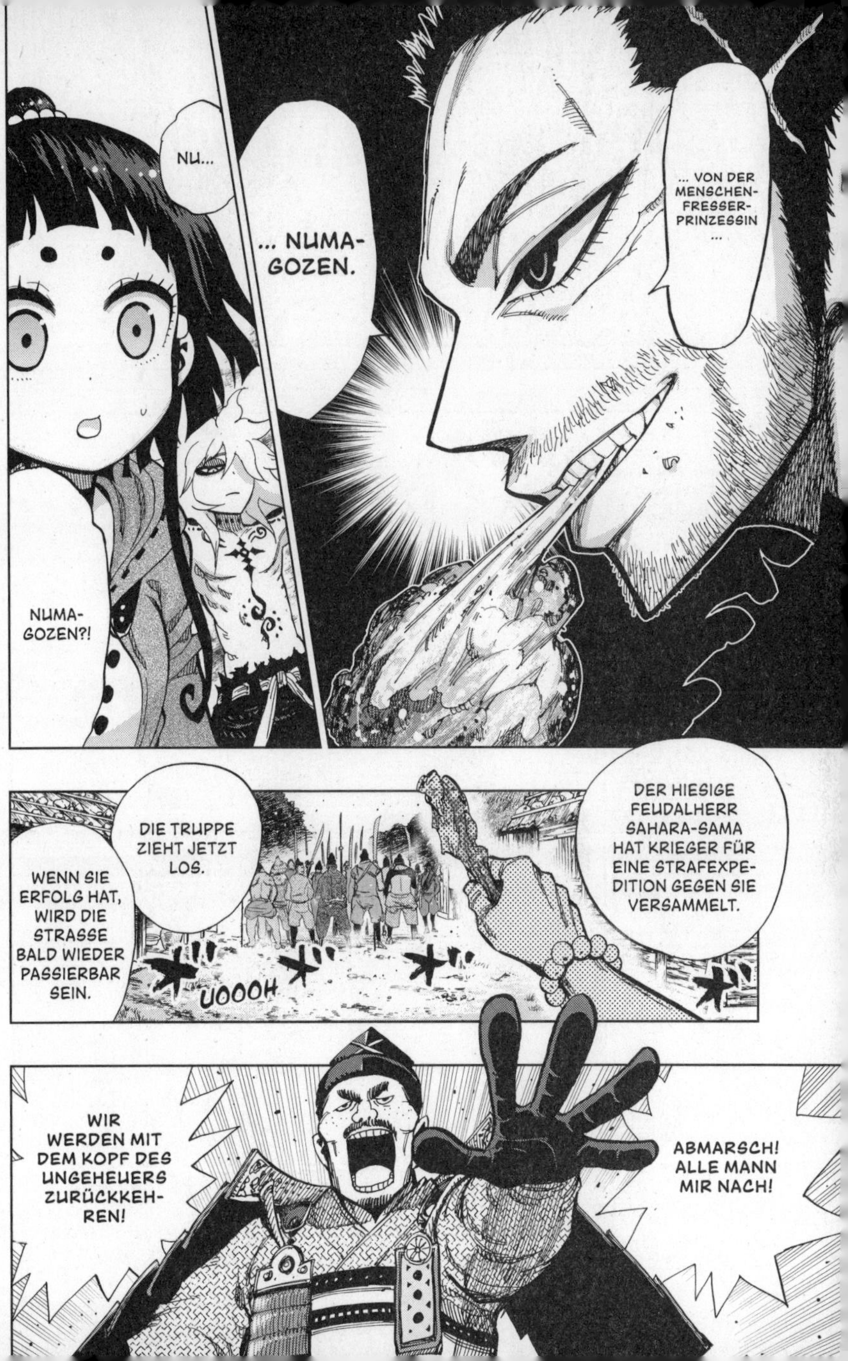
... VON DER MENSCHEN-FRESSER-PRINZESSIN ...
... NUMA-GOZEN.
NU...
NUMA-GOZEN?!
DER HIESIGE FEUDALHERR SAHARA-SAMA HAT KRIEGER FÜR EINE STRAFEXPE-DITION GEGEN SIE VERSAMMELT.
DIE TRUPPE ZIEHT JETZT LOS.
WENN SIE ERFOLG HAT, WIRD DIE STRASSE BALD WIEDER PASSIERBAR SEIN.
UOOOH
ABMARSCH! ALLE MANN MIR NACH!
WIR WERDEN MIT DEM KOPF DES UNGEHEUERS ZURÜCKKEH-REN!

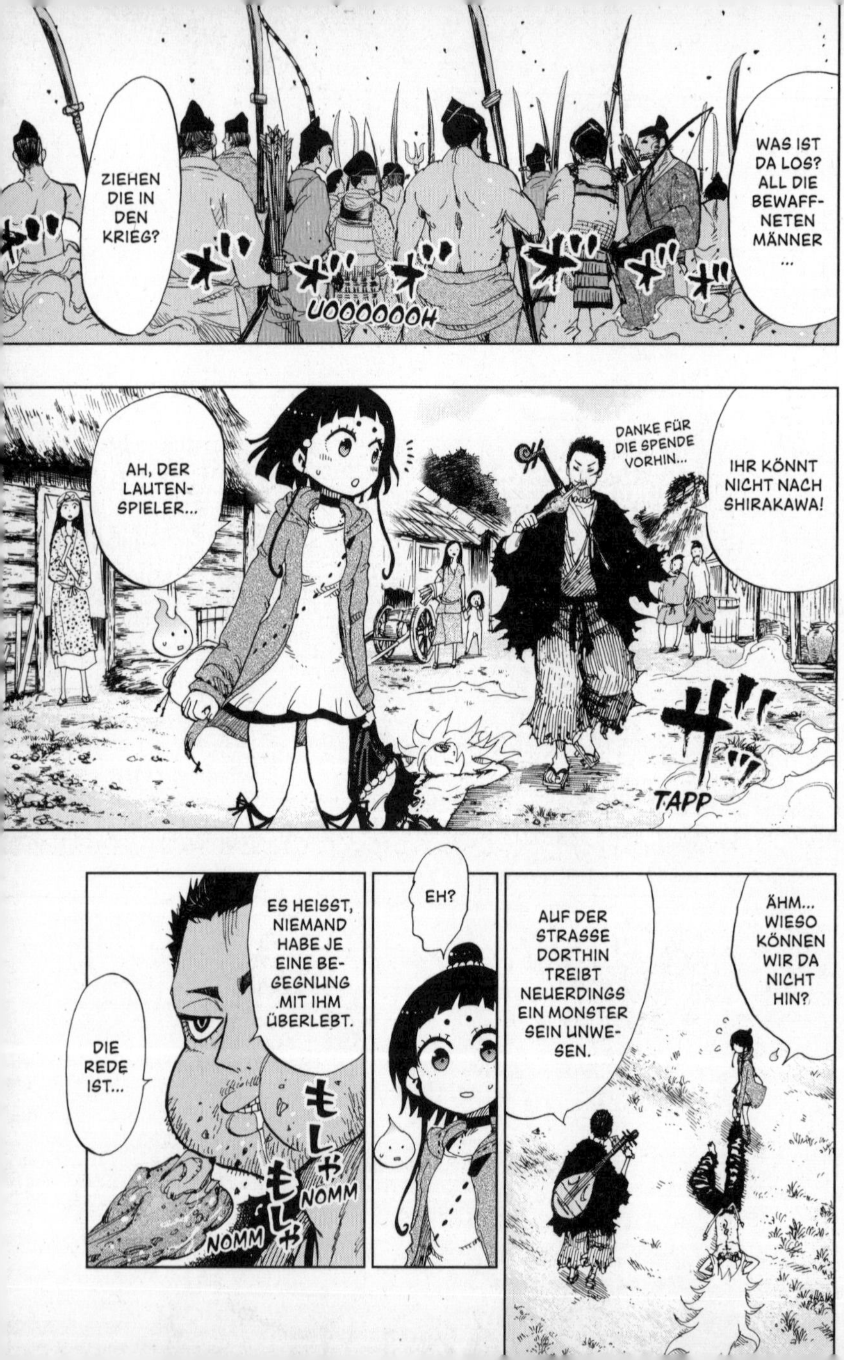
WAS IST DA LOS? ALL DIE BEWAFF-NETEN MÄNNER ...
UOOOOOOH
ZIEHEN DIE IN DEN KRIEG?
IHR KÖNNT NICHT NACH SHIRAKAWA!
DANKE FÜR DIE SPENDE VORHIN...
TAPP
AH, DER LAUTEN-SPIELER...
ÄHM... WIESO KÖNNEN WIR DA NICHT HIN?
AUF DER STRASSE DORTHIN TREIBT NEUERDINGS EIN MONSTER SEIN UNWE-SEN.
EH?
ES HEISST, NIEMAND HABE JE EINE BE-GEGNUNG MIT IHM ÜBERLEBT.
DIE REDE IST...
NOMM
NOMM

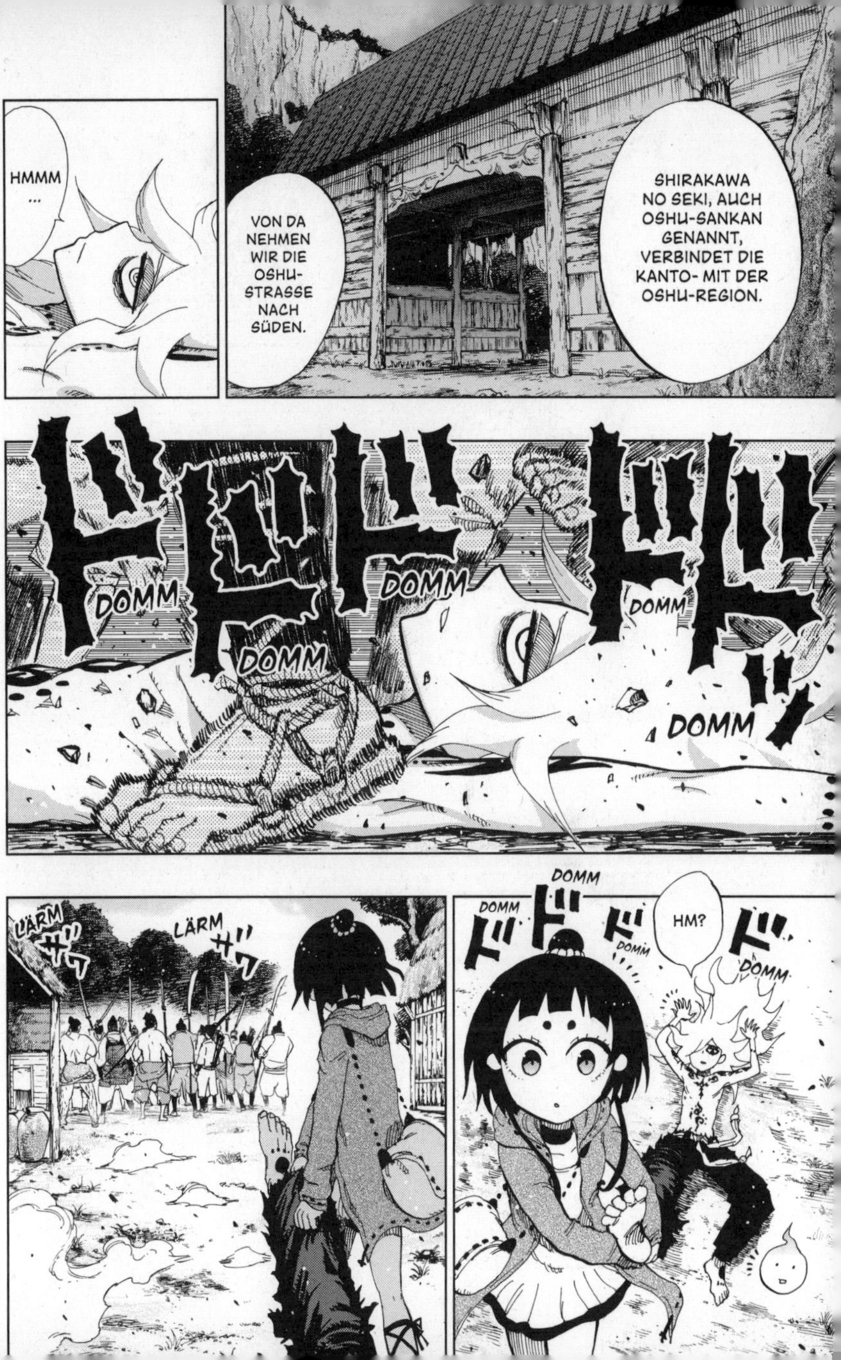
SHIRAKAWA NO SEKI, AUCH OSHU-SANKAN GENANNT, VERBINDET DIE KANTO- MIT DER OSHU-REGION.
VON DA NEHMEN WIR DIE OSHU-STRASSE NACH SÜDEN.
HMMM ...
DOMM
DOMM
DOMM
DOMM
DOMM
DOMM
DOMM
DOMM
HM?
DOMM
DOMM
LÄRM
LÄRM

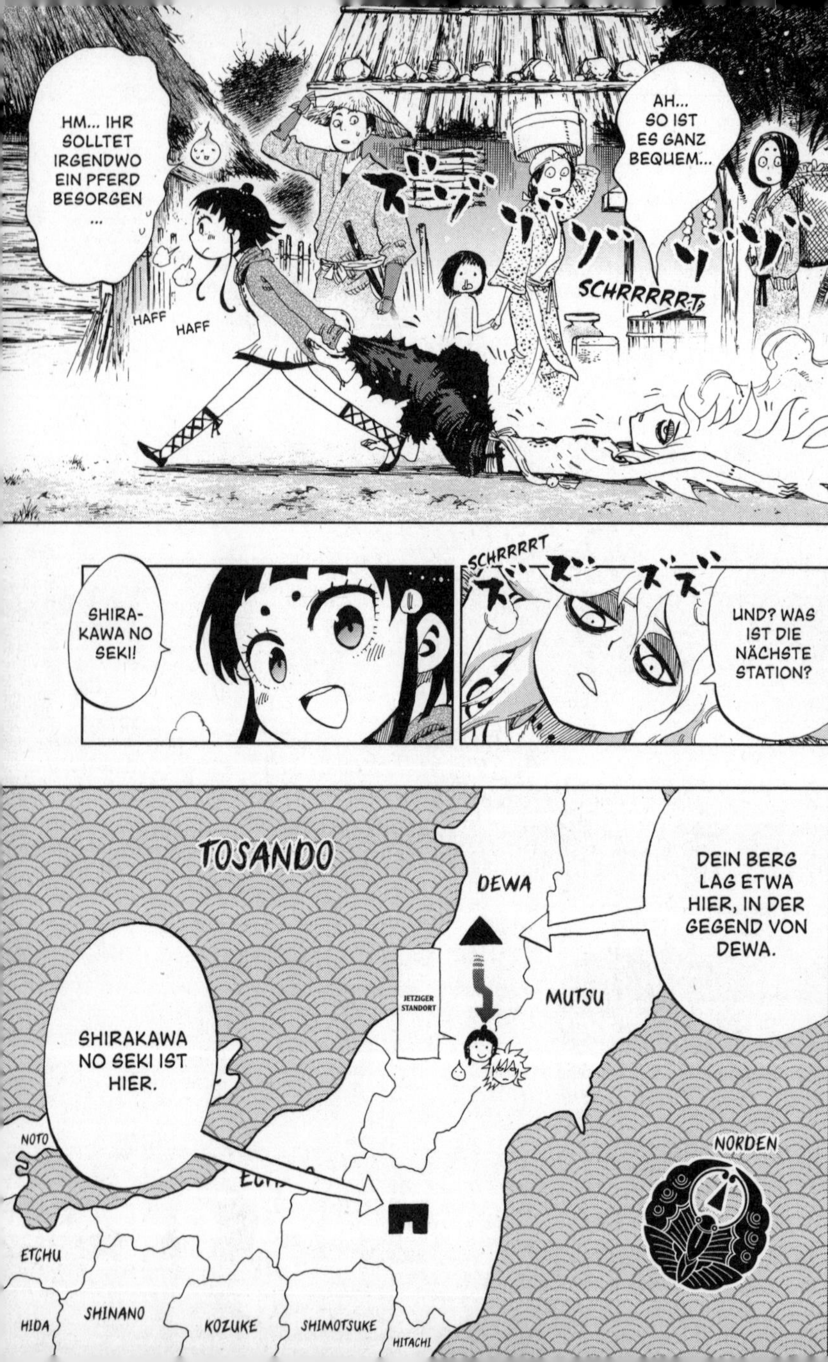

* KARTE AUS DEM 12. JAHRHUNDERT.

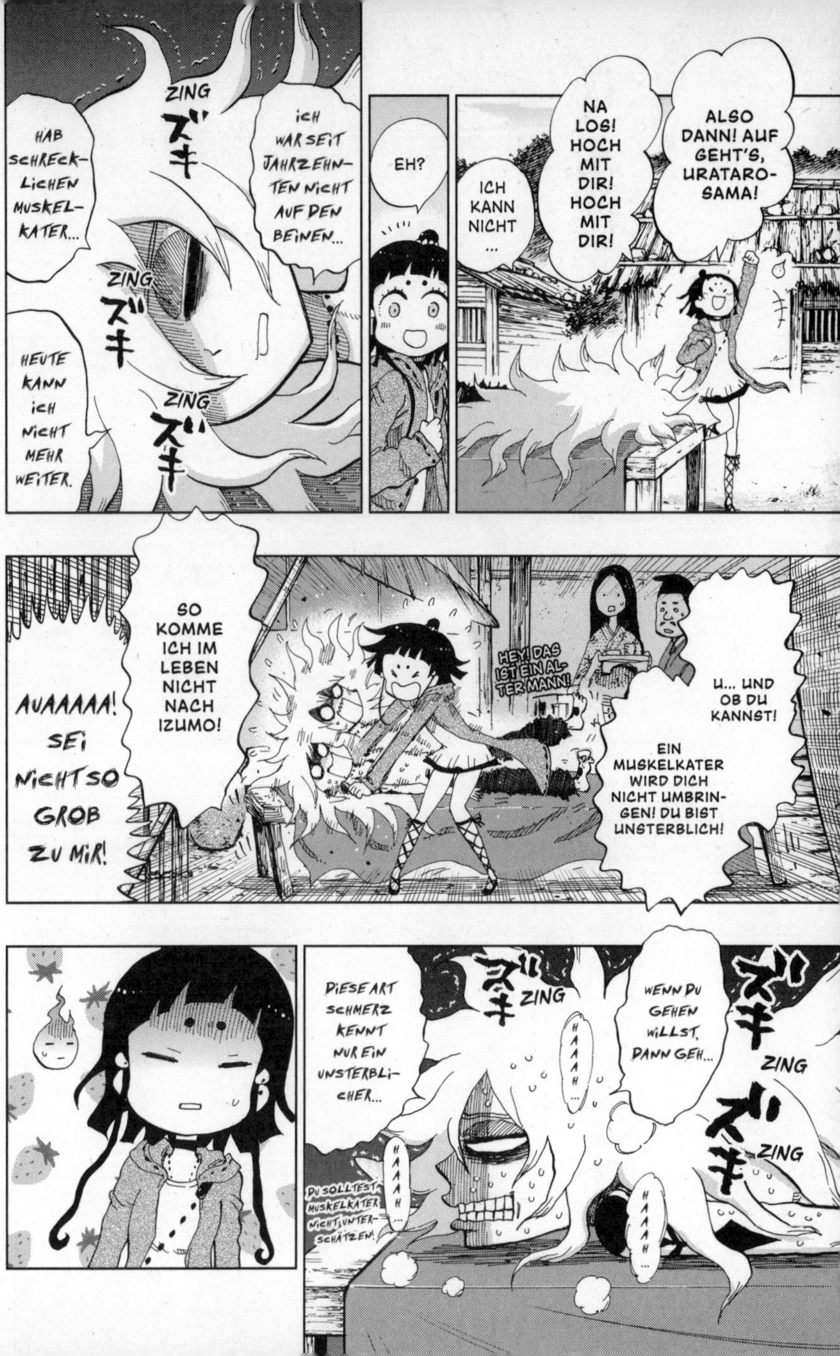
ALSO DANN! AUF GEHT'S, URATARO-SAMA!
NA LOS! HOCH MIT DIR! HOCH MIT DIR!
ICH KANN NICHT ...
EH?
ICH WAR SEIT JAHRZEHNTEN NICHT AUF DEN BEINEN...
ZING
ズキ
HAB SCHRECKLICHEN MUSKELKATER...
ZING
ズキ
ZING
ズキ
HEUTE KANN ICH NICHT MEHR WEITER.
U... UND OB DU KANNST!
EIN MUSKELKATER WIRD DICH NICHT UMBRINGEN! DU BIST UNSTERBLICH!
HEY! DAS IST EIN ALTER MANN!
SO KOMME ICH IM LEBEN NICHT NACH IZUMO!
AUAAAAA! SEI NICHT SO GROB ZU MIR!
ズキ
ZING
ズキ
ZING
WENN DU GEHEN WILLST, DANN GEH...
ズキ
ZING
DIESE ART SCHMERZ KENNT NUR EIN UNSTERBLICHER...
HAAAAH...
HAAAAH...
HAAAAH...
DU SOLLTEST MUSKELKATER NICHT UNTERSCHÄTZEN!

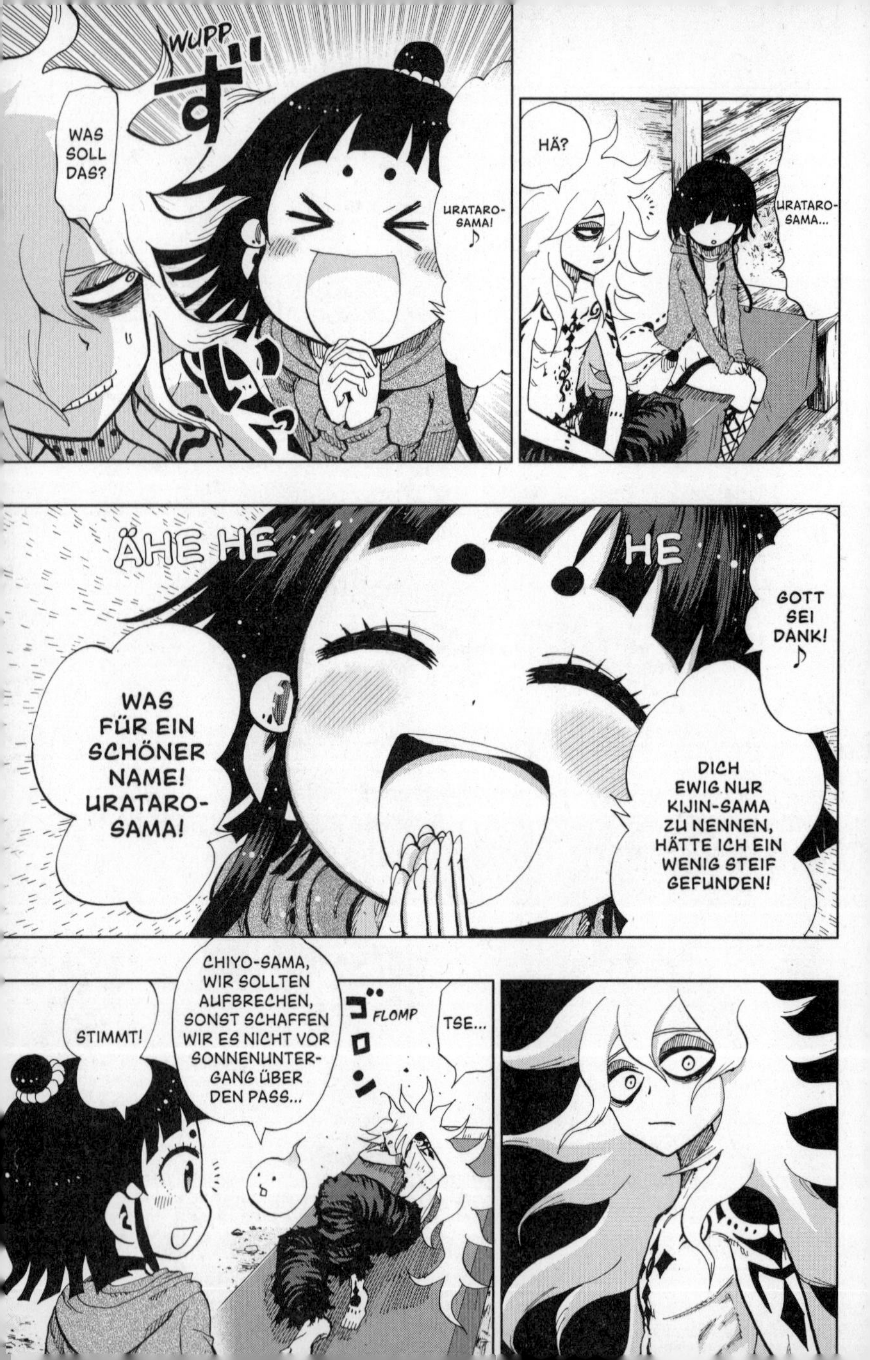
HÄ?
URATARO-SAMA...
URATARO-SAMA! ♪
WUPP
ず
WAS SOLL DAS?
HE
GOTT SEI DANK! ♪
DICH EWIG NUR KIJIN-SAMA ZU NENNEN, HÄTTE ICH EIN WENIG STEIF GEFUNDEN!
WAS FÜR EIN SCHÖNER NAME! URATARO-SAMA!
ÄHE HE
TSE...
FLOMP
CHIYO-SAMA, WIR SOLLTEN AUFBRECHEN, SONST SCHAFFEN WIR ES NICHT VOR SONNENUNTERGANG ÜBER DEN PASS...
STIMMT!

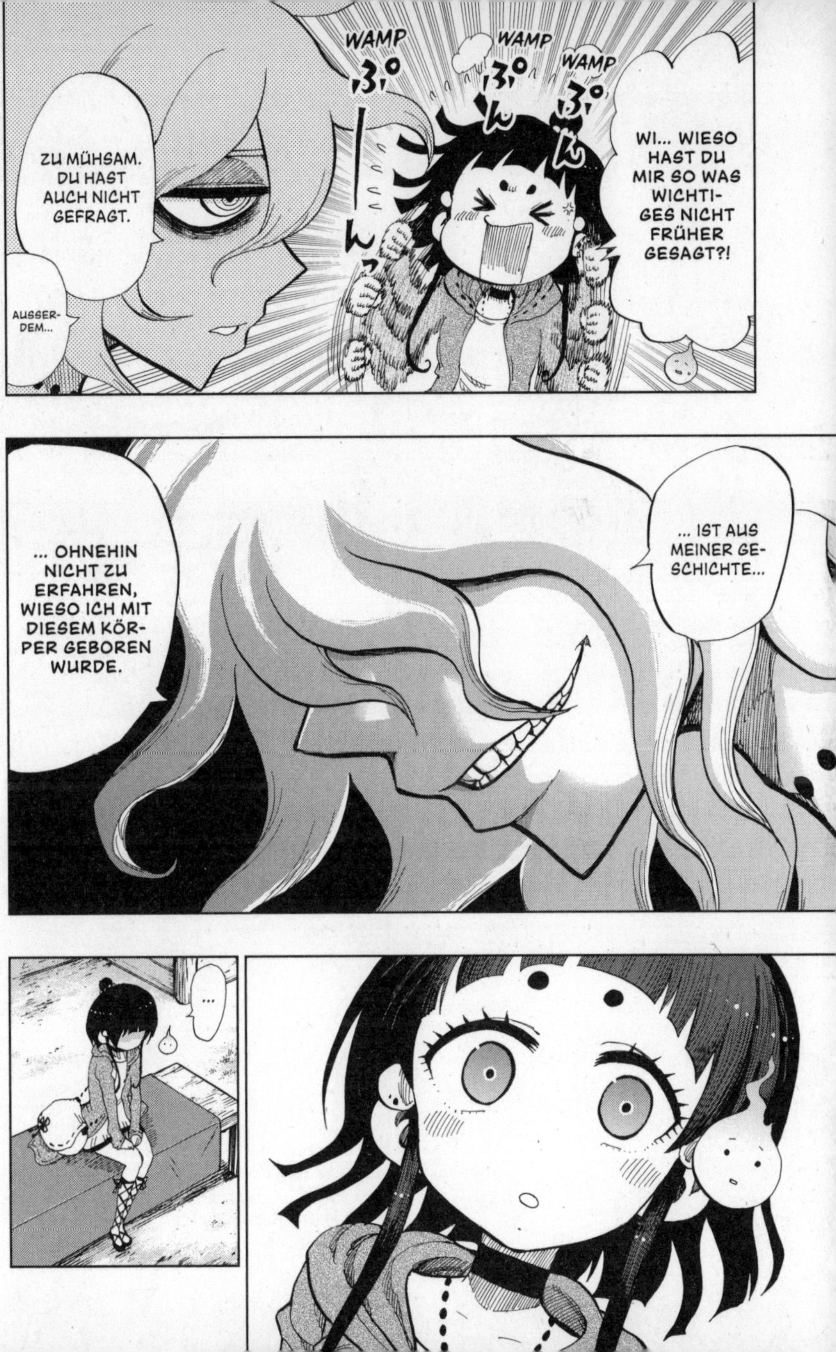
WAMP
WAMP
WAMP
WI... WIESO HAST DU MIR SO WAS WICHTIGES NICHT FRÜHER GESAGT?!
ZU MÜHSAM. DU HAST AUCH NICHT GEFRAGT.
AUSSERDEM...
... IST AUS MEINER GESCHICHTE...
... OHNEHIN NICHT ZU ERFAHREN, WIESO ICH MIT DIESEM KÖRPER GEBOREN WURDE.
...

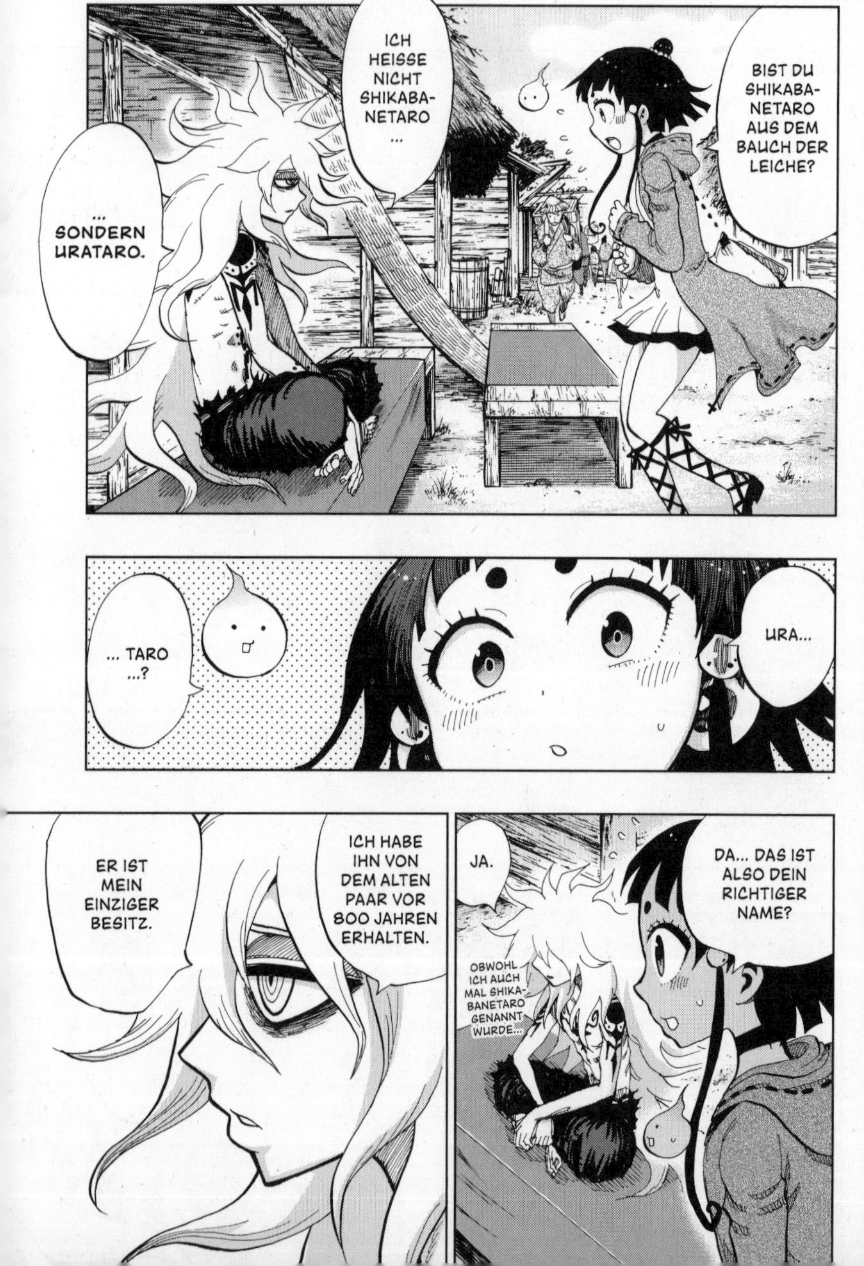
BIST DU SHIKABANETARO AUS DEM BAUCH DER LEICHE?
ICH HEISSE NICHT SHIKABANETARO ...
... SONDERN URATARO.
URA...
... TARO ...?
DA... DAS IST ALSO DEIN RICHTIGER NAME?
JA.
OBWOHL ICH AUCH MAL SHIKABANETARO GENANNT WURDE...
ICH HABE IHN VON DEM ALTEN PAAR VOR 800 JAHREN ERHALTEN.
ER IST MEIN EINZIGER BESITZ.

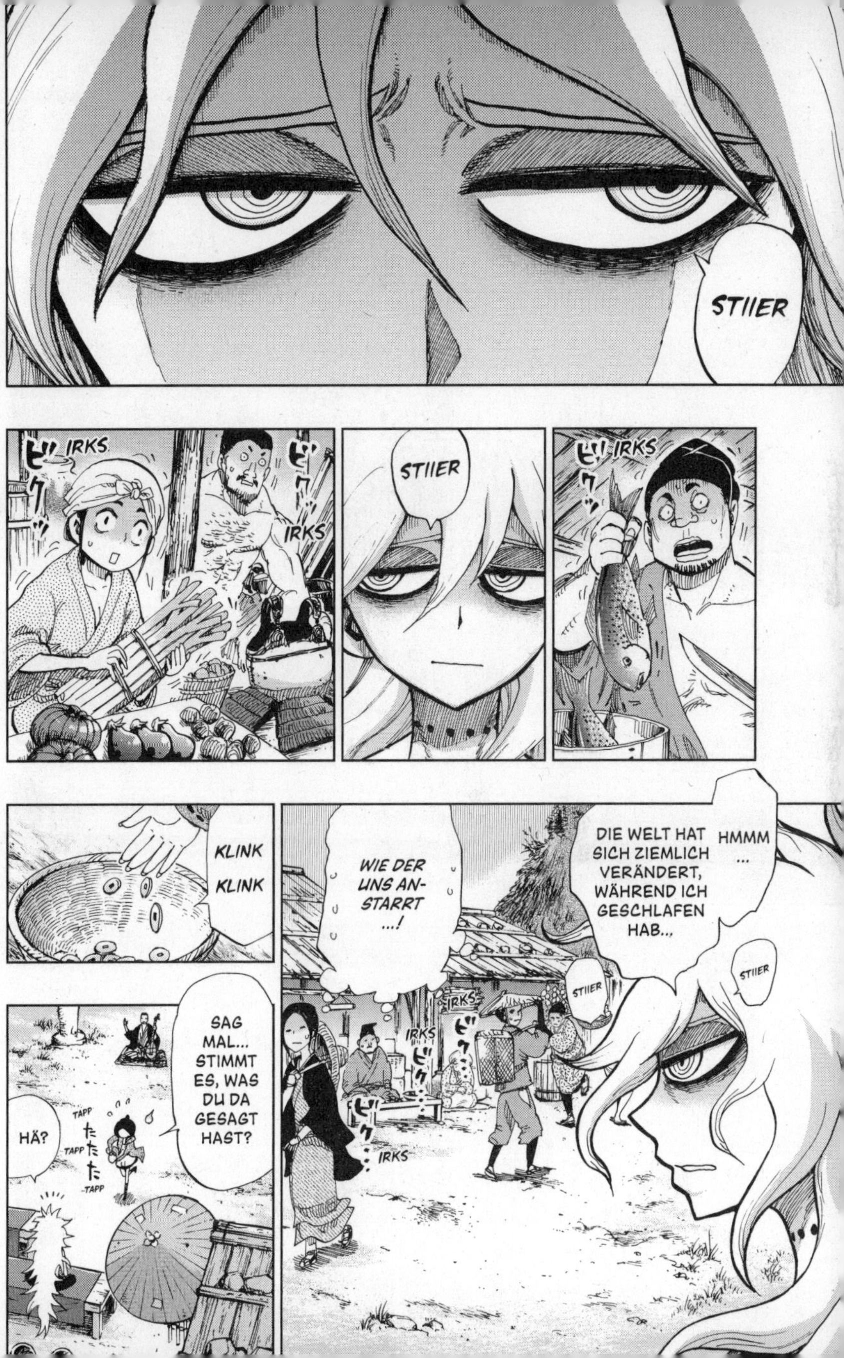
STIIER
ビクッ IRKS
STIIER
ビクッ IRKS
ビクッ IRKS
IRKS
HMMM ...
DIE WELT HAT SICH ZIEMLICH VERÄNDERT, WÄHREND ICH GESCHLAFEN HAB...
WIE DER UNS AN-STARRT ...!
STIIER
STIIER
IRKS
IRKS
IRKS
KLINK
KLINK
SAG MAL... STIMMT ES, WAS DU DA GESAGT HAST?
HÄ?
TAPP たたた TAPP -TAPP

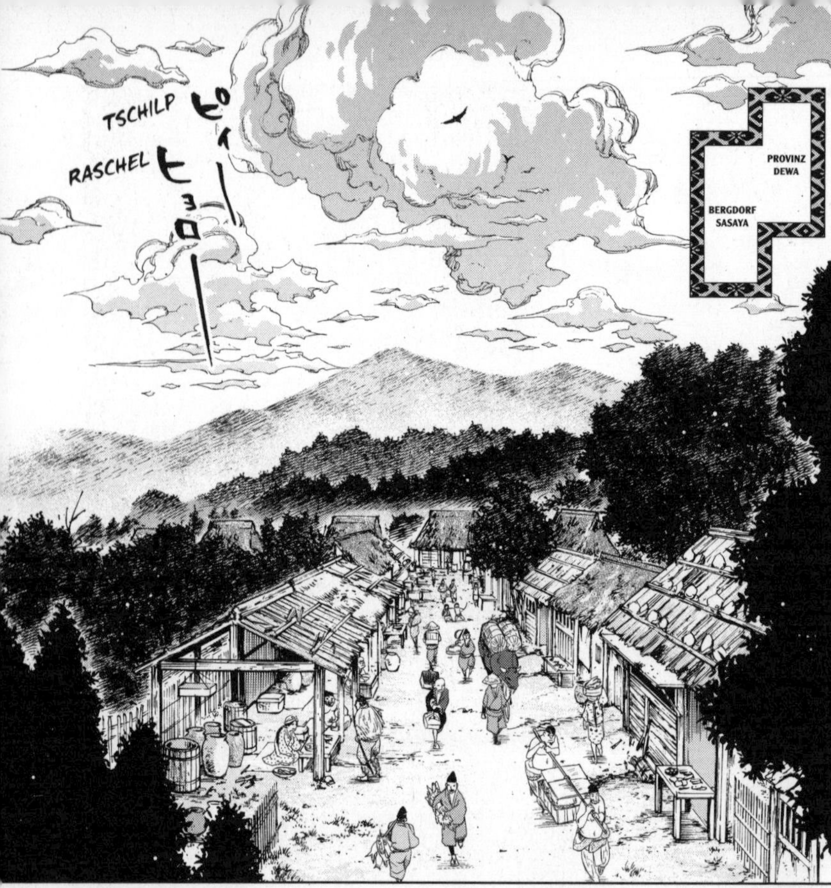
PROVINZ DEWA
BERGDORF SASAYA
TSCHILP
ピィー
RASCHEL
ヒョロー

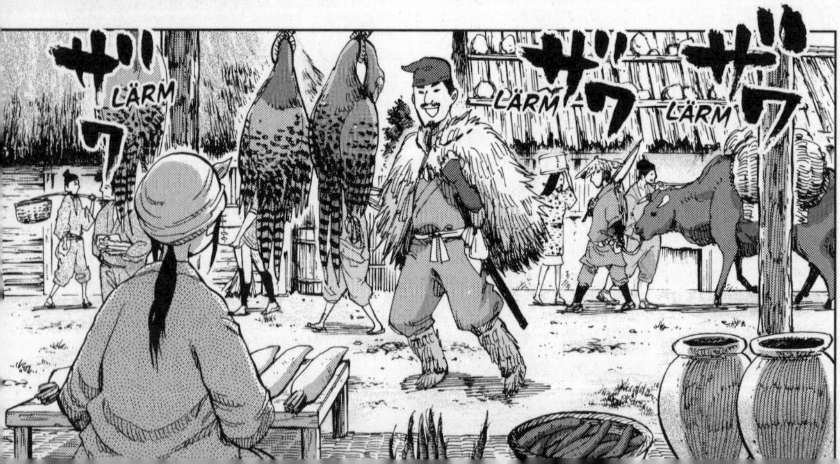
ザワ
LÄRM
ザワ
LÄRM
ザワ
LÄRM

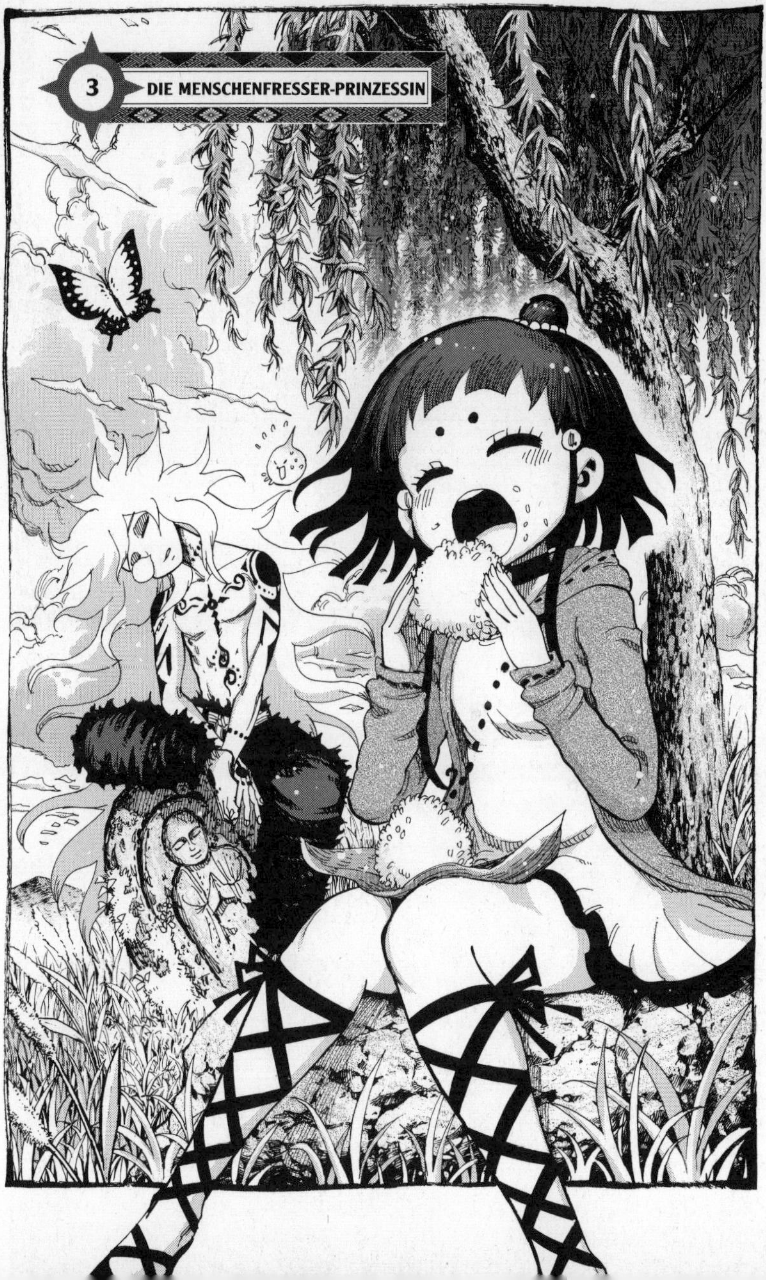
3
DIE MENSCHENFRESSER-PRINZESSIN

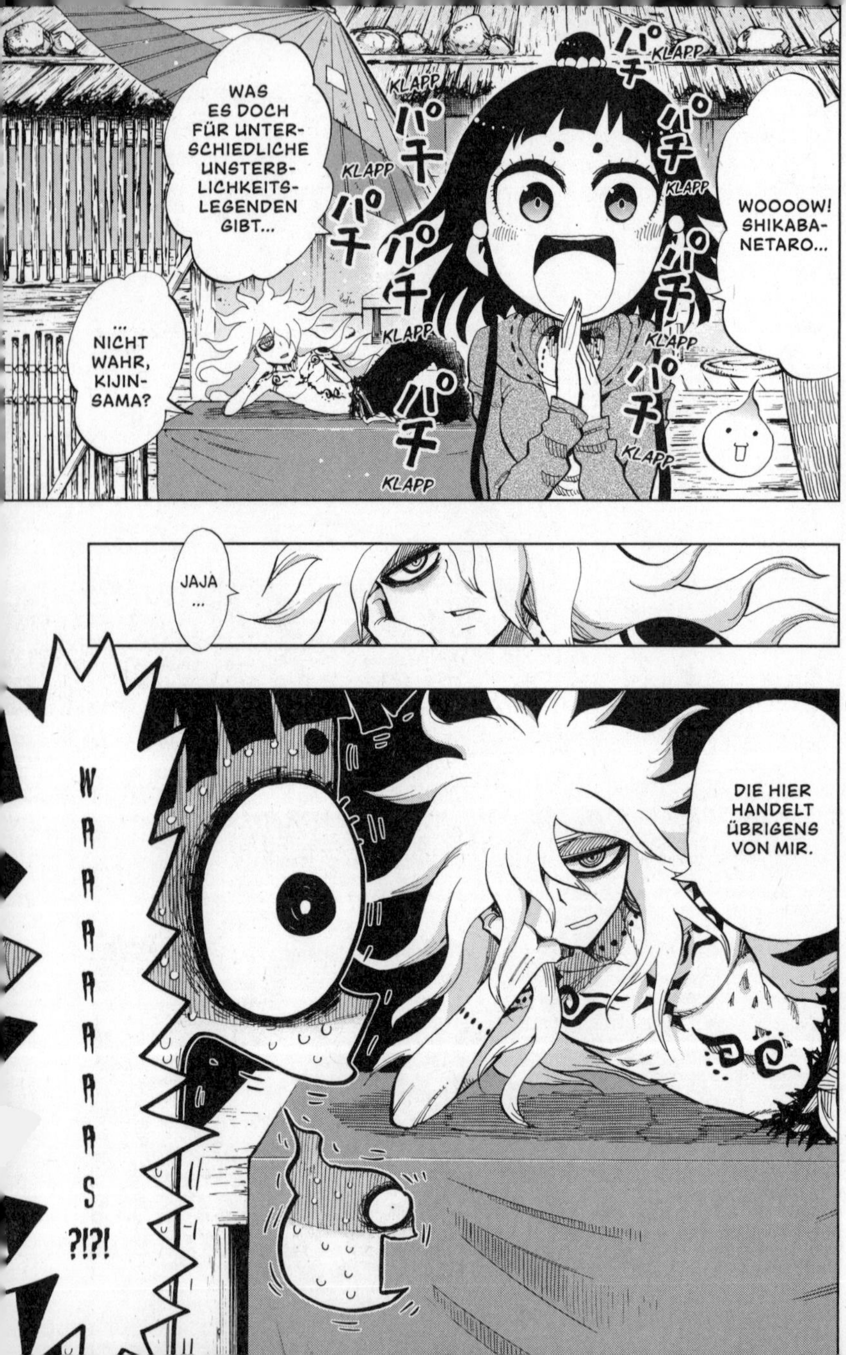

WOOOOW! SHIKABA-NETARO...
パチ KLAPP
パチ KLAPP
パチ KLAPP
パチ KLAPP
WAS ES DOCH FÜR UNTER-SCHIEDLICHE UNSTERB-LICHKEITS-LEGENDEN GIBT...
... NICHT WAHR, KIJIN-SAMA?
JAJA ...
DIE HIER HANDELT ÜBRIGENS VON MIR.
WAAAAAAAS ?!?!

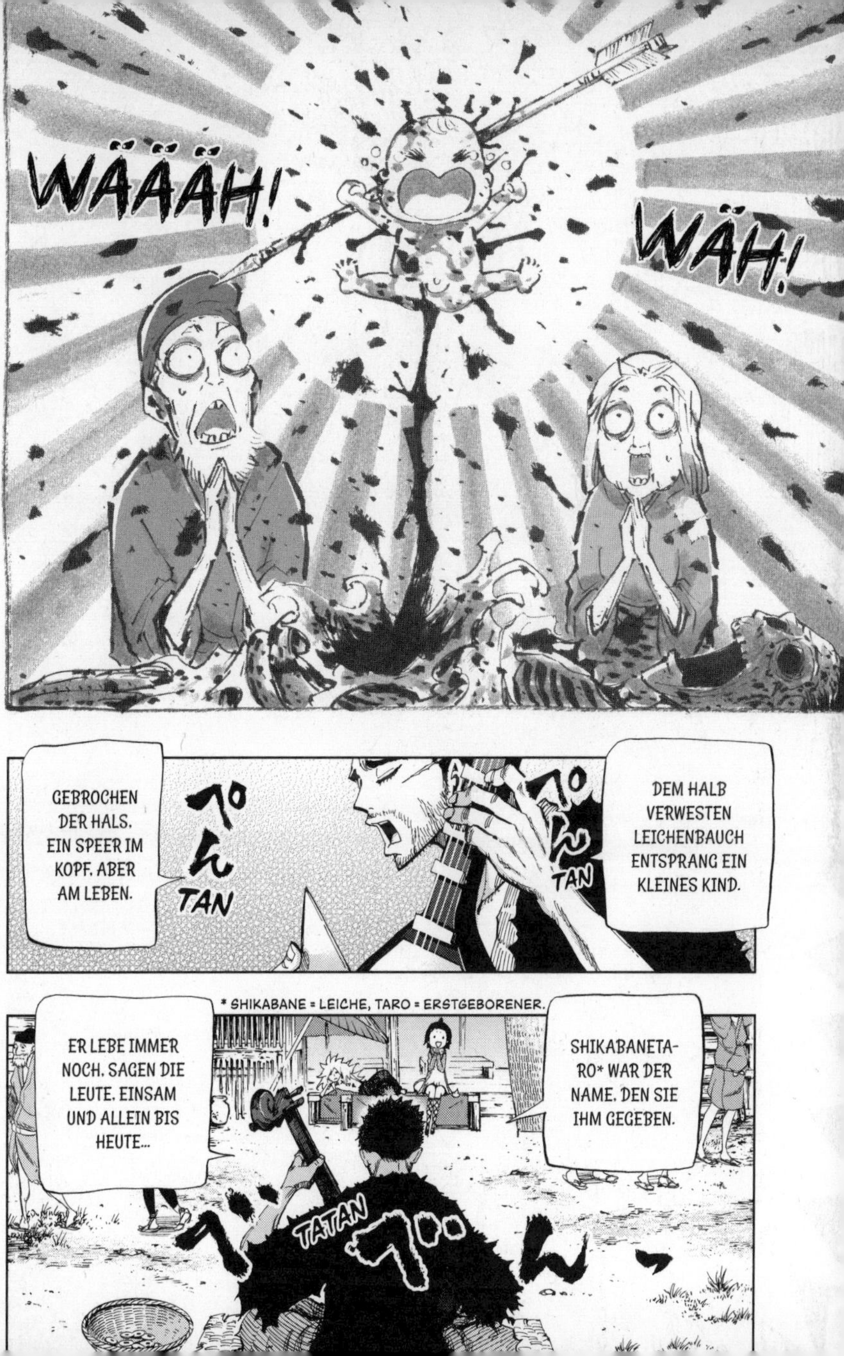
WÄH!
WÄÄÄH!
DEM HALB VERWESTEN LEICHENBAUCH ENTSPRANG EIN KLEINES KIND.
TAN
GEBROCHEN DER HALS, EIN SPEER IM KOPF, ABER AM LEBEN.
TAN
* SHIKABANE = LEICHE, TARO = ERSTGEBORENER.
SHIKABANETA-RO* WAR DER NAME, DEN SIE IHM GEGEBEN.
ER LEBE IMMER NOCH, SAGEN DIE LEUTE, EINSAM UND ALLEIN BIS HEUTE...
TATAN

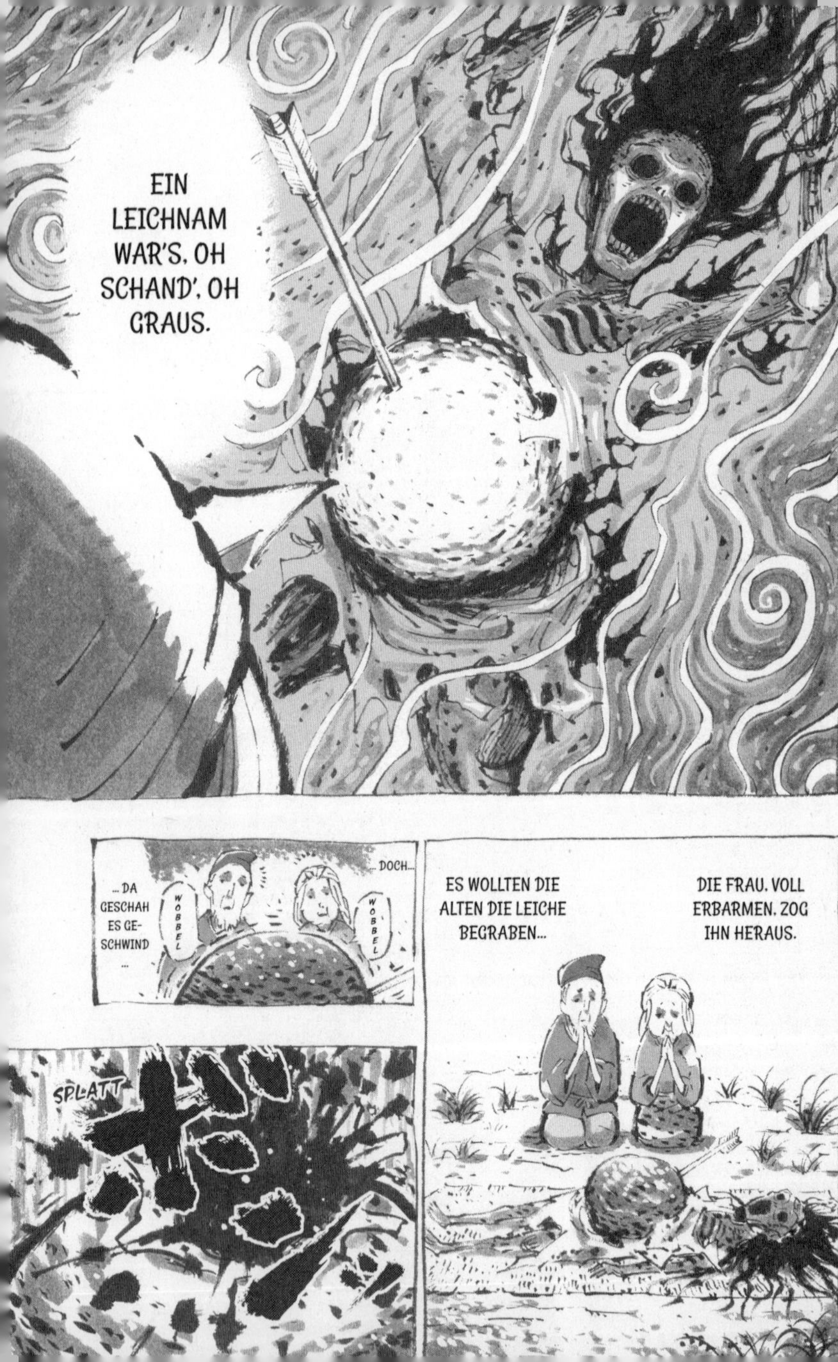
EIN LEICHNAM WAR'S, OH SCHAND', OH GRAUS.
... DOCH...
... DA GESCHAH ES GE-SCHWIND ...
WOBBEL
WOBBEL
SPLATT
DIE FRAU, VOLL ERBARMEN, ZOG IHN HERAUS.
ES WOLLTEN DIE ALTEN DIE LEICHE BEGRABEN...

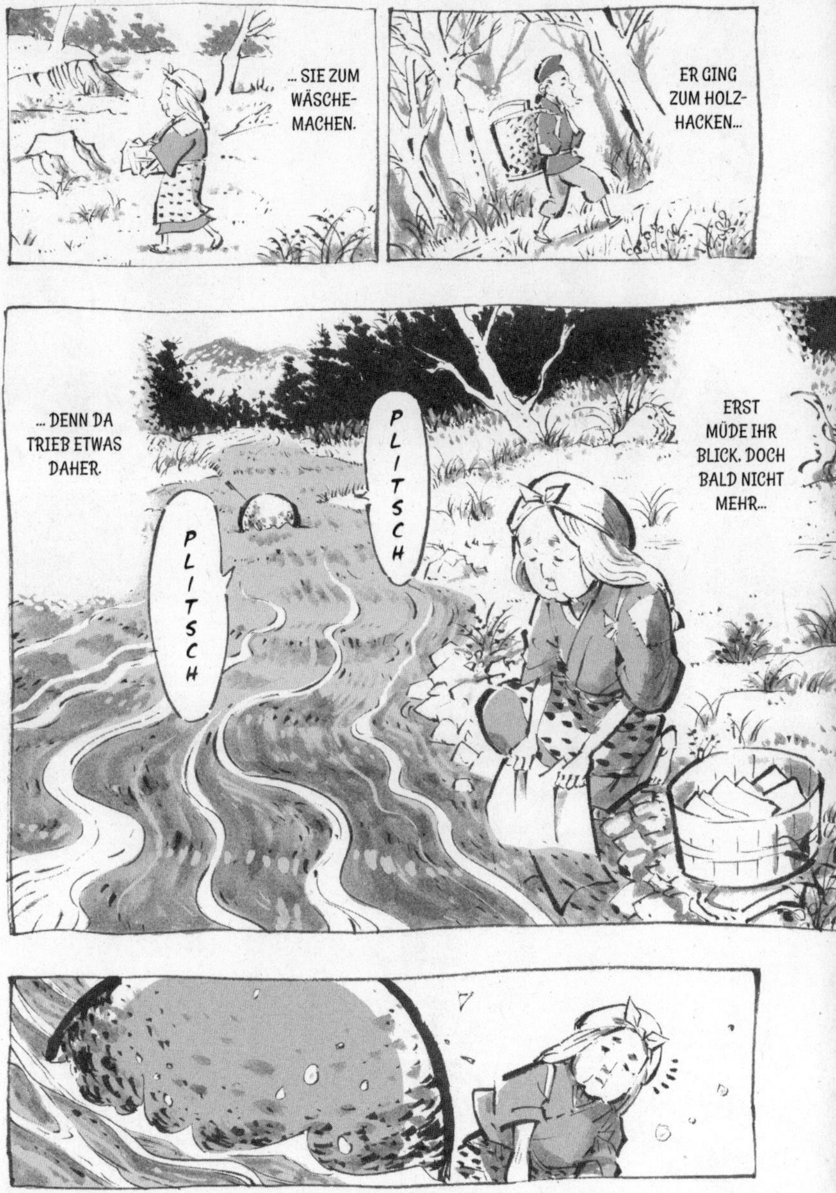
ER GING ZUM HOLZ-HACKEN...
... SIE ZUM WÄSCHE-MACHEN.
ERST MÜDE IHR BLICK. DOCH BALD NICHT MEHR...
PLITSCH
PLITSCH
... DENN DA TRIEB ETWAS DAHER.

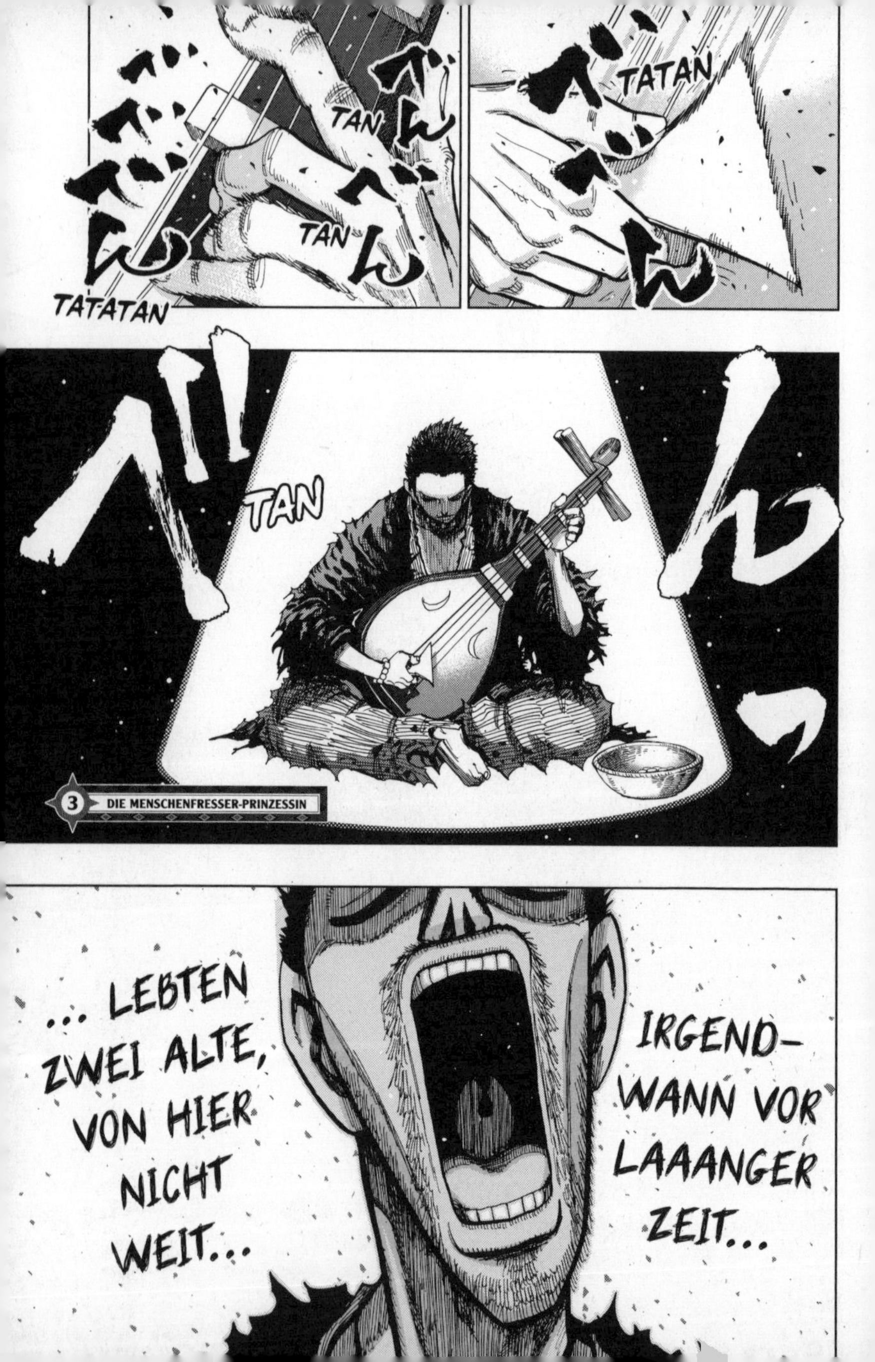
TAN
TAN
TATATAN
TATAN
TAN
3 DIE MENSCHENFRESSER-PRINZESSIN
IRGEND-
WANN VOR
LAAANGER
ZEIT...
... LEBTEN
ZWEI ALTE,
VON HIER
NICHT
WEIT...

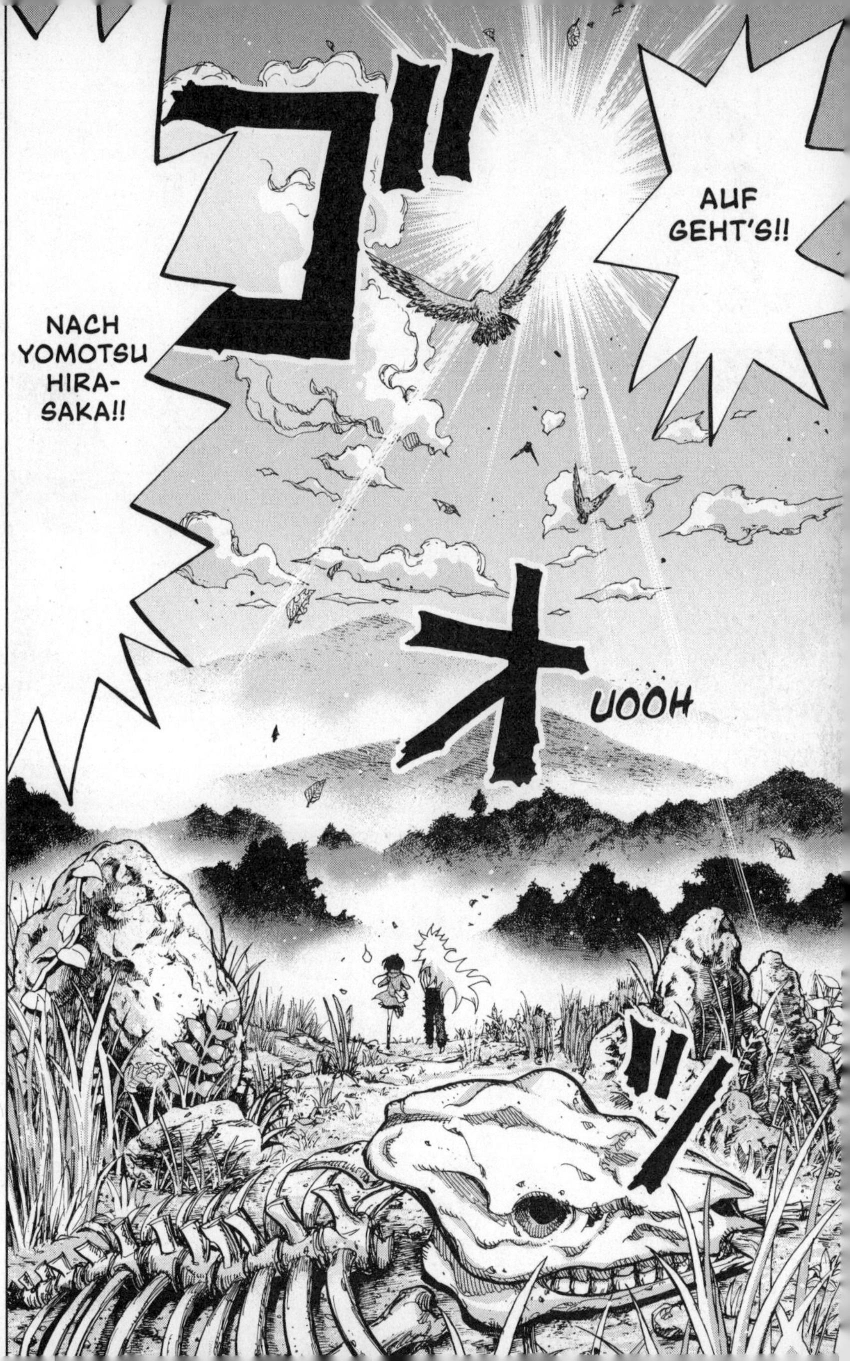
AUF GEHT'S!!
NACH YOMOTSU HIRA-SAKA!!
ゴオ
UOOH

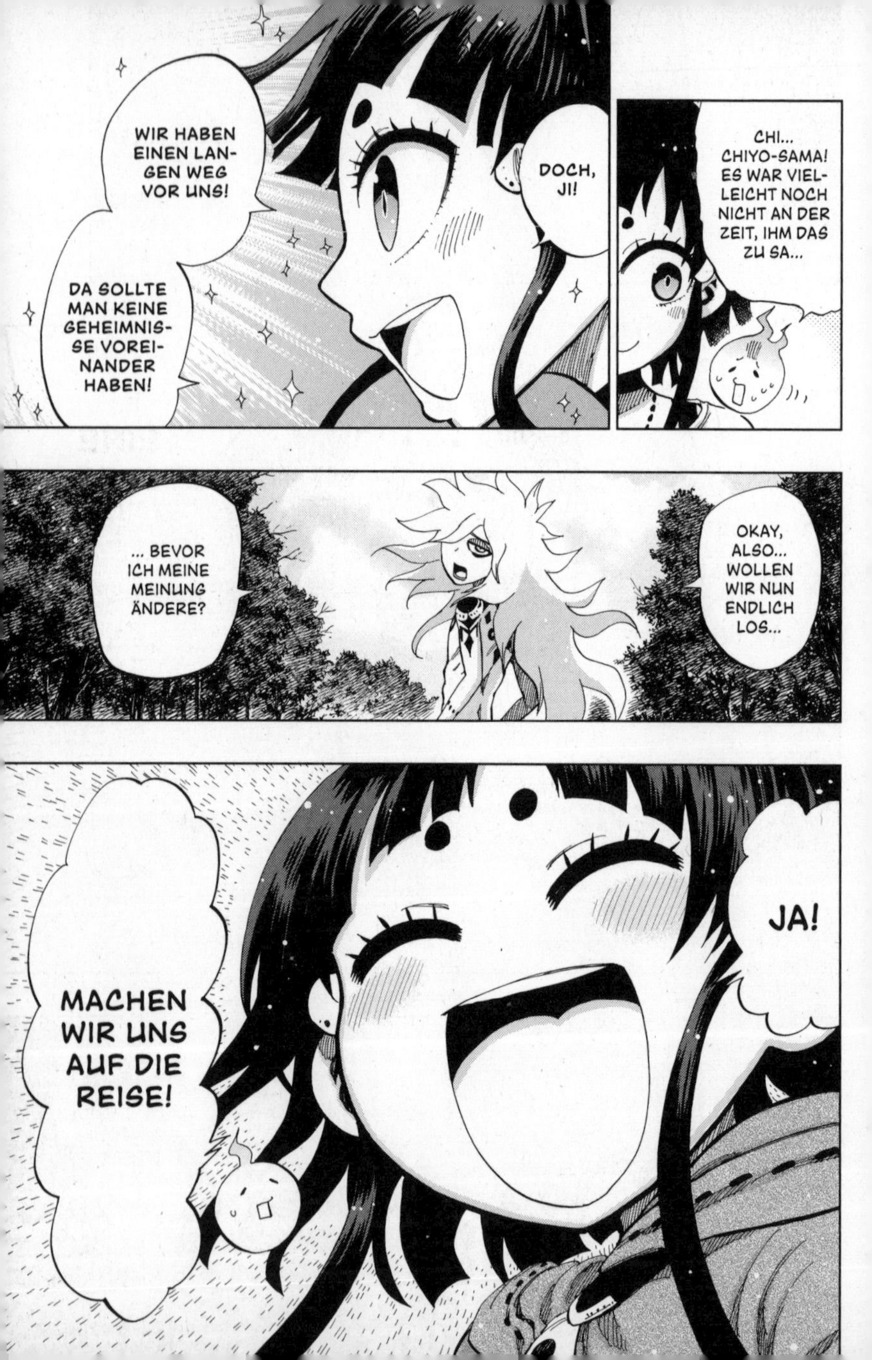
CHI... CHIYO-SAMA! ES WAR VIEL-LEICHT NOCH NICHT AN DER ZEIT, IHM DAS ZU SA...
DOCH, JI!
WIR HABEN EINEN LAN-GEN WEG VOR UNS!
DA SOLLTE MAN KEINE GEHEIMNIS-SE VOREI-NANDER HABEN!
OKAY, ALSO... WOLLEN WIR NUN ENDLICH LOS...
... BEVOR ICH MEINE MEINUNG ÄNDERE?
JA!
MACHEN WIR UNS AUF DIE REISE!

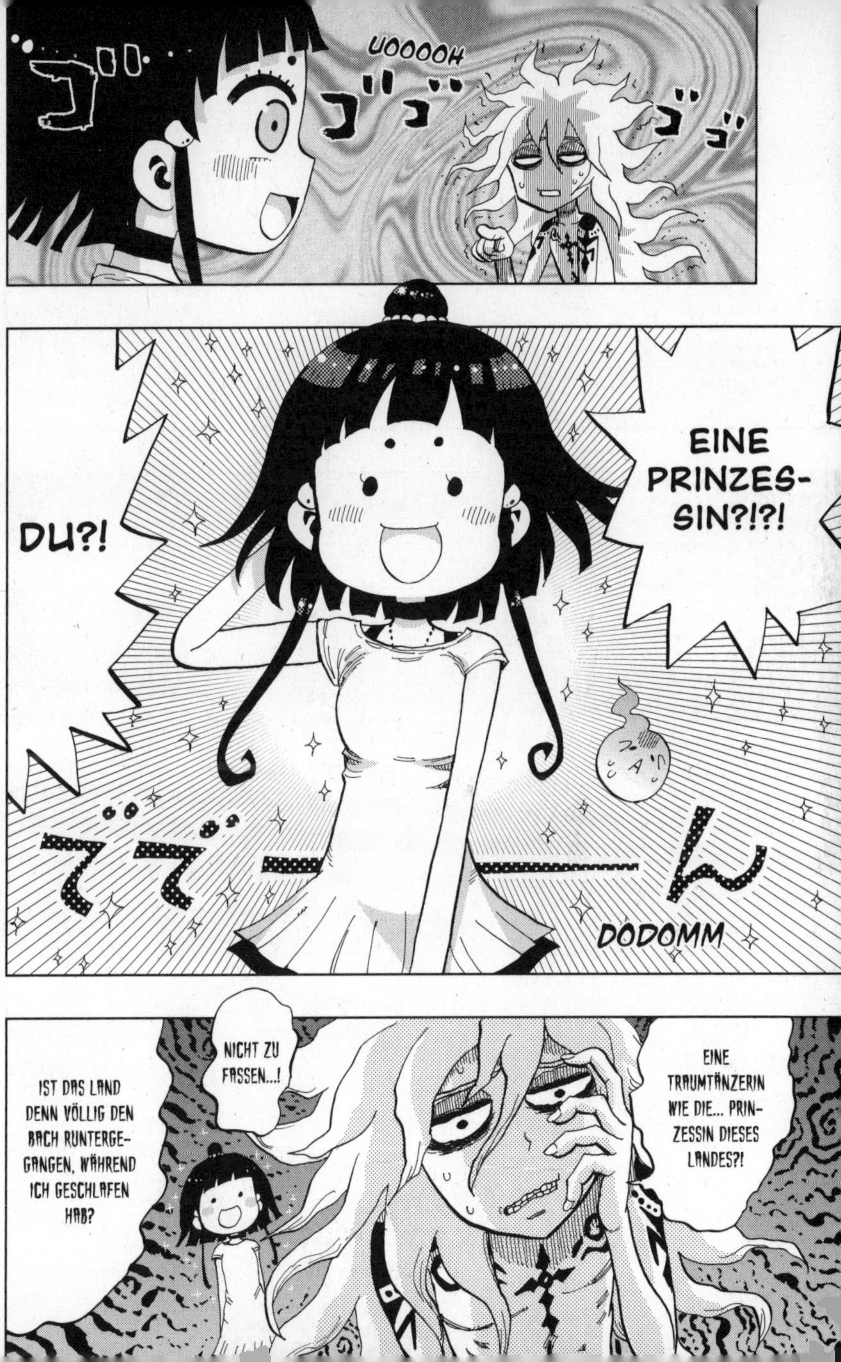
UOOOOH
EINE PRINZES-SIN?!?!
DU?!
DODOMM
EINE TRAUMTÄNZERIN WIE DIE... PRIN-ZESSIN DIESES LANDES?!
NICHT ZU FASSEN...!
IST DAS LAND DENN VÖLLIG DEN BACH RUNTERGE-GANGEN, WÄHREND ICH GESCHLAFEN HAB?

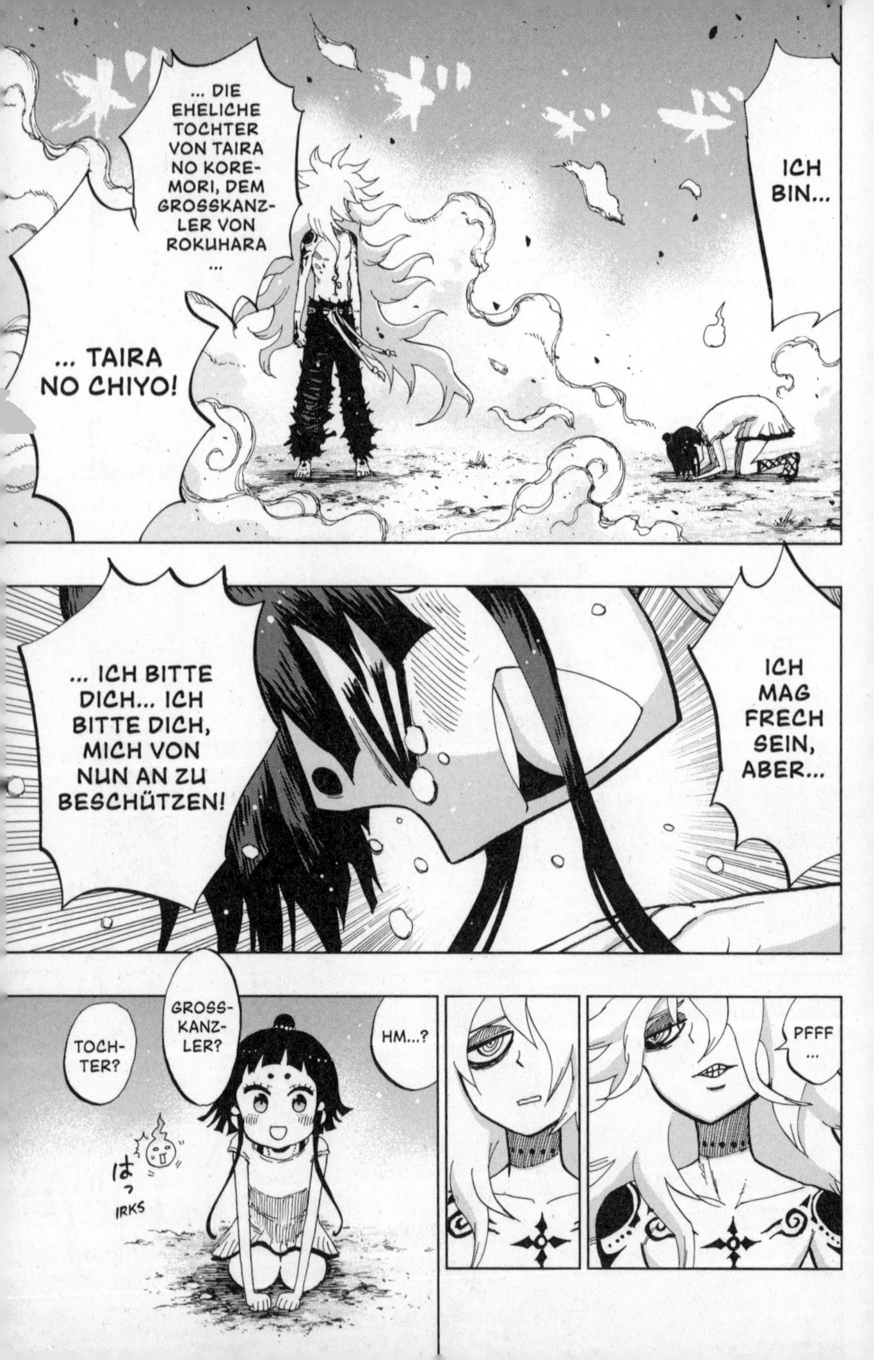
ICH BIN...
... DIE EHELICHE TOCHTER VON TAIRA NO KOREMORI, DEM GROSSKANZLER VON ROKUHARA ...
... TAIRA NO CHIYO!
ICH MAG FRECH SEIN, ABER...
... ICH BITTE DICH... ICH BITTE DICH, MICH VON NUN AN ZU BESCHÜTZEN!
PFFF ...
HM...?
GROSSKANZLER?
TOCHTER?
はっ
IRKS

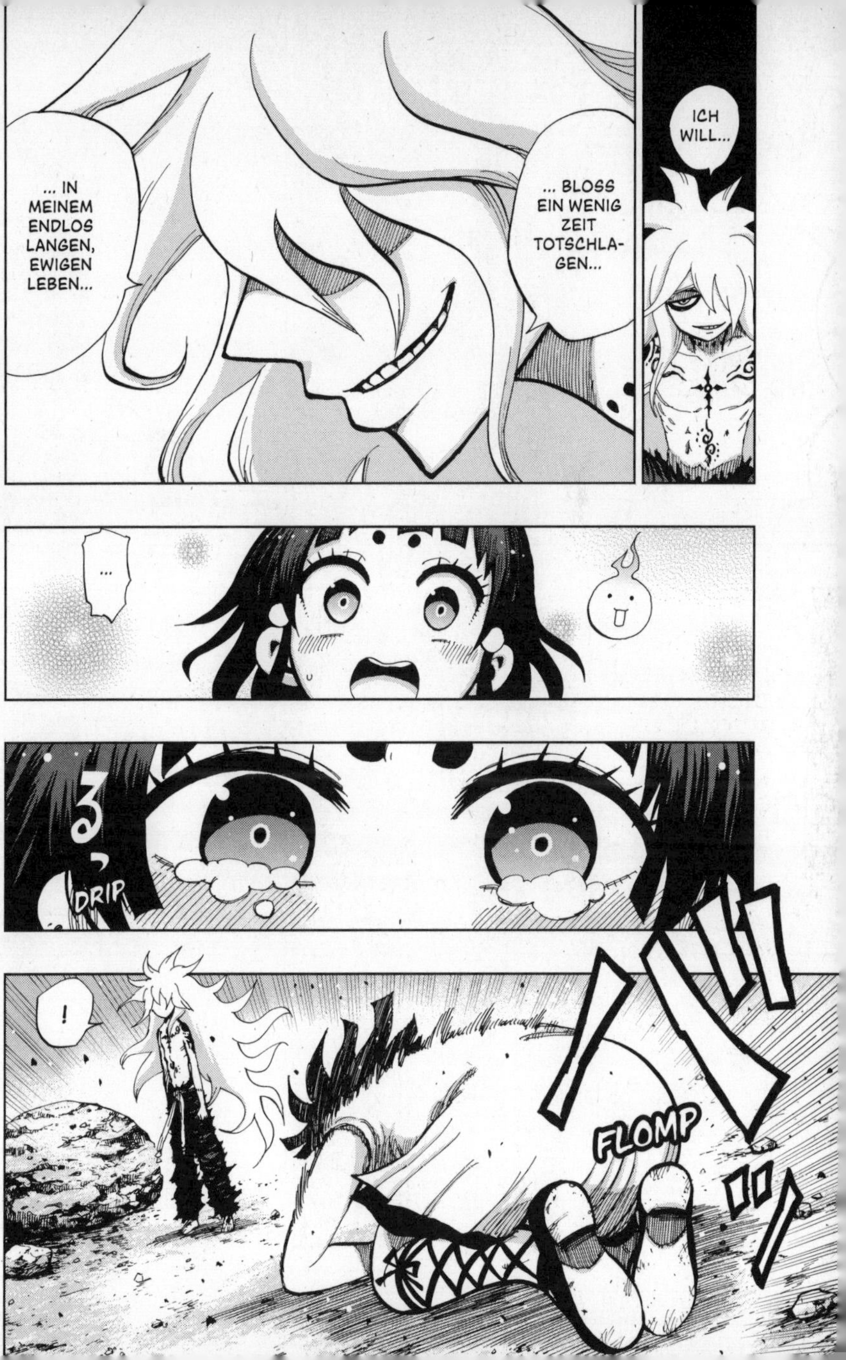
ICH WILL...
... BLOSS EIN WENIG ZEIT TOTSCHLA-GEN...
... IN MEINEM ENDLOS LANGEN, EWIGEN LEBEN...
...
DRIP
!
FLOMP

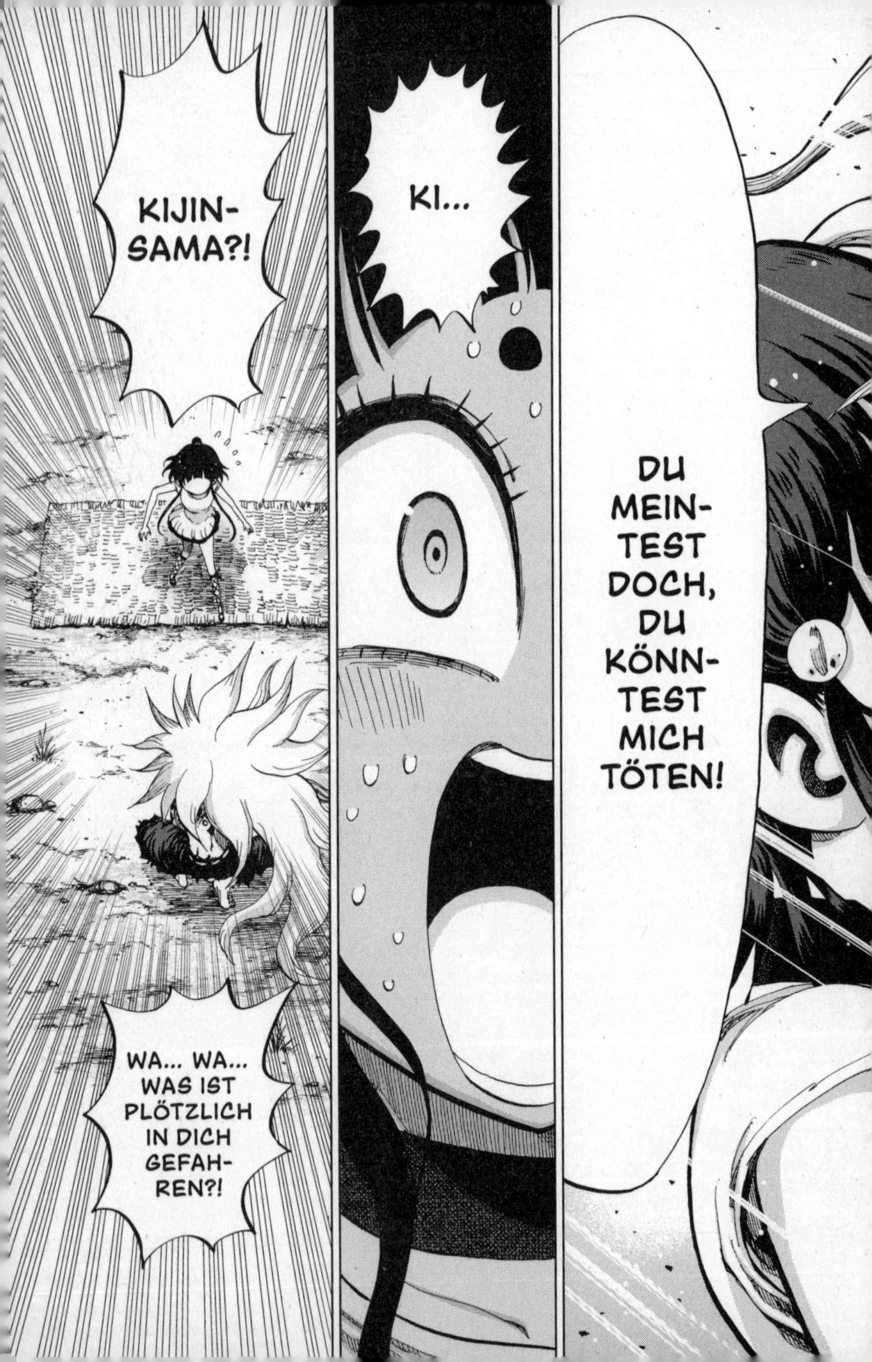
DU MEIN-TEST DOCH, DU KÖNN-TEST MICH TÖTEN!
KI...
KIJIN-SAMA?!
WA... WA... WAS IST PLÖTZLICH IN DICH GEFAH-REN?!

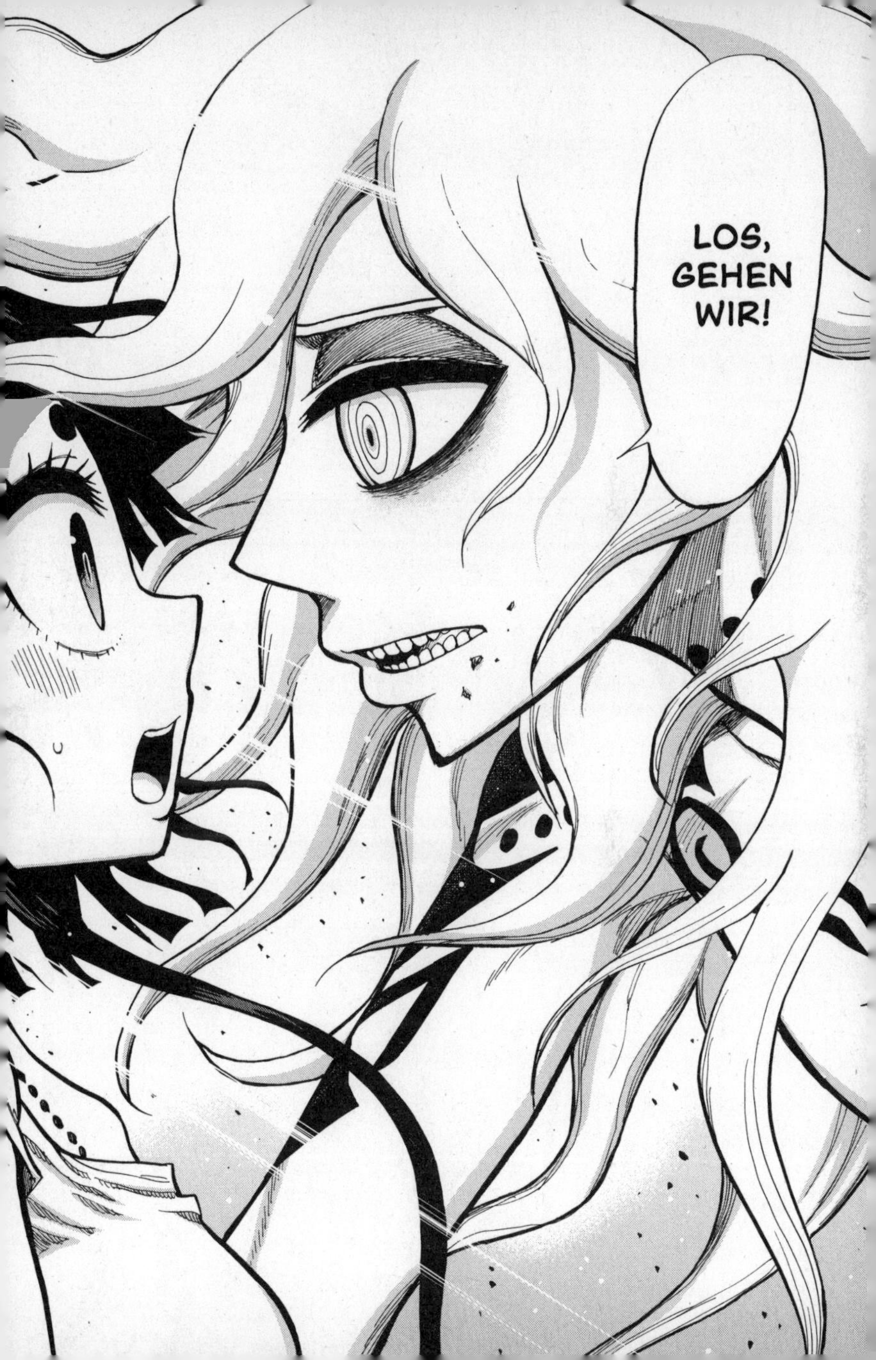
LOS, GEHEN WIR!

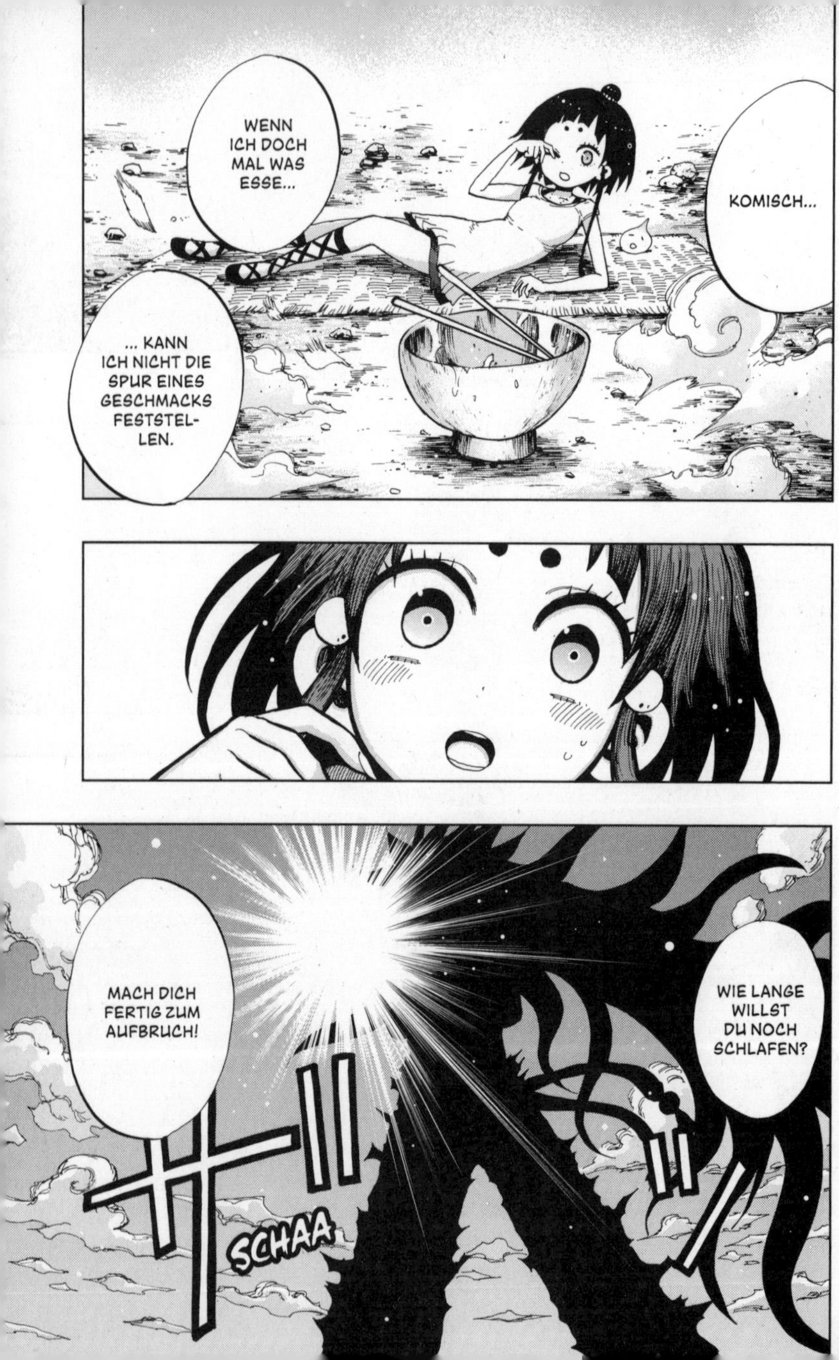
KOMISCH...
WENN ICH DOCH MAL WAS ESSE...
... KANN ICH NICHT DIE SPUR EINES GESCHMACKS FESTSTELLEN.
WIE LANGE WILLST DU NOCH SCHLAFEN?
MACH DICH FERTIG ZUM AUFBRUCH!
SCHAA

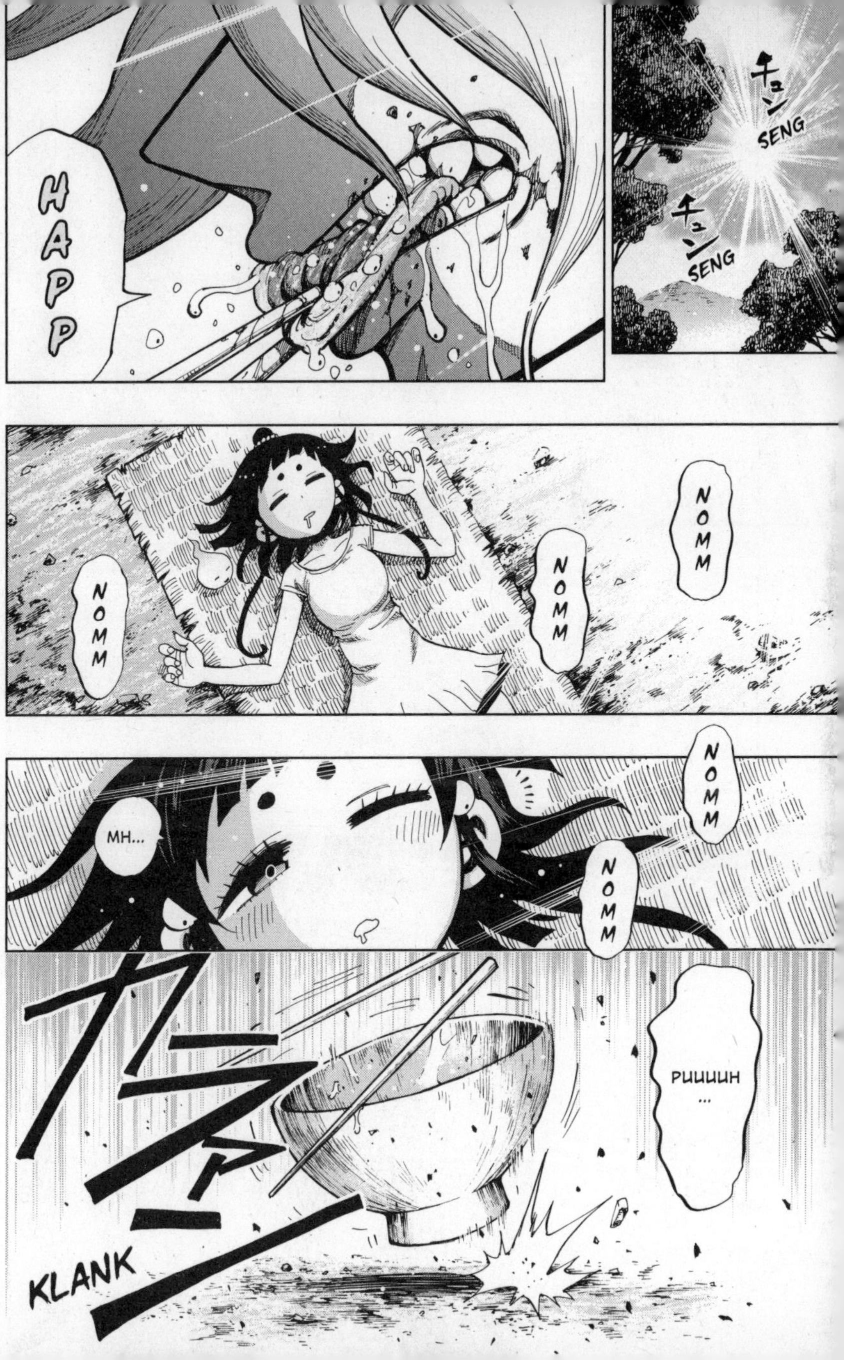

チュン
SENG
チュン
SENG
HAPP
NOMM
NOMM
NOMM
NOMM
NOMM
MH...
PUUUUH ...
KLANK

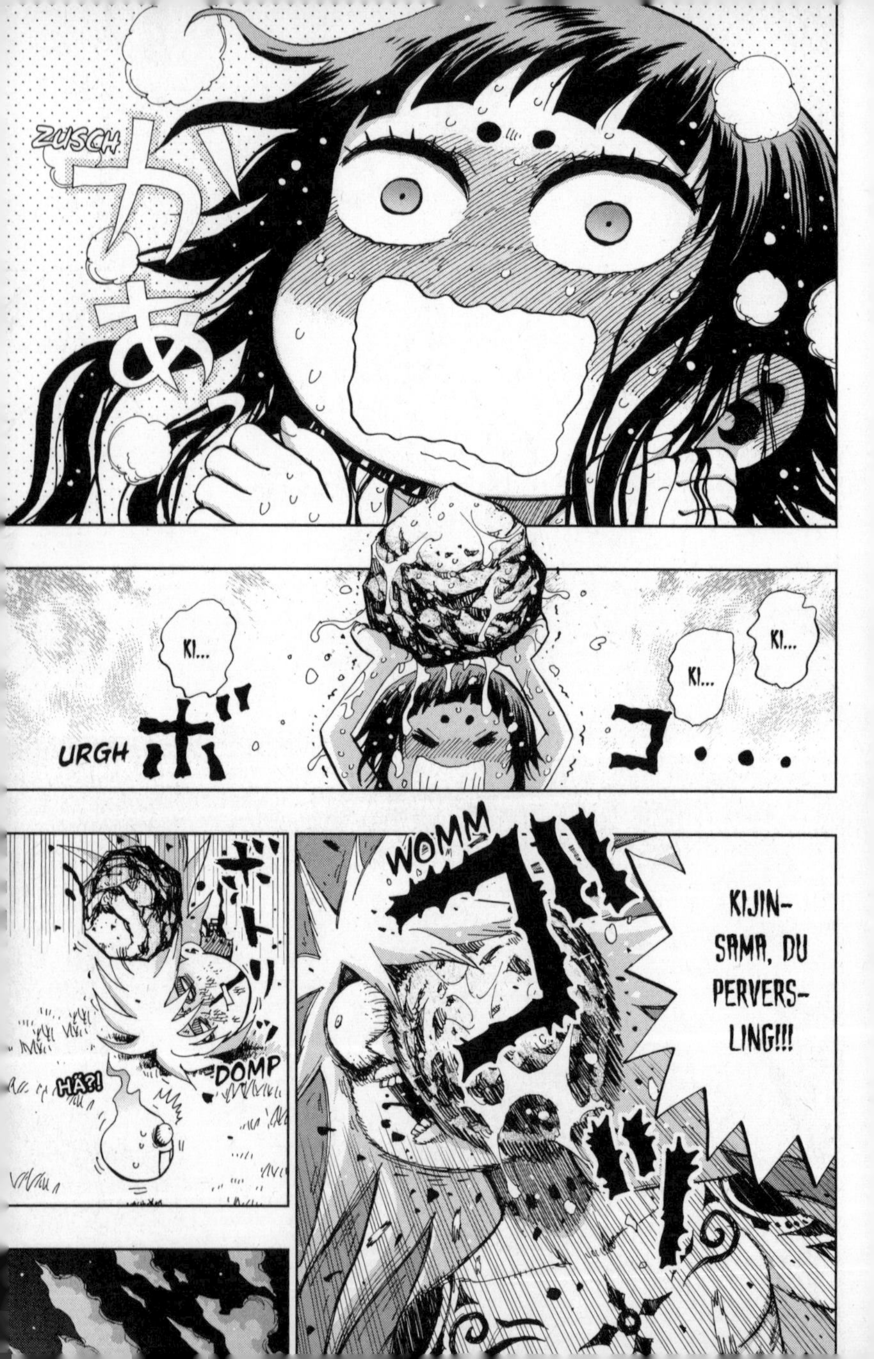
ZUSCH
わぁっ
KI...
KI...
KI...
URGH
ボコ...
KIJIN-SAMA, DU PERVERS-LING!!!
WOMM
ゴッ!!
ボトリッ
DOMP
HÄ?!

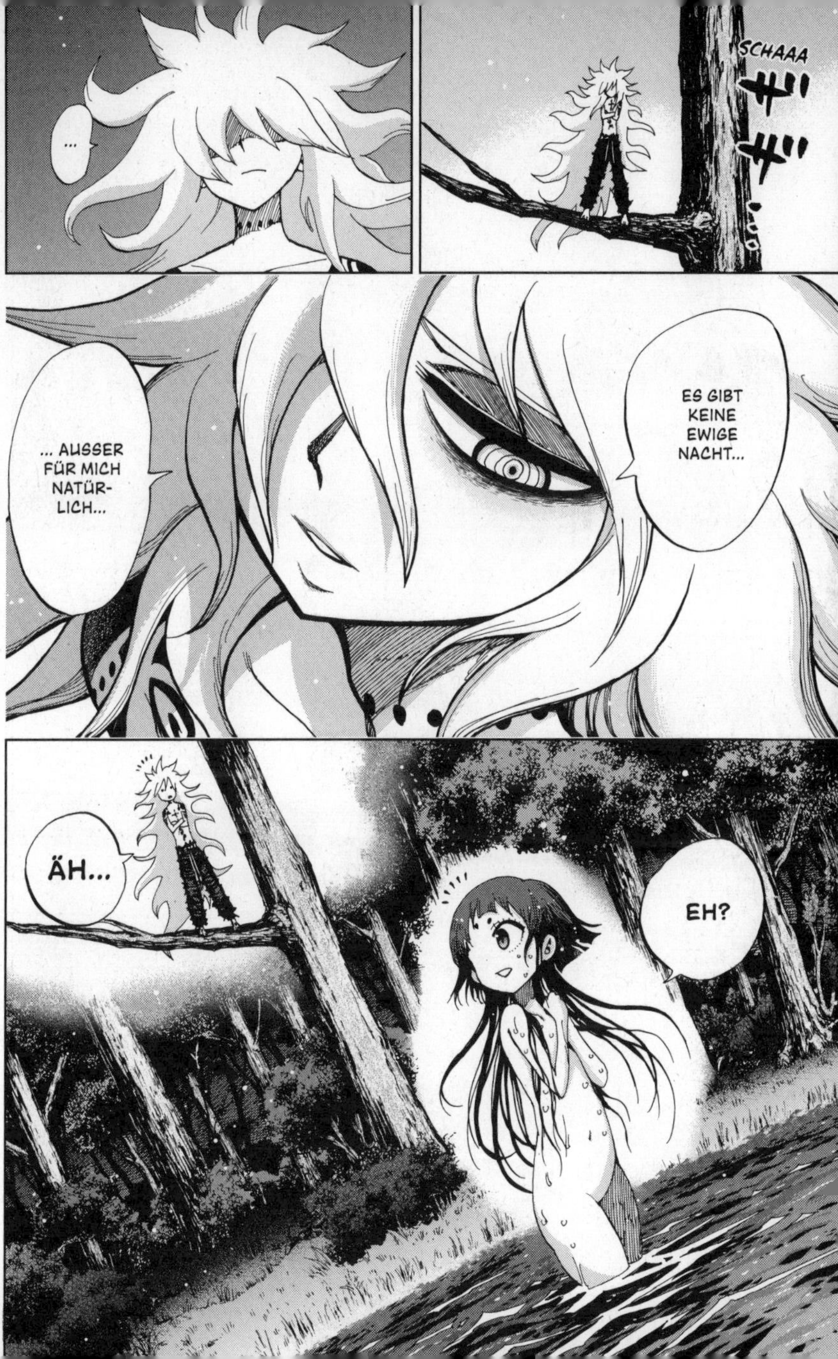
SCHAAA
...
ES GIBT KEINE EWIGE NACHT...
... AUSSER FÜR MICH NATÜR-LICH...
EH?
ÄH...

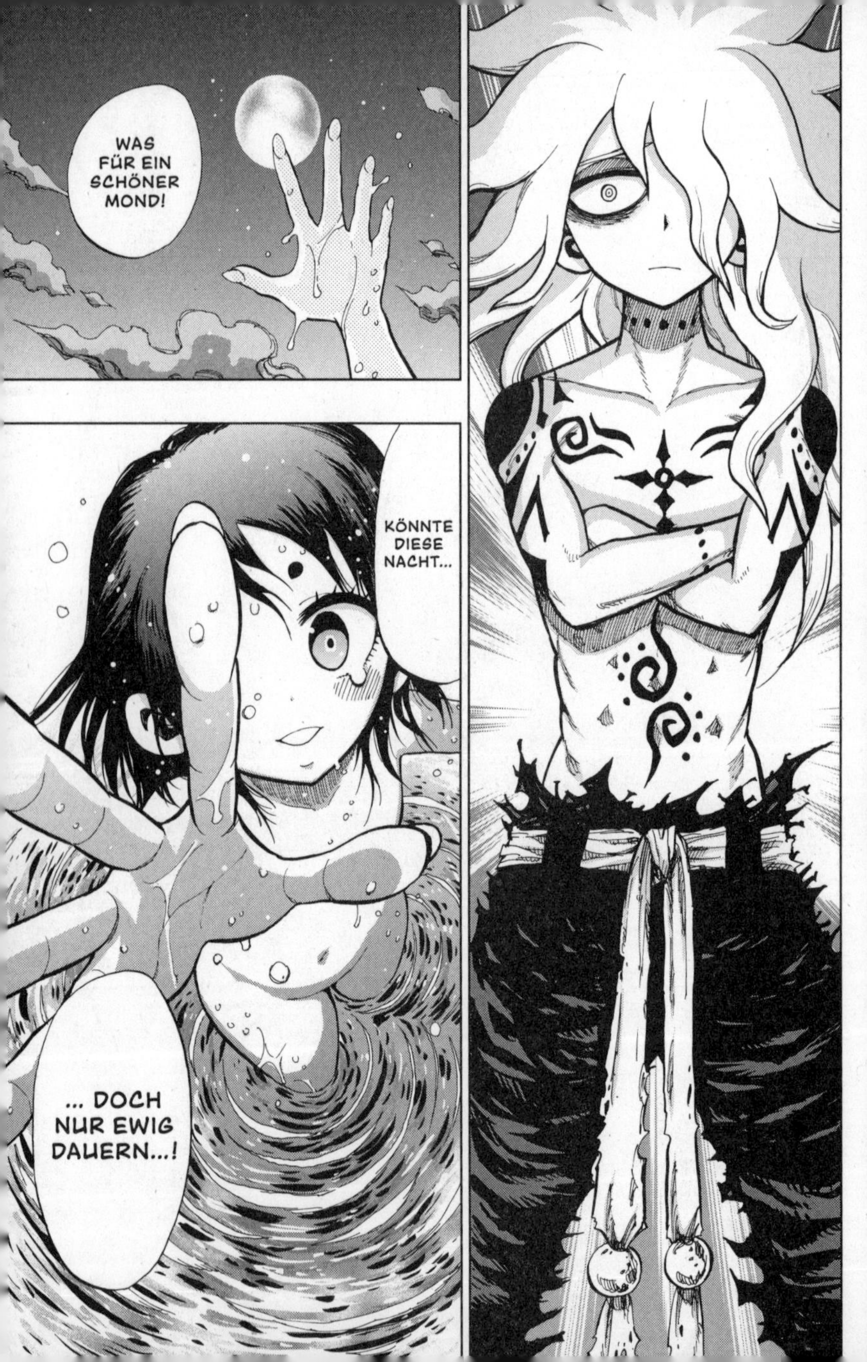
WAS FÜR EIN SCHÖNER MOND!
KÖNNTE DIESE NACHT...
... DOCH NUR EWIG DAUERN...!

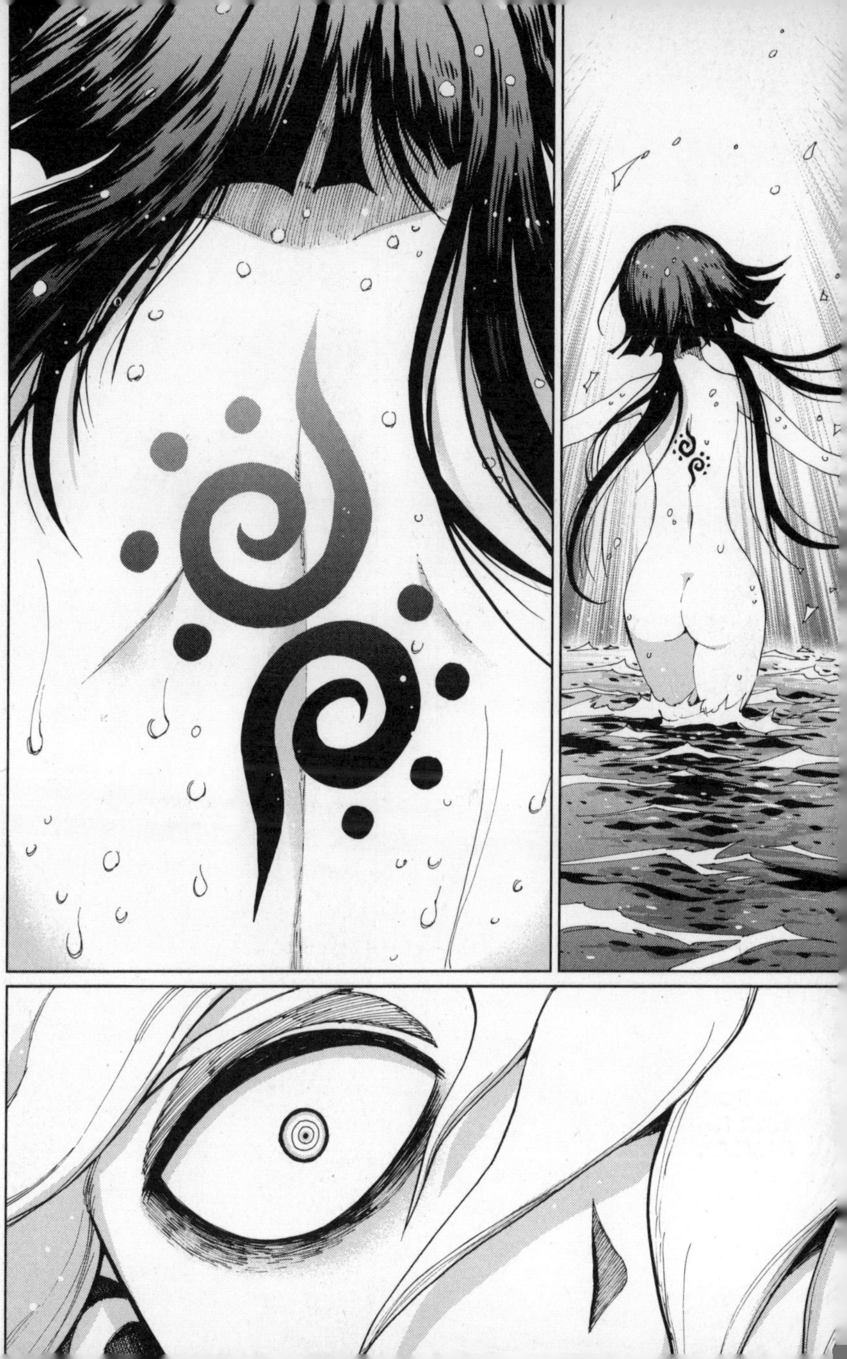

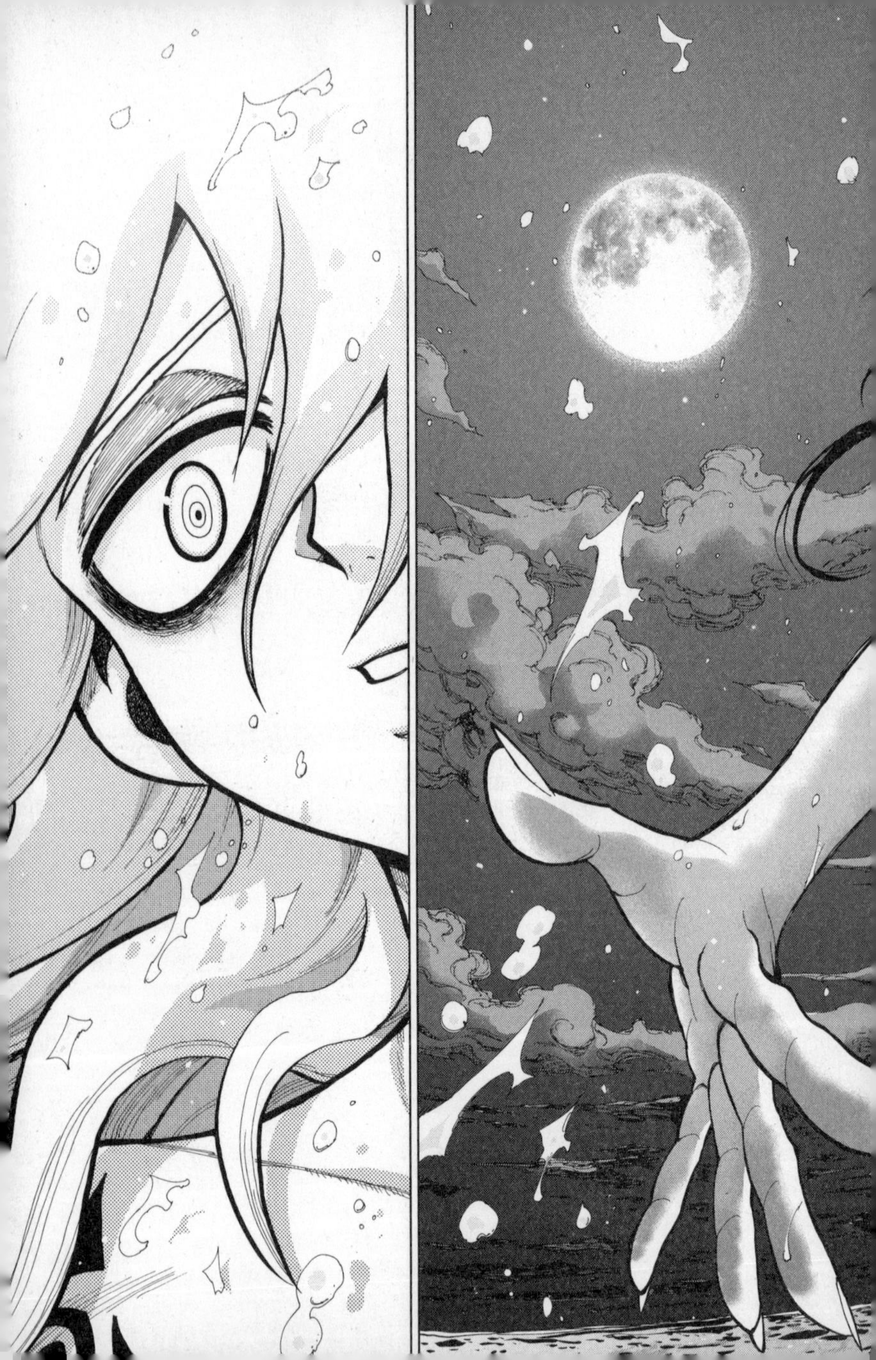

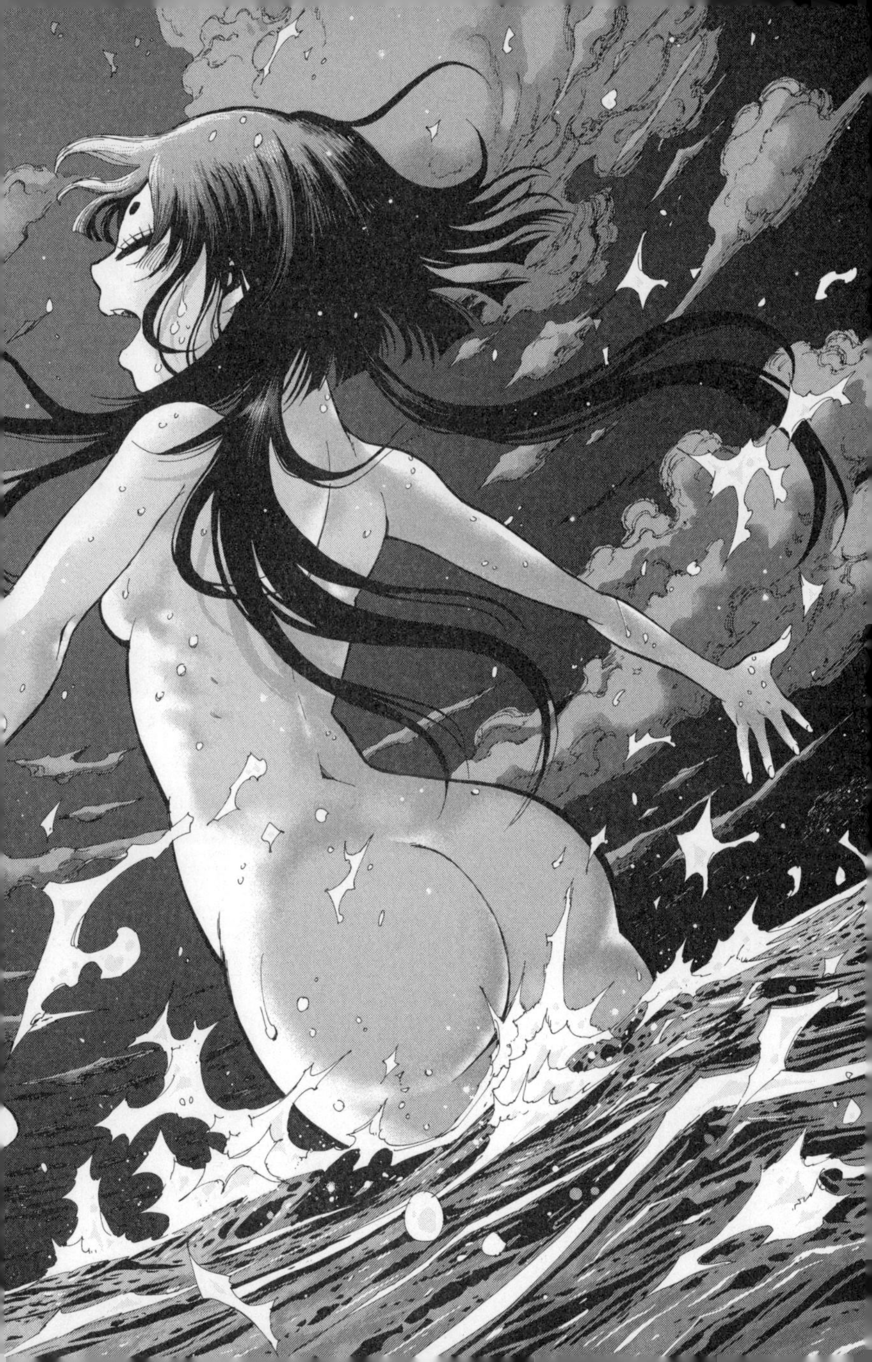

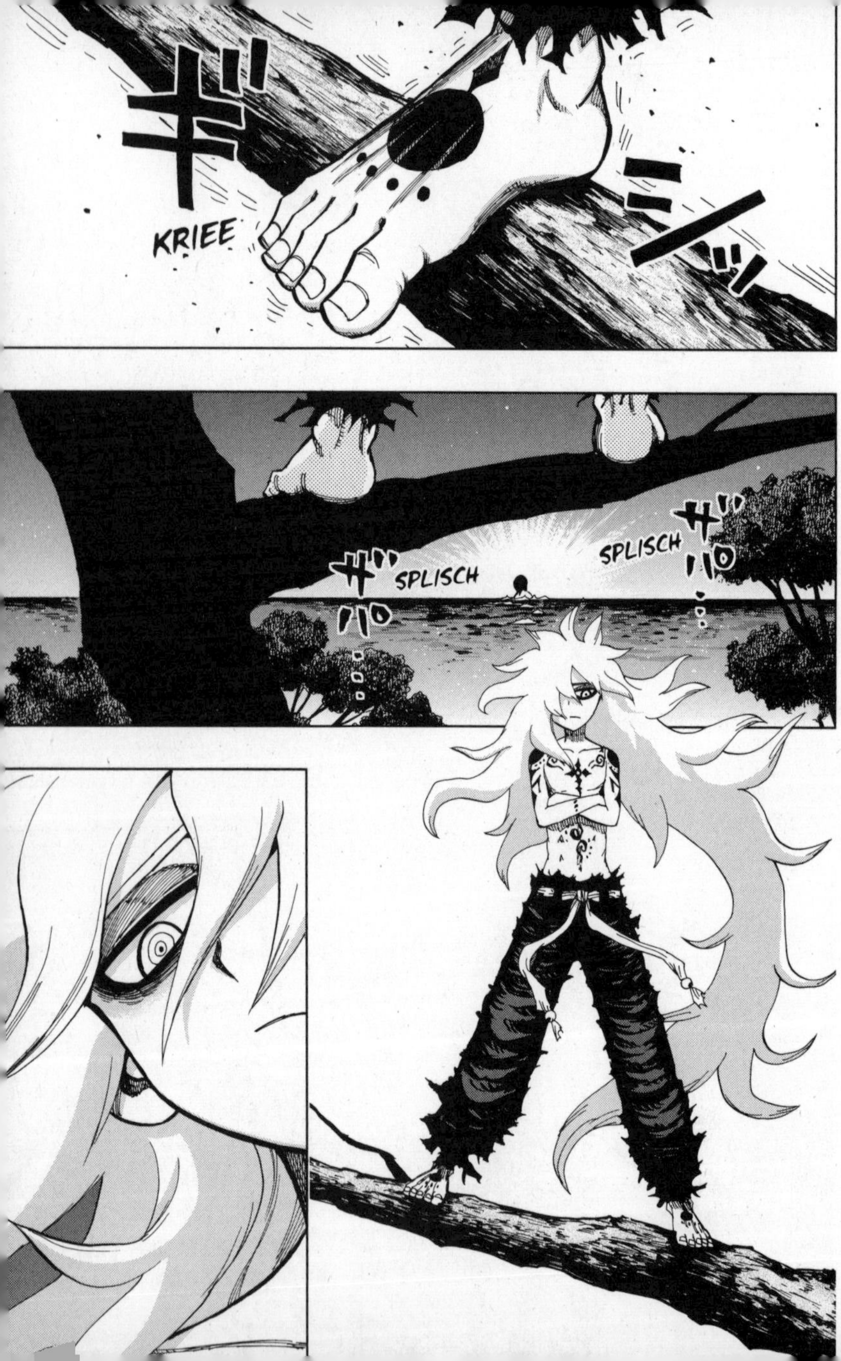
KRIEE
SPLISCH
SPLISCH

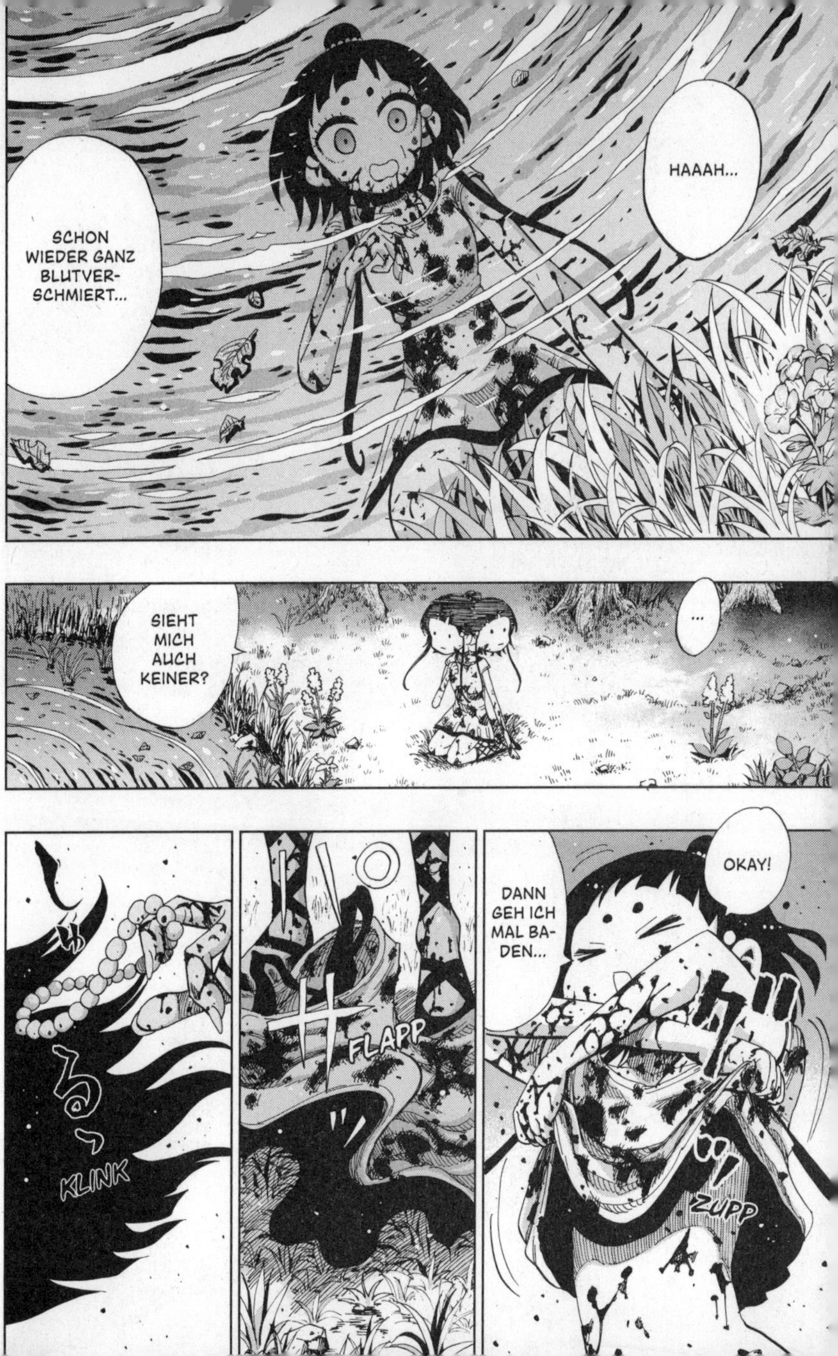
HAAAH...
SCHON WIEDER GANZ BLUTVER-SCHMIERT...
...
SIEHT MICH AUCH KEINER?
OKAY!
DANN GEH ICH MAL BA-DEN...
ZUPP
FLAPP
KLINK

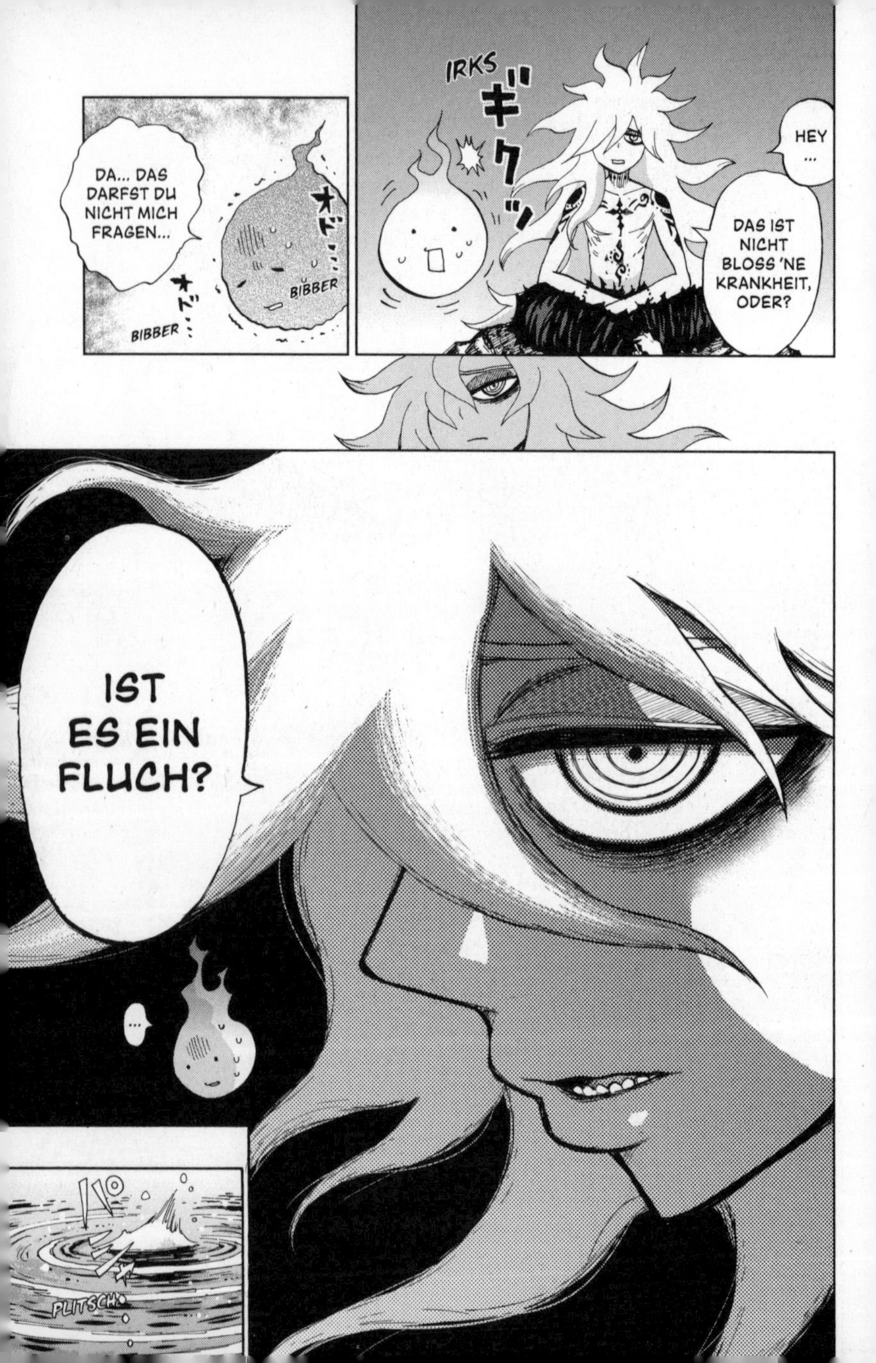
HEY ...
DAS IST NICHT BLOSS 'NE KRANKHEIT, ODER?
IRKS
ギクッ
DA... DAS DARFST DU NICHT MICH FRAGEN...
オドオド
BIBBER
BIBBER
IST ES EIN FLUCH?
...
PLITSCH

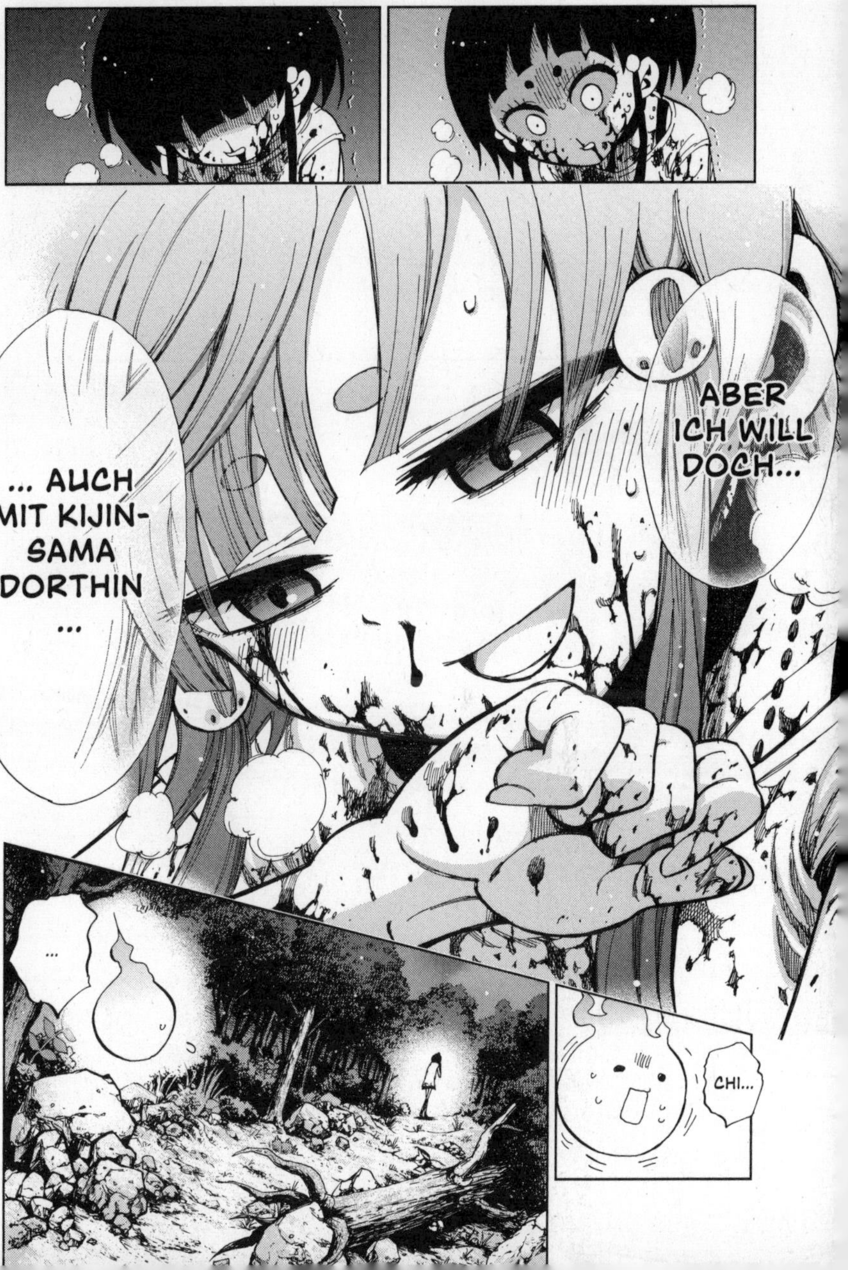
ABER ICH WILL DOCH...
... AUCH MIT KIJIN-SAMA DORTHIN ...
...
CHI...

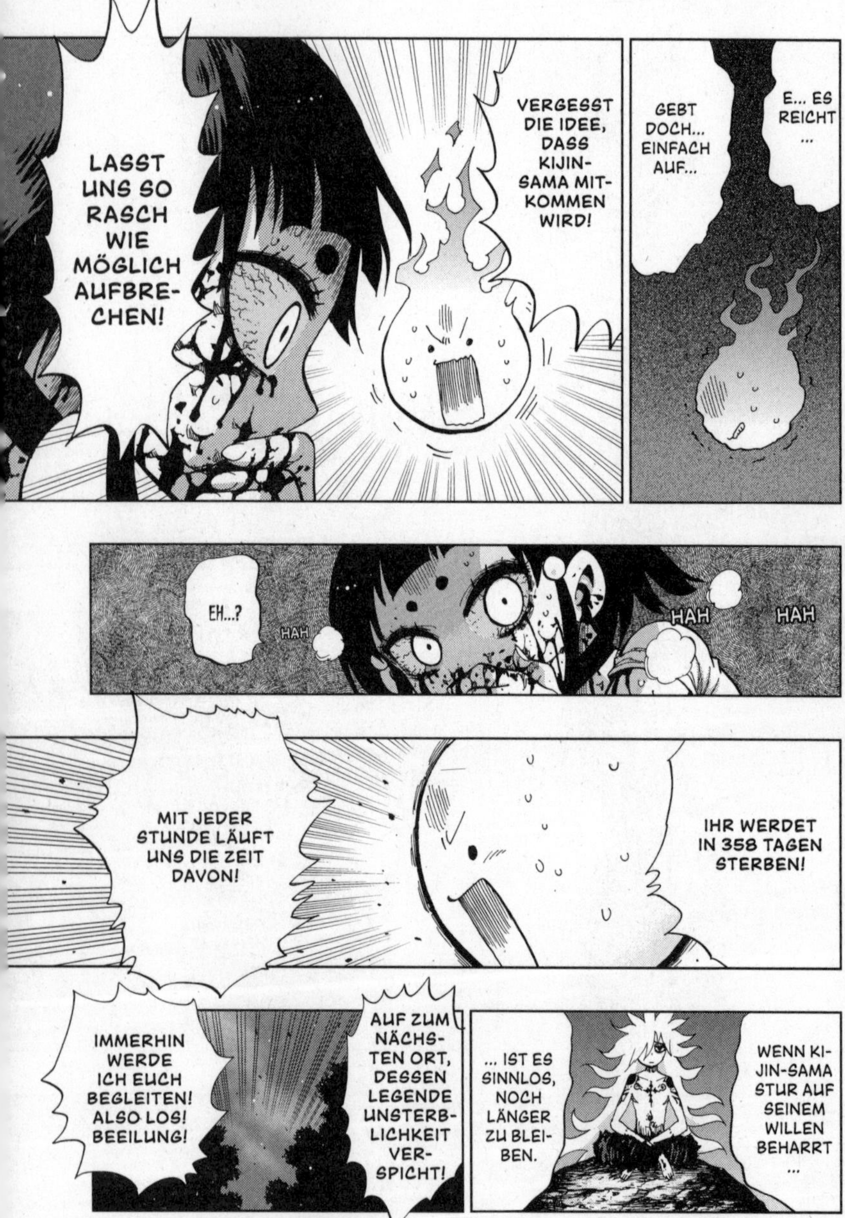
E... ES REICHT ...
GEBT DOCH... EINFACH AUF...
VERGESST DIE IDEE, DASS KIJIN-SAMA MITKOMMEN WIRD!
LASST UNS SO RASCH WIE MÖGLICH AUFBRECHEN!
HAH
HAH
HAH
EH...?
IHR WERDET IN 358 TAGEN STERBEN!
MIT JEDER STUNDE LÄUFT UNS DIE ZEIT DAVON!
WENN KIJIN-SAMA STUR AUF SEINEM WILLEN BEHARRT ...
... IST ES SINNLOS, NOCH LÄNGER ZU BLEIBEN.
AUF ZUM NÄCHSTEN ORT, DESSEN LEGENDE UNSTERBLICHKEIT VERSPICHT!
IMMERHIN WERDE ICH EUCH BEGLEITEN! ALSO LOS! BEEILUNG!

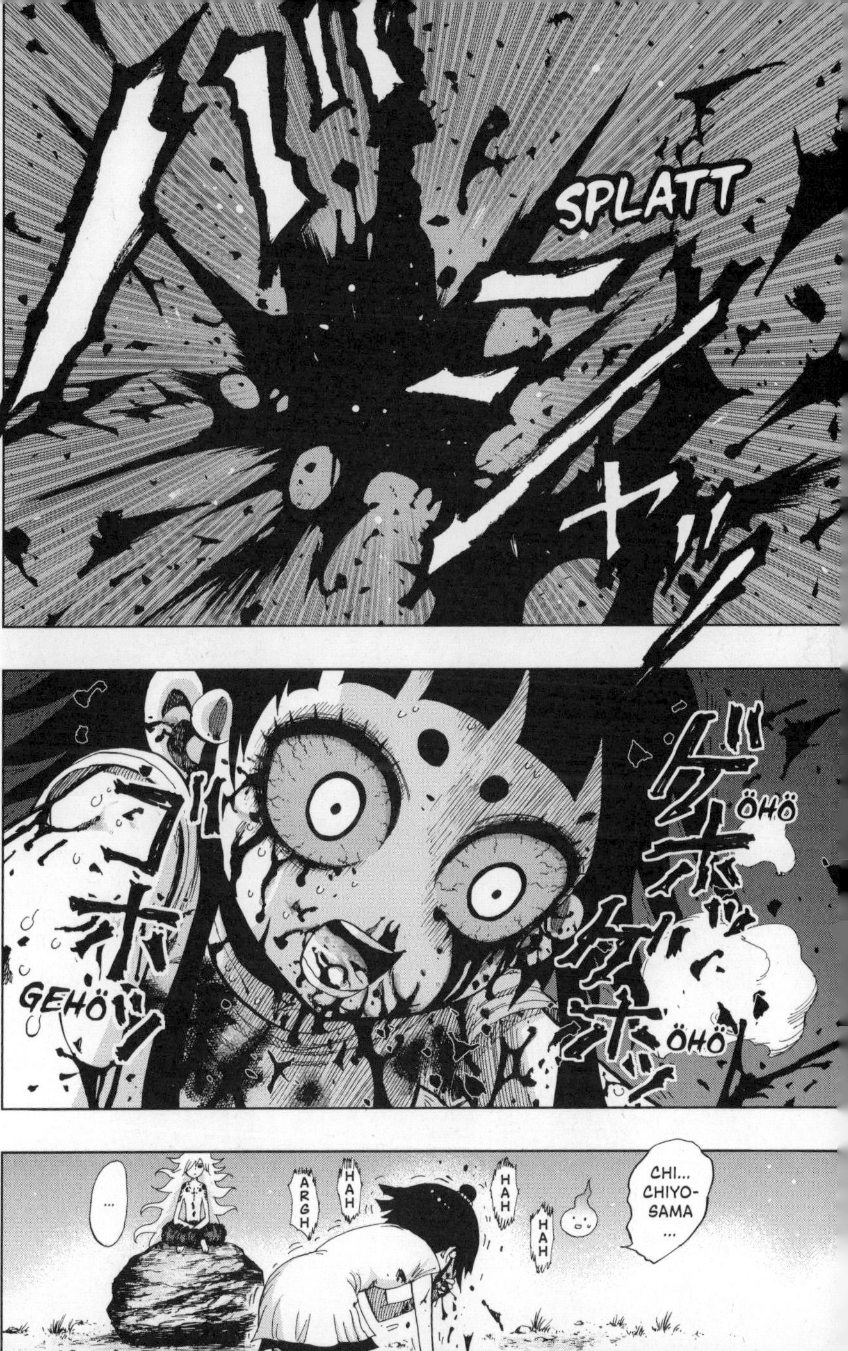
SPLATT
ÖHÖ
ÖHÖ
GEHÖ
CHI... CHIYO-SAMA ...
HAH
HAH
HAH
ARGH
...

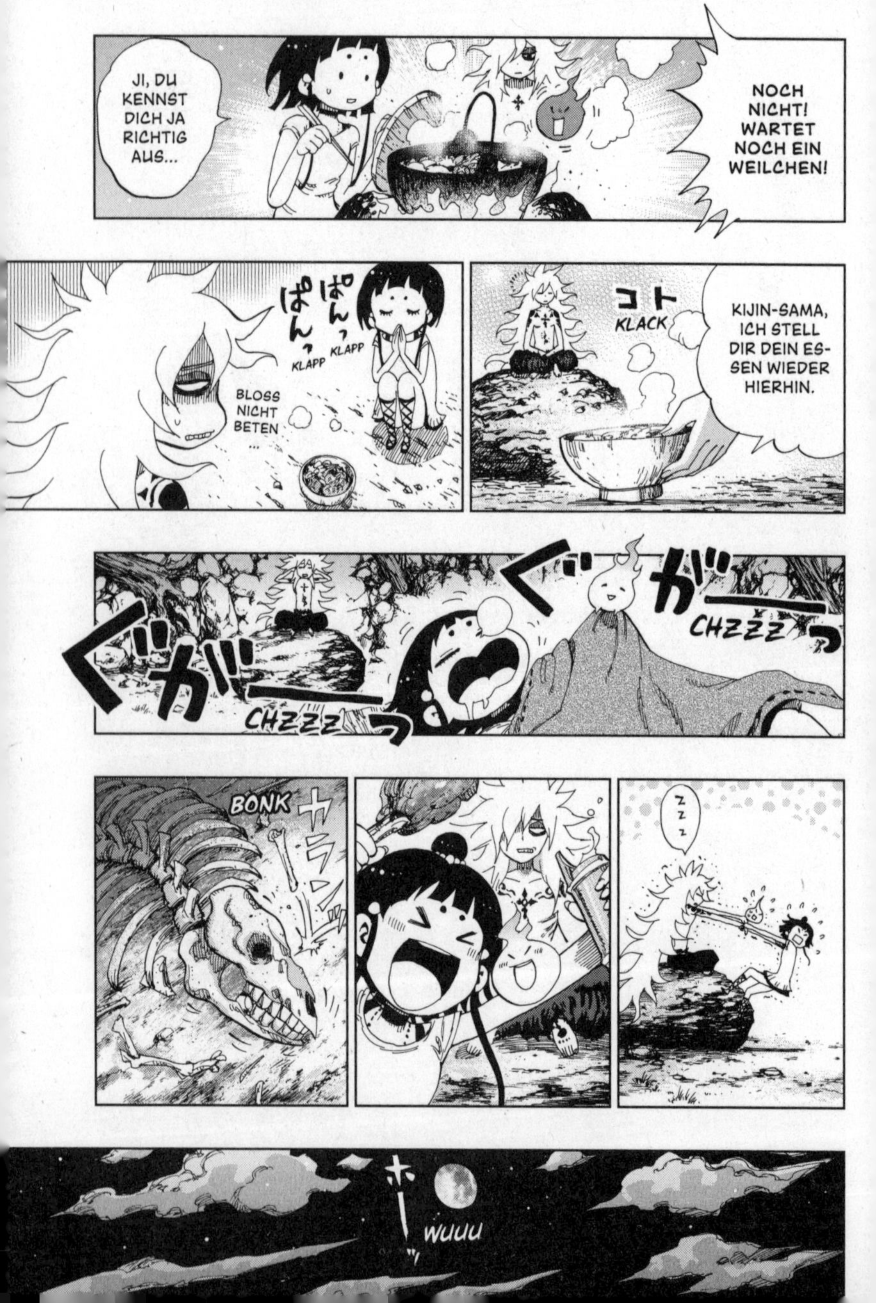

NOCH NICHT! WARTET NOCH EIN WEILCHEN!
JI, DU KENNST DICH JA RICHTIG AUS...
KIJIN-SAMA, ICH STELL DIR DEIN ES-SEN WIEDER HIERHIN.
コト
KLACK
ぱんっ
KLAPP
ぱんっ
KLAPP
BLOSS NICHT BETEN ...
ぐがーっ
CHZZZZ
ぐがーっ
CHZZZZ
BONK
z z z
wuuu

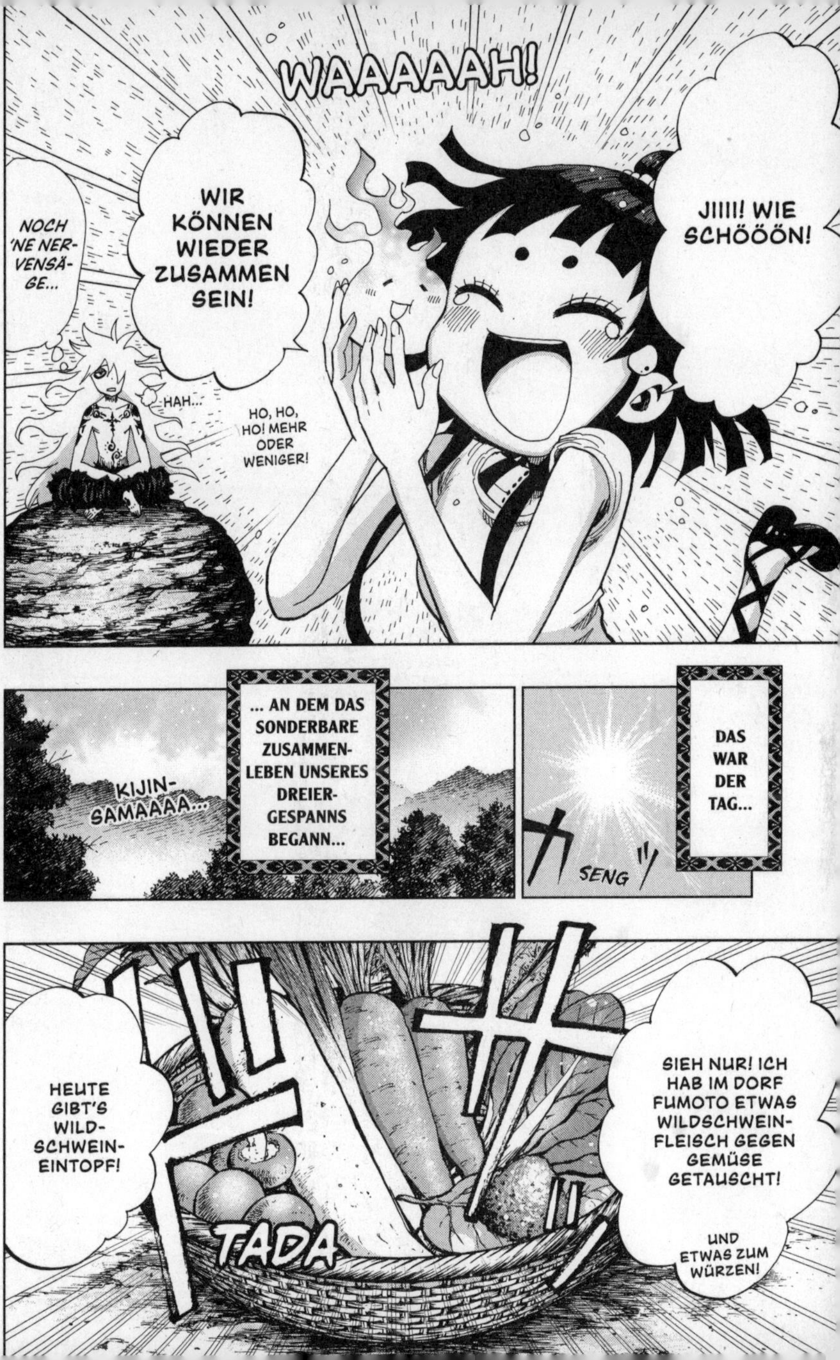
WAAAAAH!
JIIII! WIE SCHÖÖÖN!
WIR KÖNNEN WIEDER ZUSAMMEN SEIN!
NOCH 'NE NERVENSÄGE...
HAH...
HO, HO, HO! MEHR ODER WENIGER!
DAS WAR DER TAG...
SENG
... AN DEM DAS SONDERBARE ZUSAMMENLEBEN UNSERES DREIERGESPANNS BEGANN...
KIJIN-SAMAAAA...
SIEH NUR! ICH HAB IM DORF FUMOTO ETWAS WILDSCHWEINFLEISCH GEGEN GEMÜSE GETAUSCHT!
UND ETWAS ZUM WÜRZEN!
HEUTE GIBT'S WILDSCHWEINEINTOPF!
TADA

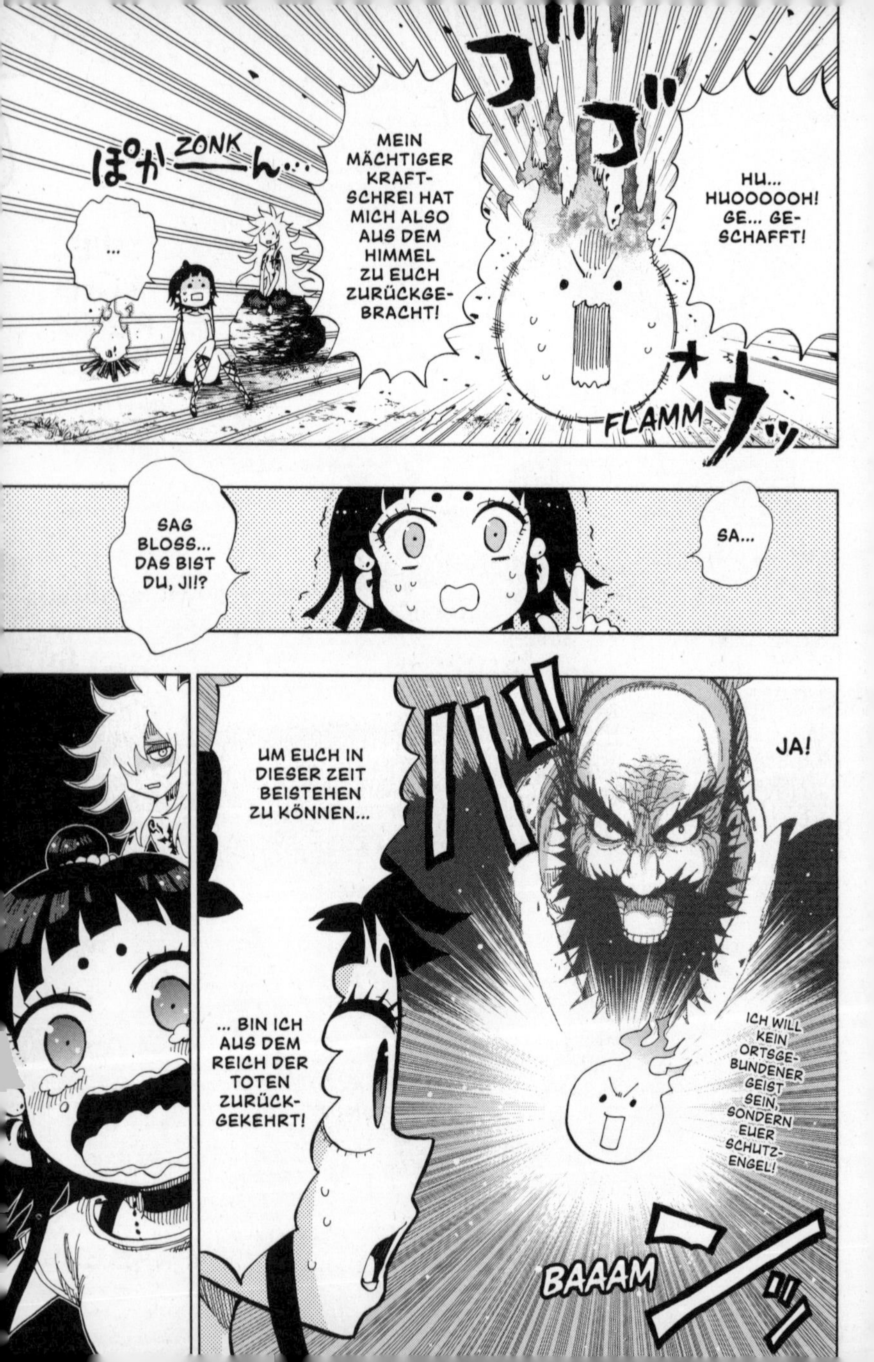
HU... HUOOOOOH! GE... GE-SCHAFFT!
MEIN MÄCHTIGER KRAFT-SCHREI HAT MICH ALSO AUS DEM HIMMEL ZU EUCH ZURÜCKGE-BRACHT!
ぽか
ZONK
ーん…
...
FLAMM
SA...
SAG BLOSS... DAS BIST DU, JI!?
JA!
UM EUCH IN DIESER ZEIT BEISTEHEN ZU KÖNNEN...
... BIN ICH AUS DEM REICH DER TOTEN ZURÜCK-GEKEHRT!
ICH WILL KEIN ORTSGE-BUNDENER GEIST SEIN, SONDERN EUER SCHUTZ-ENGEL!
BAAAM

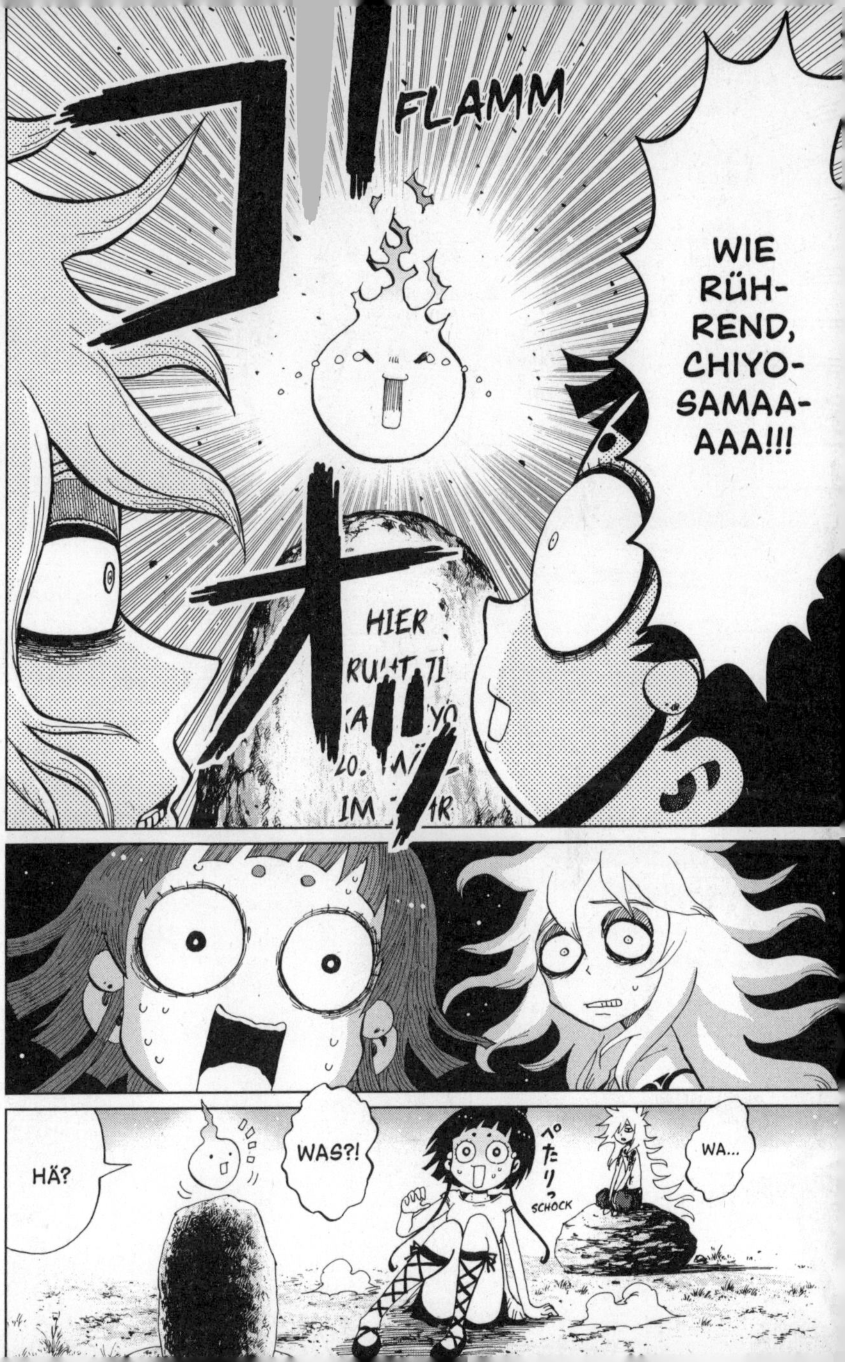

WIE RÜH-REND, CHIYO-SAMAA-AAA!!!
FLAMM
HIER
WA...
ぺたりっ
SCHOCK
WAS?!
HÄ?

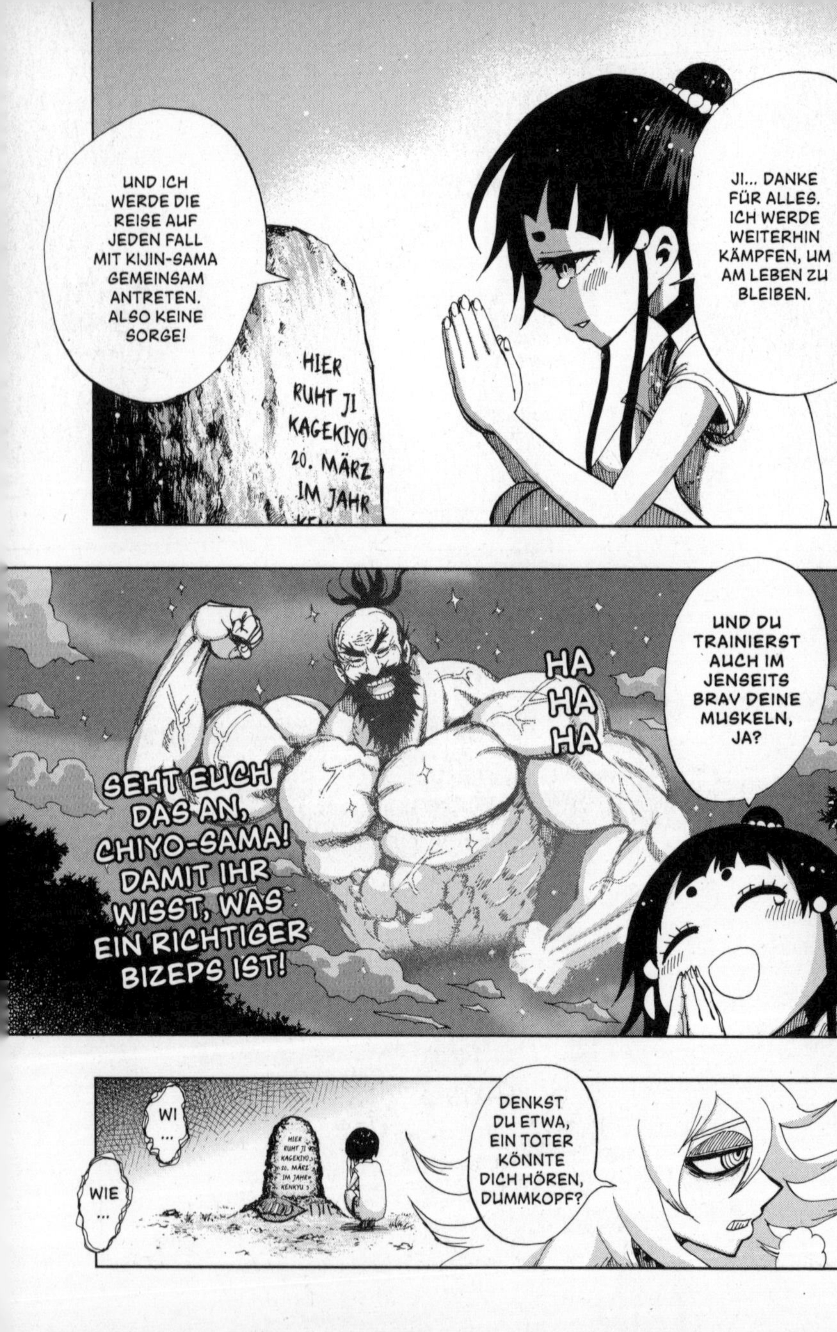
JI... DANKE FÜR ALLES. ICH WERDE WEITERHIN KÄMPFEN, UM AM LEBEN ZU BLEIBEN.
UND ICH WERDE DIE REISE AUF JEDEN FALL MIT KIJIN-SAMA GEMEINSAM ANTRETEN. ALSO KEINE SORGE!
HIER RUHT JI KAGEKIYO 20. MÄRZ IM JAHR
UND DU TRAINIERST AUCH IM JENSEITS BRAV DEINE MUSKELN, JA?
HA HA HA
SEHT EUCH DAS AN, CHIYO-SAMA! DAMIT IHR WISST, WAS EIN RICHTIGER BIZEPS IST!
DENKST DU ETWA, EIN TOTER KÖNNTE DICH HÖREN, DUMMKOPF?
WI ...
WIE ...

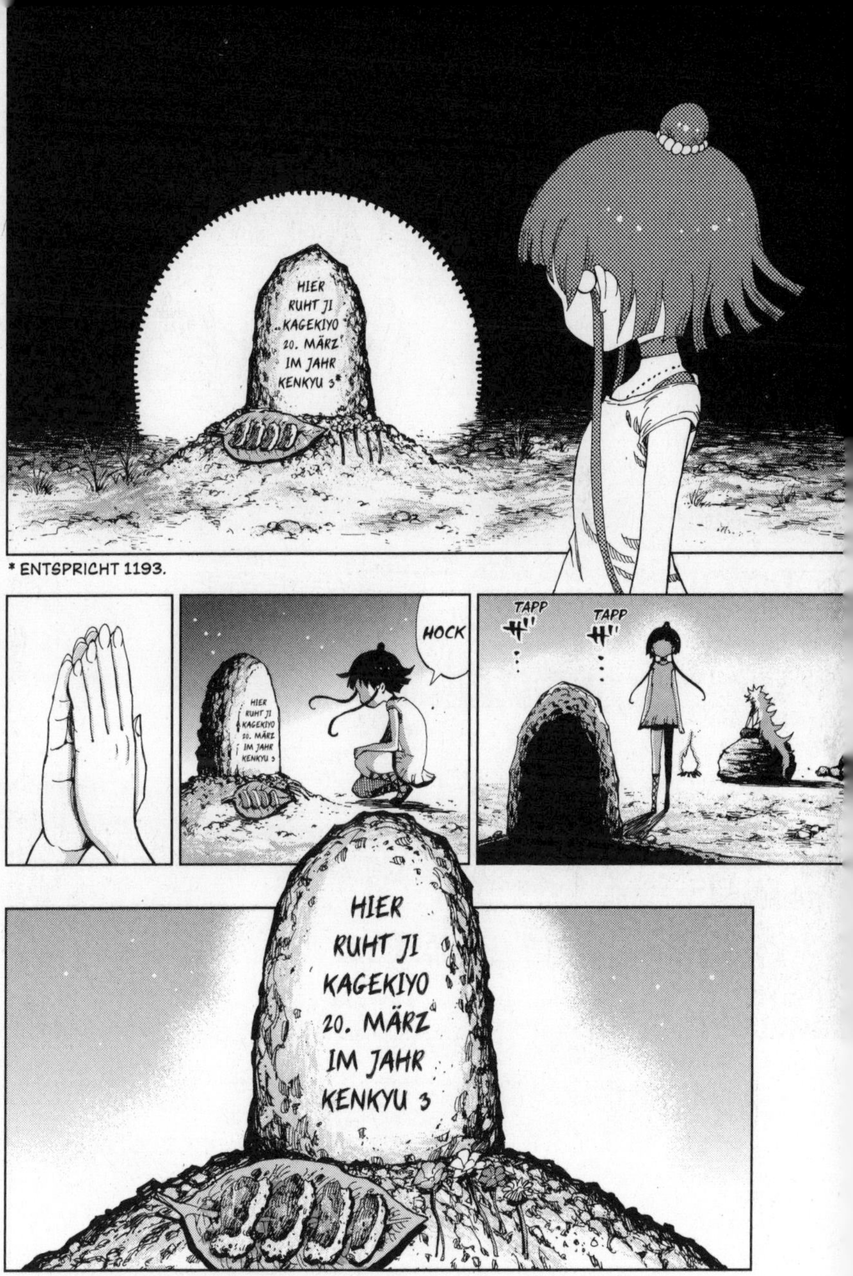

* ENTSPRICHT 1193.

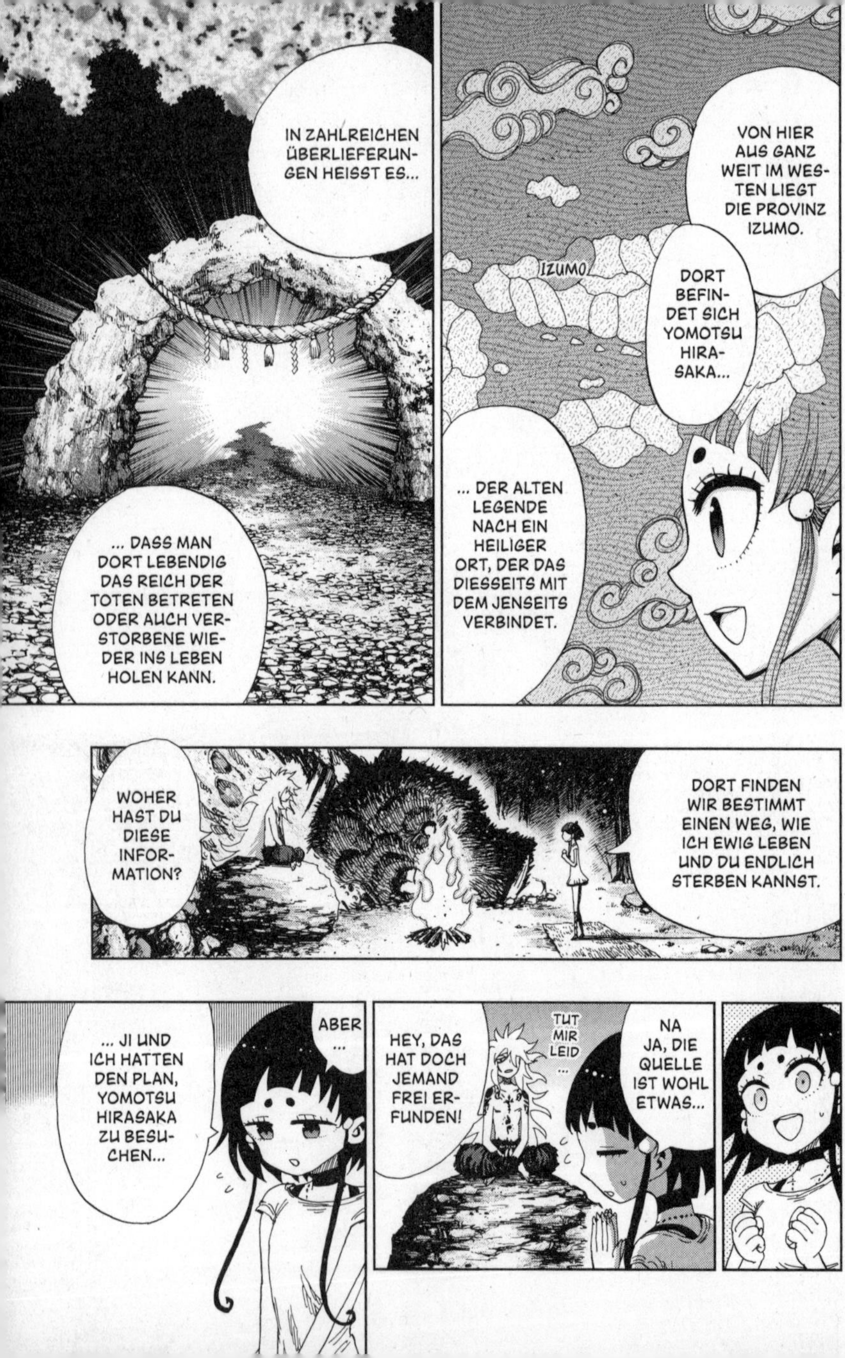
VON HIER AUS GANZ WEIT IM WESTEN LIEGT DIE PROVINZ IZUMO.
IZUMO
DORT BEFINDET SICH YOMOTSU HIRASAKA...
... DER ALTEN LEGENDE NACH EIN HEILIGER ORT, DER DAS DIESSEITS MIT DEM JENSEITS VERBINDET.
IN ZAHLREICHEN ÜBERLIEFERUNGEN HEISST ES...
... DASS MAN DORT LEBENDIG DAS REICH DER TOTEN BETRETEN ODER AUCH VERSTORBENE WIEDER INS LEBEN HOLEN KANN.
DORT FINDEN WIR BESTIMMT EINEN WEG, WIE ICH EWIG LEBEN UND DU ENDLICH STERBEN KANNST.
WOHER HAST DU DIESE INFORMATION?
NA JA, DIE QUELLE IST WOHL ETWAS...
TUT MIR LEID ...
HEY, DAS HAT DOCH JEMAND FREI ERFUNDEN!
ABER ...
... JI UND ICH HATTEN DEN PLAN, YOMOTSU HIRASAKA ZU BESUCHEN...

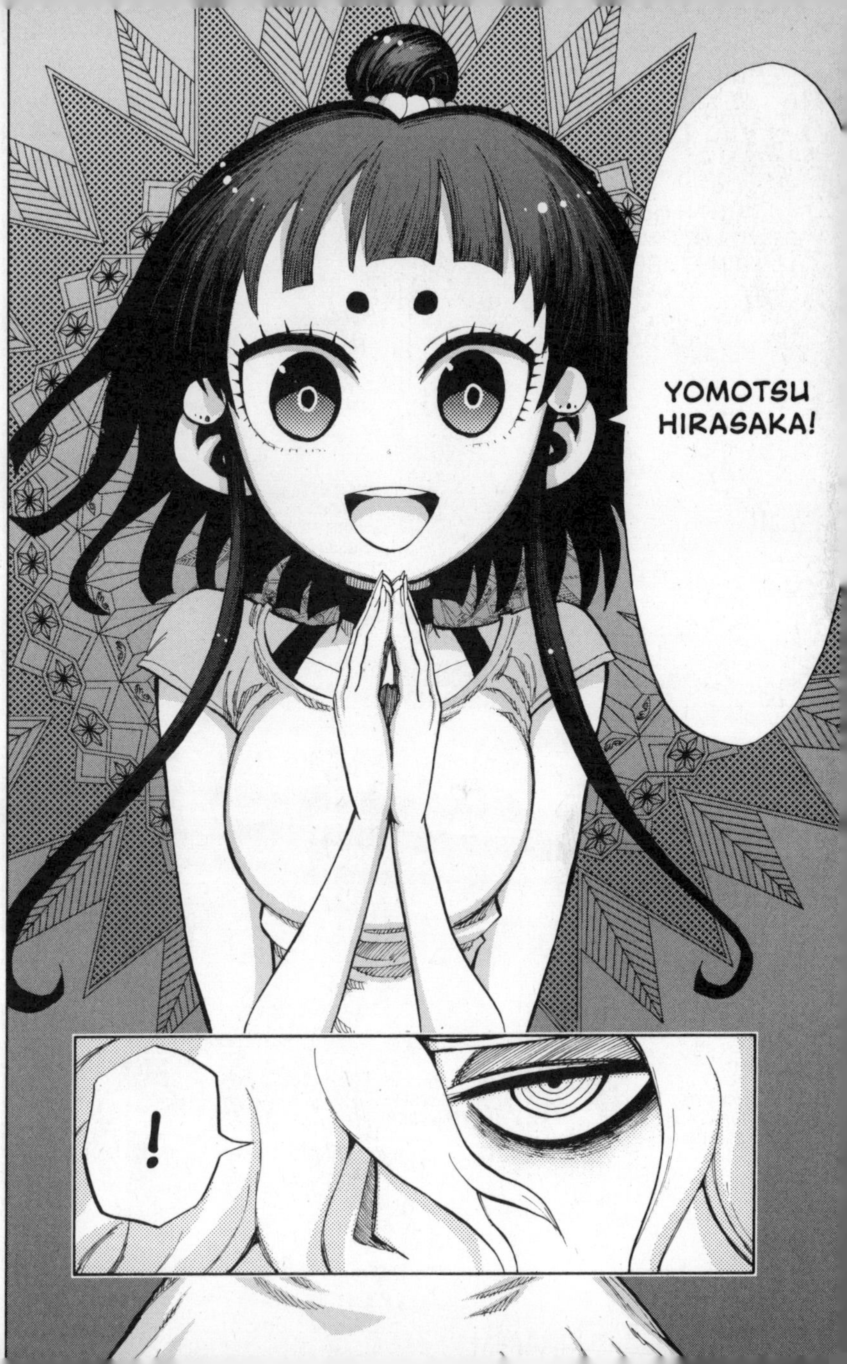
YOMOTSU
HIRASAKA!
!

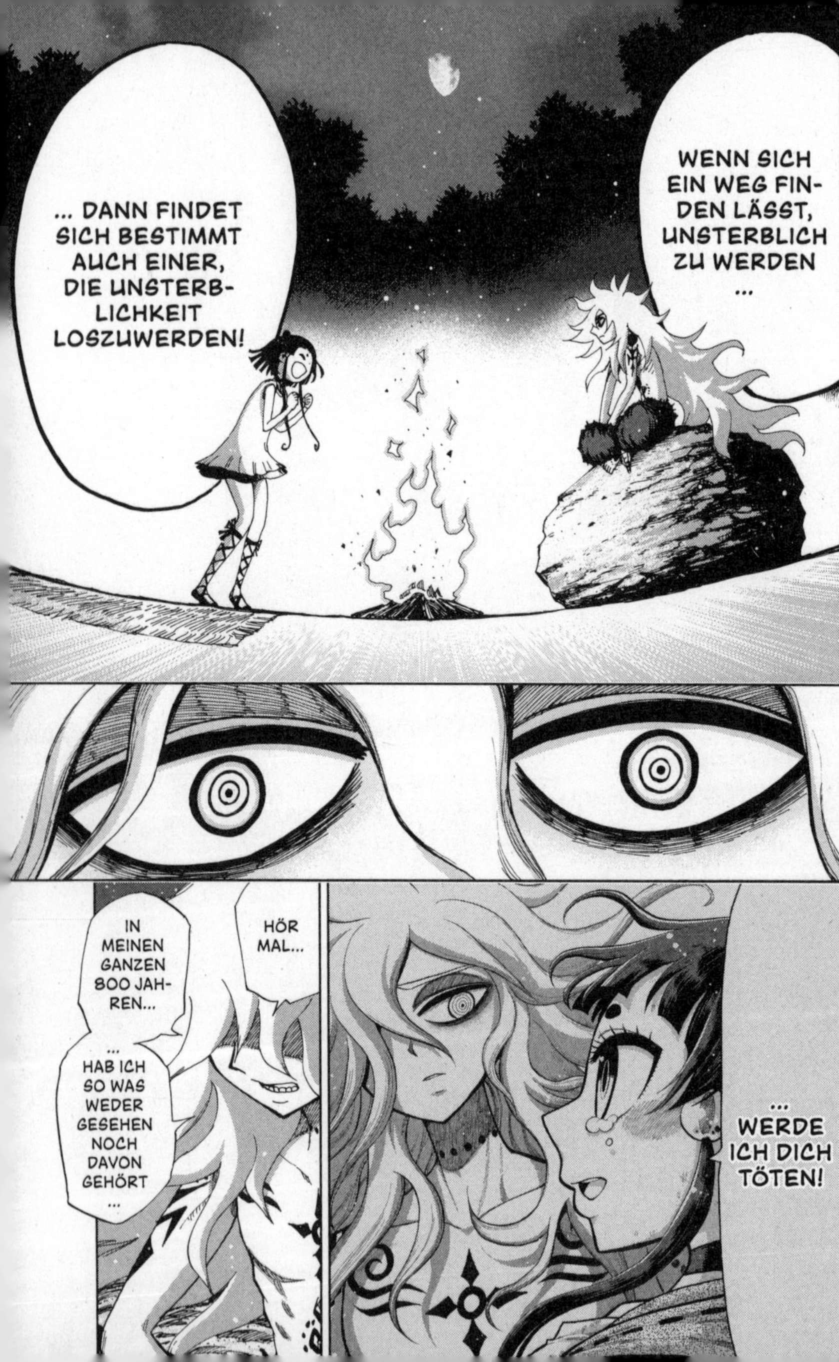

WENN SICH EIN WEG FINDEN LÄSST, UNSTERBLICH ZU WERDEN ...
... DANN FINDET SICH BESTIMMT AUCH EINER, DIE UNSTERBLICHKEIT LOSZUWERDEN!
... WERDE ICH DICH TÖTEN!
HÖR MAL...
IN MEINEN GANZEN 800 JAHREN...
... HAB ICH SO WAS WEDER GESEHEN NOCH DAVON GEHÖRT ...

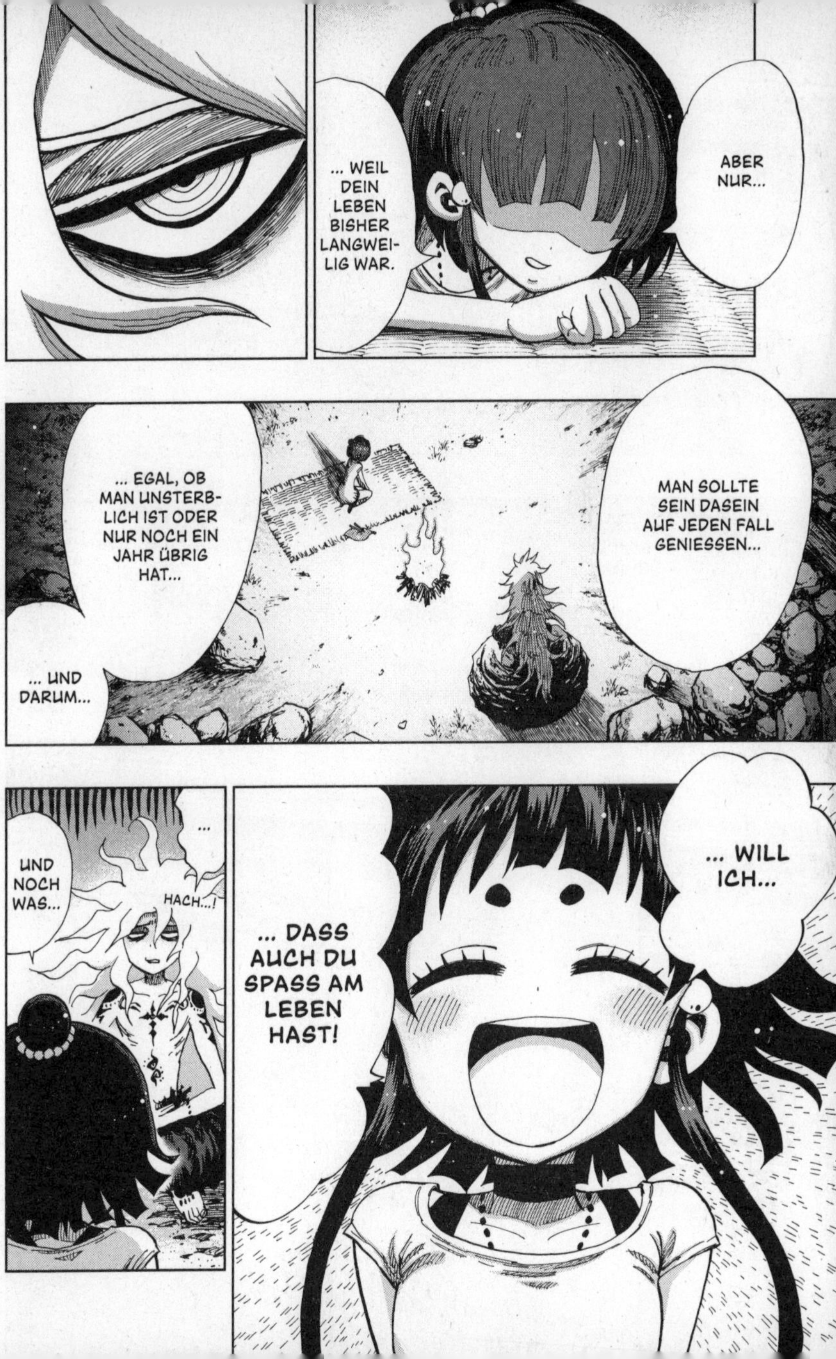
ABER NUR...
... WEIL DEIN LEBEN BISHER LANGWEILIG WAR.
MAN SOLLTE SEIN DASEIN AUF JEDEN FALL GENIESSEN...
... EGAL, OB MAN UNSTERBLICH IST ODER NUR NOCH EIN JAHR ÜBRIG HAT...
... UND DARUM...
... WILL ICH...
... DASS AUCH DU SPASS AM LEBEN HAST!
...
HACH...!
UND NOCH WAS...

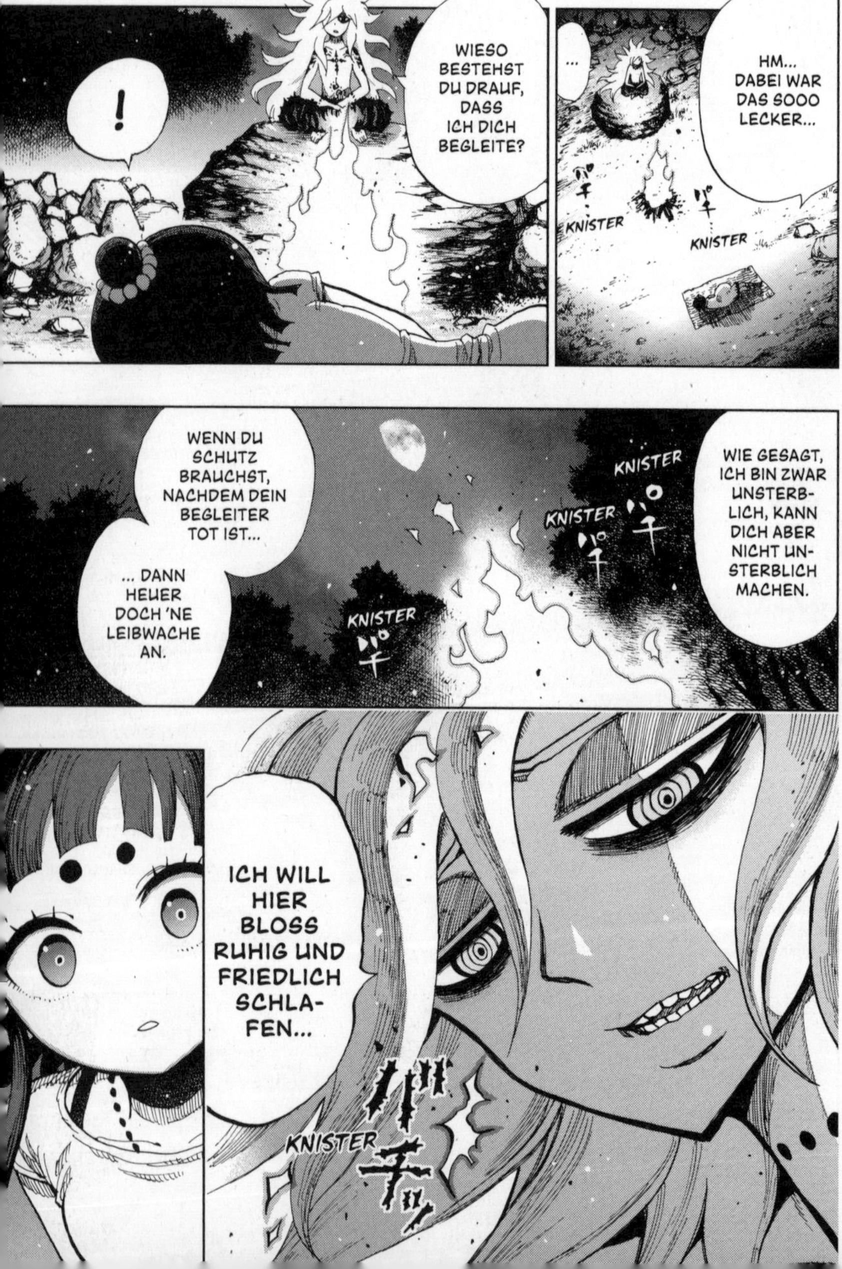
...
HM... DABEI WAR DAS SOOO LECKER...
KNISTER
KNISTER
WIESO BESTEHST DU DRAUF, DASS ICH DICH BEGLEITE?
!
WIE GESAGT, ICH BIN ZWAR UNSTERB-LICH, KANN DICH ABER NICHT UN-STERBLICH MACHEN.
KNISTER
KNISTER
KNISTER
WENN DU SCHUTZ BRAUCHST, NACHDEM DEIN BEGLEITER TOT IST...
... DANN HEUER DOCH 'NE LEIBWACHE AN.
ICH WILL HIER BLOSS RUHIG UND FRIEDLICH SCHLA-FEN...
KNISTER

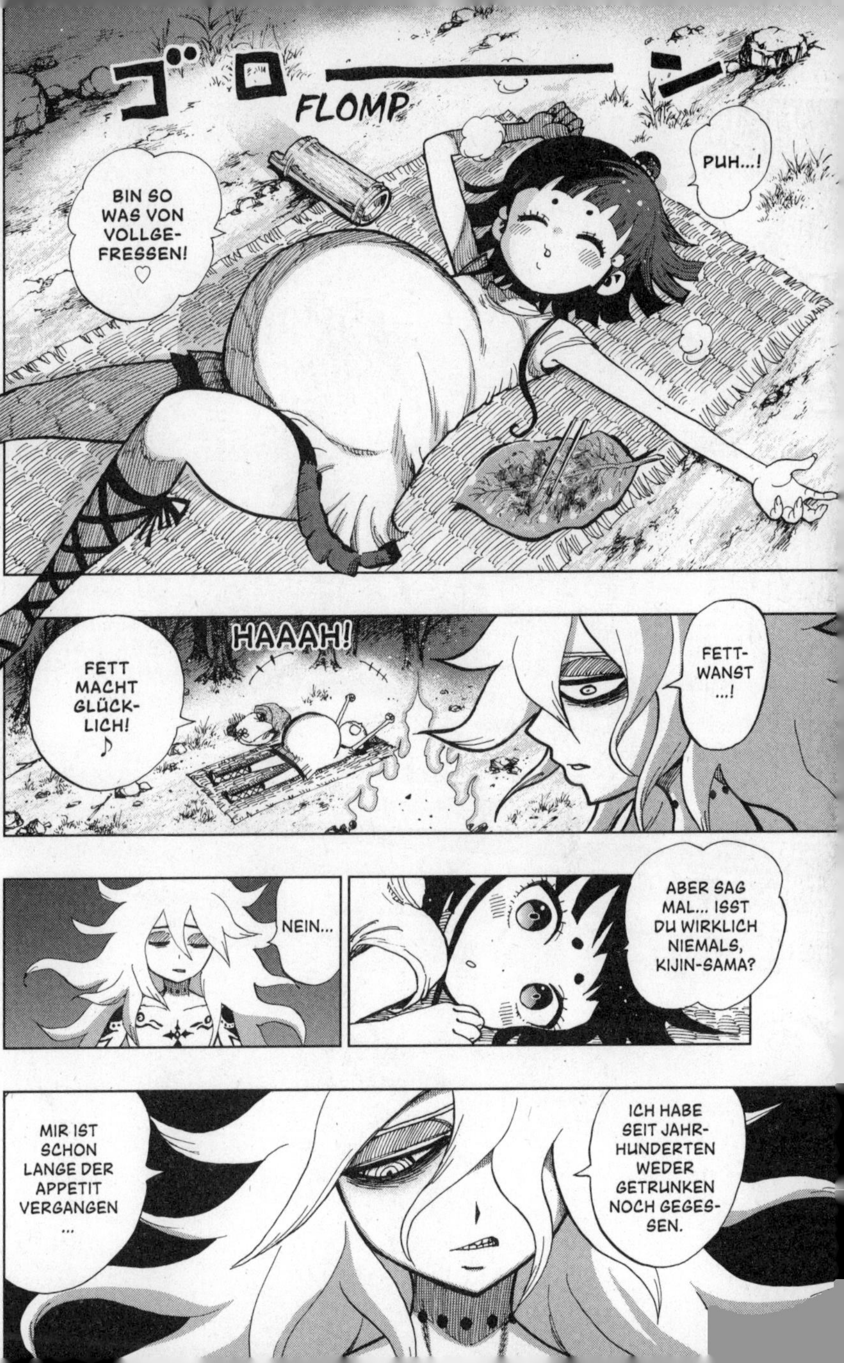
ゴロ――――ン
FLOMP
PUH...!
BIN SO WAS VON VOLLGE- FRESSEN! ♡
FETT- WANST ...!
HAAAH!
FETT MACHT GLÜCK- LICH! ♪
ABER SAG MAL... ISST DU WIRKLICH NIEMALS, KIJIN-SAMA?
NEIN...
ICH HABE SEIT JAHR- HUNDERTEN WEDER GETRUNKEN NOCH GEGES- SEN.
MIR IST SCHON LANGE DER APPETIT VERGANGEN ...

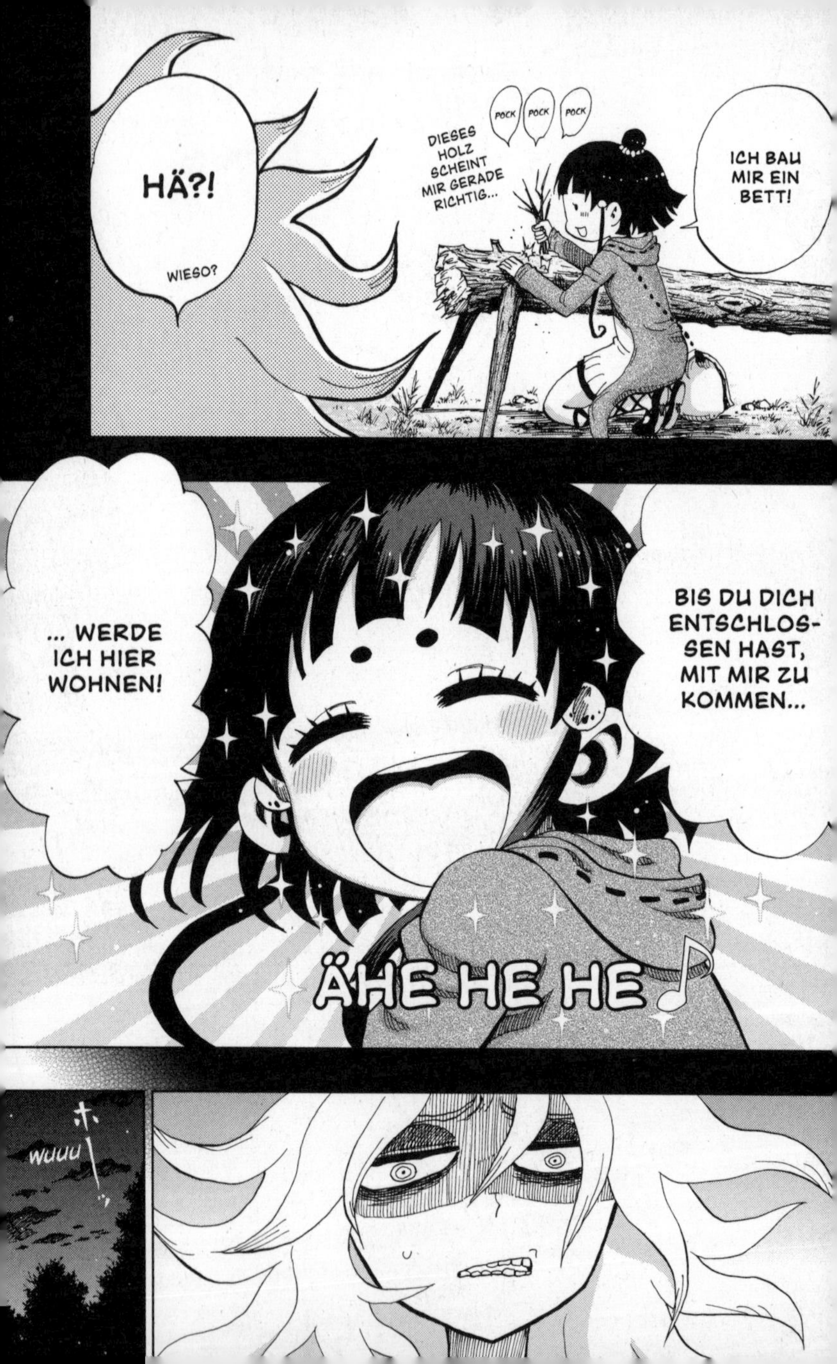
ICH BAU MIR EIN BETT!
POCK
POCK
POCK
DIESES HOLZ SCHEINT MIR GERADE RICHTIG...
HÄ?!
WIESO?
BIS DU DICH ENTSCHLOSSEN HAST, MIT MIR ZU KOMMEN...
... WERDE ICH HIER WOHNEN!
ÄHE HE HE♪
wuuu

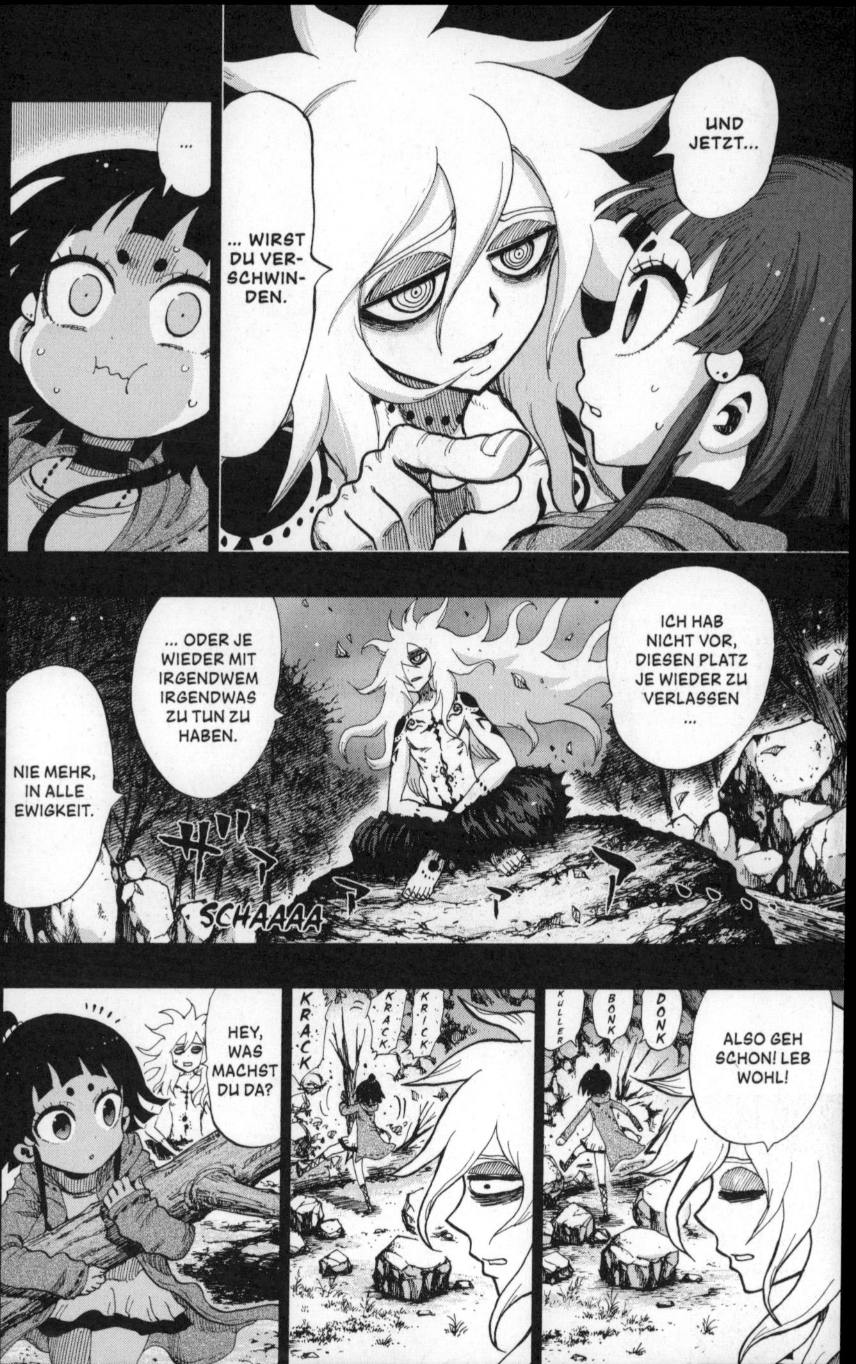
UND JETZT...
... WIRST DU VER-SCHWIN-DEN.
...
ICH HAB NICHT VOR, DIESEN PLATZ JE WIEDER ZU VERLASSEN ...
... ODER JE WIEDER MIT IRGENDWEM IRGENDWAS ZU TUN ZU HABEN.
NIE MEHR, IN ALLE EWIGKEIT.
SCHAAAA
ALSO GEH SCHON! LEB WOHL!
DONK
BONK
KULLER
KRICK
KRACK
KRACK
HEY, WAS MACHST DU DA?

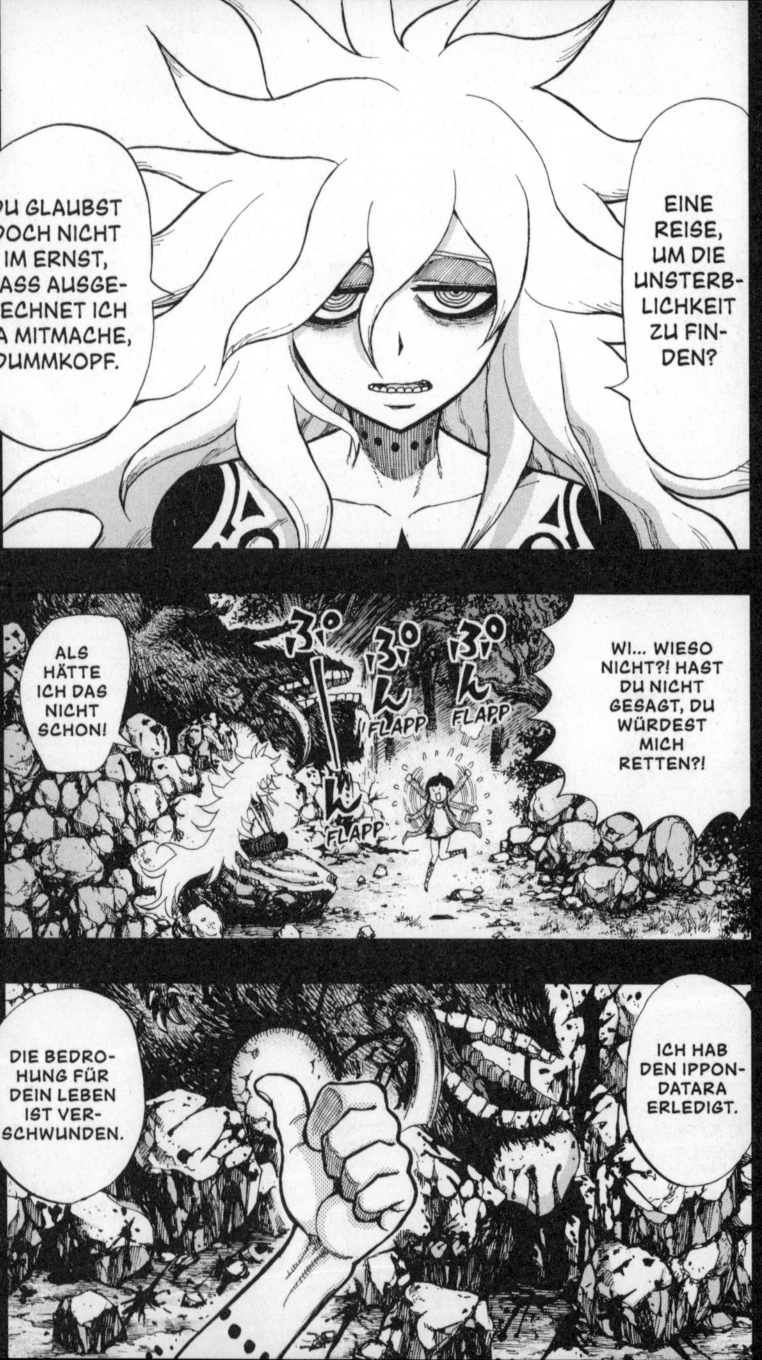
EINE REISE, UM DIE UNSTERBLICHKEIT ZU FINDEN?
DU GLAUBST DOCH NICHT IM ERNST, DASS AUSGERECHNET ICH DA MITMACHE, DUMMKOPF.
WI... WIESO NICHT?! HAST DU NICHT GESAGT, DU WÜRDEST MICH RETTEN?!
ぷん FLAPP
ぷん FLAPP
ぷん FLAPP
ALS HÄTTE ICH DAS NICHT SCHON!
ICH HAB DEN IPPON-DATARA ERLEDIGT.
DIE BEDROHUNG FÜR DEIN LEBEN IST VERSCHWUNDEN.

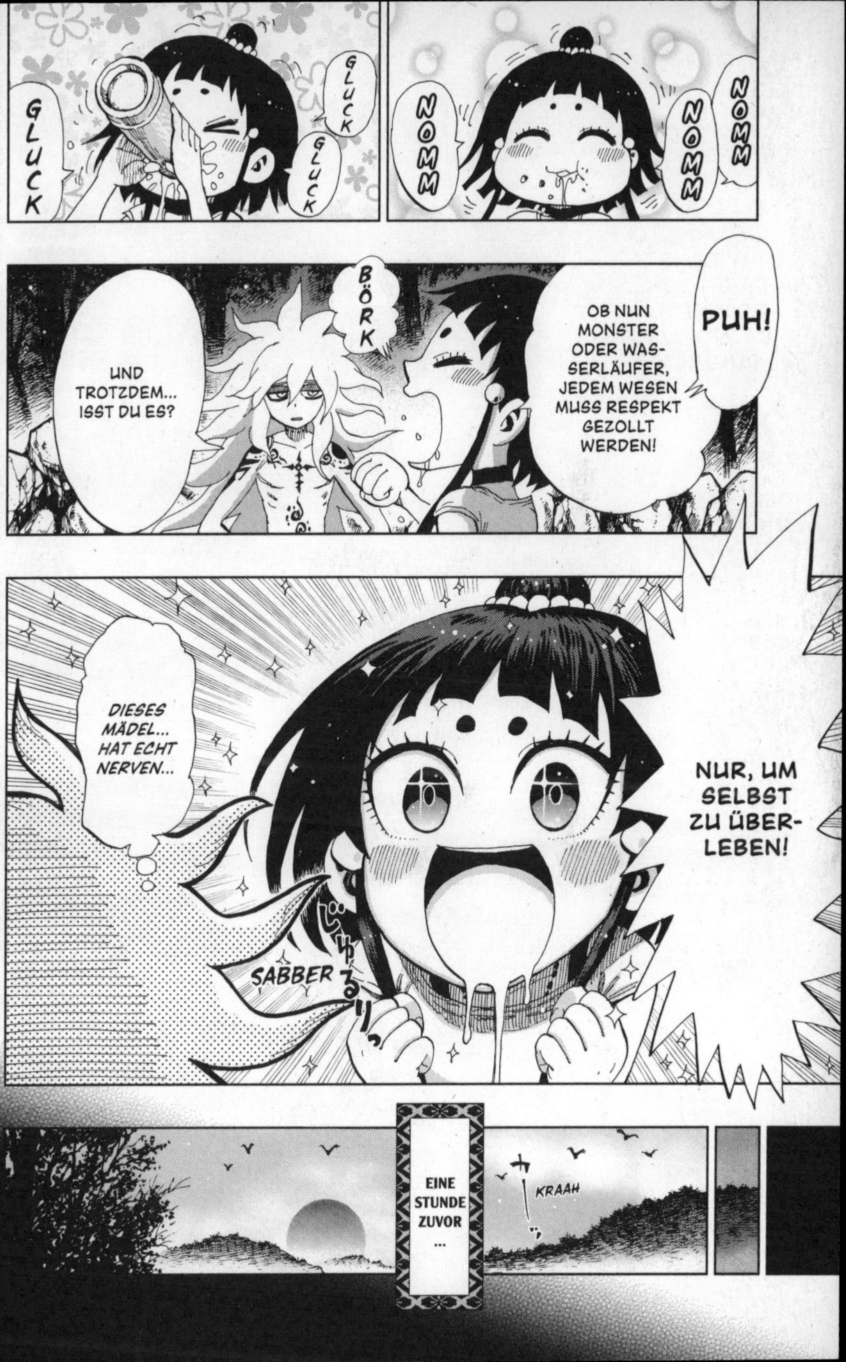
NOMM NOMM
NOMM
GLUCK GLUCK
GLUCK
GLUCK
PUH!
OB NUN MONSTER ODER WAS-SERLÄUFER, JEDEM WESEN MUSS RESPEKT GEZOLLT WERDEN!
BÖRK
UND TROTZDEM... ISST DU ES?
NUR, UM SELBST ZU ÜBER-LEBEN!
SABBER
DIESES MÄDEL... HAT ECHT NERVEN...
KRAAH
EINE STUNDE ZUVOR ...

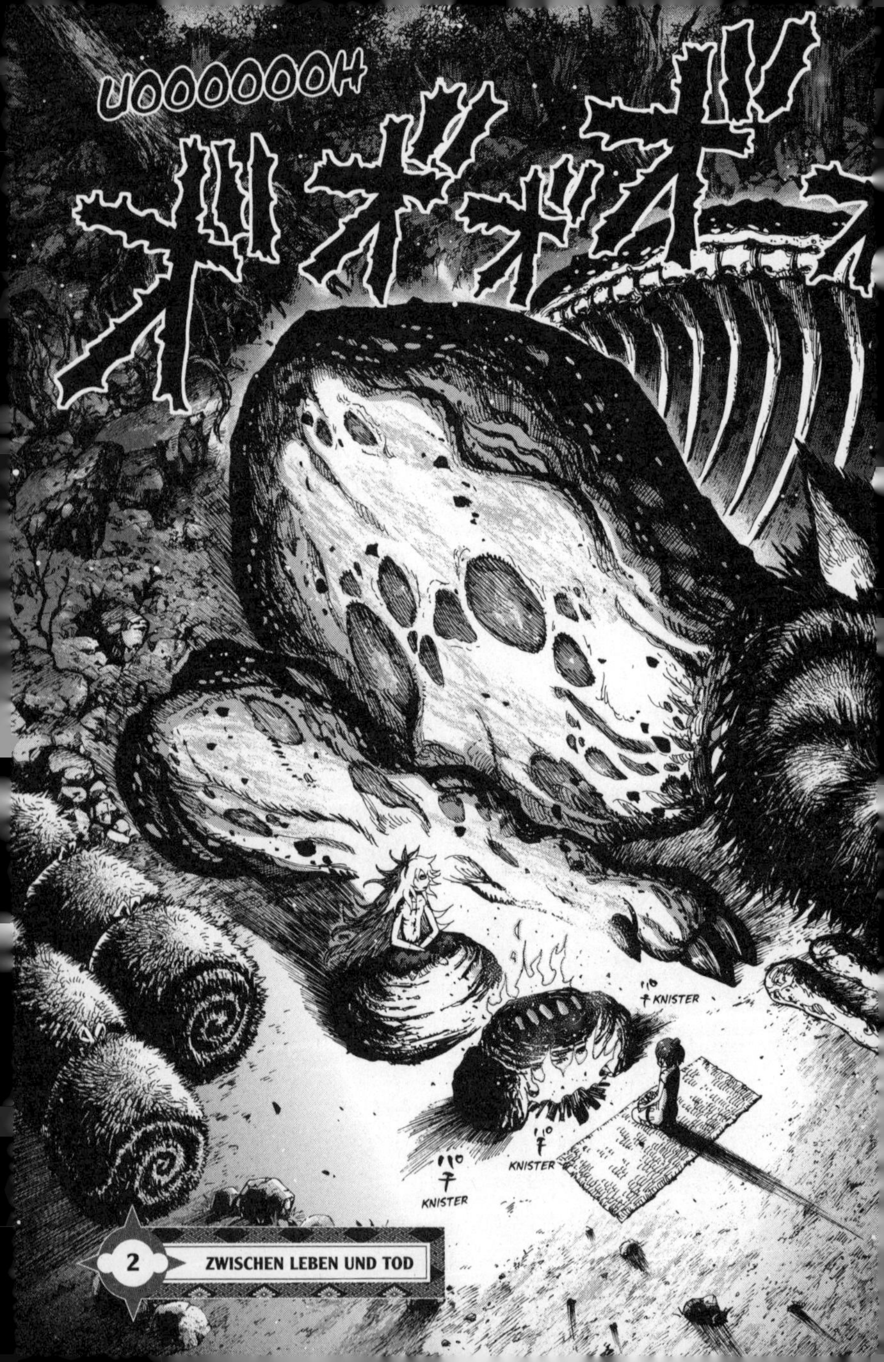
UOOOOOOH
KNISTER
KNISTER
KNISTER
2 ZWISCHEN LEBEN UND TOD

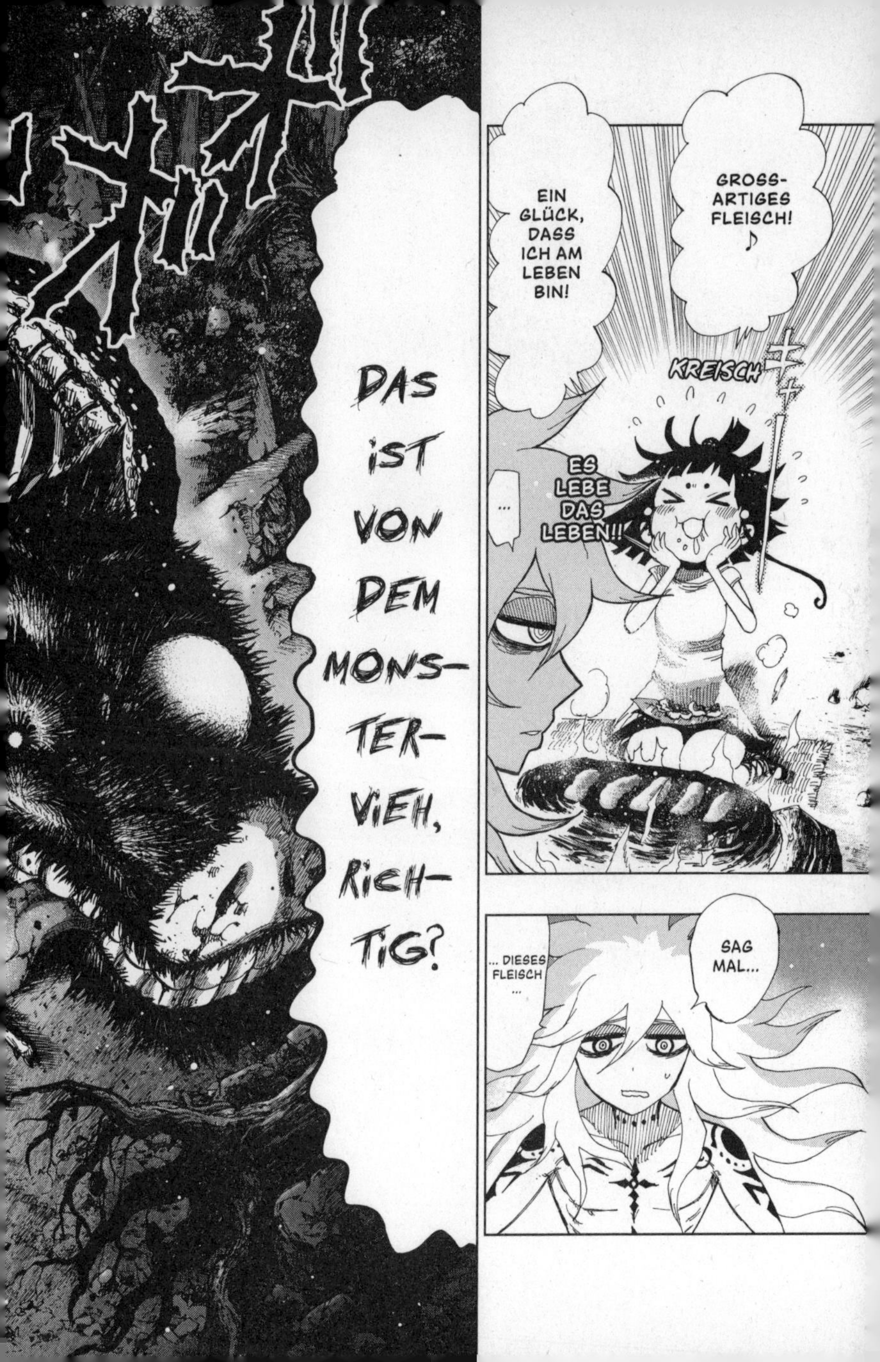
GROSS-
ARTIGES
FLEISCH! ♪
EIN
GLÜCK,
DASS
ICH AM
LEBEN
BIN!
KREISCH
ES
LEBE
DAS
LEBEN!!
…
SAG
MAL…
… DIESES
FLEISCH
…
DAS
IST
VON
DEM
MONS-
TER-
VIEH,
RICH-
TIG?

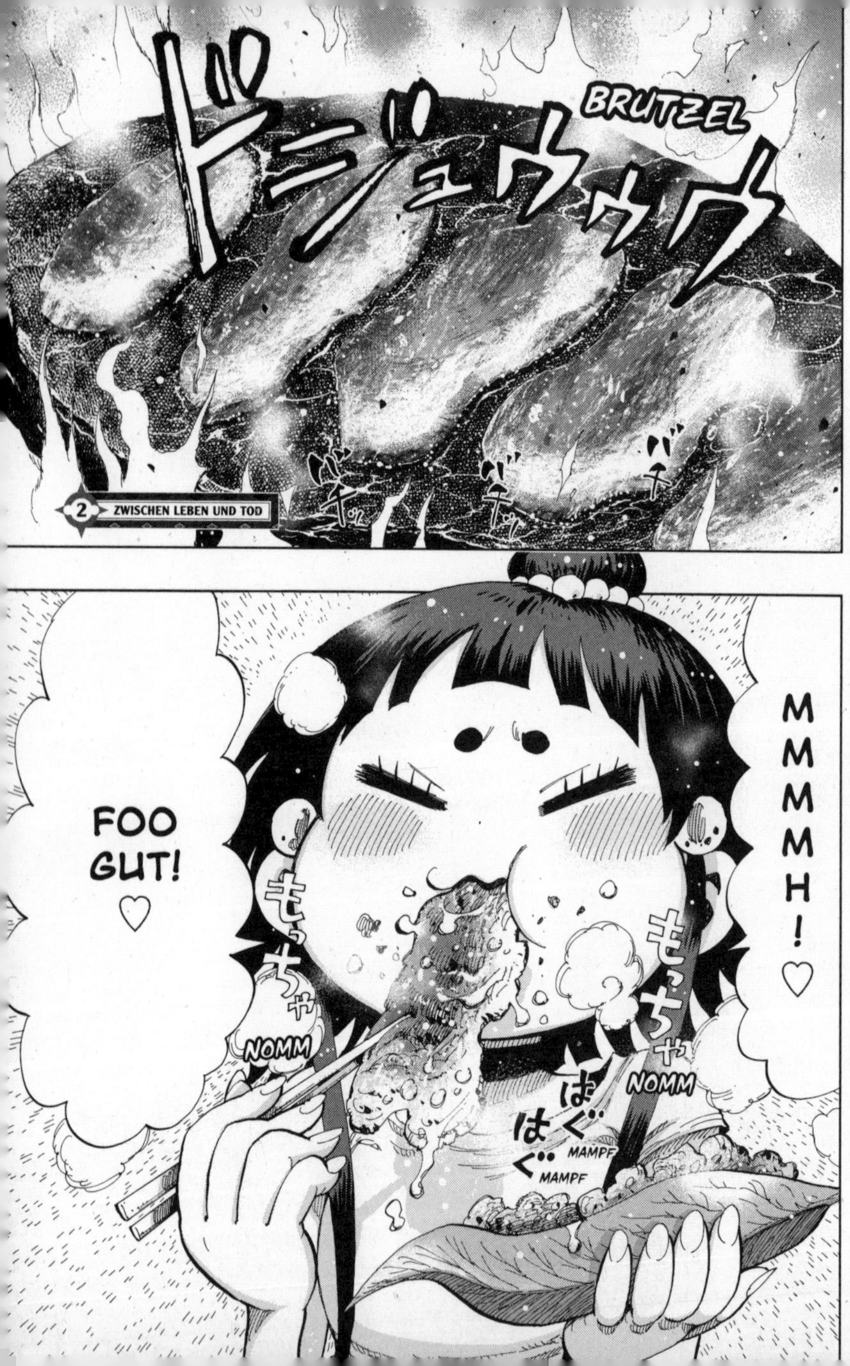
2 ZWISCHEN LEBEN UND TOD
ドジュウウウ
BRUTZEL
MMMMH! ♡
もっちゃ
NOMM
はぐはぐ
MAMPF
MAMPF
もっちゃ
NOMM
FOO GUT! ♡

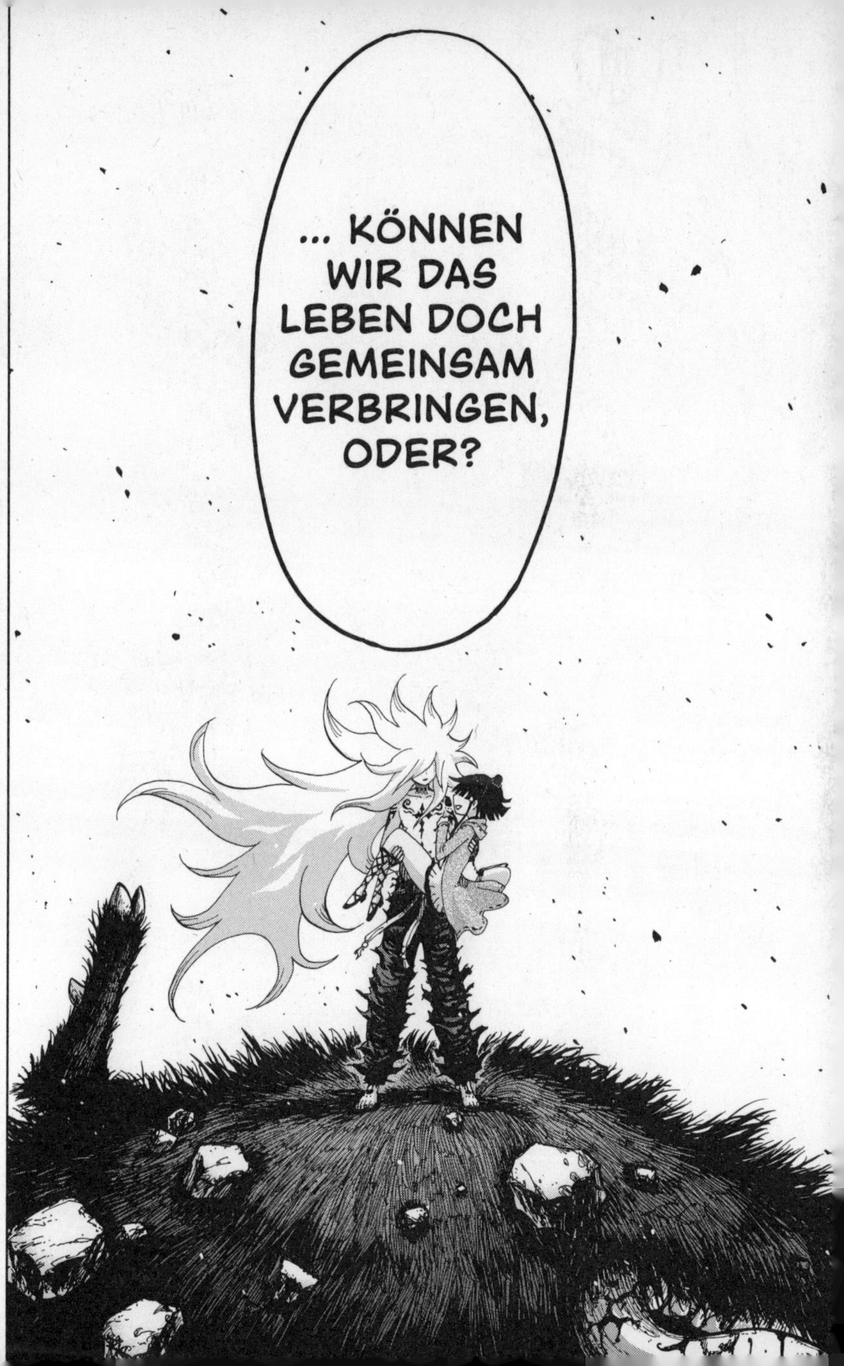
... KÖNNEN WIR DAS LEBEN DOCH GEMEINSAM VERBRINGEN, ODER?

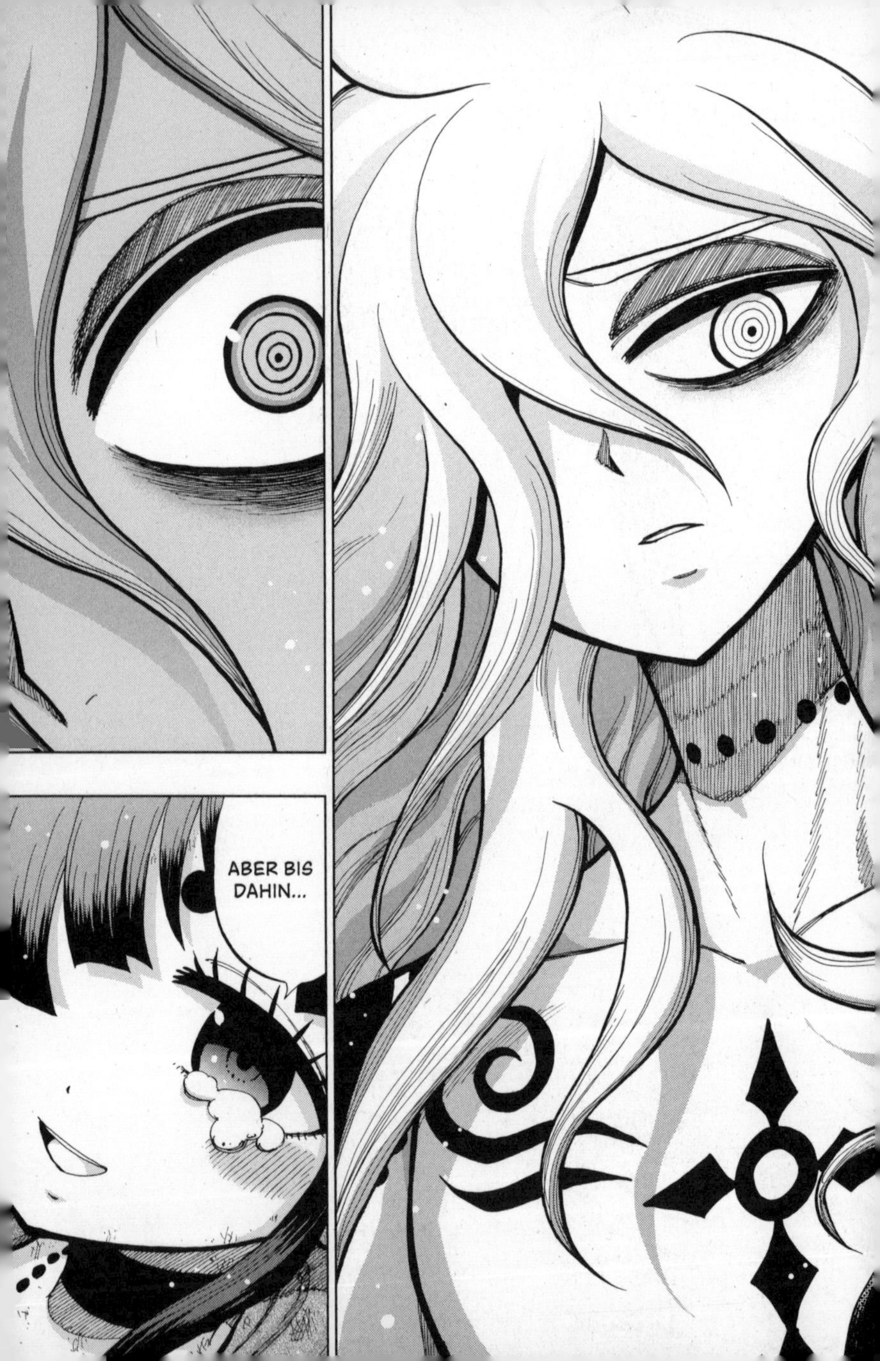
ABER BIS DAHIN...

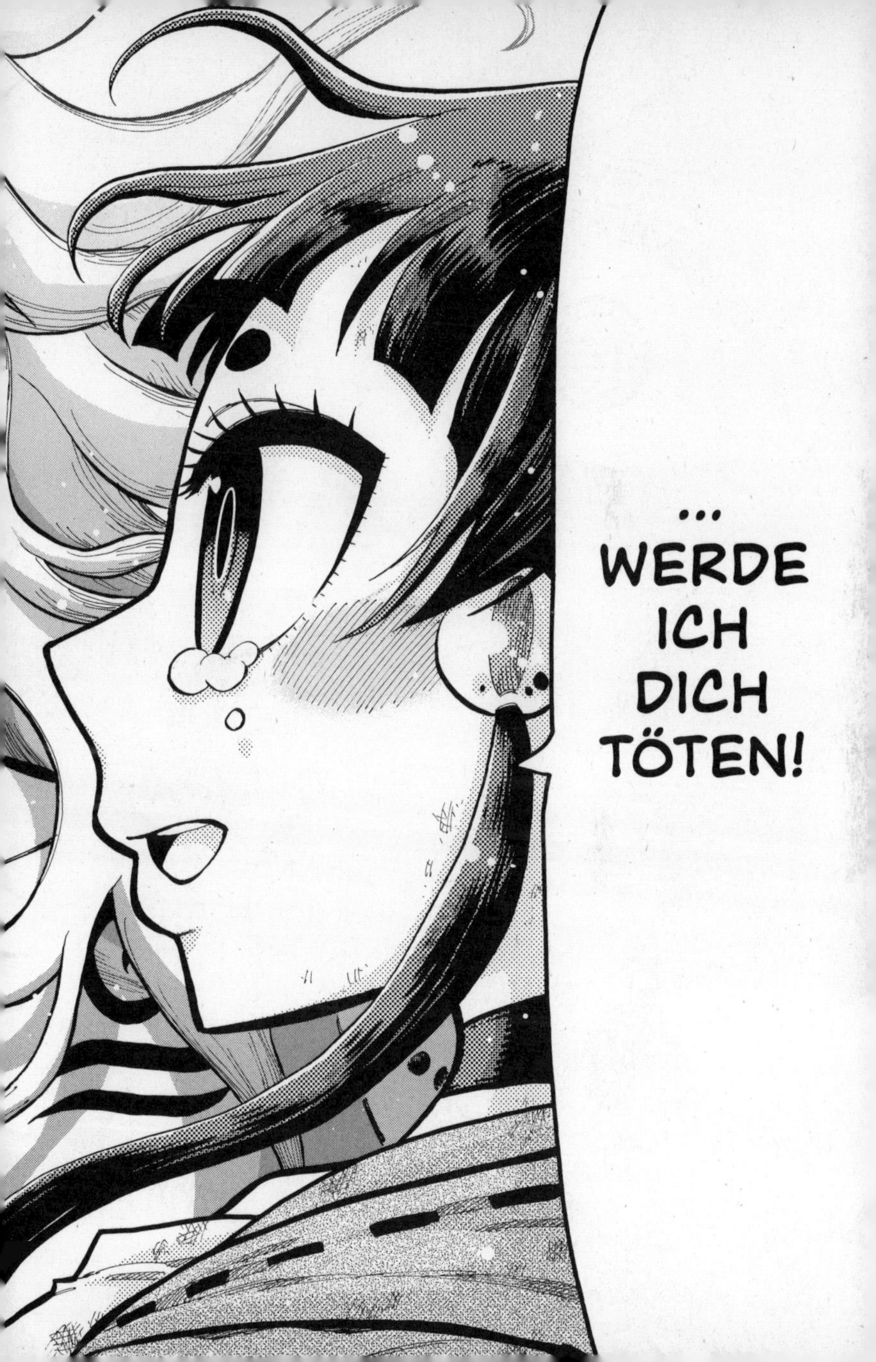
... WERDE ICH DICH TÖTEN!

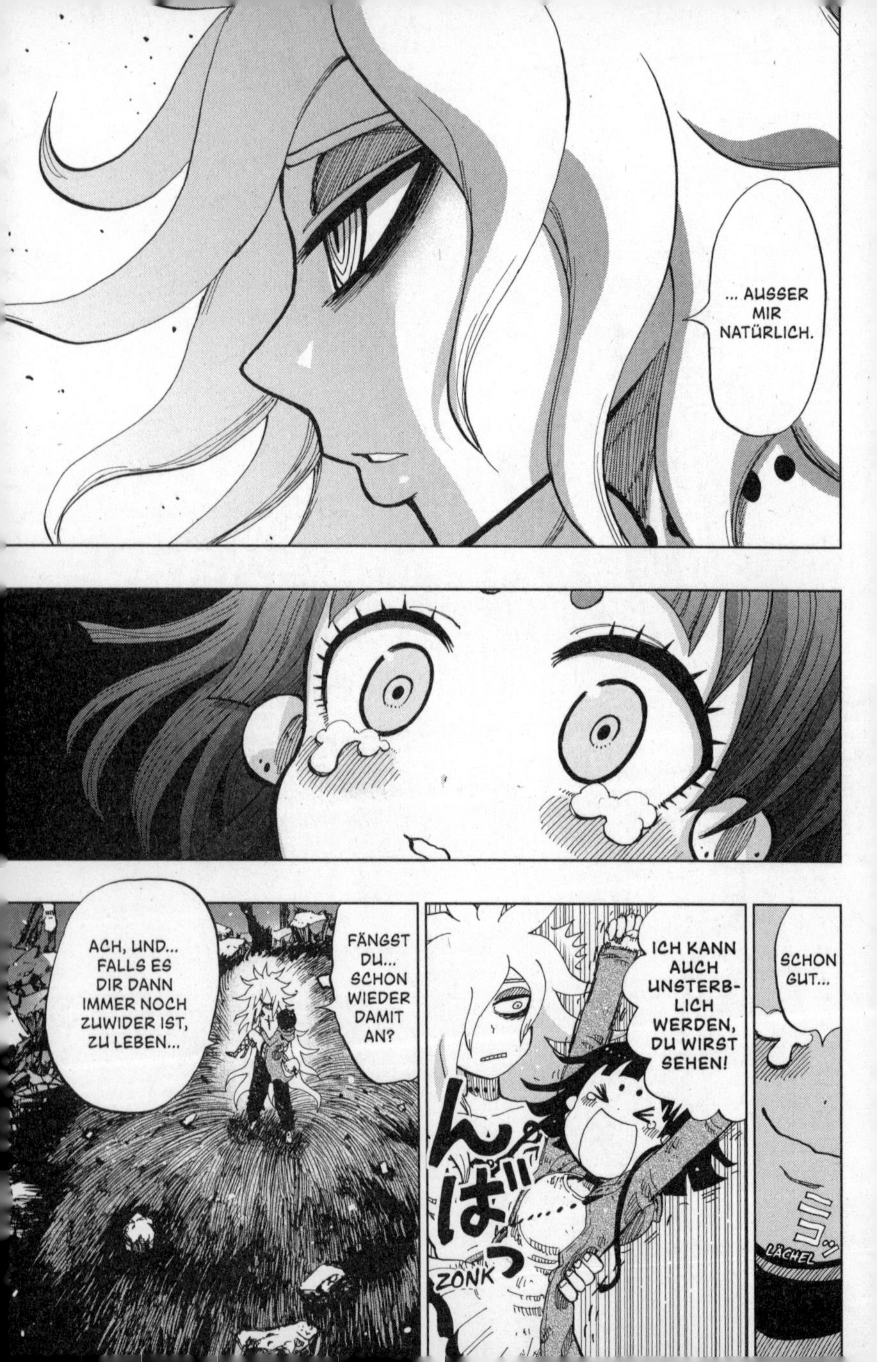
... AUSSER MIR NATÜRLICH.
SCHON GUT...
LÄCHEL
ICH KANN AUCH UNSTERB-LICH WERDEN, DU WIRST SEHEN!
ZONK
FÄNGST DU... SCHON WIEDER DAMIT AN?
ACH, UND... FALLS ES DIR DANN IMMER NOCH ZUWIDER IST, ZU LEBEN...

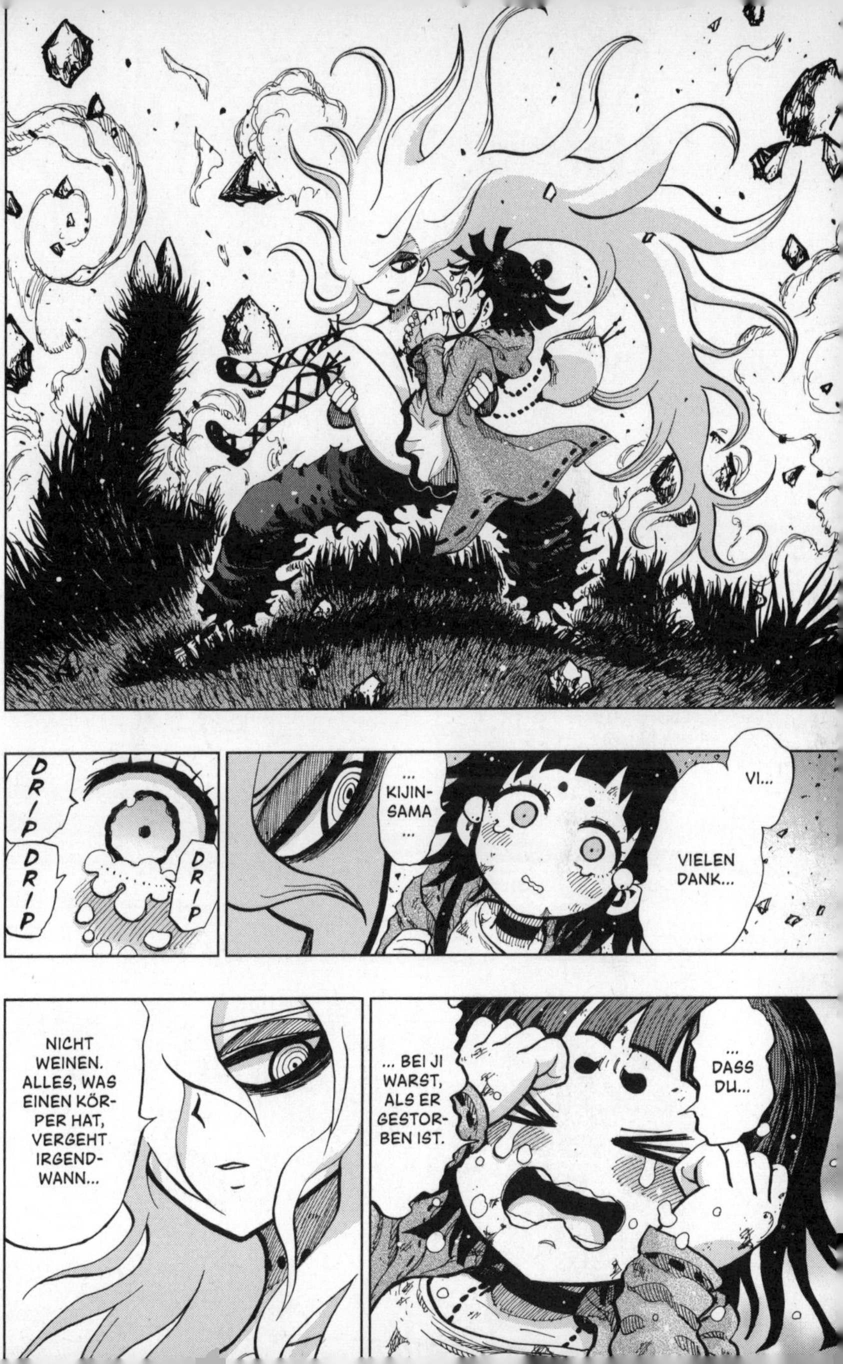
VI...
VIELEN DANK...
... KIJIN-SAMA ...
DRIP DRIP
DRIP
... DASS DU...
... BEI JI WARST, ALS ER GESTORBEN IST.
NICHT WEINEN. ALLES, WAS EINEN KÖRPER HAT, VERGEHT IRGENDWANN...

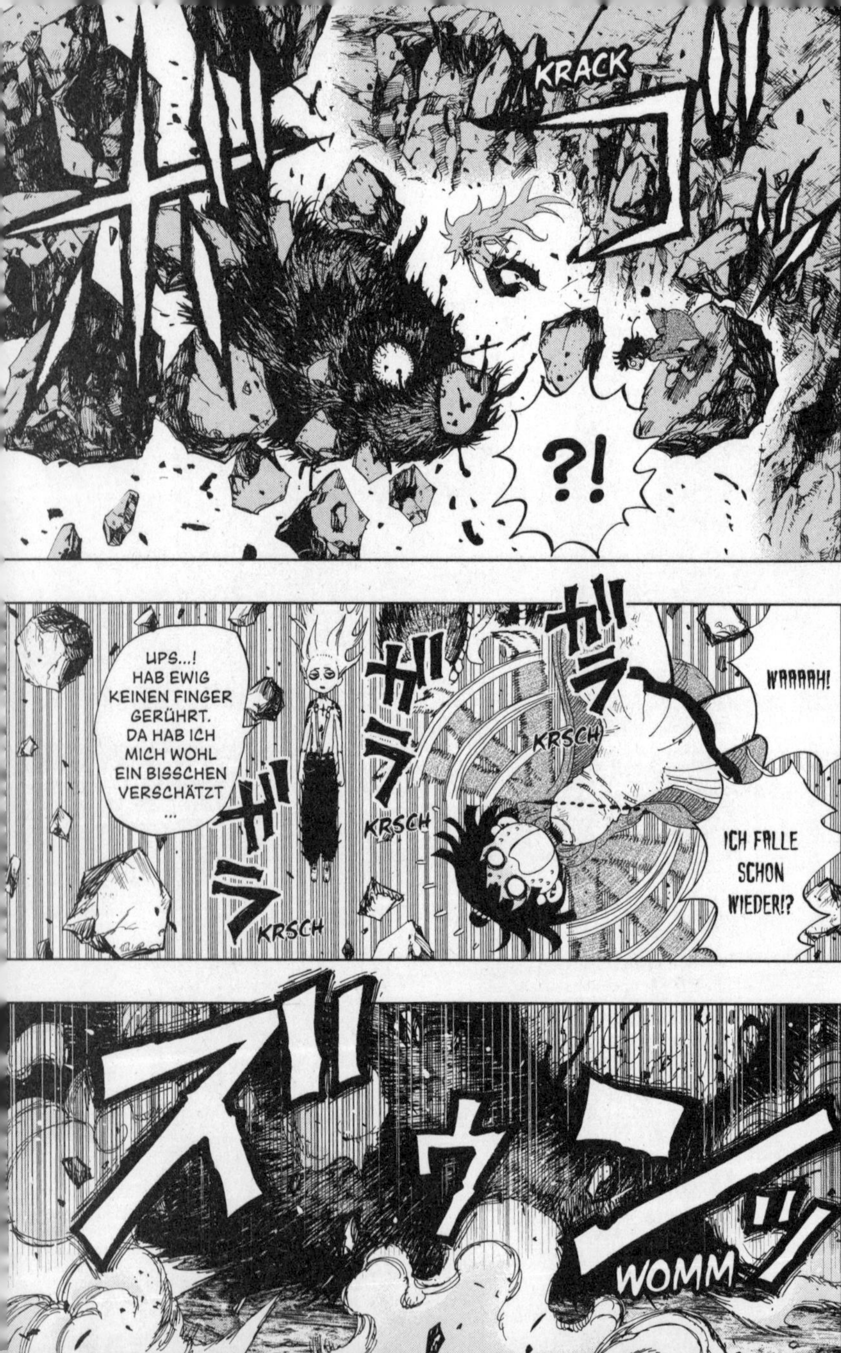
KRACK
?!
WAAAAH!
ICH FALLE SCHON WIEDER!?
KRSCH
UPS...! HAB EWIG KEINEN FINGER GERÜHRT. DA HAB ICH MICH WOHL EIN BISSCHEN VERSCHÄTZT ...
KRSCH
KRSCH
WOMM

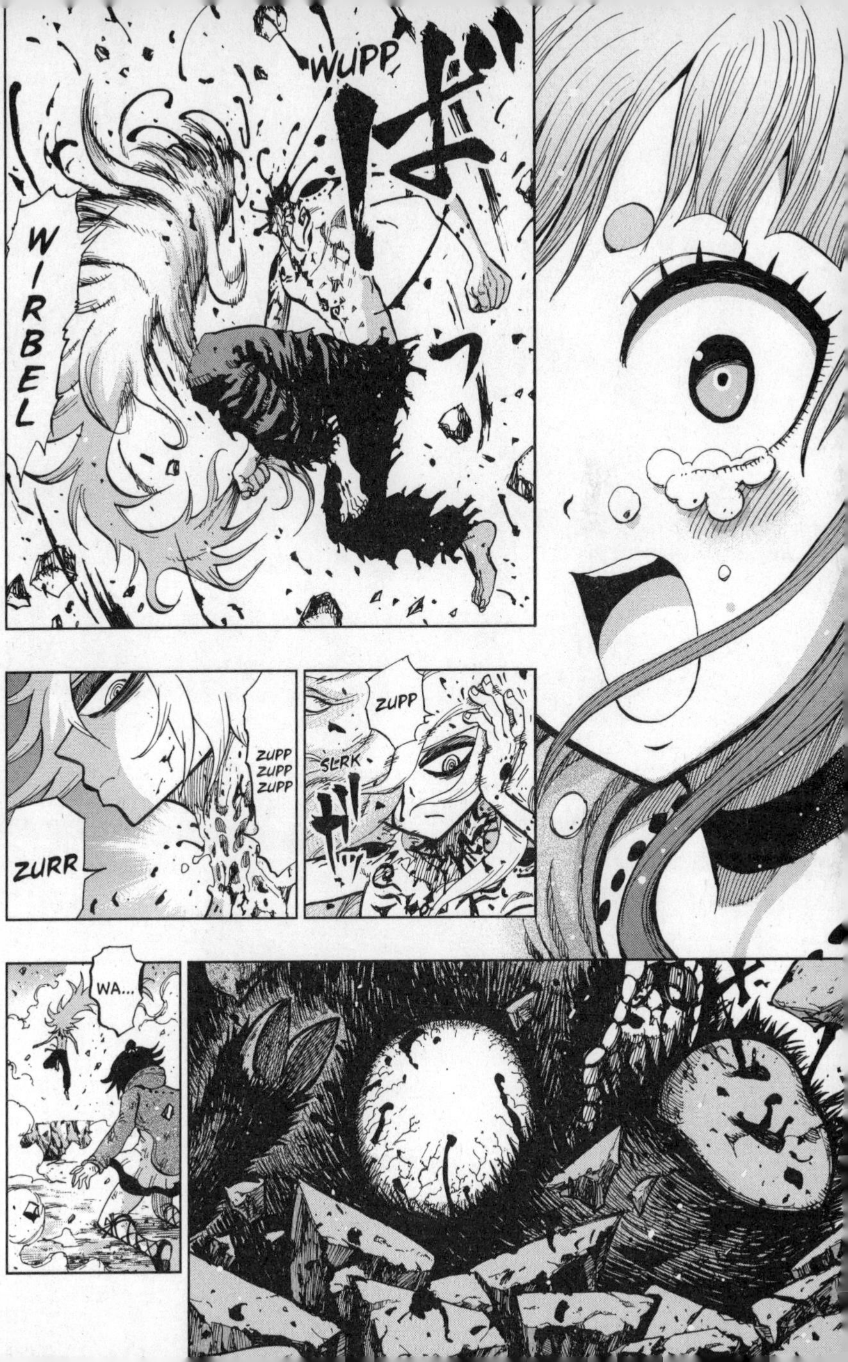
WUPP
WIRBEL
ZUPP
SLRK
ZUPP
ZUPP
ZUPP
ZURR
WA...

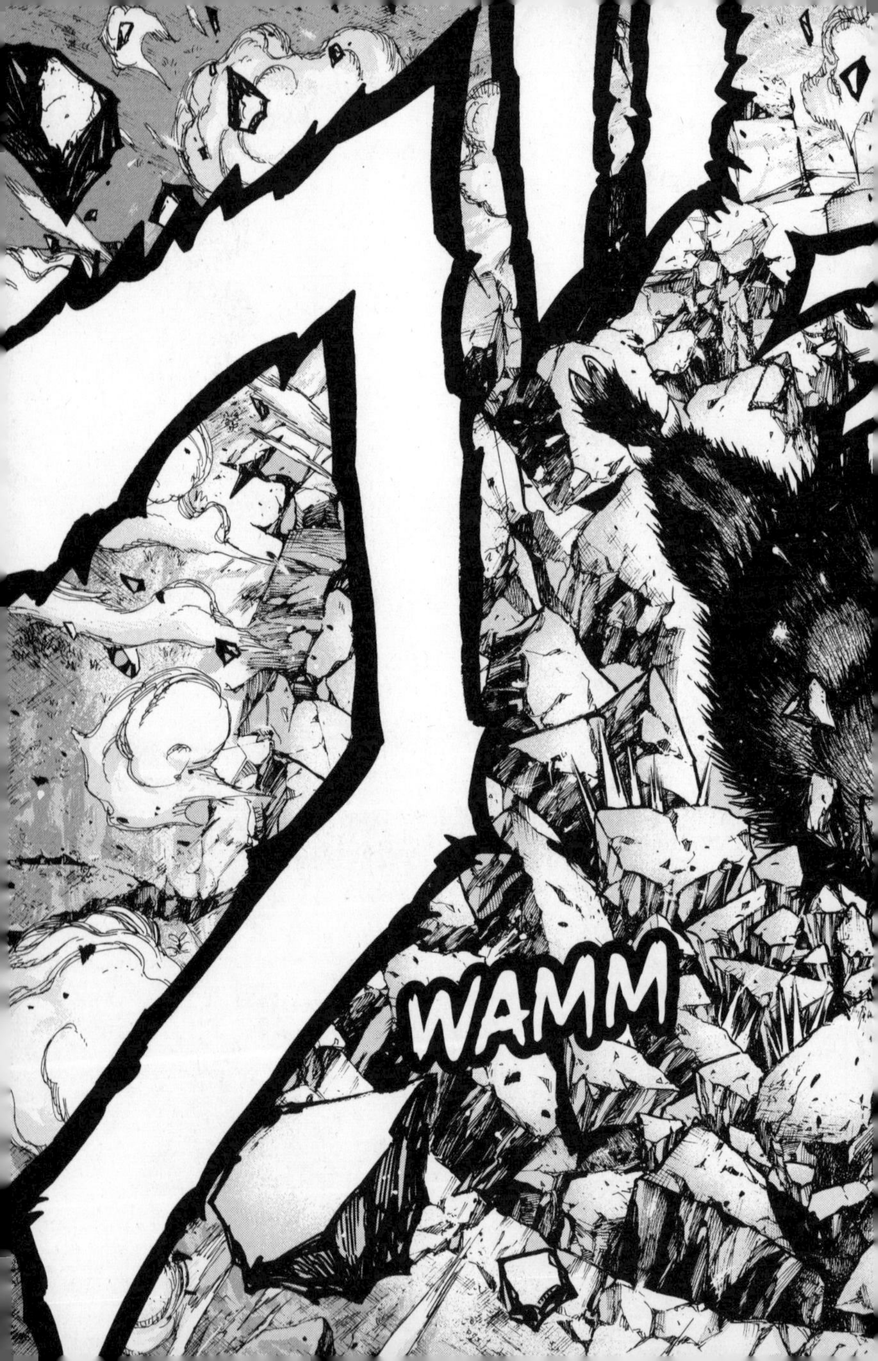
WAMM

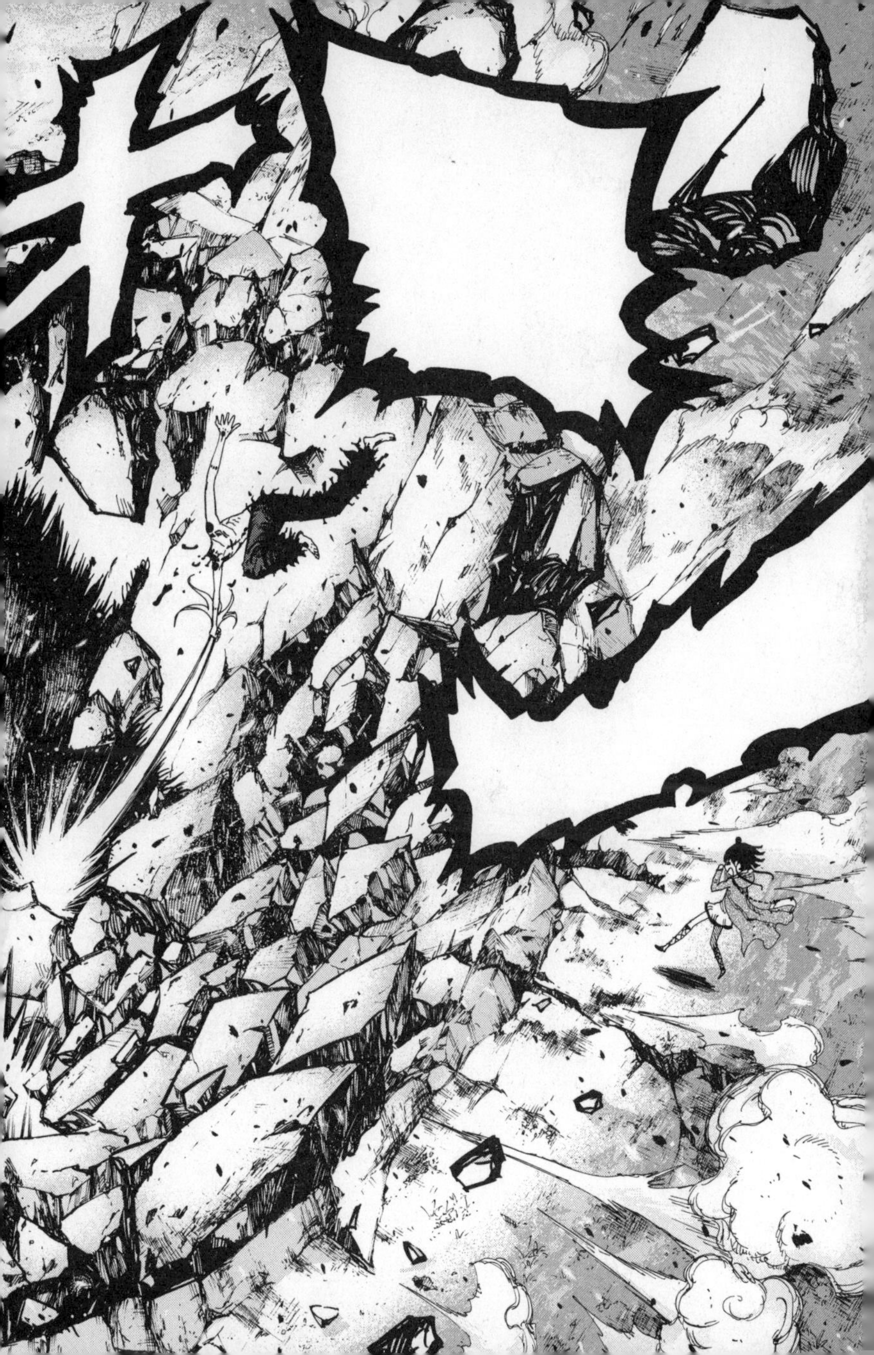

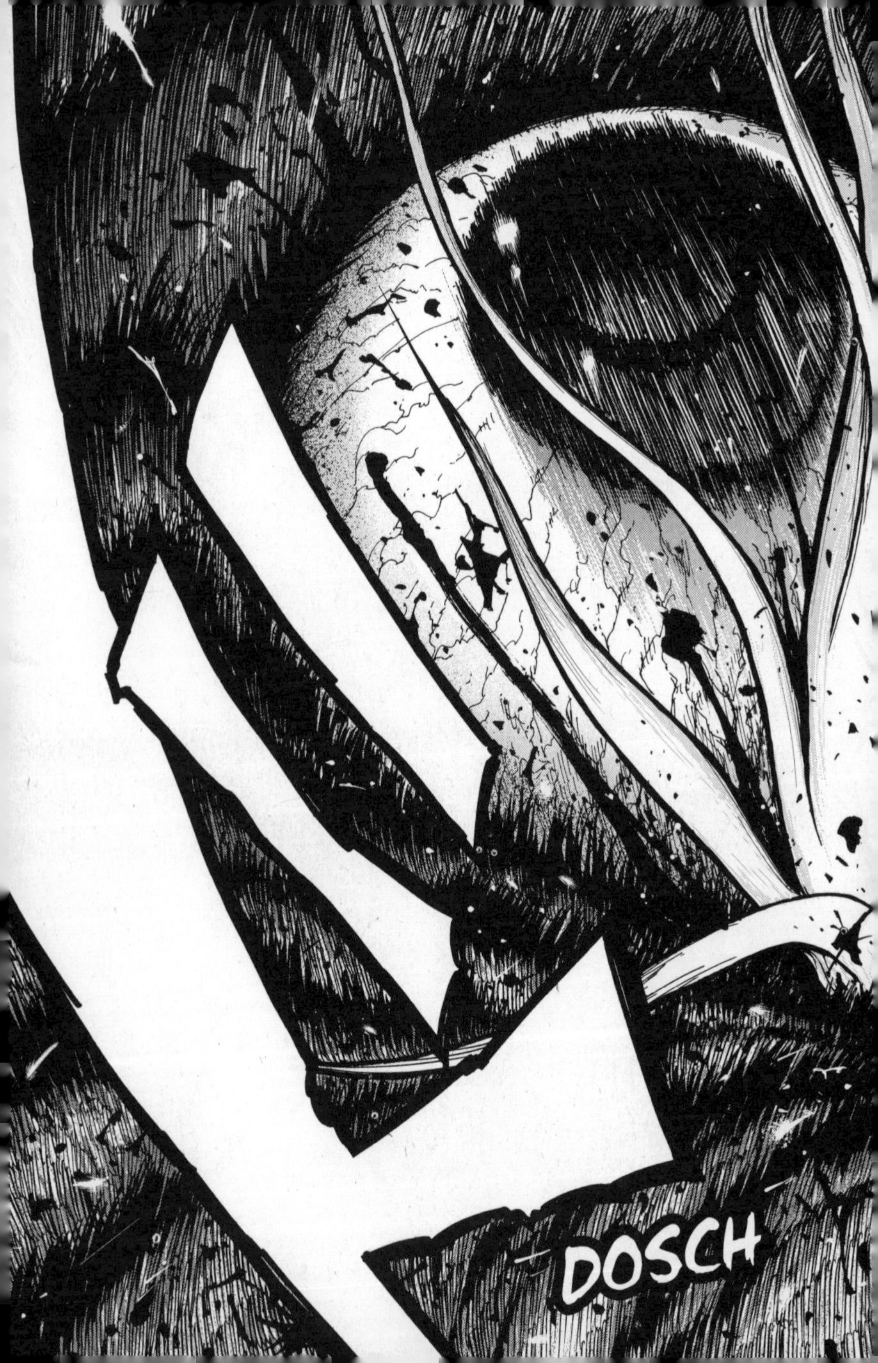
DOSCH

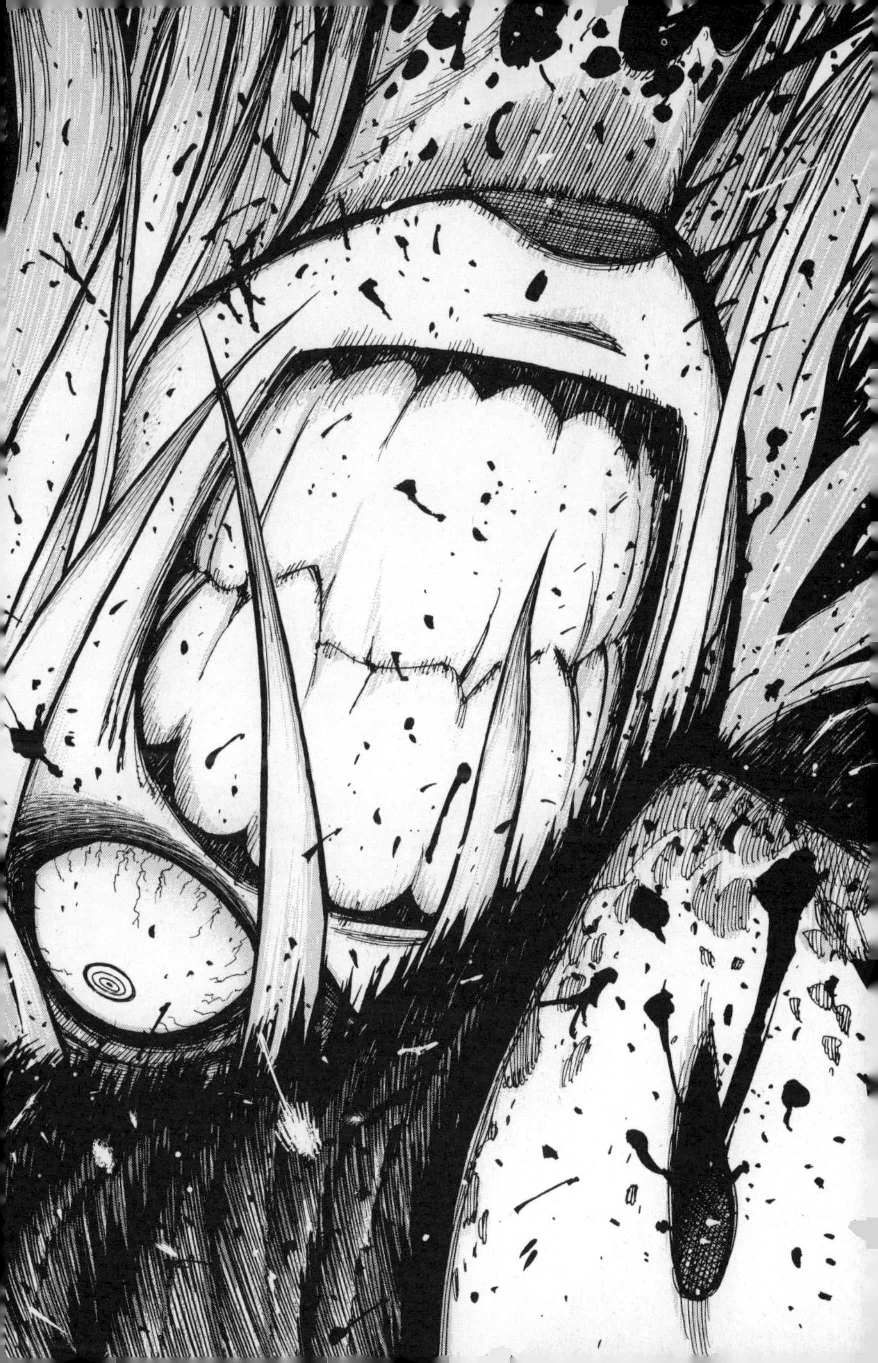

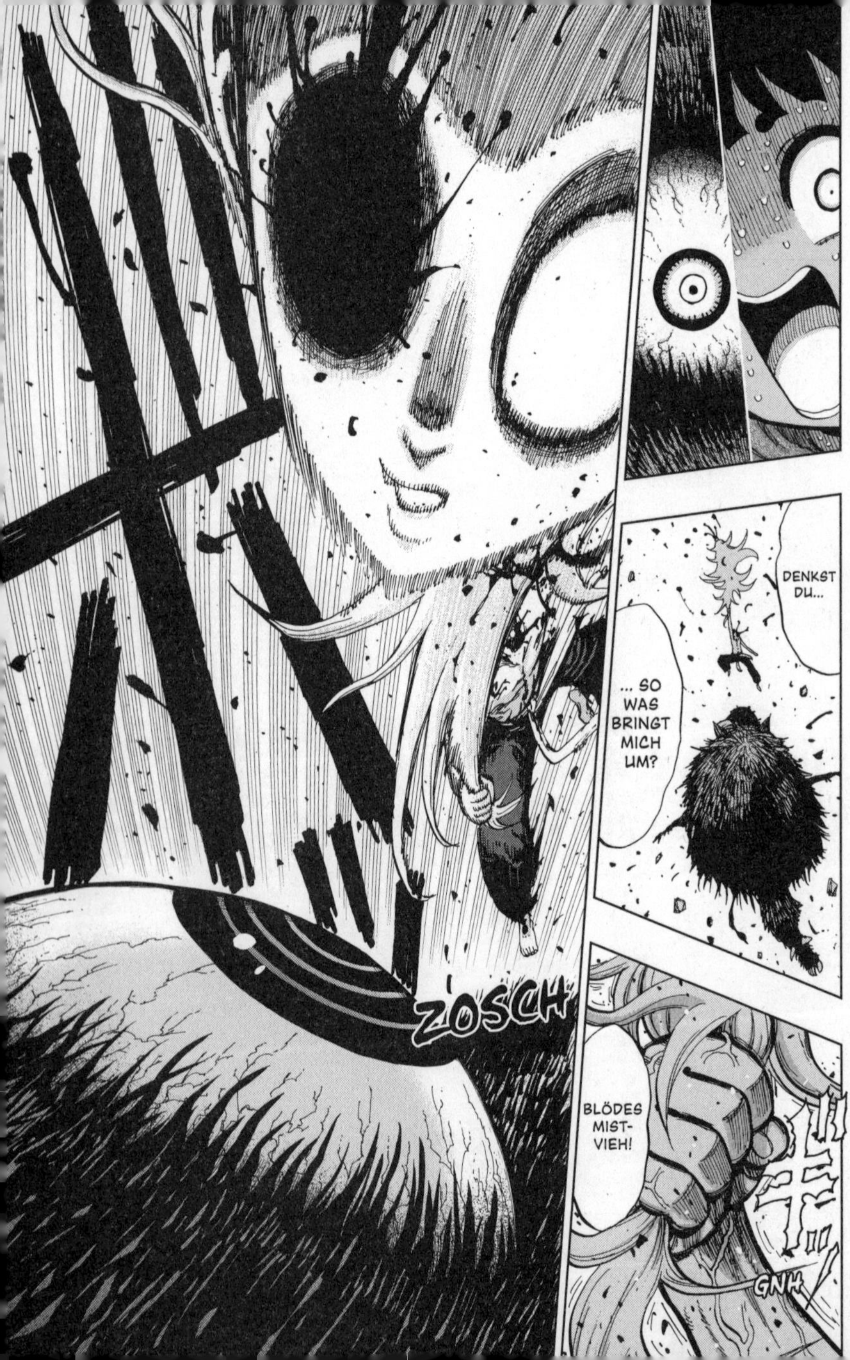
DENKST DU...
... SO WAS BRINGT MICH UM?
BLÖDES MIST-VIEH!
GNH
ZOSCH

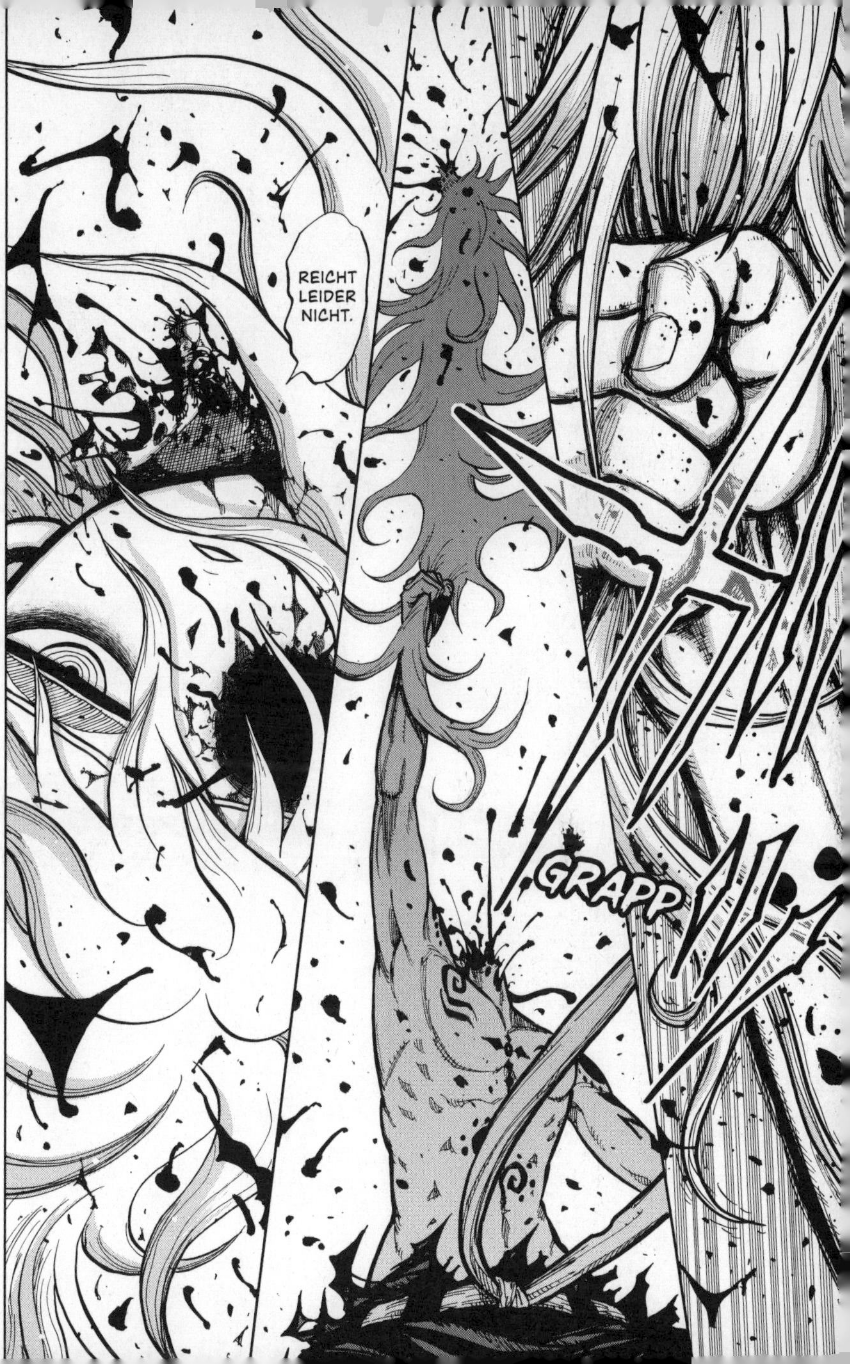
REICHT LEIDER NICHT.
GRAPP

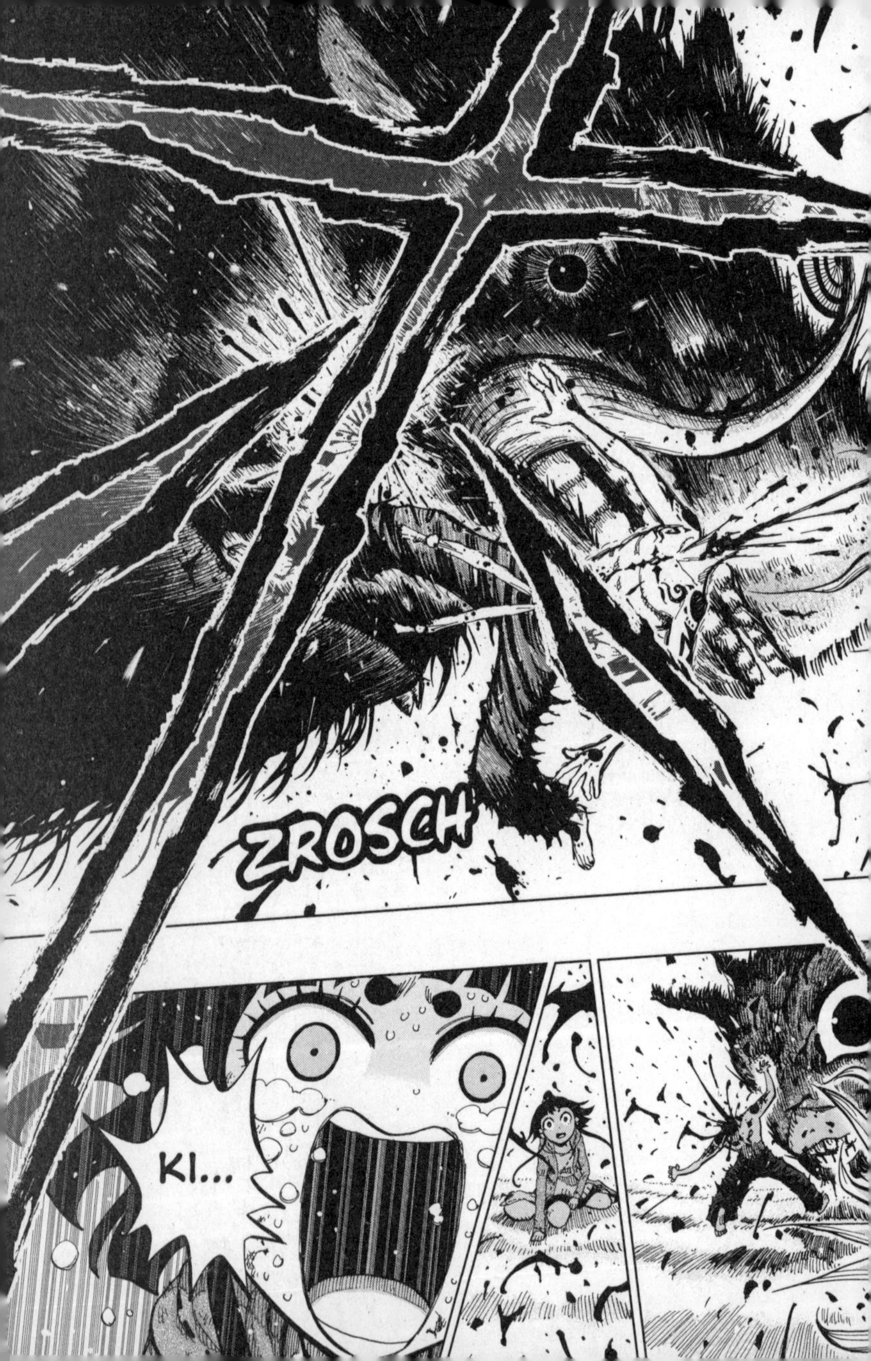
ZROSCH
KI...

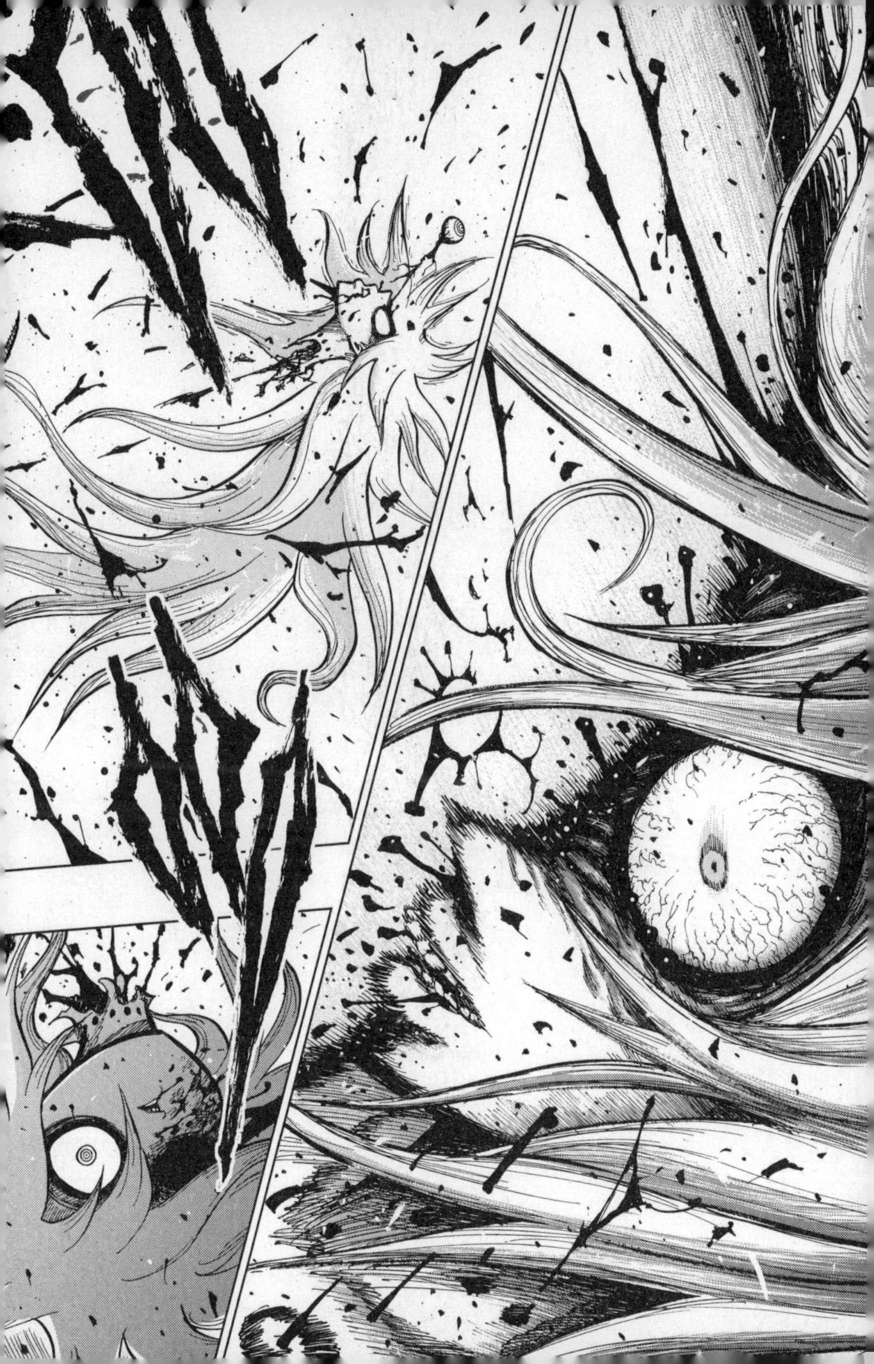

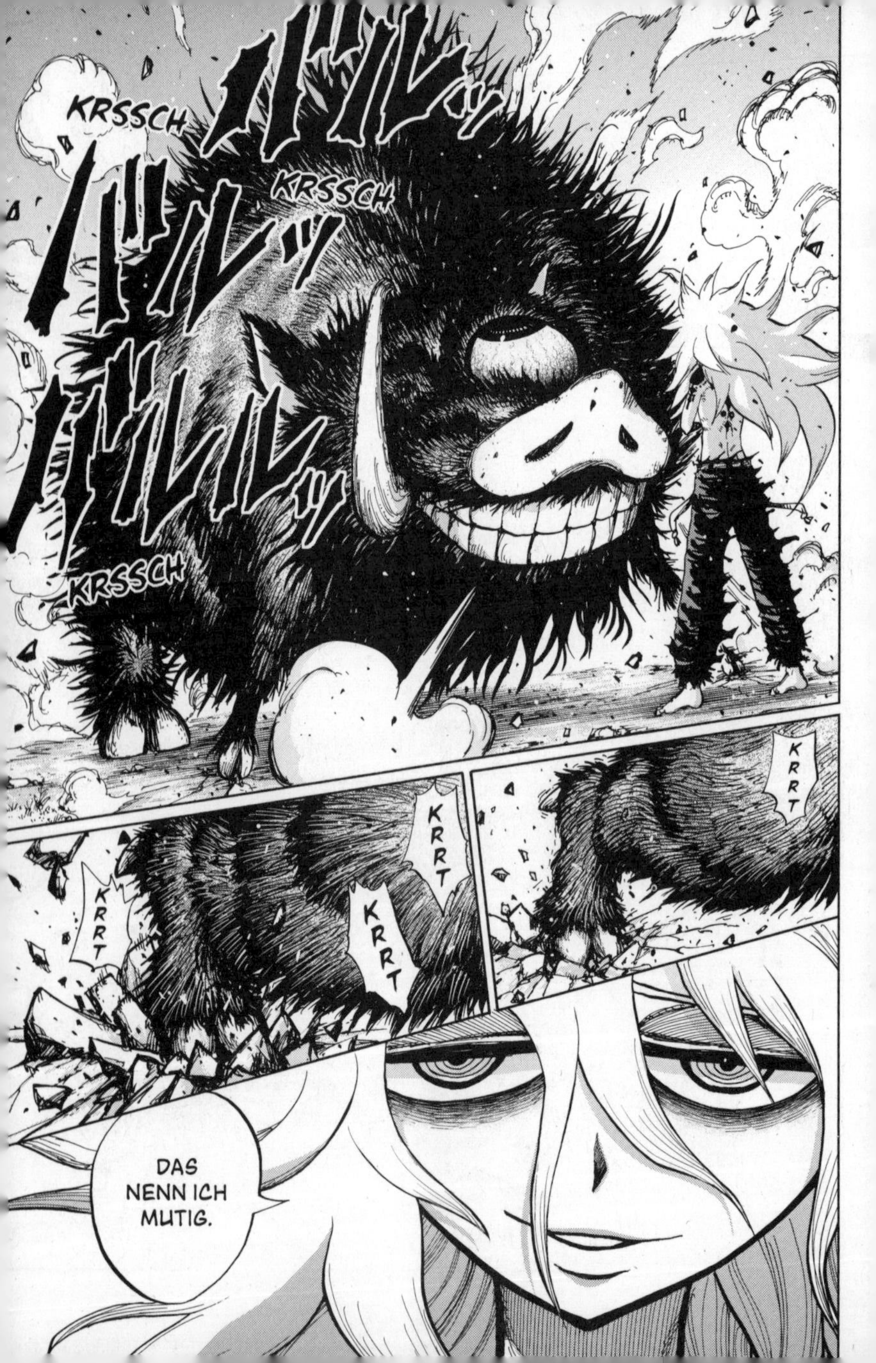
KRSSCH
KRSSCH
KRSSCH
KRRT
KRRT
KRRT
KRRT
DAS NENN ICH MUTIG.

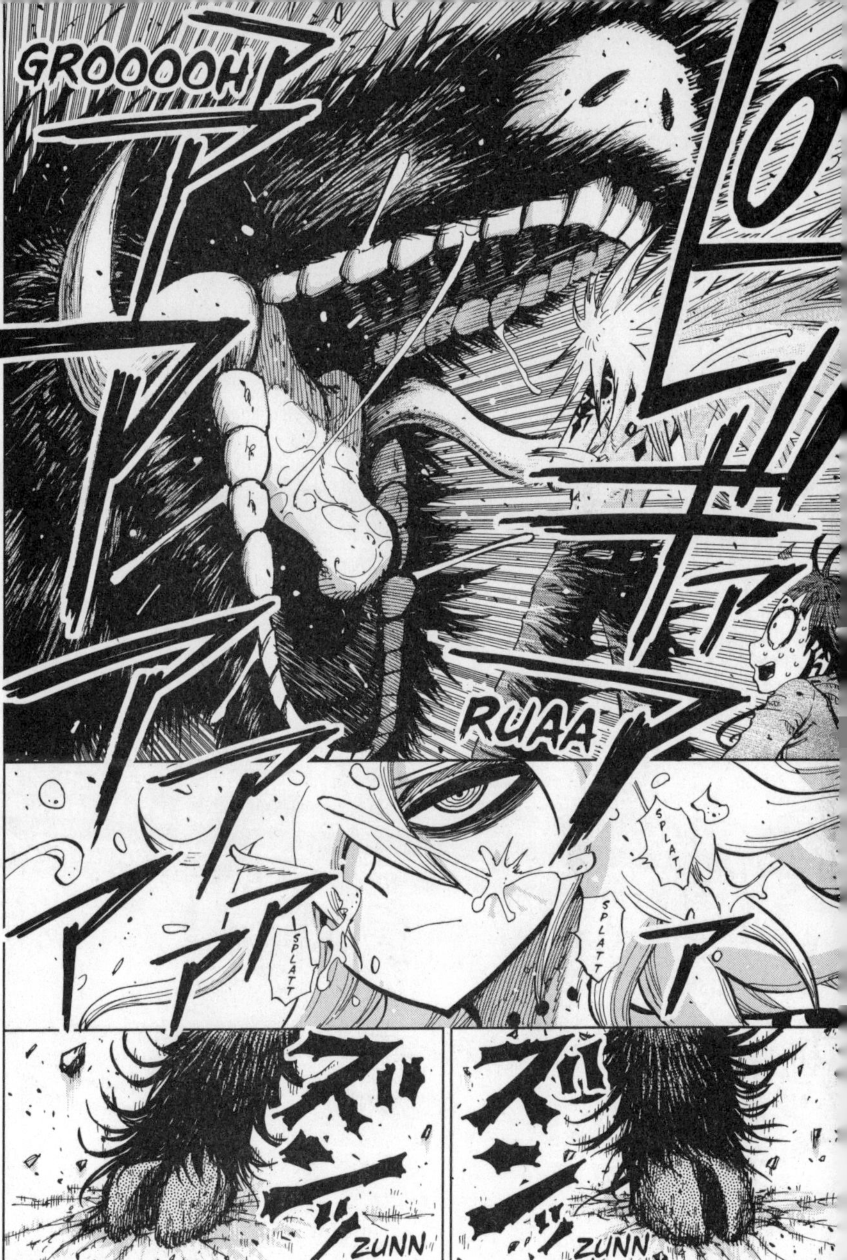
GROOOOH
RUAA
SPLATT
SPLATT
SPLATT
ZUNN
ZUNN

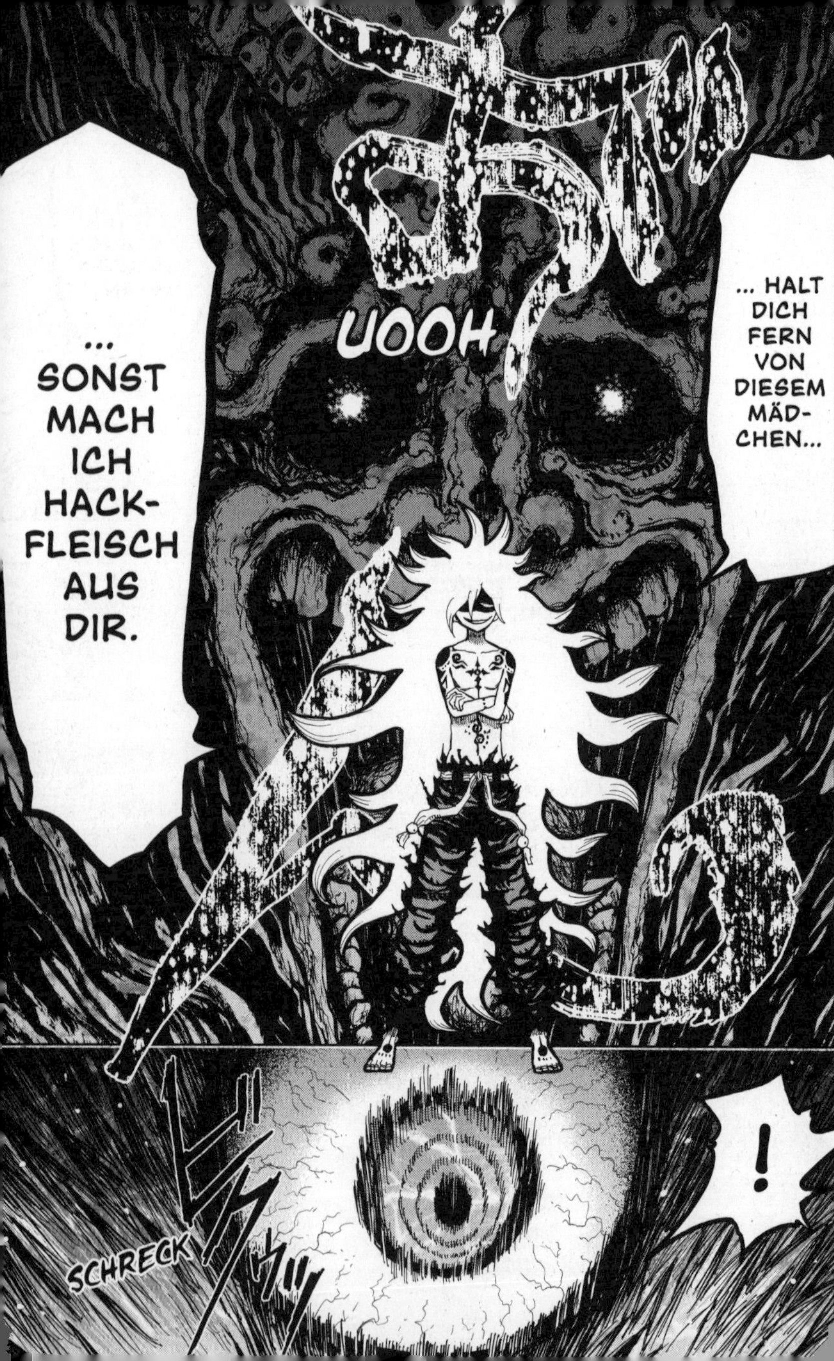
... HALT DICH FERN VON DIESEM MÄD-CHEN...
UOOH
... SONST MACH ICH HACK-FLEISCH AUS DIR.
!
SCHRECK

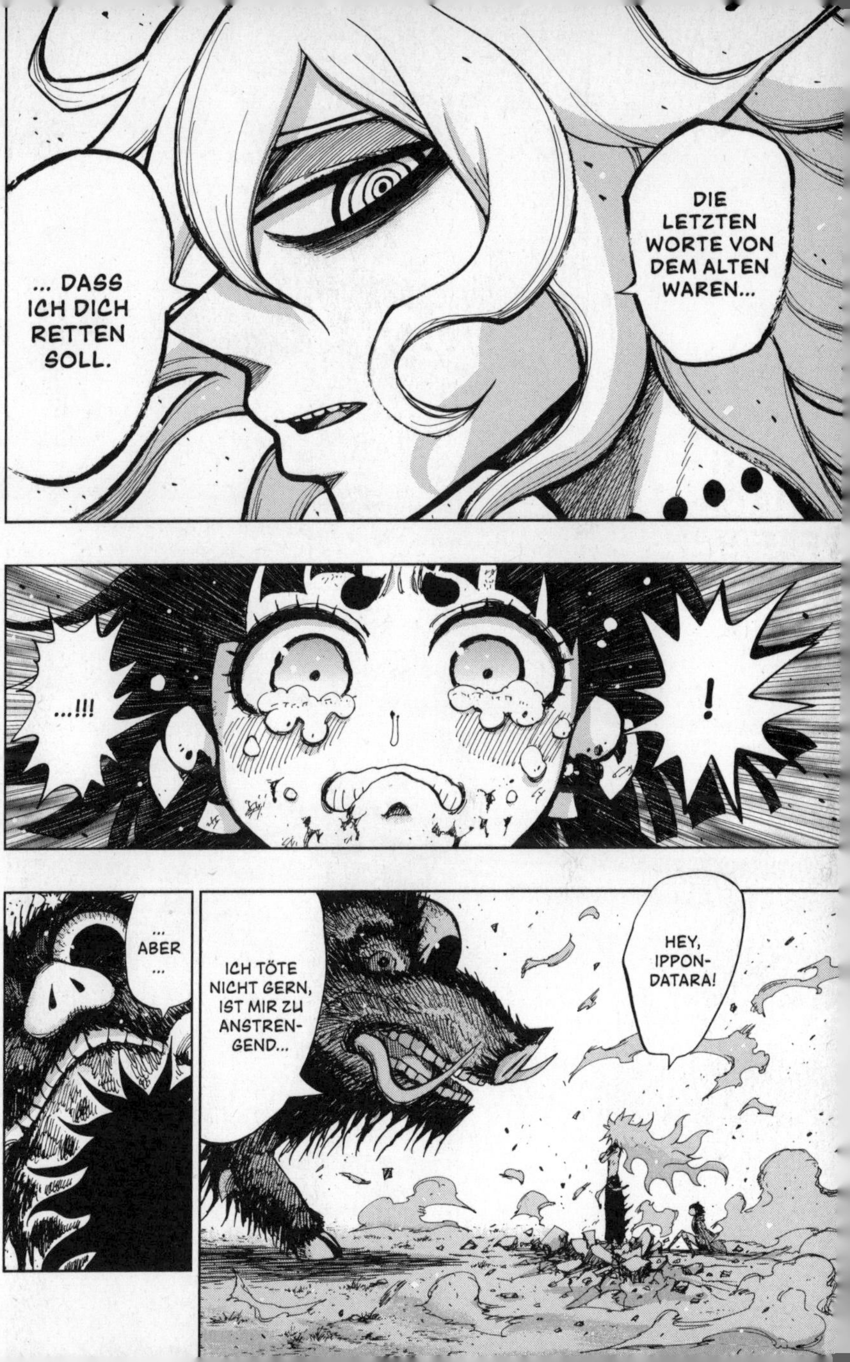
DIE LETZTEN WORTE VON DEM ALTEN WAREN...
... DASS ICH DICH RETTEN SOLL.
!
...!!!
HEY, IPPON-DATARA!
ICH TÖTE NICHT GERN, IST MIR ZU ANSTRENGEND...
... ABER ...

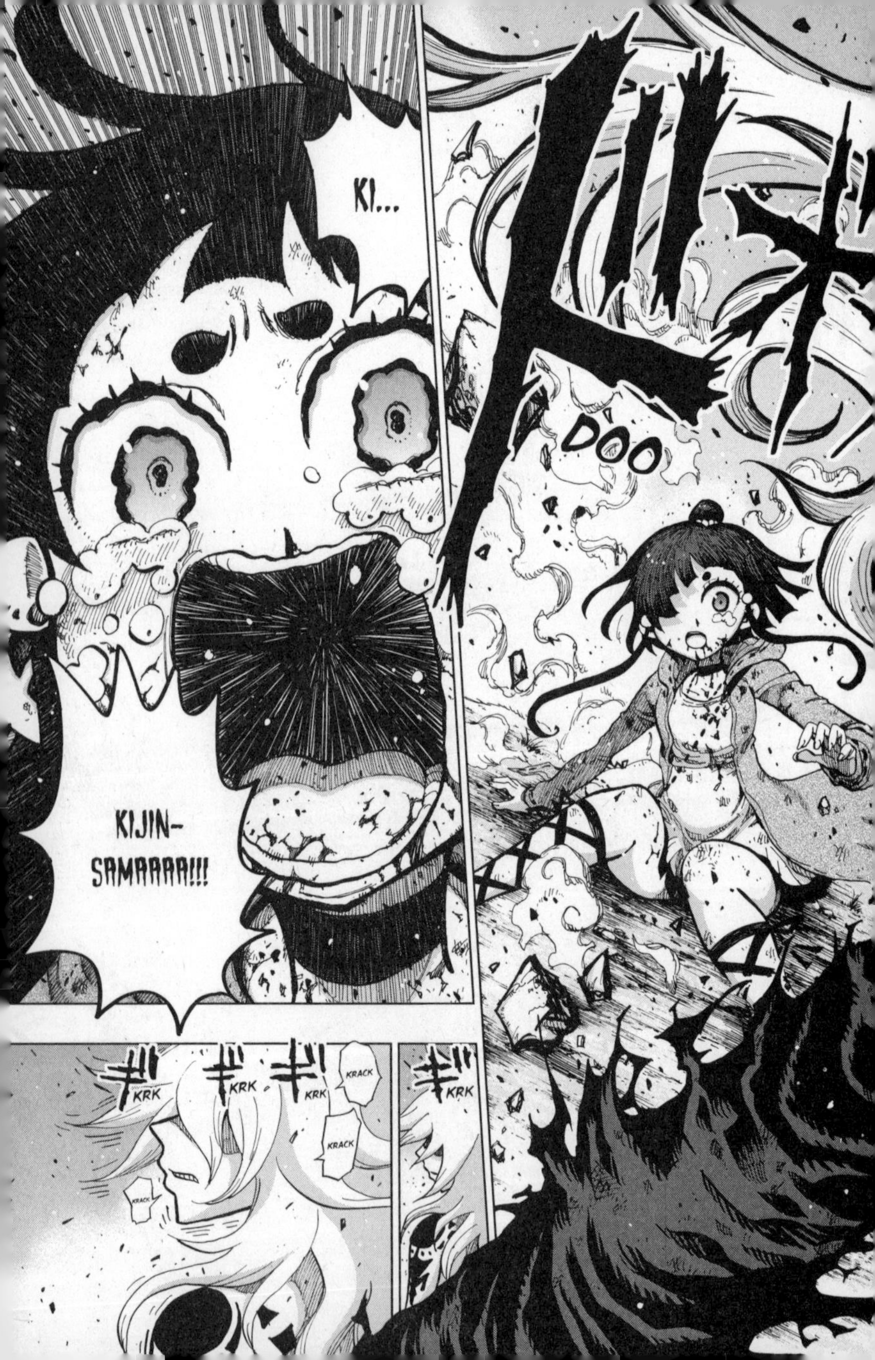
DOO
KI...
KIJIN-SAMAAAA!!!
KRK
KRK
KRACK
KRACK
KRK
KRK
KRACK

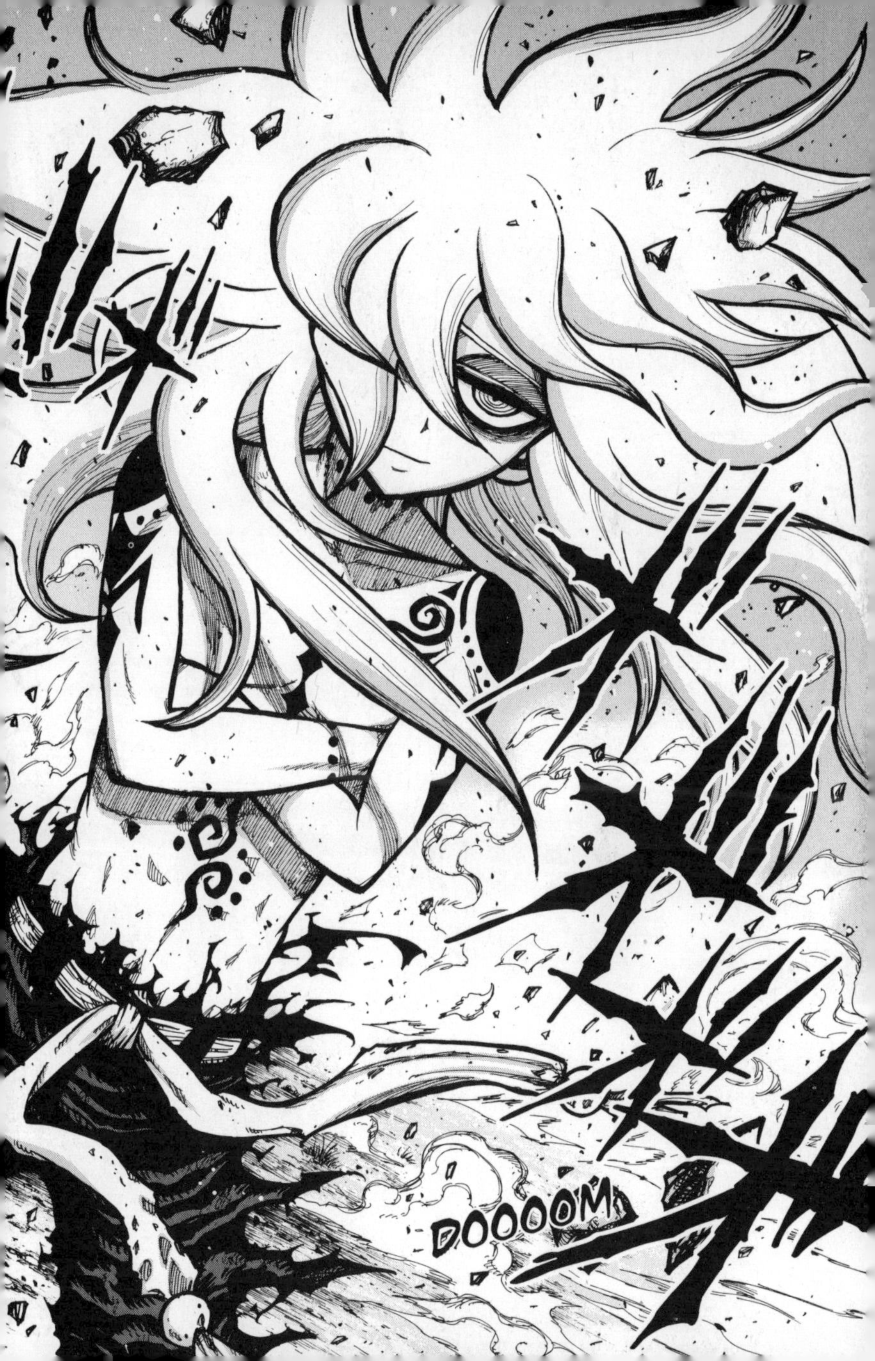
DOOOOOM

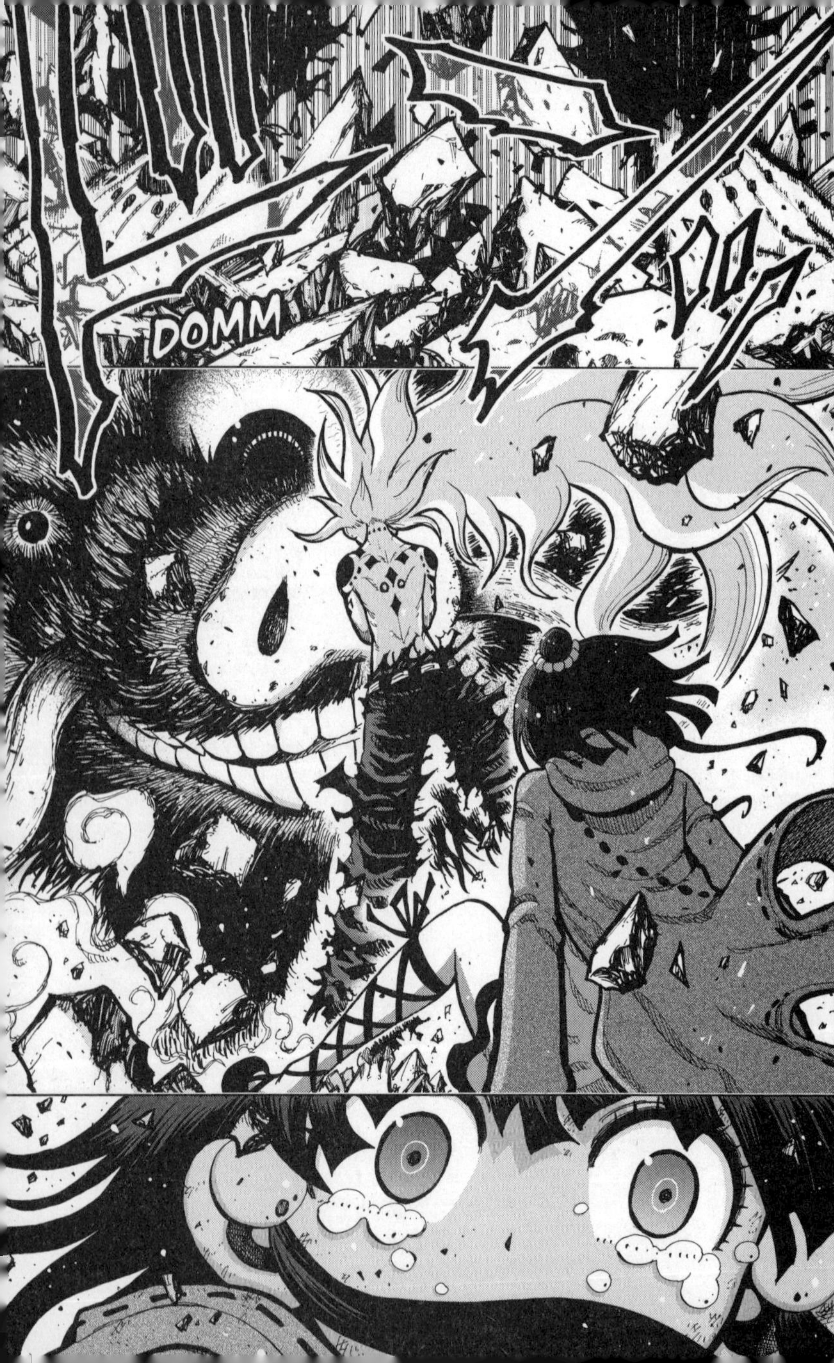
DOMM

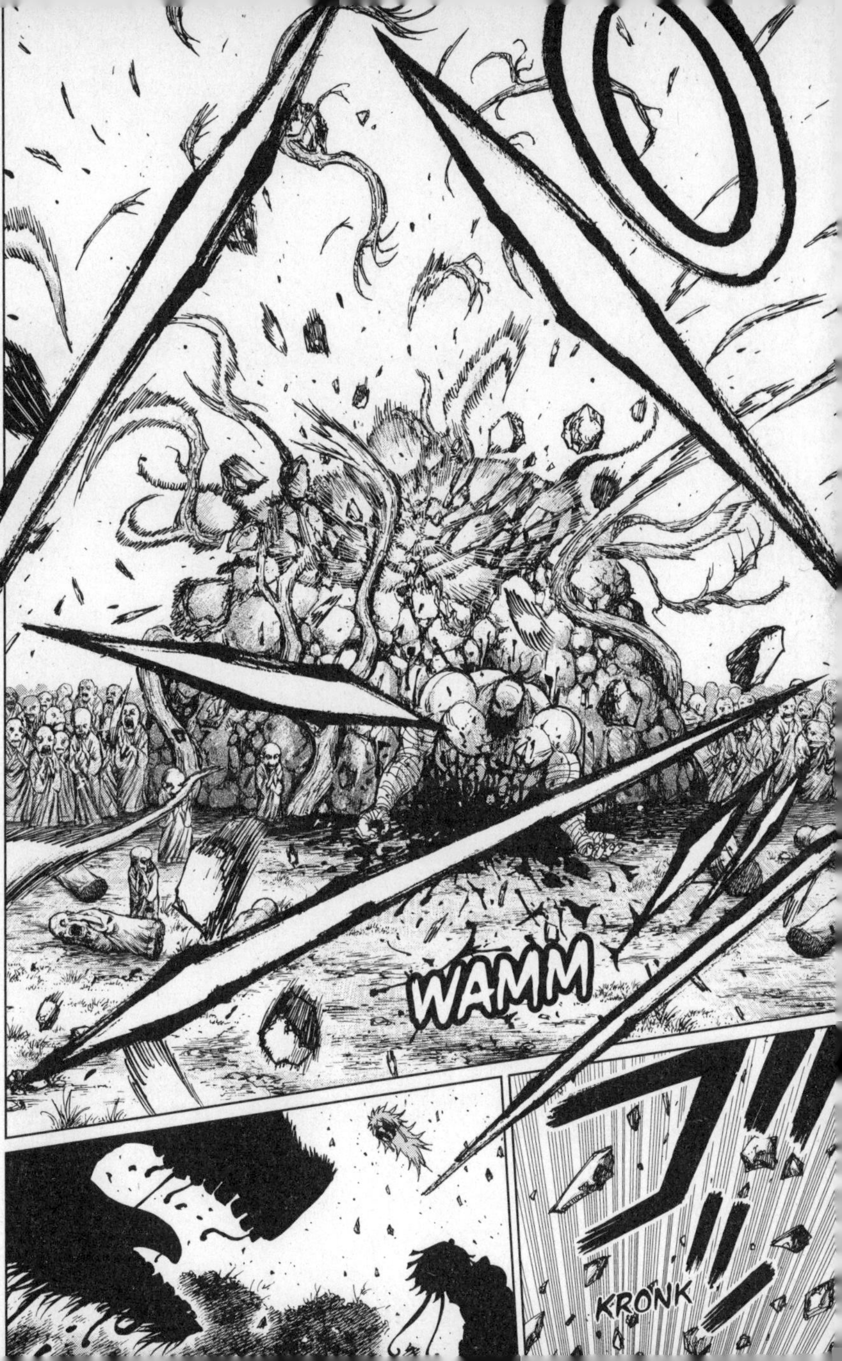
WAMM
KRONK

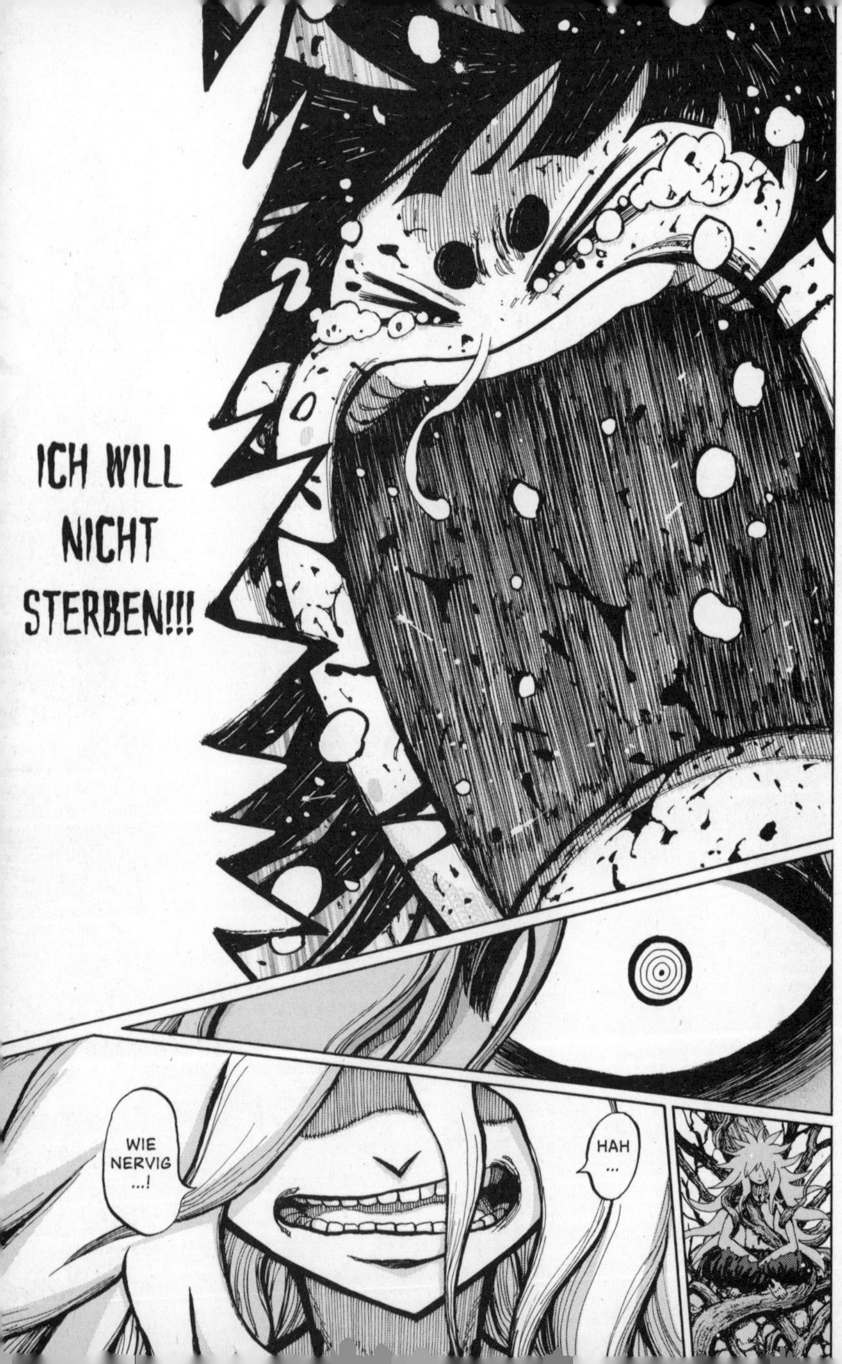
ICH WILL NICHT STERBEN!!!
HAH ...
WIE NERVIG ...!

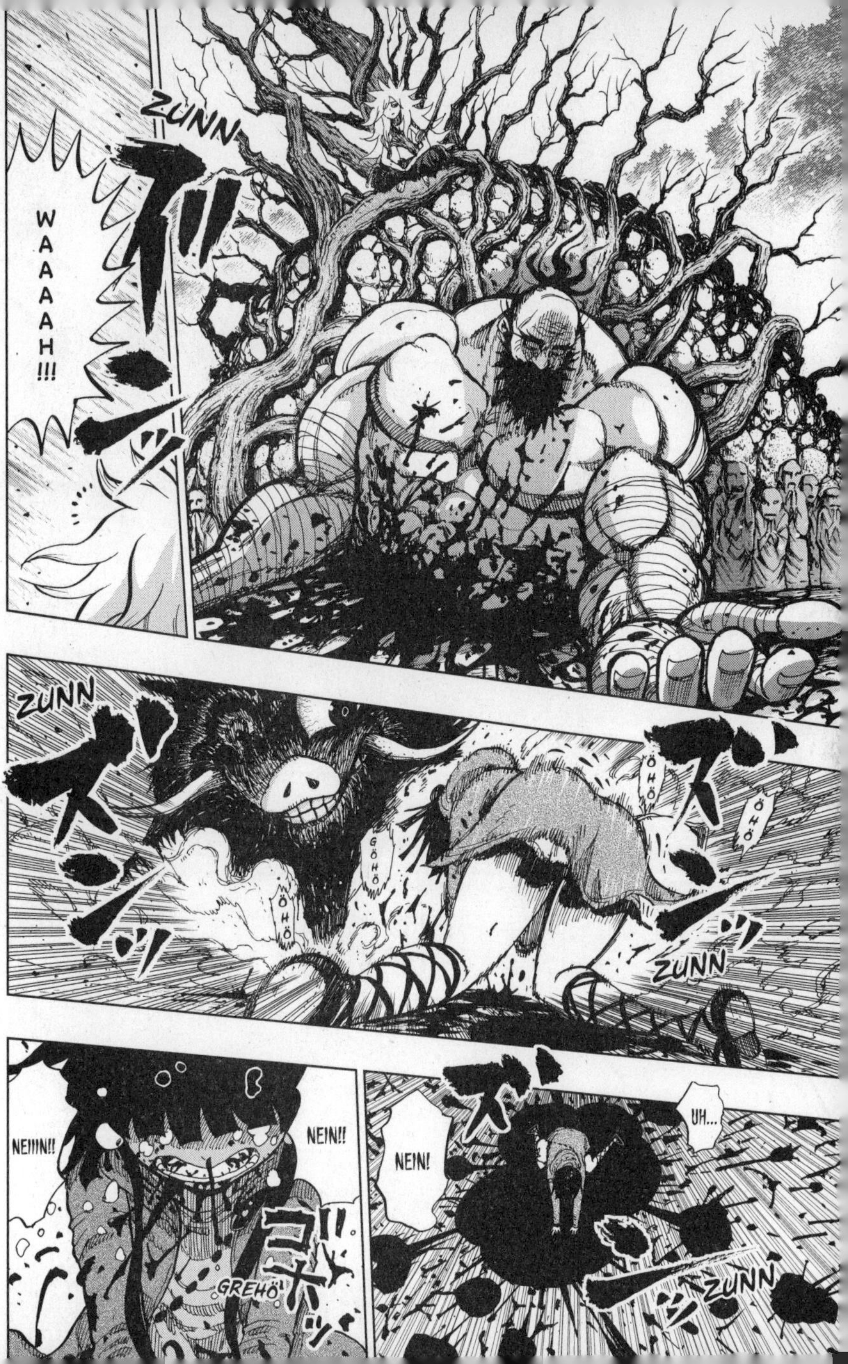
ZUNN
WAAAAAH!!!
ÖHÖ
ÖHÖ
ZUNN
GÖHÖ
ÖHÖ
ZUNN
UH...
NEIN!
ZUNN
NEIN!!
NEIIIN!!
GREHÖ

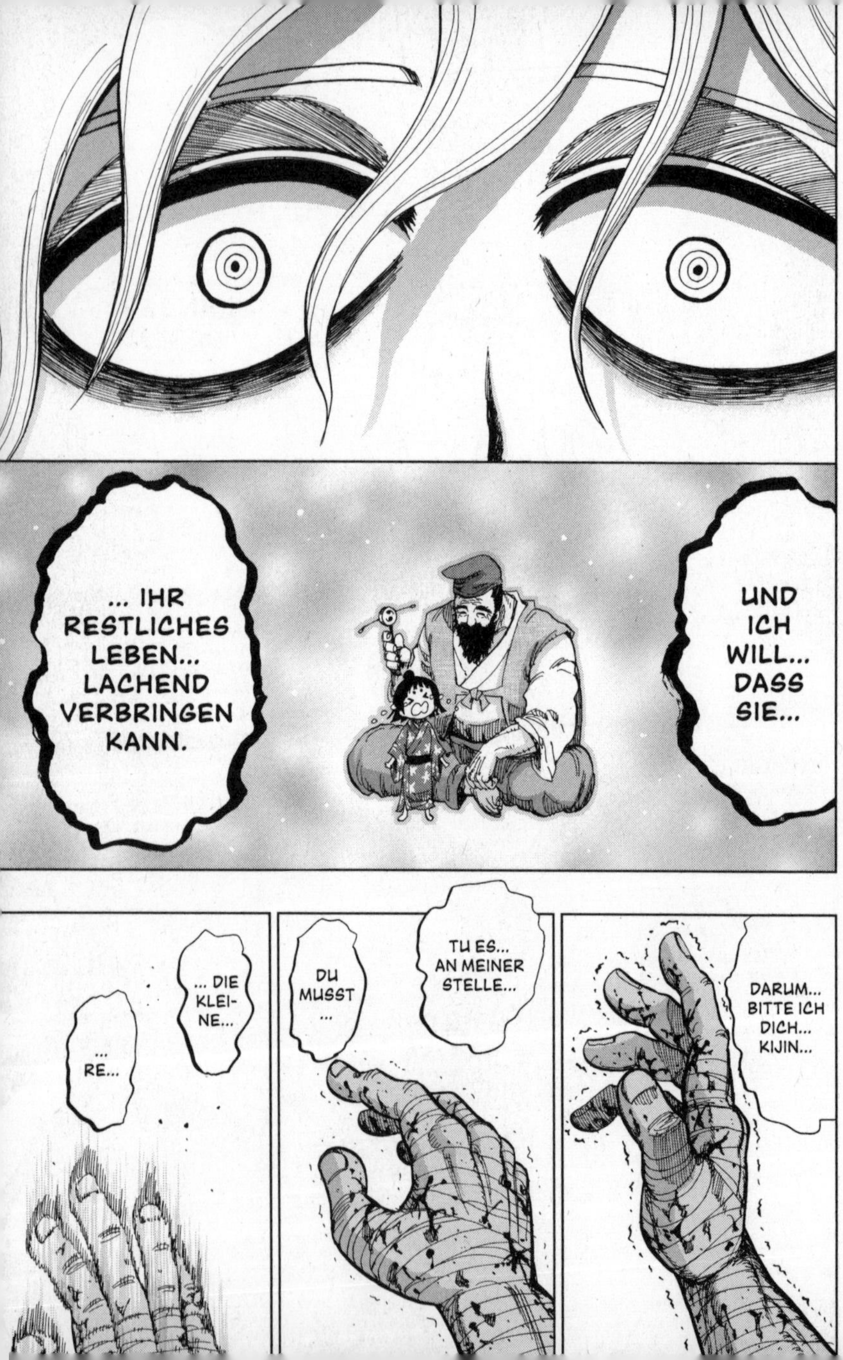
UND ICH WILL... DASS SIE...
... IHR RESTLICHES LEBEN... LACHEND VERBRINGEN KANN.
DARUM... BITTE ICH DICH... KIJIN...
TU ES... AN MEINER STELLE...
DU MUSST ...
... DIE KLEI-NE...
... RE...

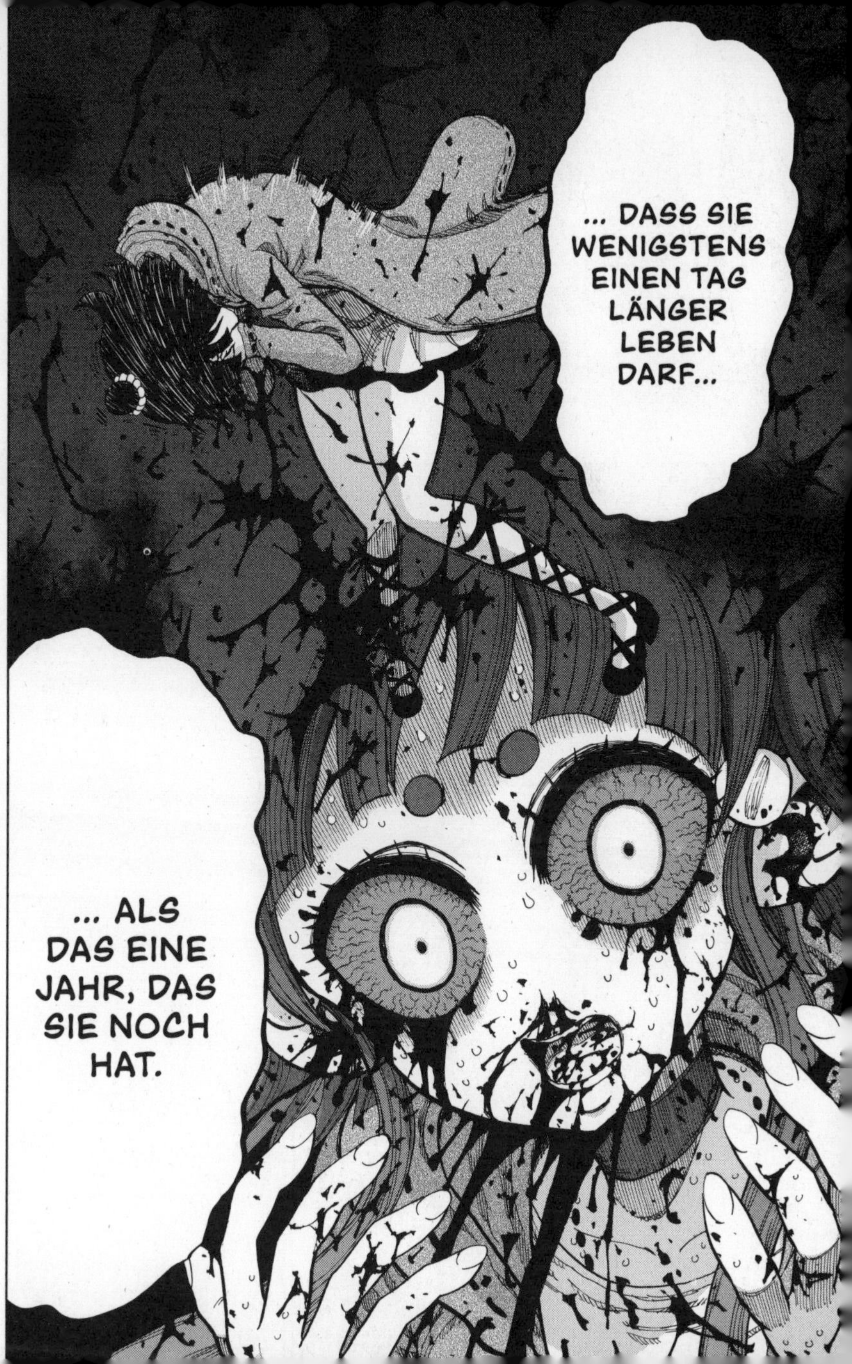
... DASS SIE WENIGSTENS EINEN TAG LÄNGER LEBEN DARF...
... ALS DAS EINE JAHR, DAS SIE NOCH HAT.

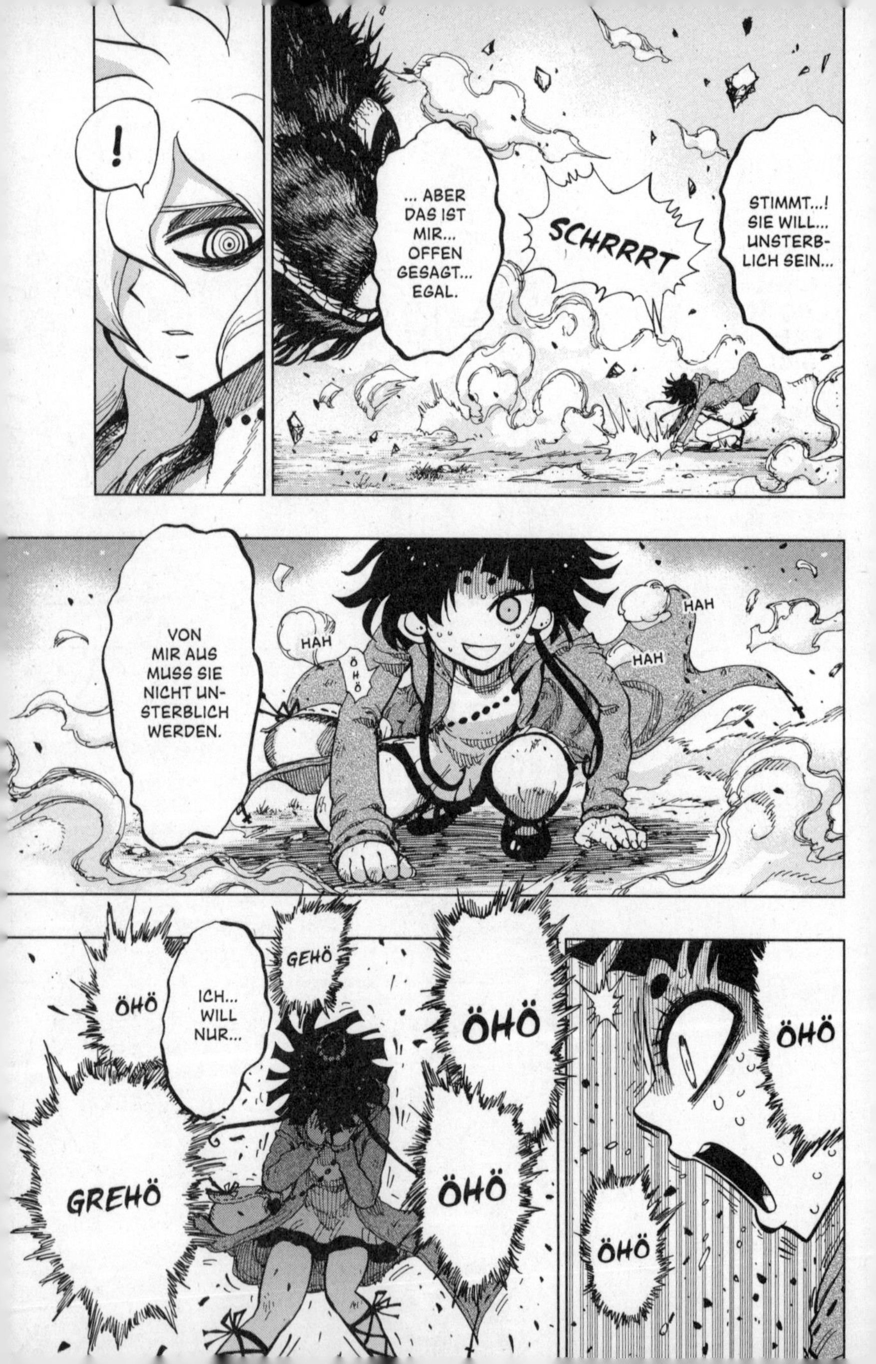
!
STIMMT...! SIE WILL... UNSTERBLICH SEIN...
SCHRRRT
... ABER DAS IST MIR... OFFEN GESAGT... EGAL.
HAH
HAH
HAH
ÖHÖ
VON MIR AUS MUSS SIE NICHT UNSTERBLICH WERDEN.
ÖHÖ
ÖHÖ
ÖHÖ
GEHÖ
ICH... WILL NUR...
ÖHÖ
ÖHÖ
GREHÖ

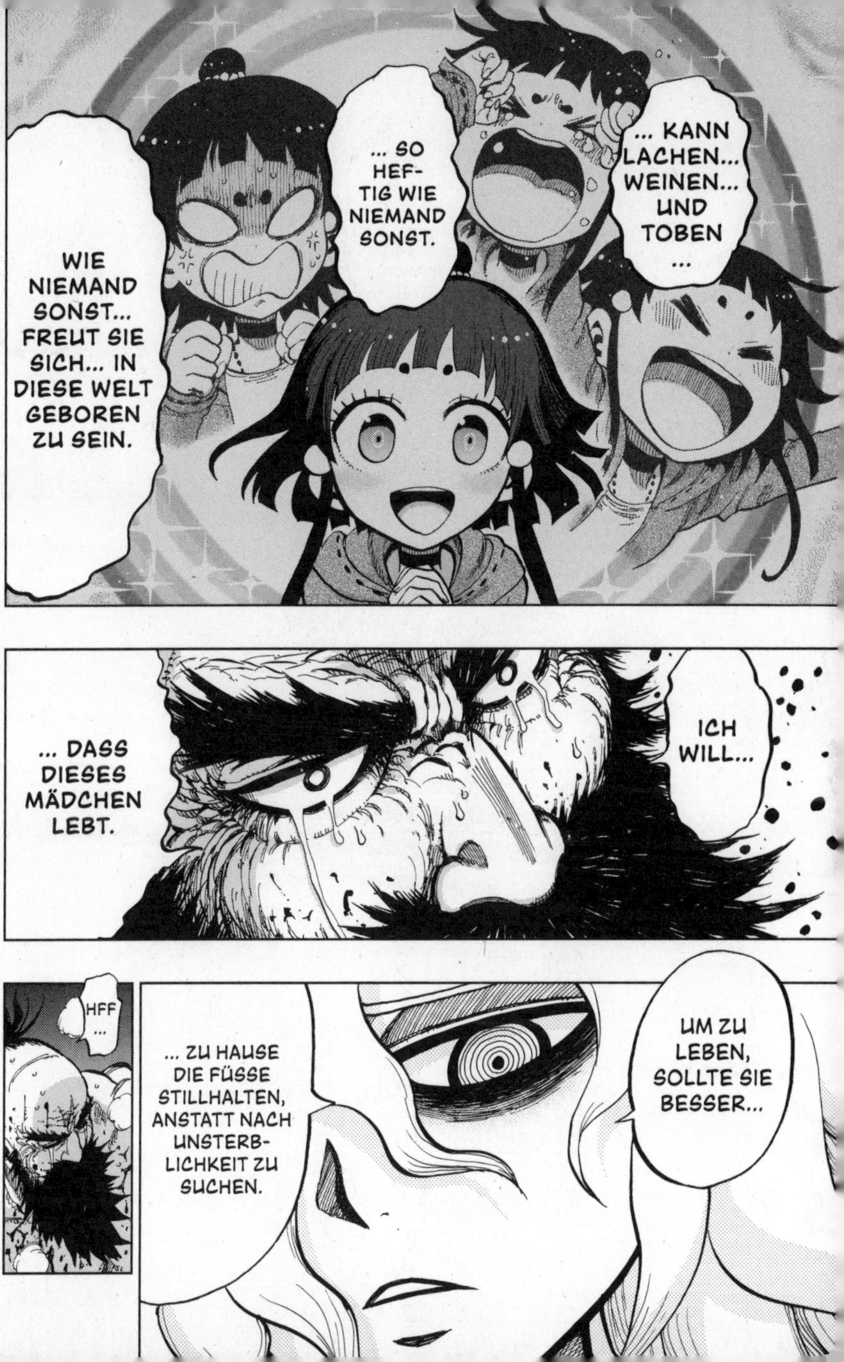
... KANN LACHEN... WEINEN... UND TOBEN ...
... SO HEFTIG WIE NIEMAND SONST.
WIE NIEMAND SONST... FREUT SIE SICH... IN DIESE WELT GEBOREN ZU SEIN.
ICH WILL...
... DASS DIESES MÄDCHEN LEBT.
UM ZU LEBEN, SOLLTE SIE BESSER...
... ZU HAUSE DIE FÜSSE STILLHALTEN, ANSTATT NACH UNSTERBLICHKEIT ZU SUCHEN.
HFF ...

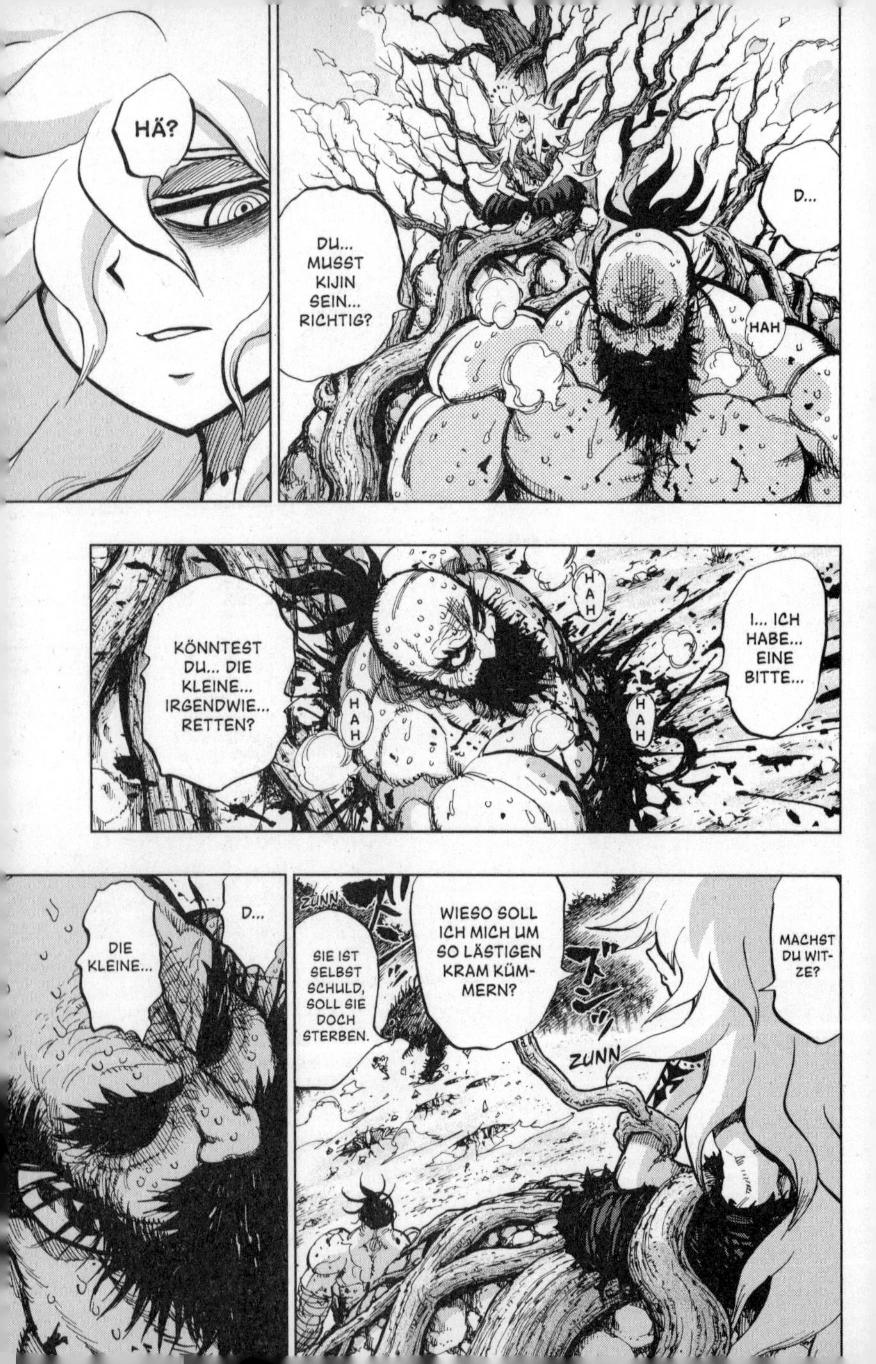

D...
HAH
DU... MUSST KIJIN SEIN... RICHTIG?
HÄ?
I... ICH HABE... EINE BITTE...
HAH
HAH
HAH
KÖNNTEST DU... DIE KLEINE... IRGENDWIE... RETTEN?
MACHST DU WITZE?
WIESO SOLL ICH MICH UM SO LÄSTIGEN KRAM KÜMMERN?
ZUNN
ZUNN
SIE IST SELBST SCHULD, SOLL SIE DOCH STERBEN.
D...
DIE KLEINE...

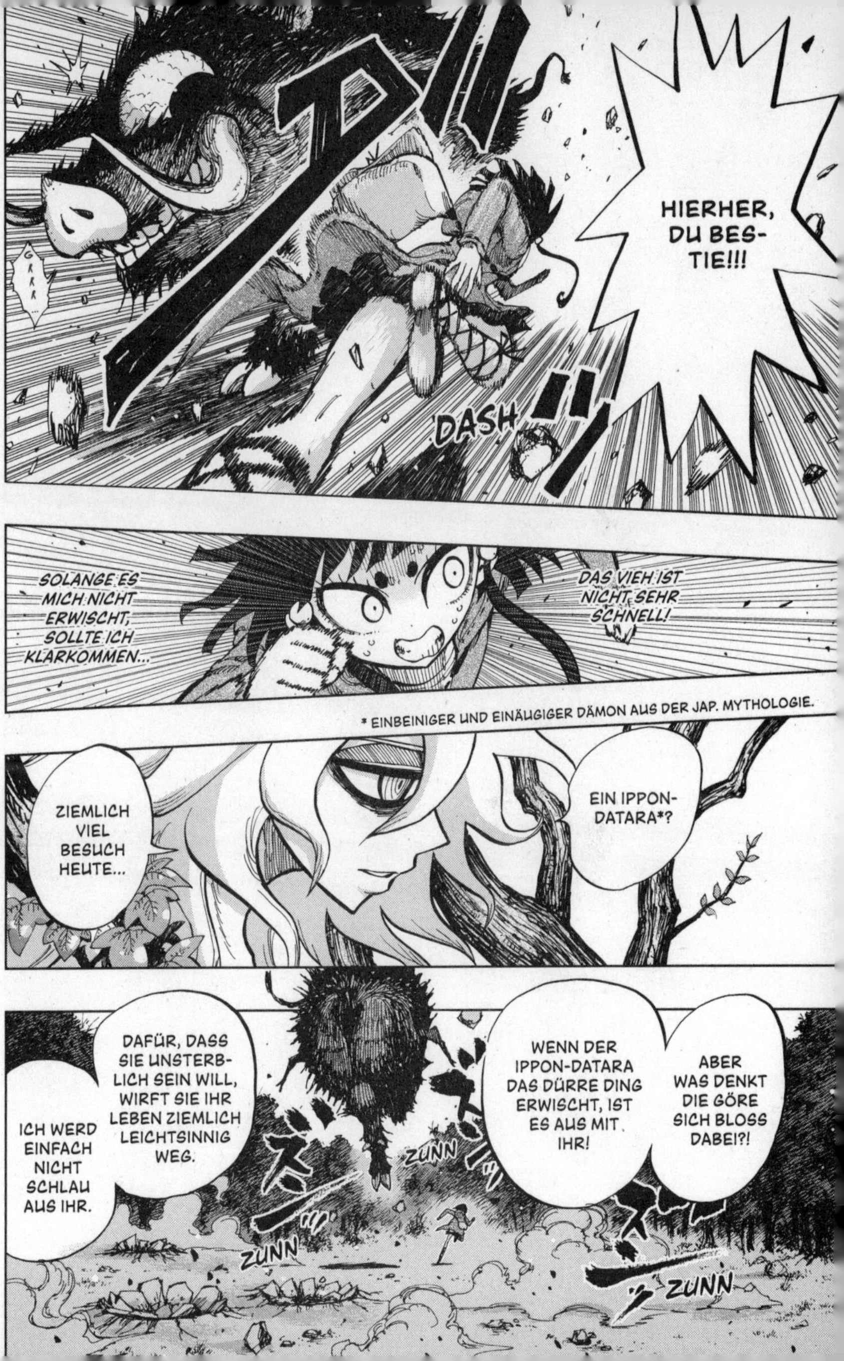

* EINBEINIGER UND EINÄUGIGER DÄMON AUS DER JAP. MYTHOLOGIE.

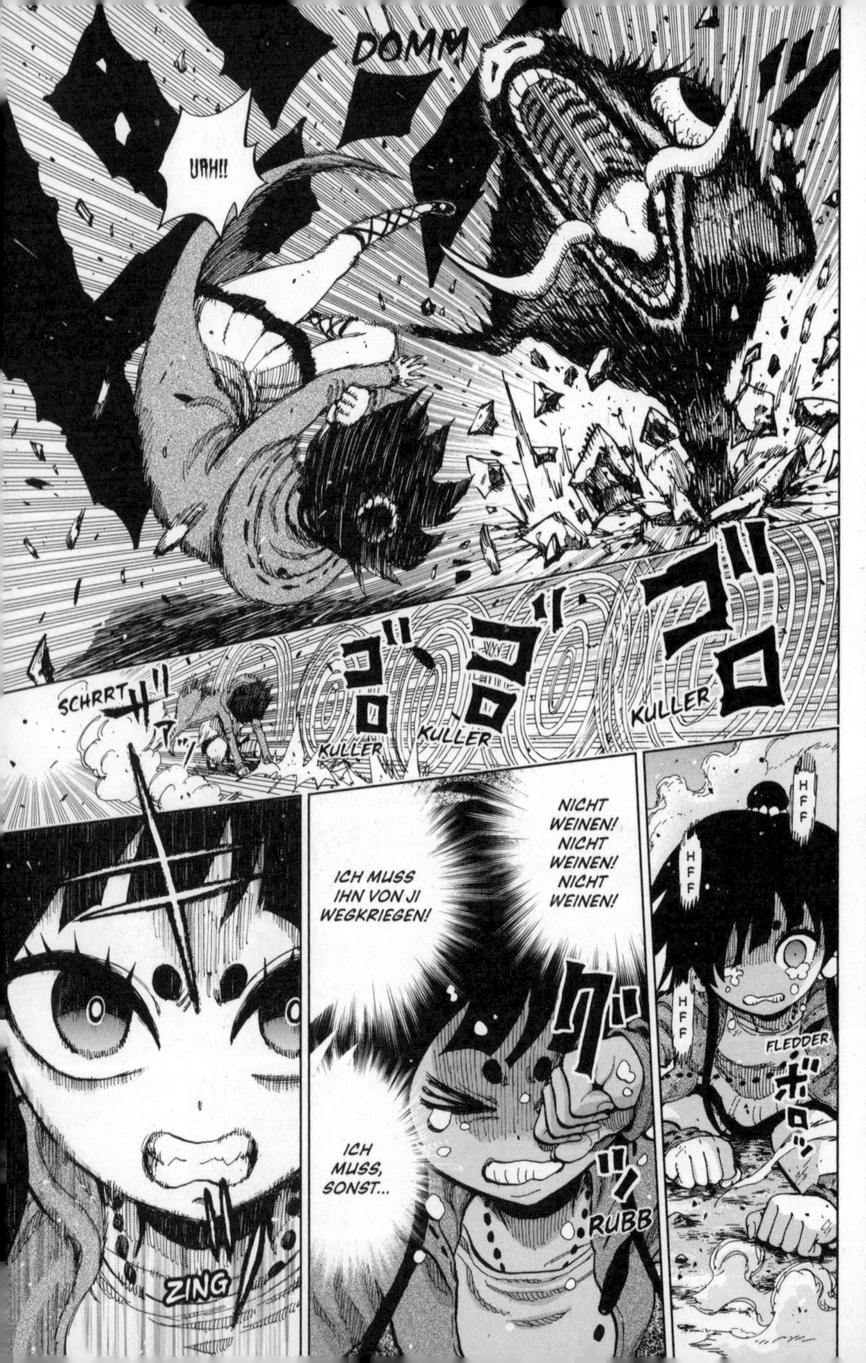
DOMM
UAH!!
KULLER
KULLER
KULLER
SCHRRT
HFF
HFF
HFF
FLEDDER
NICHT WEINEN! NICHT WEINEN! NICHT WEINEN!
ICH MUSS IHN VON JI WEGKRIEGEN!
ICH MUSS, SONST...
RUBB
ZING

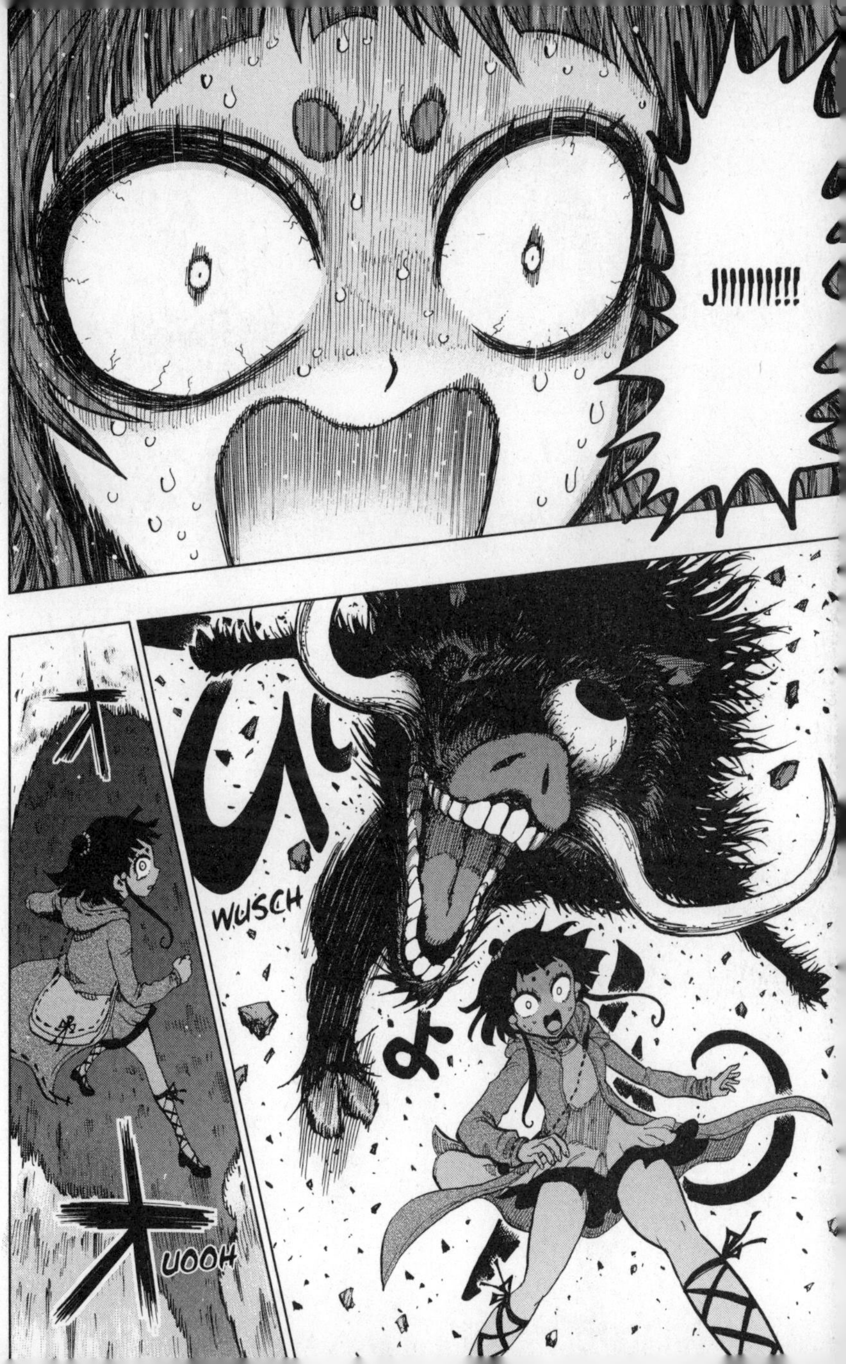

J!!!!!!!!!
WUSCH
UOOH

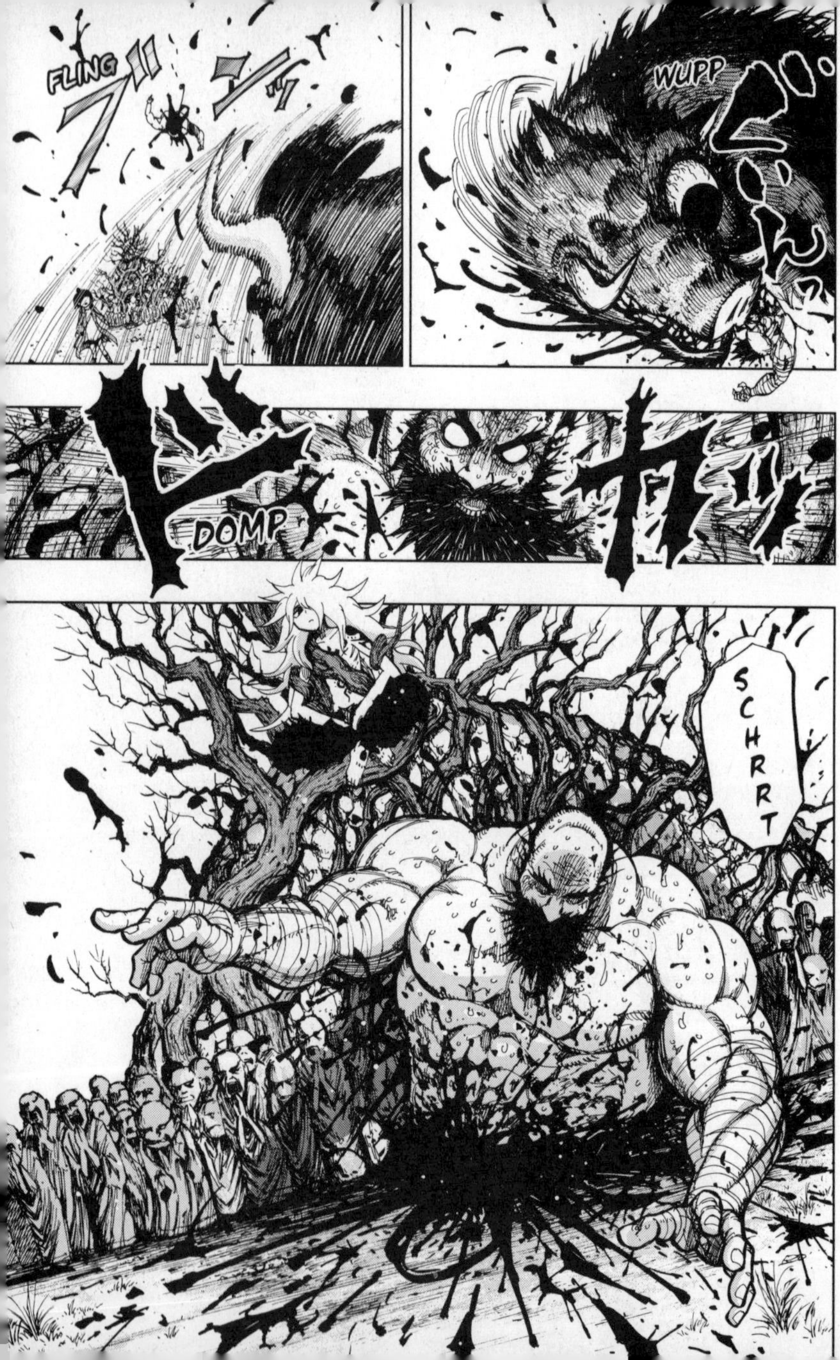
WUPP
FLING
DOMP
SCHRRT

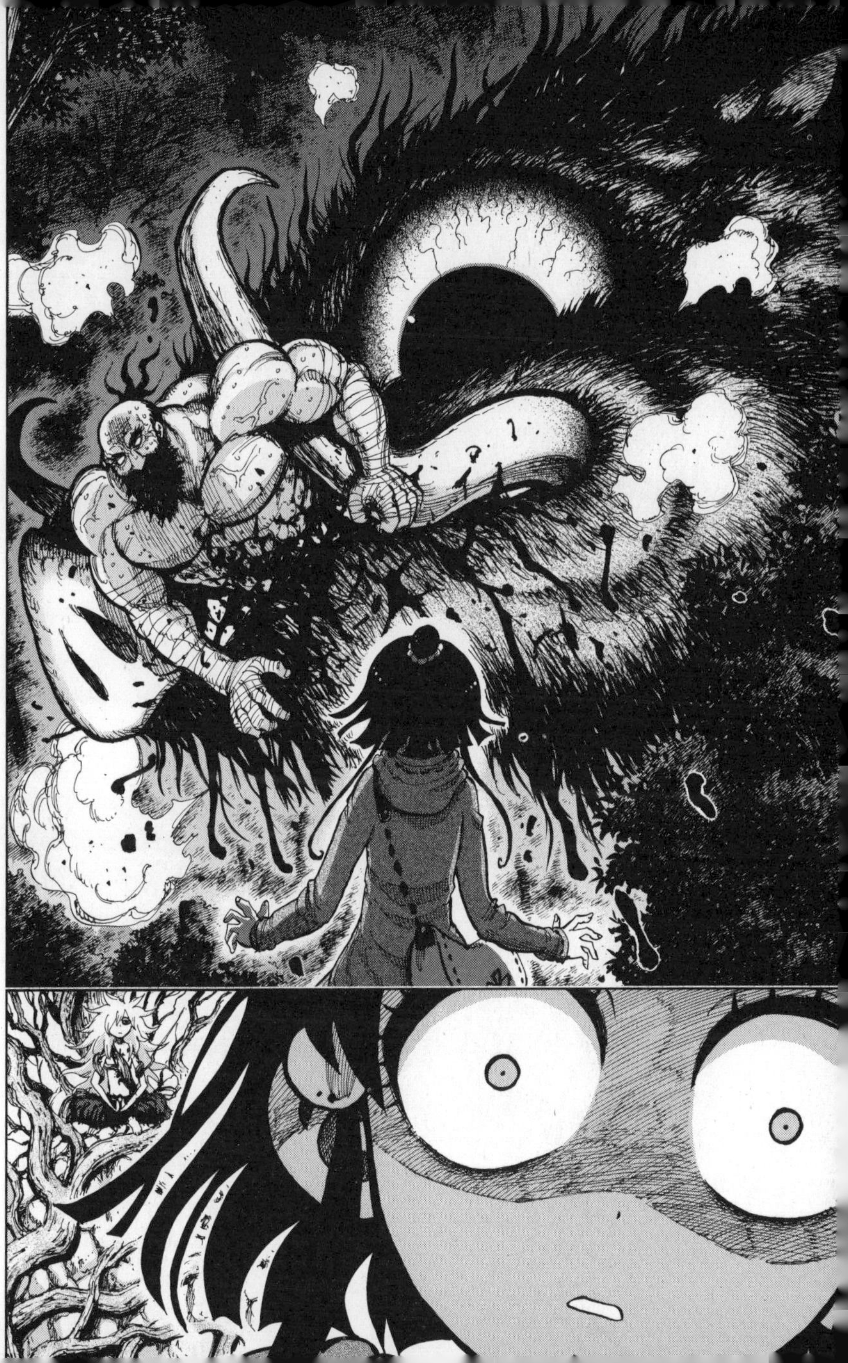

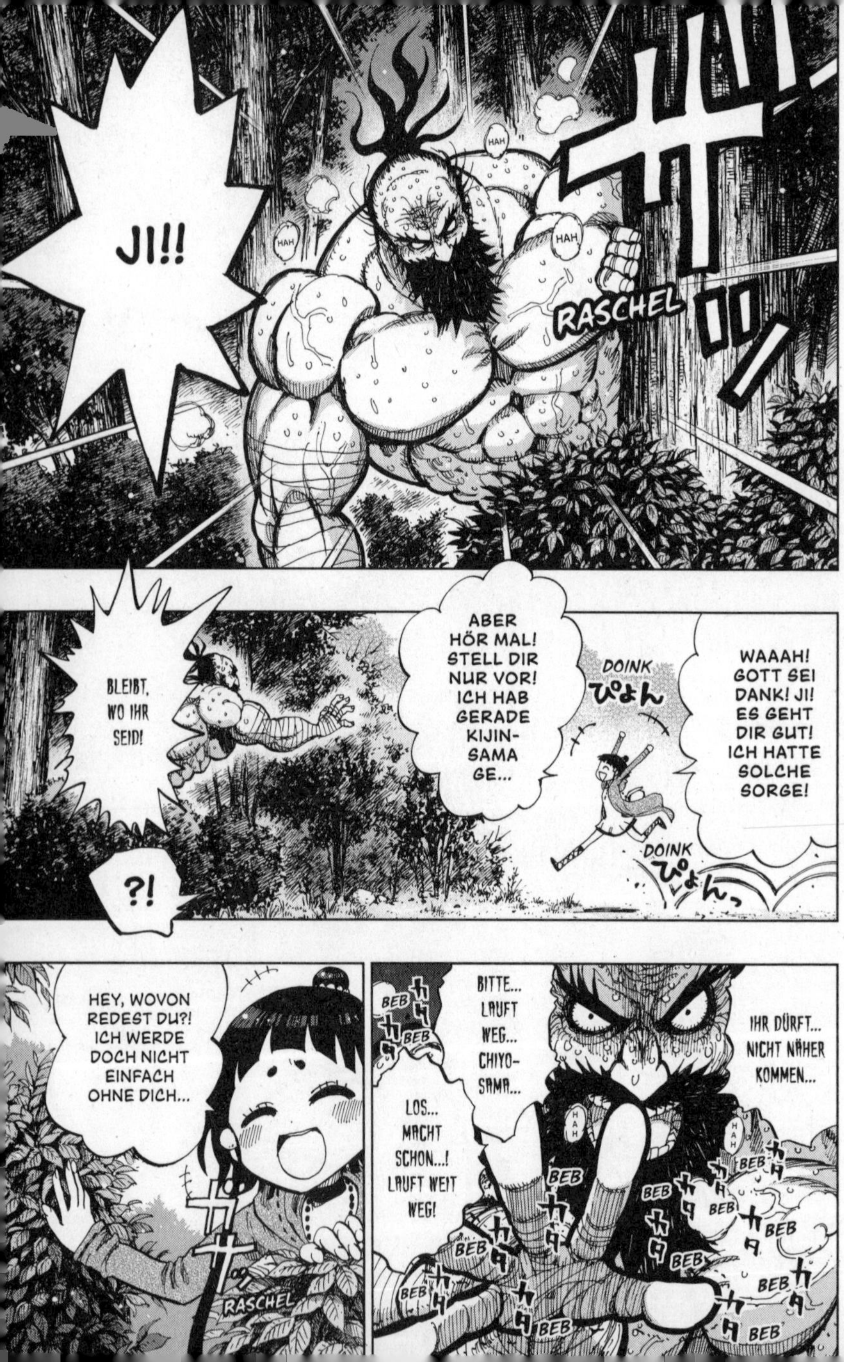
RASCHEL
HAH
HAH
HAH
JI!!
WAAAH! GOTT SEI DANK! JI! ES GEHT DIR GUT! ICH HATTE SOLCHE SORGE!
DOINK ぴょん
ABER HÖR MAL! STELL DIR NUR VOR! ICH HAB GERADE KIJIN-SAMA GE...
DOINK ぴょんっ
BLEIBT, WO IHR SEID!
?!
IHR DÜRFT... NICHT NÄHER KOMMEN...
BITTE... LAUFT WEG... CHIYO-SAMA...
LOS... MACHT SCHON...! LAUFT WEIT WEG!
BEB BEB
HEY, WOVON REDEST DU?! ICH WERDE DOCH NICHT EINFACH OHNE DICH...
RASCHEL

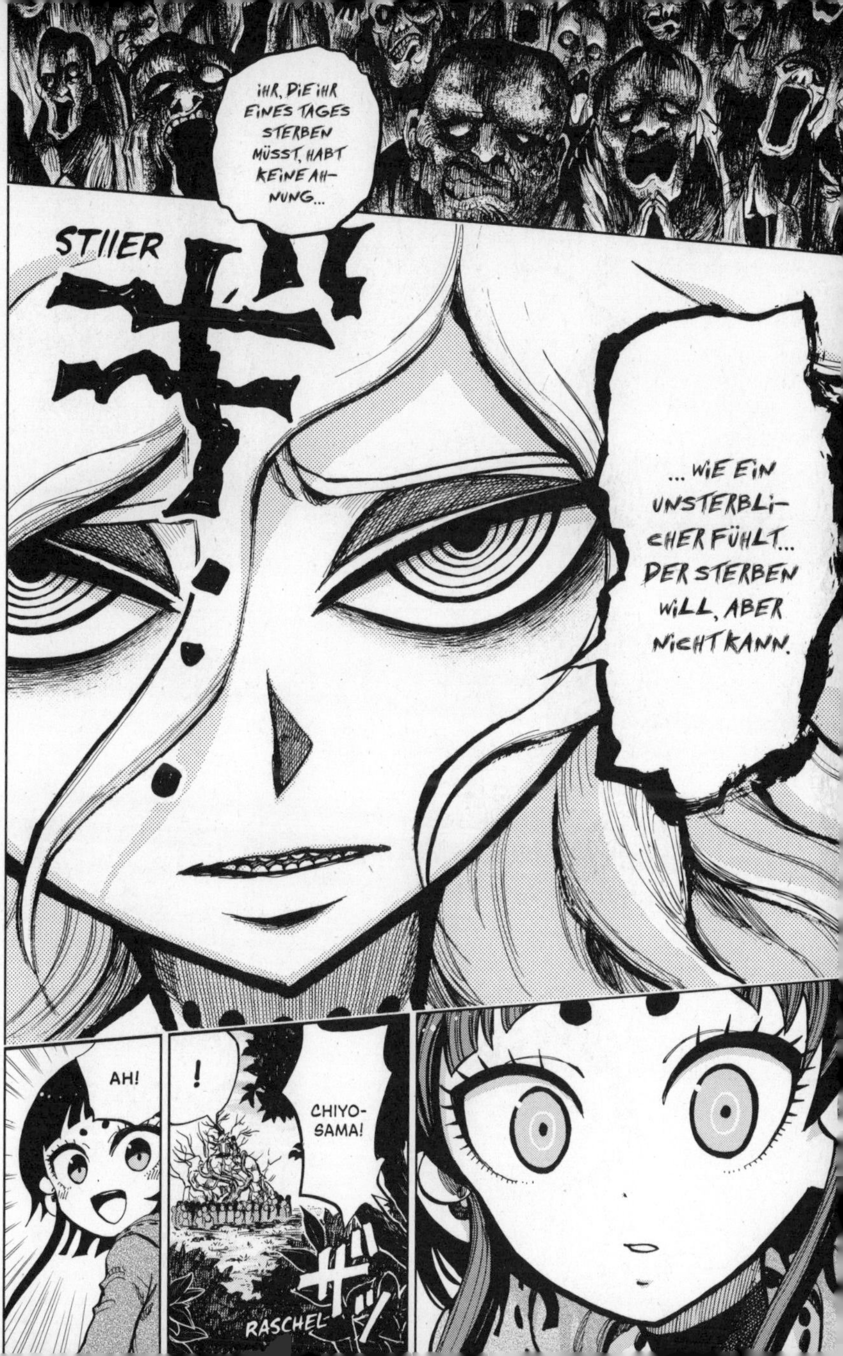
IHR, DIE IHR EINES TAGES STERBEN MÜSST, HABT KEINE AH-NUNG...
STIIER
... WIE EIN UNSTERBLI-CHER FÜHLT... DER STERBEN WILL, ABER NICHT KANN.
CHIYO-SAMA!
!
RASCHEL
AH!

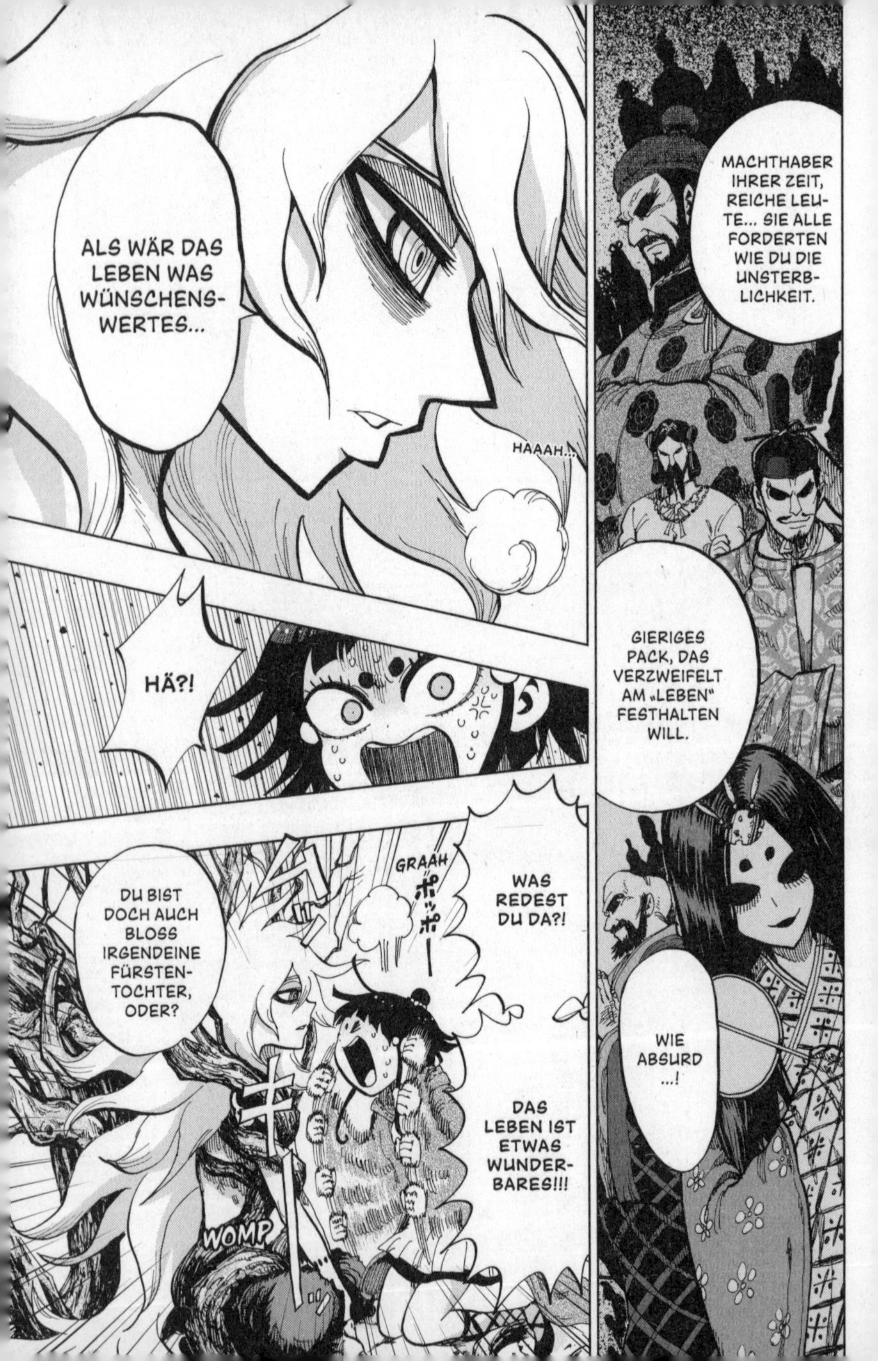
ALS WÄR DAS LEBEN WAS WÜNSCHENSWERTES...
HAAAH...
MACHTHABER IHRER ZEIT, REICHE LEUTE... SIE ALLE FORDERTEN WIE DU DIE UNSTERBLICHKEIT.
GIERIGES PACK, DAS VERZWEIFELT AM „LEBEN“ FESTHALTEN WILL.
WIE ABSURD ...!
HÄ?!
GRAAH
ポッポー
WAS REDEST DU DA?!
DAS LEBEN IST ETWAS WUNDERBARES!!!
DU BIST DOCH AUCH BLOSS IRGENDEINE FÜRSTENTOCHTER, ODER?
WOMP

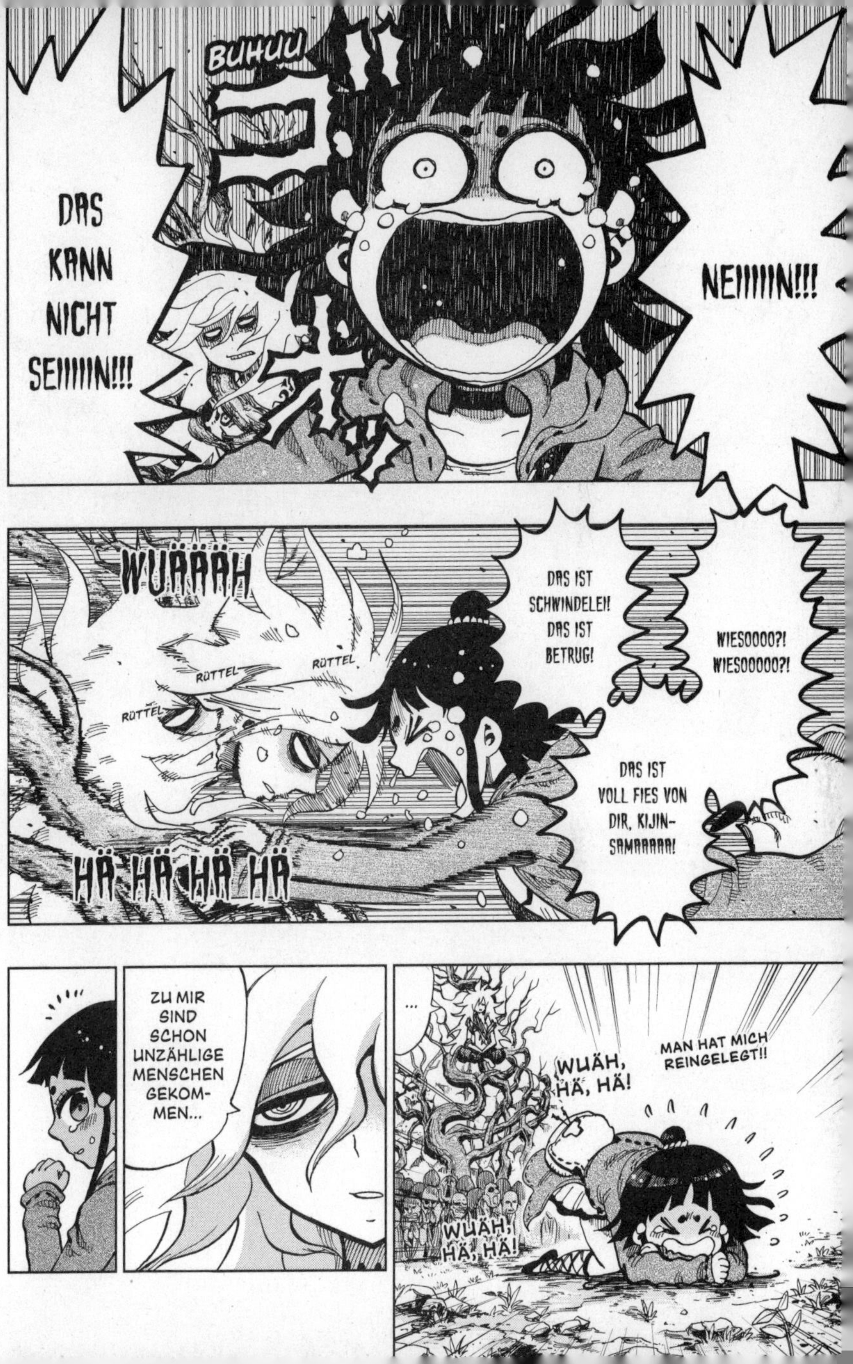
BUHUU
NEIIIIIN!!!
DAS KANN NICHT SEIIIIIN!!!
WIESOOOO?! WIESOOOOO?!
DAS IST SCHWINDELEI! DAS IST BETRUG!
DAS IST VOLL FIES VON DIR, KIJIN-SAMAAAAA!
WURÄÄH
RÜTTEL
RÜTTEL
RÜTTEL
HÄ HÄ HÄ HÄ
MAN HAT MICH REINGELEGT!!
WUÄH, HÄ, HÄ!
WUÄH, HÄ, HÄ!
...
ZU MIR SIND SCHON UNZÄHLIGE MENSCHEN GEKOMMEN...

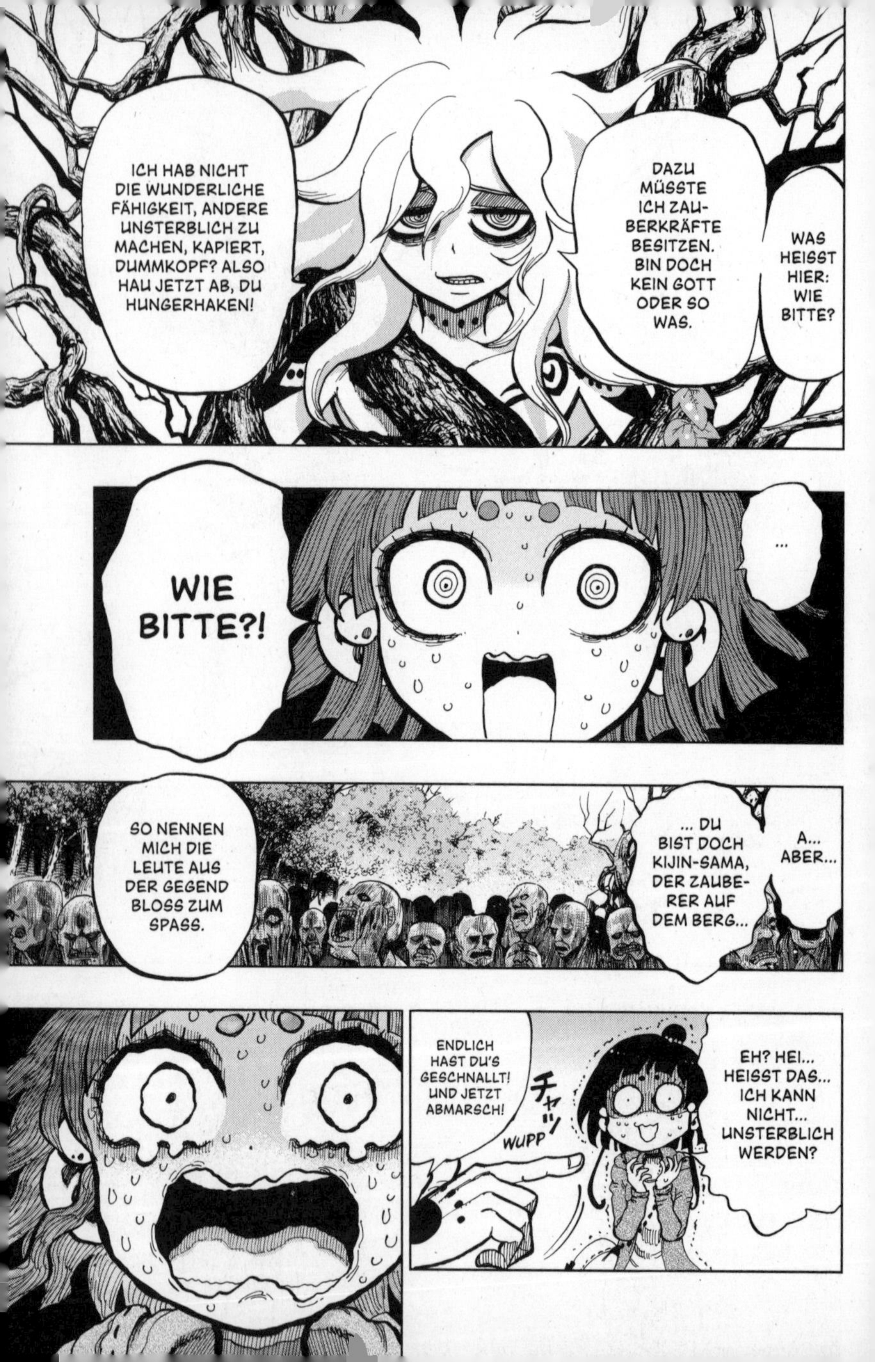
WAS HEISST HIER: WIE BITTE?
DAZU MÜSSTE ICH ZAUBERKRÄFTE BESITZEN. BIN DOCH KEIN GOTT ODER SO WAS.
ICH HAB NICHT DIE WUNDERLICHE FÄHIGKEIT, ANDERE UNSTERBLICH ZU MACHEN, KAPIERT, DUMMKOPF? ALSO HAU JETZT AB, DU HUNGERHAKEN!
...
WIE BITTE?!
A... ABER...
... DU BIST DOCH KIJIN-SAMA, DER ZAUBERER AUF DEM BERG...
SO NENNEN MICH DIE LEUTE AUS DER GEGEND BLOSS ZUM SPASS.
EH? HEI... HEISST DAS... ICH KANN NICHT... UNSTERBLICH WERDEN?
チャッ
WUPP
ENDLICH HAST DU'S GESCHNALLT! UND JETZT ABMARSCH!

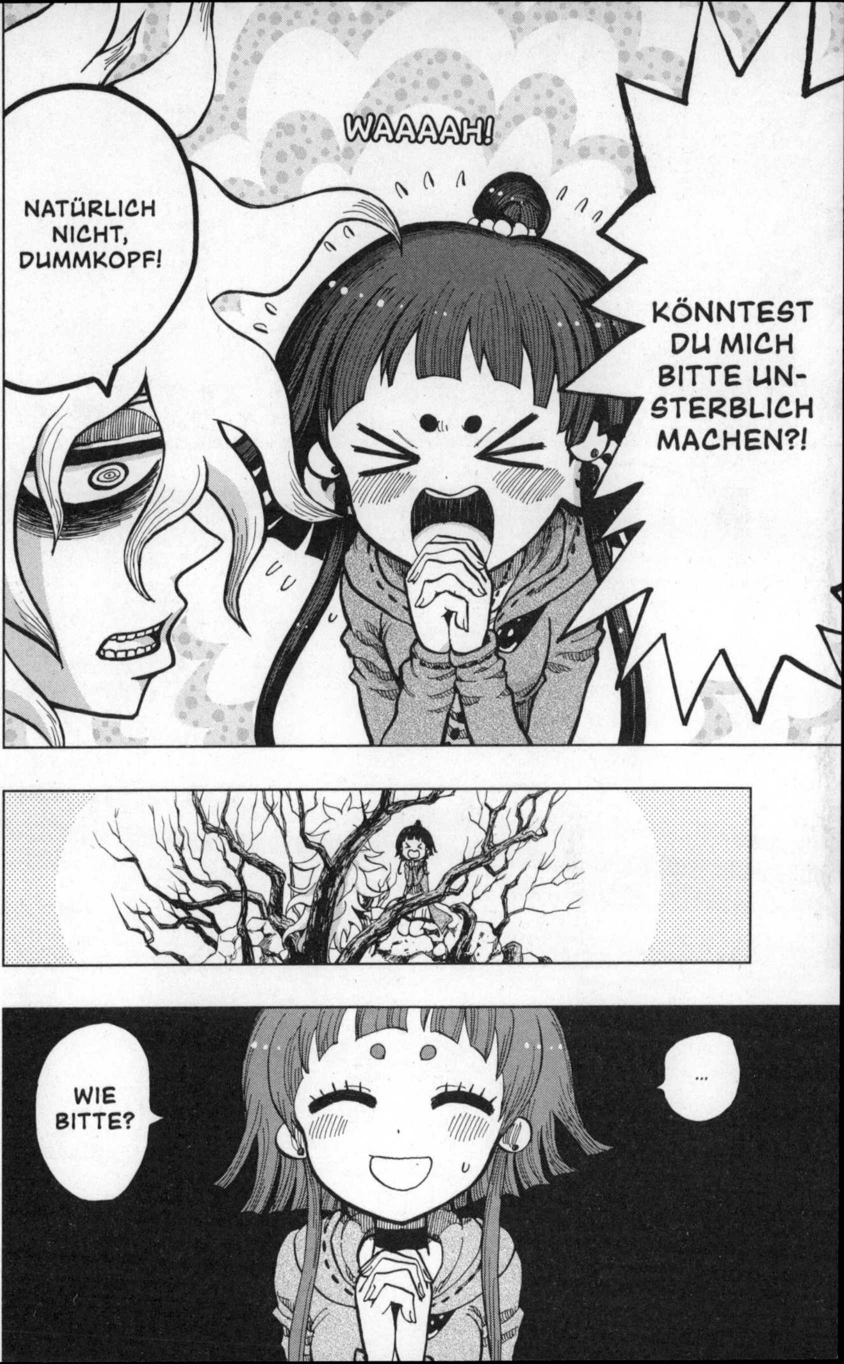
KÖNNTEST DU MICH BITTE UN-STERBLICH MACHEN?!
WAAAAH!
NATÜRLICH NICHT, DUMMKOPF!
...
WIE BITTE?

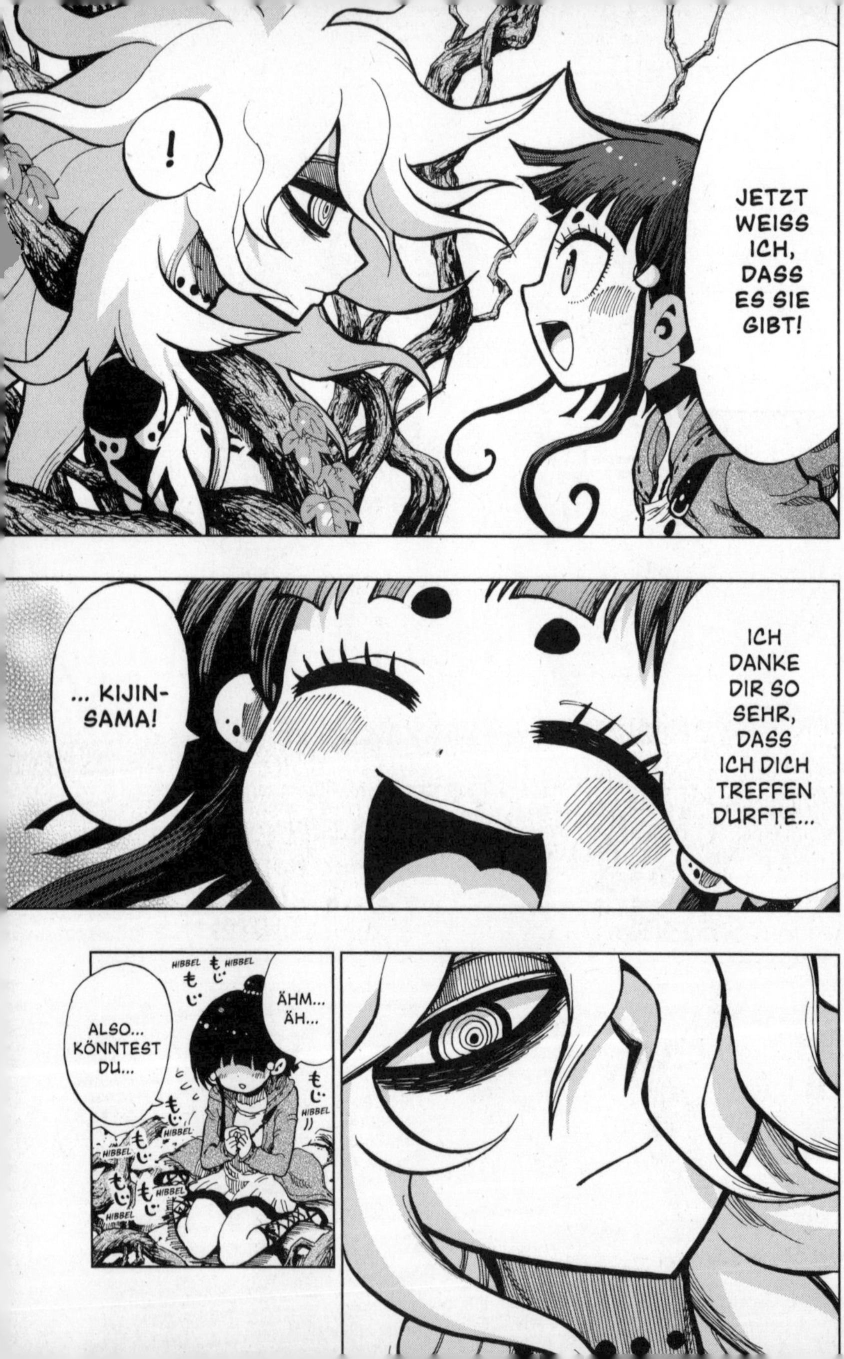
JETZT WEISS ICH, DASS ES SIE GIBT!
!
ICH DANKE DIR SO SEHR, DASS ICH DICH TREFFEN DURFTE...
... KIJIN-SAMA!
ÄHM... ÄH...
ALSO... KÖNNTEST DU...
HIBBEL もじ HIBBEL もじ
もじ HIBBEL
もじ HIBBEL
HIBBEL もじ
もじ もじ HIBBEL HIBBEL

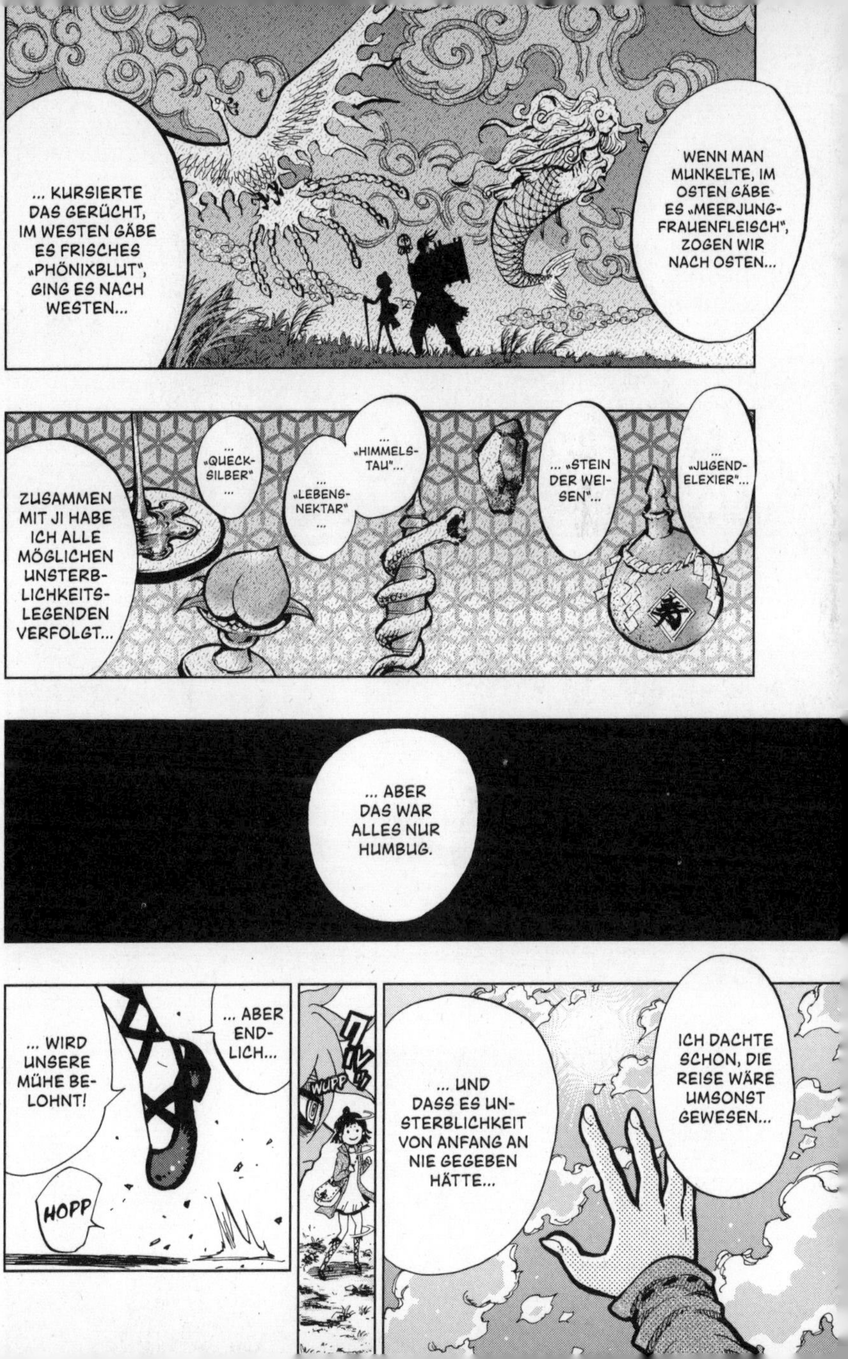
WENN MAN MUNKELTE, IM OSTEN GÄBE ES „MEERJUNG-FRAUENFLEISCH“, ZOGEN WIR NACH OSTEN...
... KURSIERTE DAS GERÜCHT, IM WESTEN GÄBE ES FRISCHES „PHÖNIXBLUT“, GING ES NACH WESTEN...
... „JUGEND-ELEXIER“...
... „STEIN DER WEI-SEN“...
... „HIMMELS-TAU“...
... „LEBENS-NEKTAR“ ...
... „QUECK-SILBER“ ...
ZUSAMMEN MIT JI HABE ICH ALLE MÖGLICHEN UNSTERB-LICHKEITS-LEGENDEN VERFOLGT...
... ABER DAS WAR ALLES NUR HUMBUG.
ICH DACHTE SCHON, DIE REISE WÄRE UMSONST GEWESEN...
... UND DASS ES UN-STERBLICHKEIT VON ANFANG AN NIE GEGEBEN HÄTTE...
WUPP
... ABER END-LICH...
... WIRD UNSERE MÜHE BE-LOHNT!
HOPP

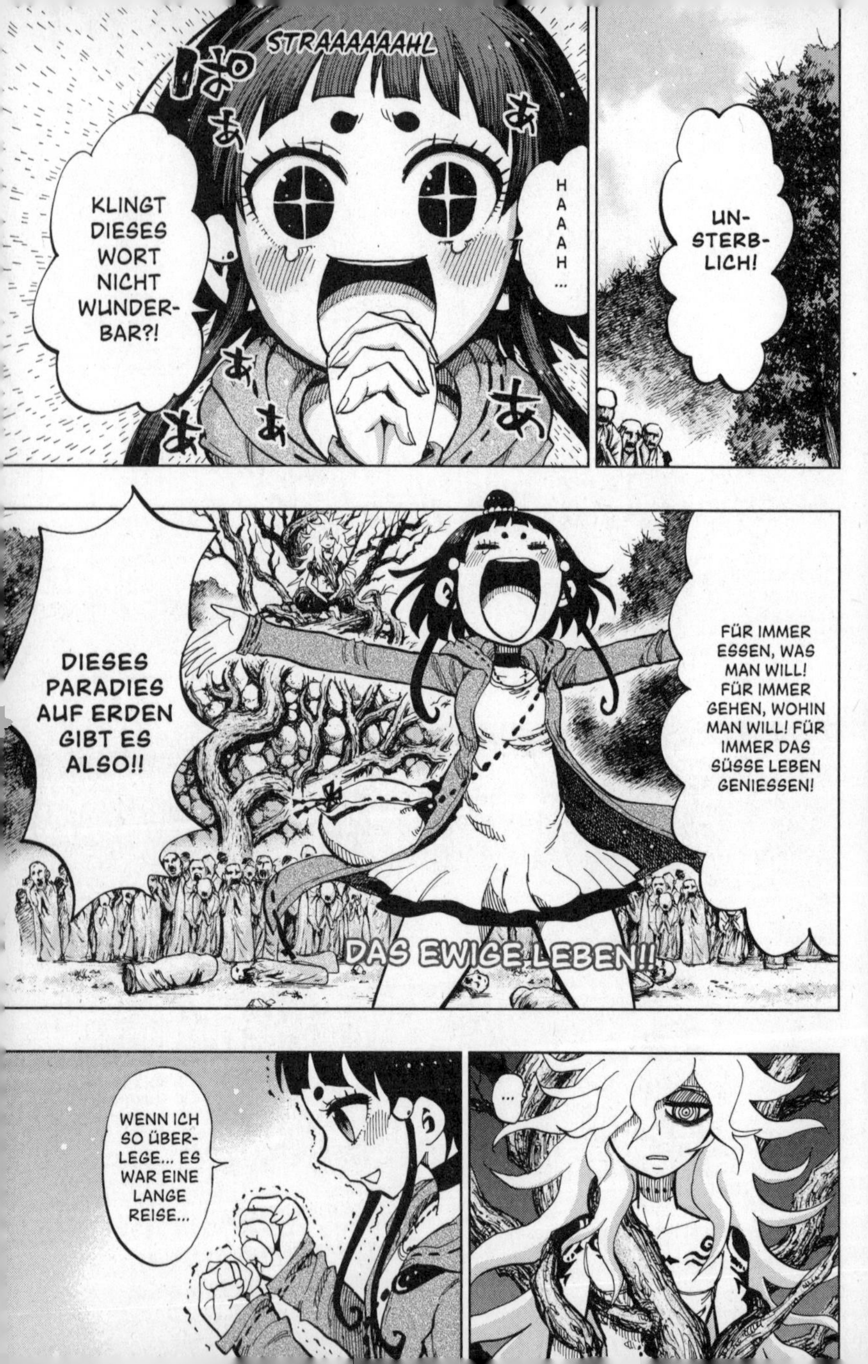
STRAAAAAAHL
UN-STERB-LICH!
HAAAAH ...
KLINGT DIESES WORT NICHT WUNDER-BAR?!
FÜR IMMER ESSEN, WAS MAN WILL! FÜR IMMER GEHEN, WOHIN MAN WILL! FÜR IMMER DAS SÜSSE LEBEN GENIESSEN!
DIESES PARADIES AUF ERDEN GIBT ES ALSO!!
DAS EWIGE LEBEN!!
...
WENN ICH SO ÜBER-LEGE... ES WAR EINE LANGE REISE...

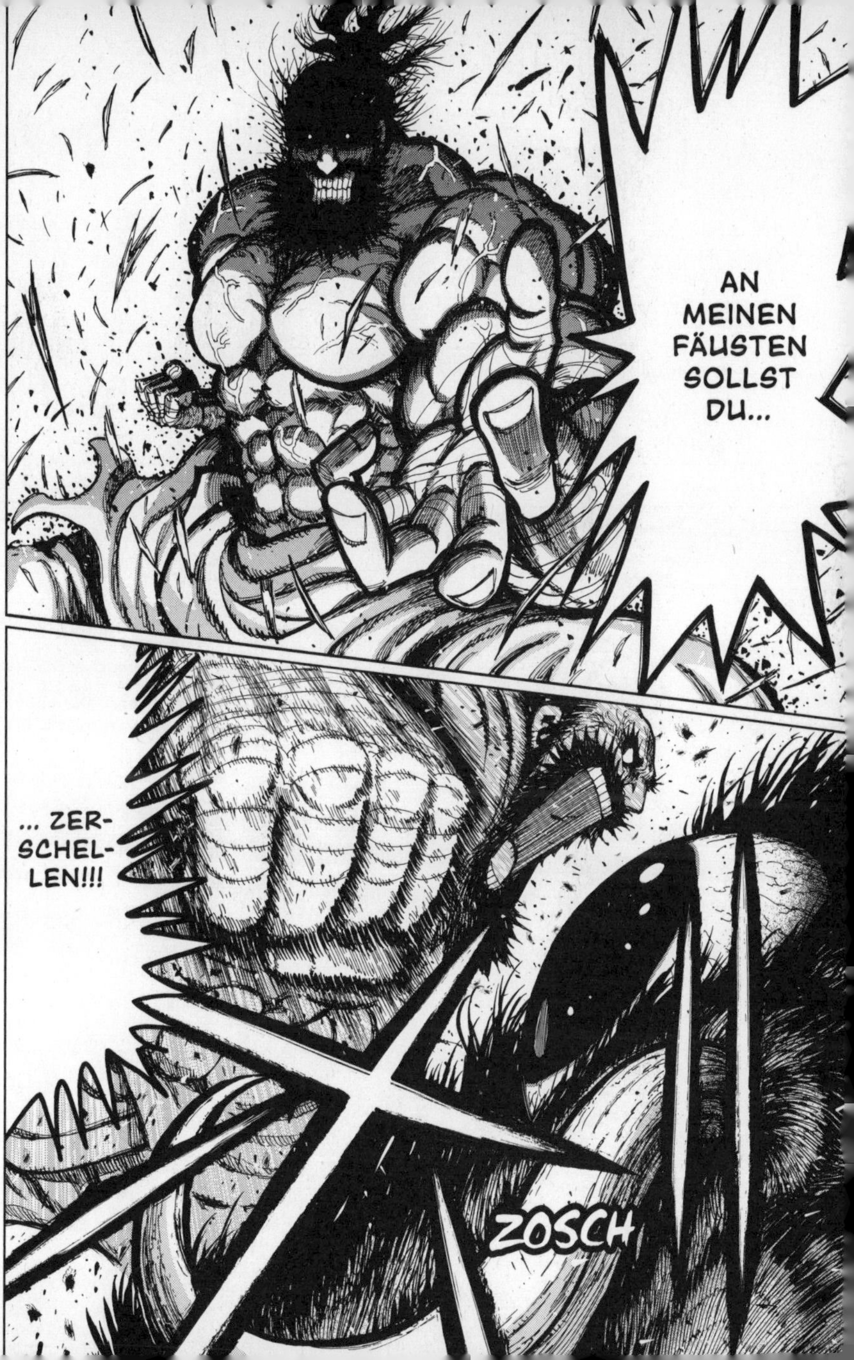
AN MEINEN FÄUSTEN SOLLST DU...
... ZER-SCHEL-LEN!!!
ZOSCH

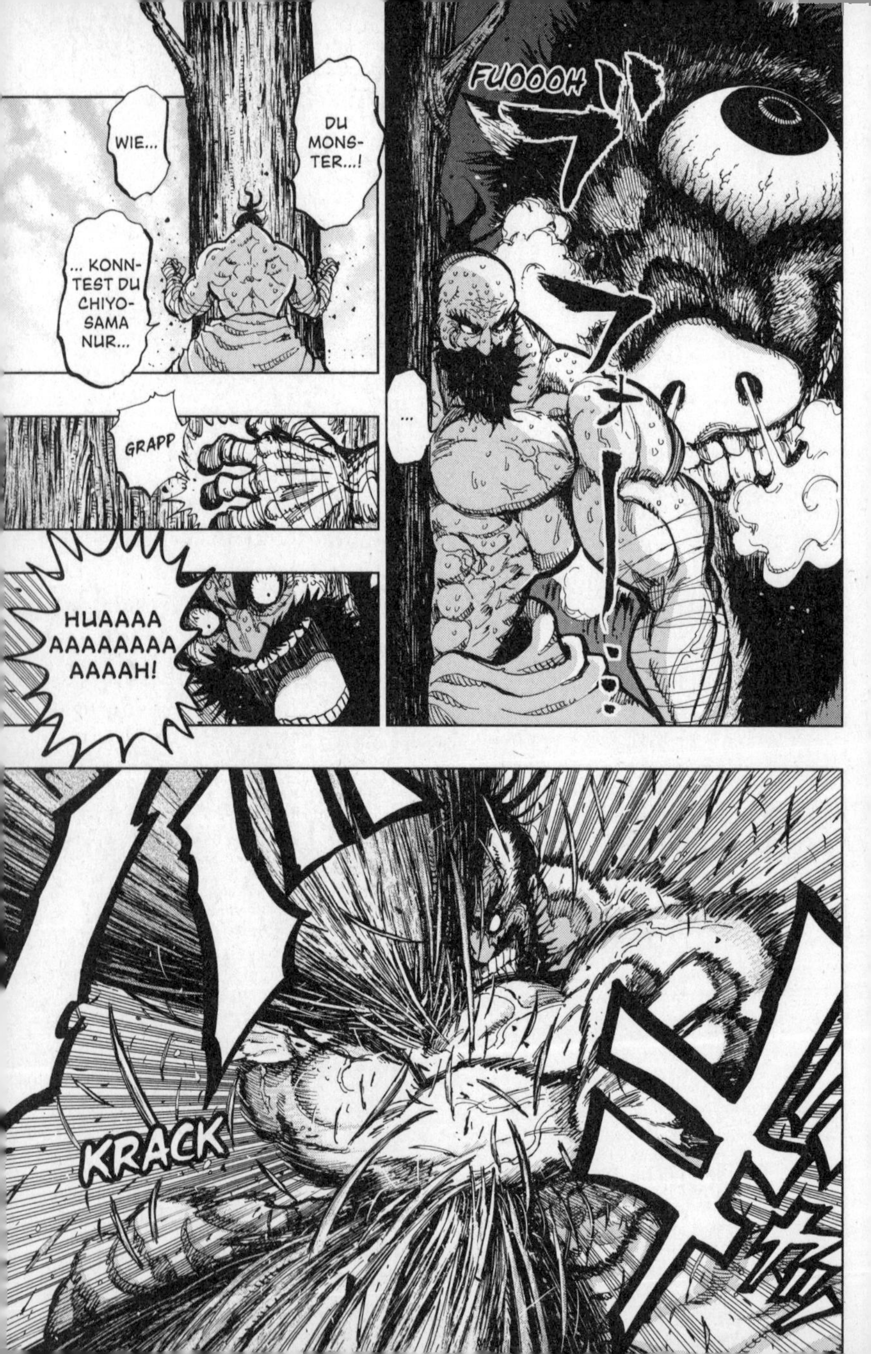
FUOOOH
...
DU MONS-TER...!
WIE...
... KONN-TEST DU CHIYO-SAMA NUR...
GRAPP
HUAAAA AAAAAAAA AAAAH!
KRACK

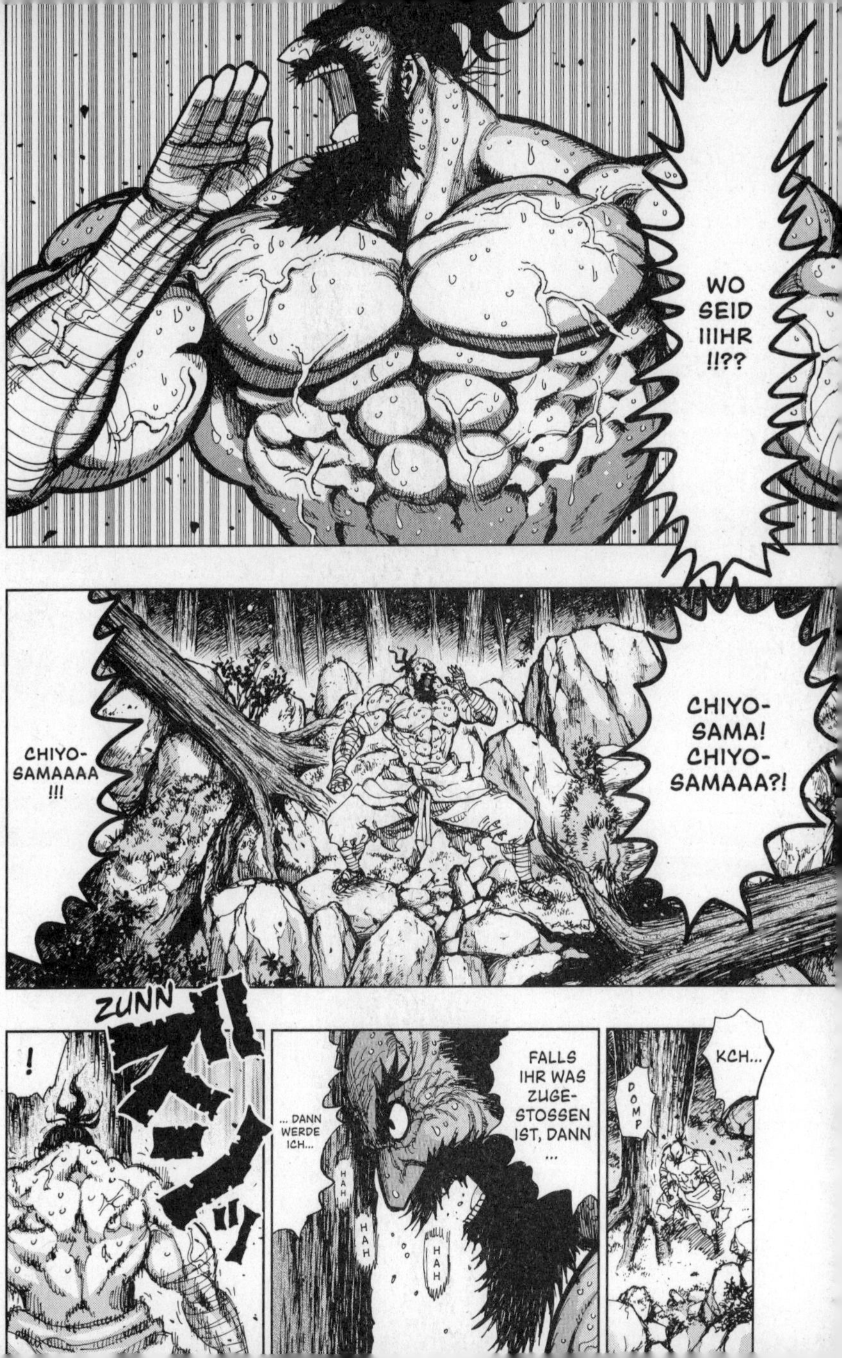
WO SEID IIIHR !!??
CHIYO-SAMA! CHIYO-SAMAAA?!
CHIYO-SAMAAAA !!!
KCH...
DOMP
FALLS IHR WAS ZUGE-STOSSEN IST, DANN ...
... DANN WERDE ICH...
HAH
HAH
HAH
ZUNN
!

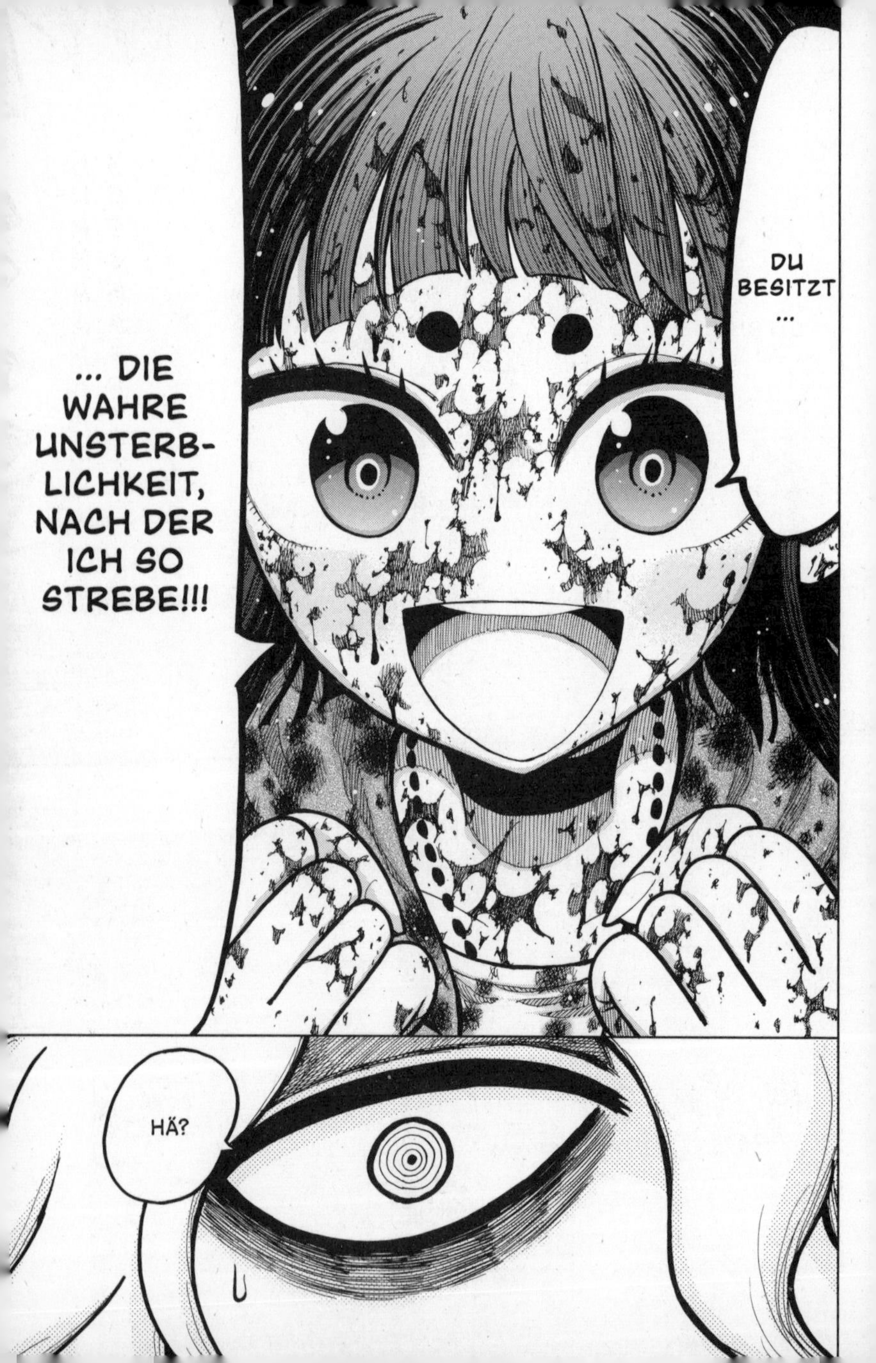
DU BESITZT ...
... DIE WAHRE UNSTERB-LICHKEIT, NACH DER ICH SO STREBE!!!
HÄ?

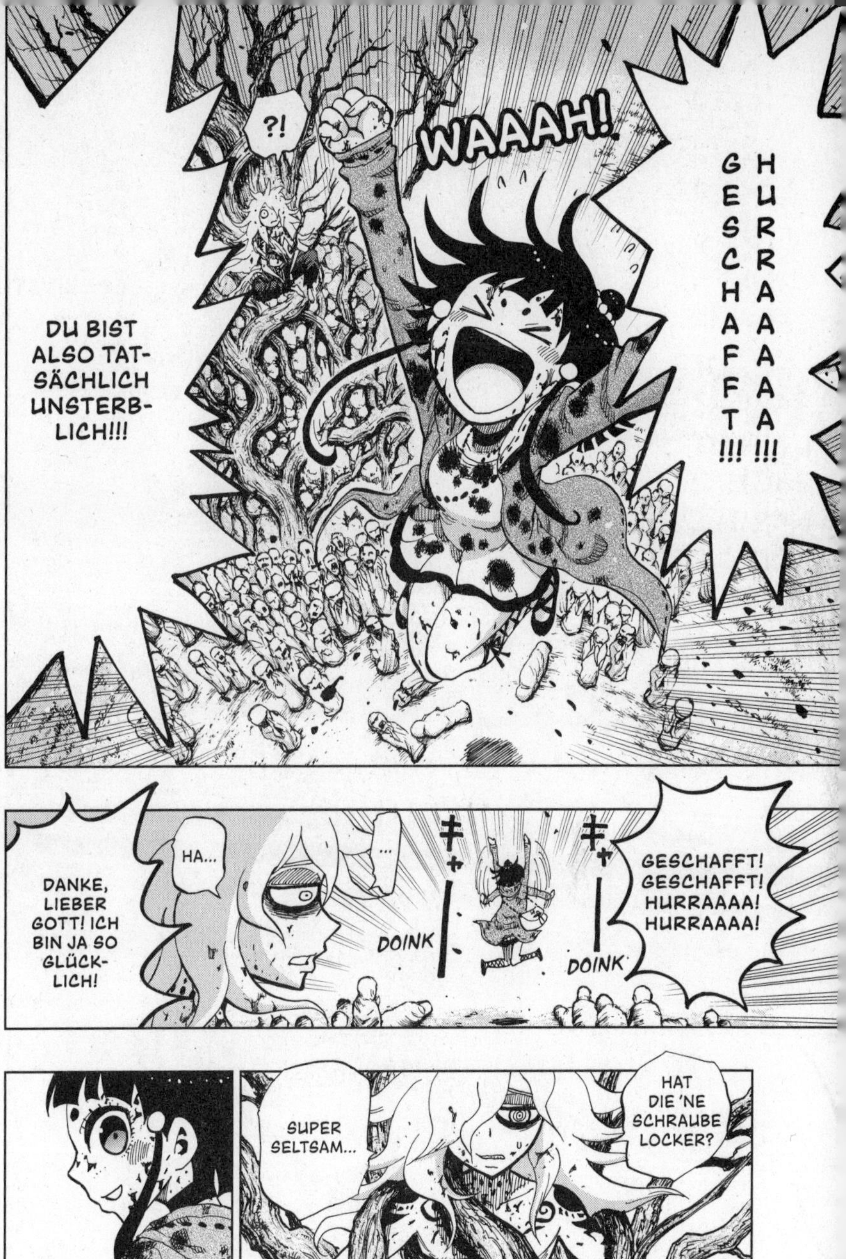

HURRAAAAAA!!!
GESCHAFFT!!!
WAAAH!
?!
DU BIST ALSO TATSÄCHLICH UNSTERBLICH!!!
GESCHAFFT! GESCHAFFT! HURRAAAA! HURRAAAA!
DOINK
DOINK
...
HA...
DANKE, LIEBER GOTT! ICH BIN JA SO GLÜCKLICH!
HAT DIE 'NE SCHRAUBE LOCKER?
SUPER SELTSAM...

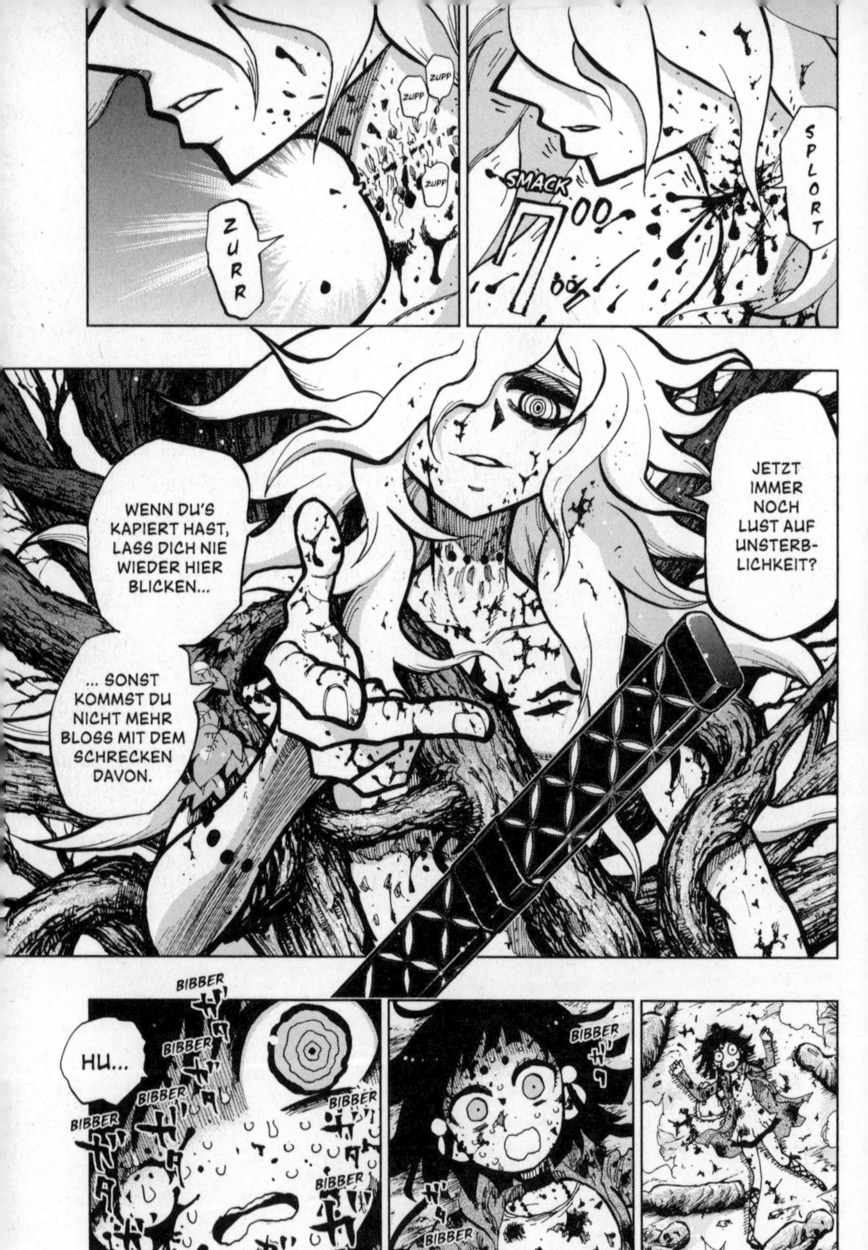
SPLORT
SMACK
ZUPP
ZUPP
ZUPP
ZURR
JETZT IMMER NOCH LUST AUF UNSTERB- LICHKEIT?
WENN DU'S KAPIERT HAST, LASS DICH NIE WIEDER HIER BLICKEN...
... SONST KOMMST DU NICHT MEHR BLOSS MIT DEM SCHRECKEN DAVON.
BIBBER
BIBBER
HU...
BIBBER
BIBBER
BIBBER
BIBBER
BIBBER
BIBBER
BIBBER
BIBBER

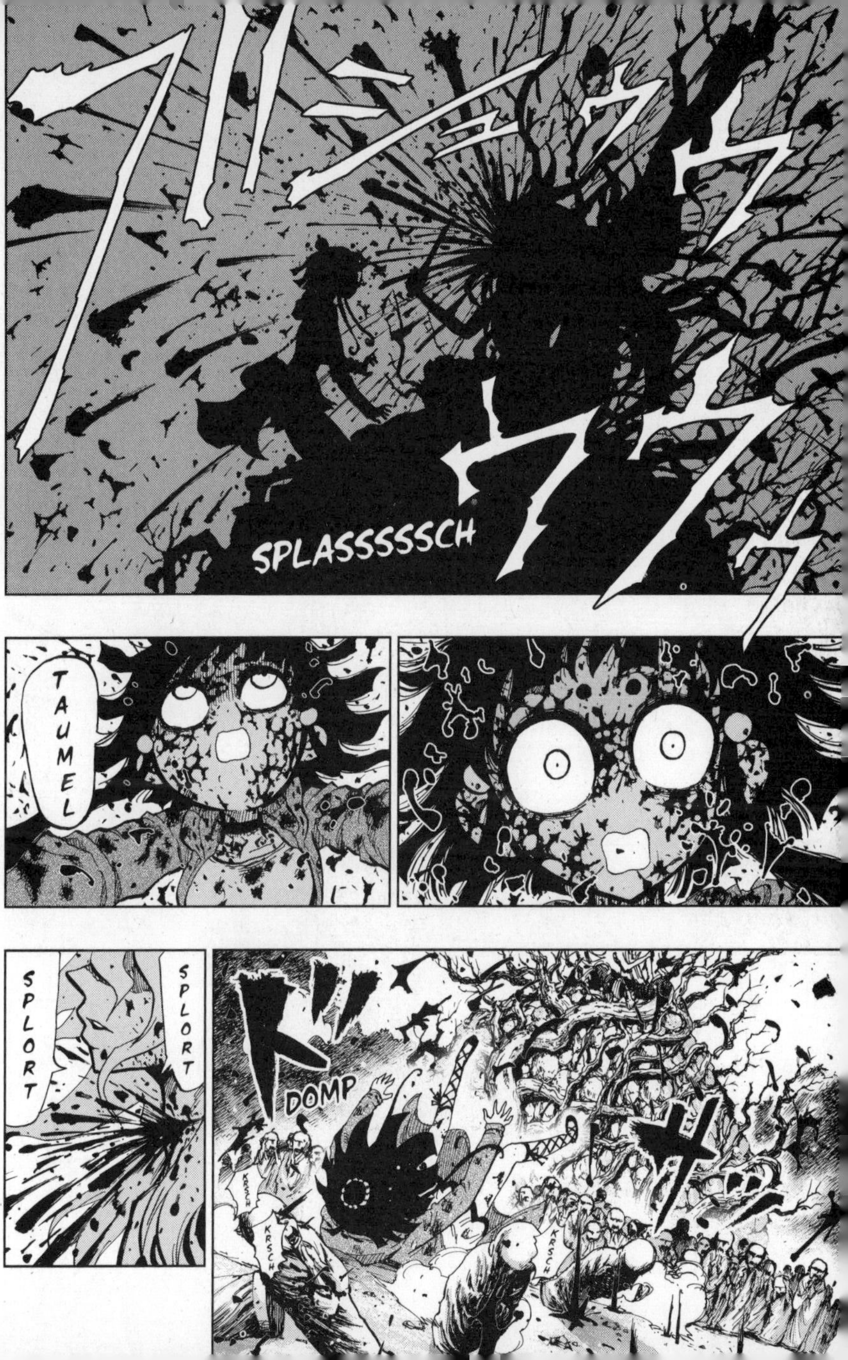

SPLASSSSSCH
TAUMEL
DOMP
KRSCH
KRSCH
KRSCH
SPLORT
SPLORT

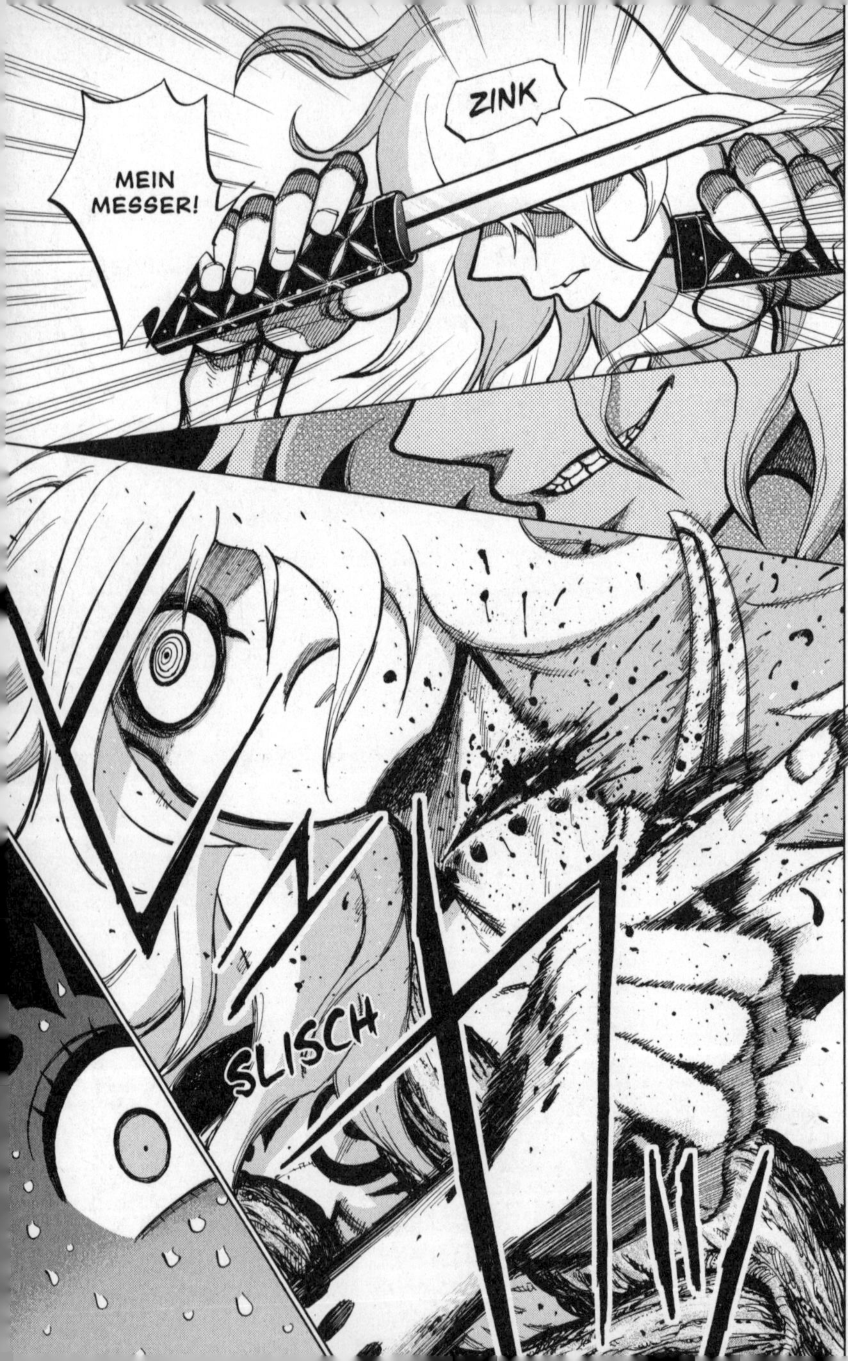
ZINK
MEIN MESSER!
SLISCH

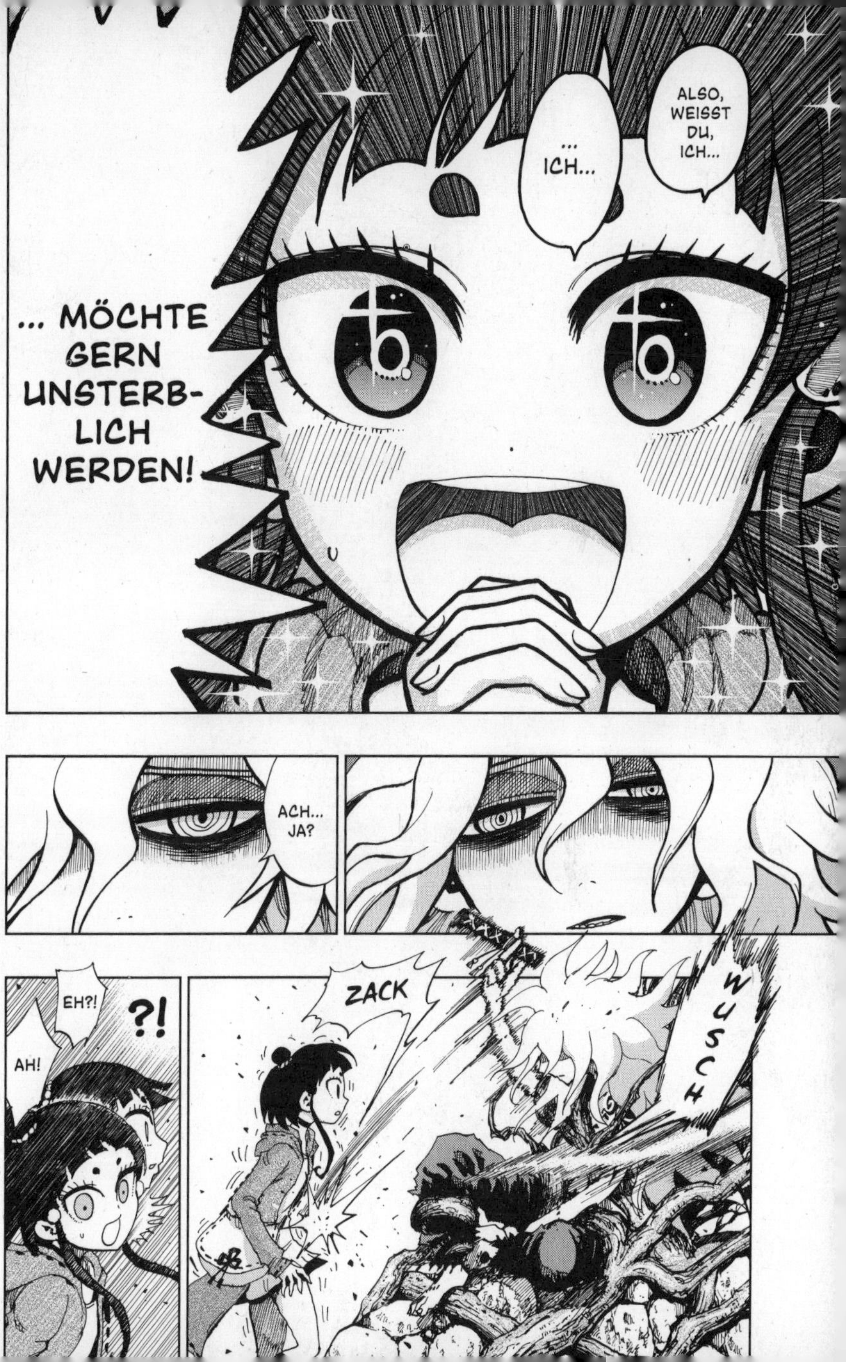
ALSO, WEISST DU, ICH...
... ICH...
... MÖCHTE GERN UNSTERB-LICH WERDEN!
ACH... JA?
WUSCH
ZACK
?!
EH?!
AH!

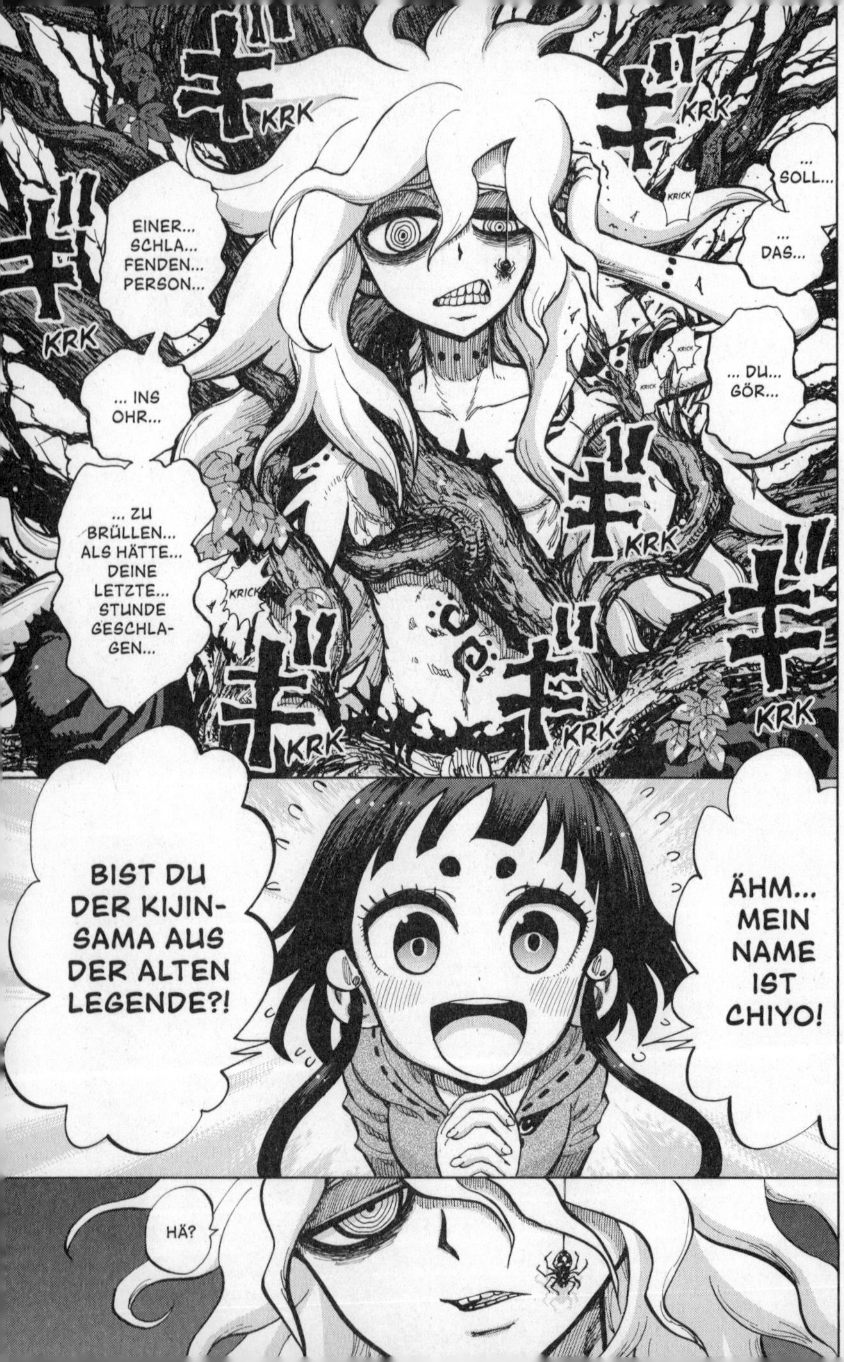
ギ KRK
ギ KRK
... SOLL...
KRICK
... DAS...
EINER... SCHLA... FENDEN... PERSON...
ギ KRK
KRICK
KRICK
... DU... GÖR...
... INS OHR...
... ZU BRÜLLEN... ALS HÄTTE... DEINE LETZTE... STUNDE GESCHLA-GEN...
ギ KRK
ギ KRK
KRICK
ギ KRK
ギ KRK
ÄHM... MEIN NAME IST CHIYO!
BIST DU DER KIJIN-SAMA AUS DER ALTEN LEGENDE?!
HÄ?

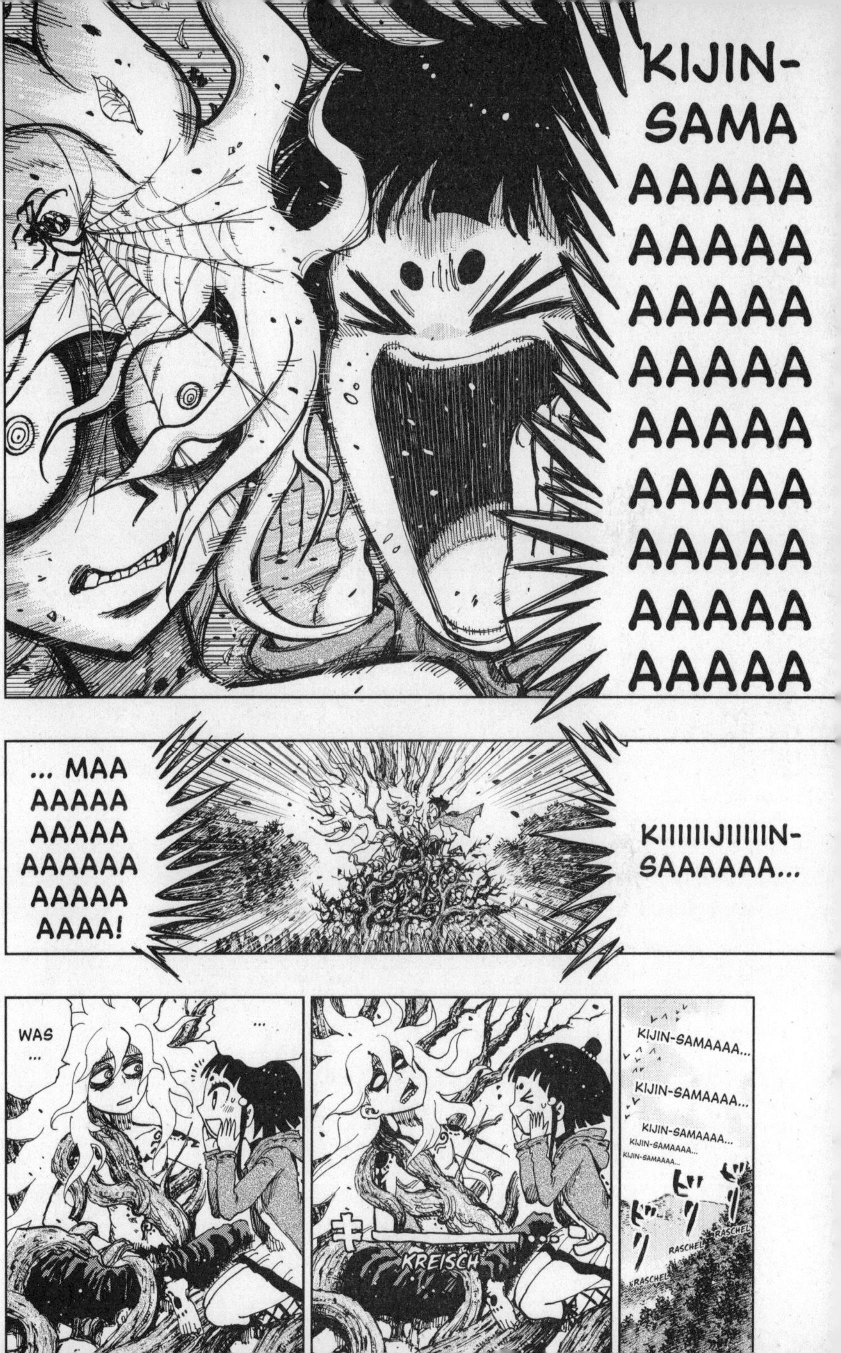
KIJIN-
SAMA
AAAAA
AAAAA
AAAAA
AAAAA
AAAAA
AAAAA
AAAAA
AAAAA
AAAAA
KIIIIIJIIIIIN-
SAAAAAA...
... MAA
AAAAA
AAAAA
AAAAAA
AAAAA
AAAA!
KIJIN-SAMAAAA...
KIJIN-SAMAAAA...
KIJIN-SAMAAAA...
KIJIN-SAMAAAA...
KIJIN-SAMAAAA...
RASCHEL
RASCHEL
RASCHEL
KREISCH
...
WAS
...

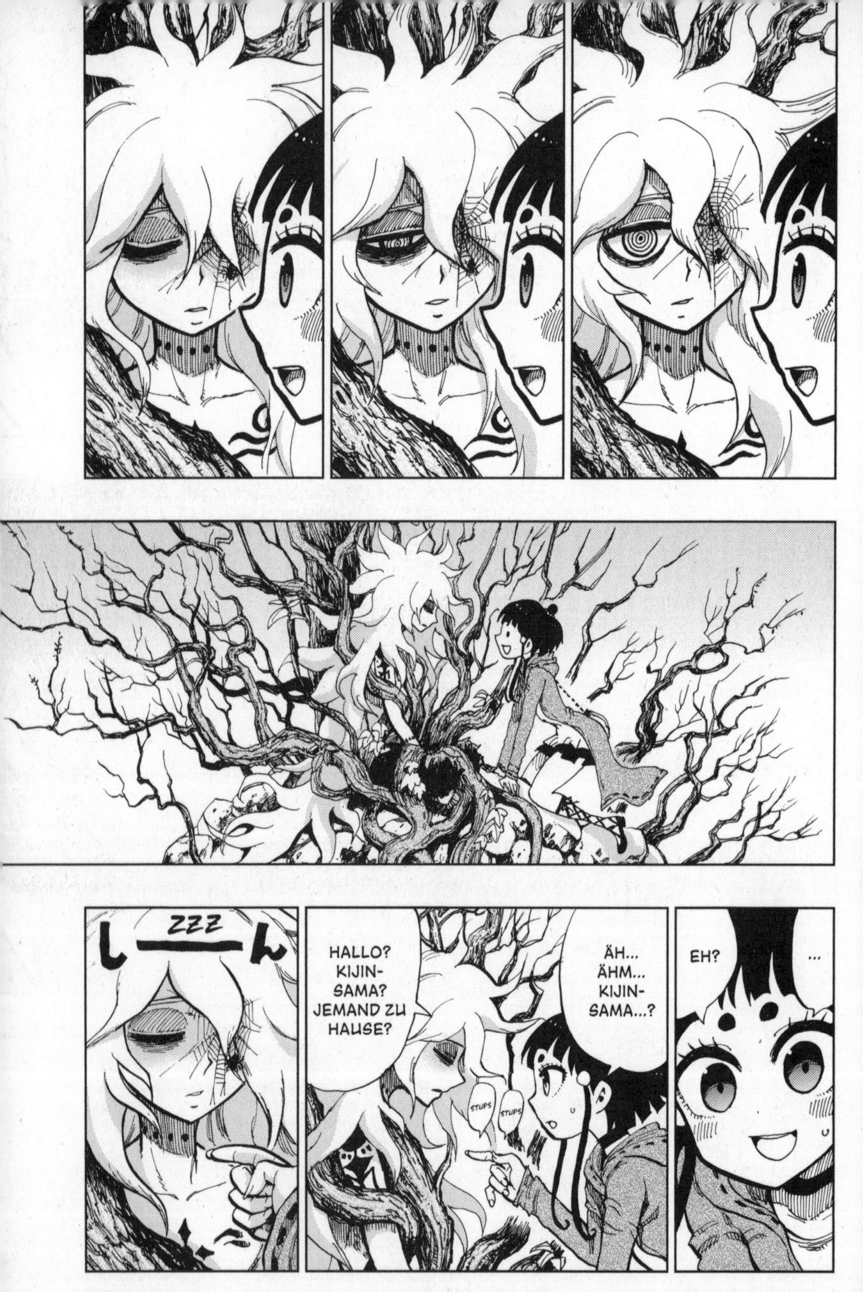
...
EH?
ÄH... ÄHM... KIJIN-SAMA...?
STUPS
STUPS
HALLO? KIJIN-SAMA? JEMAND ZU HAUSE?
ZZZ
し——ん

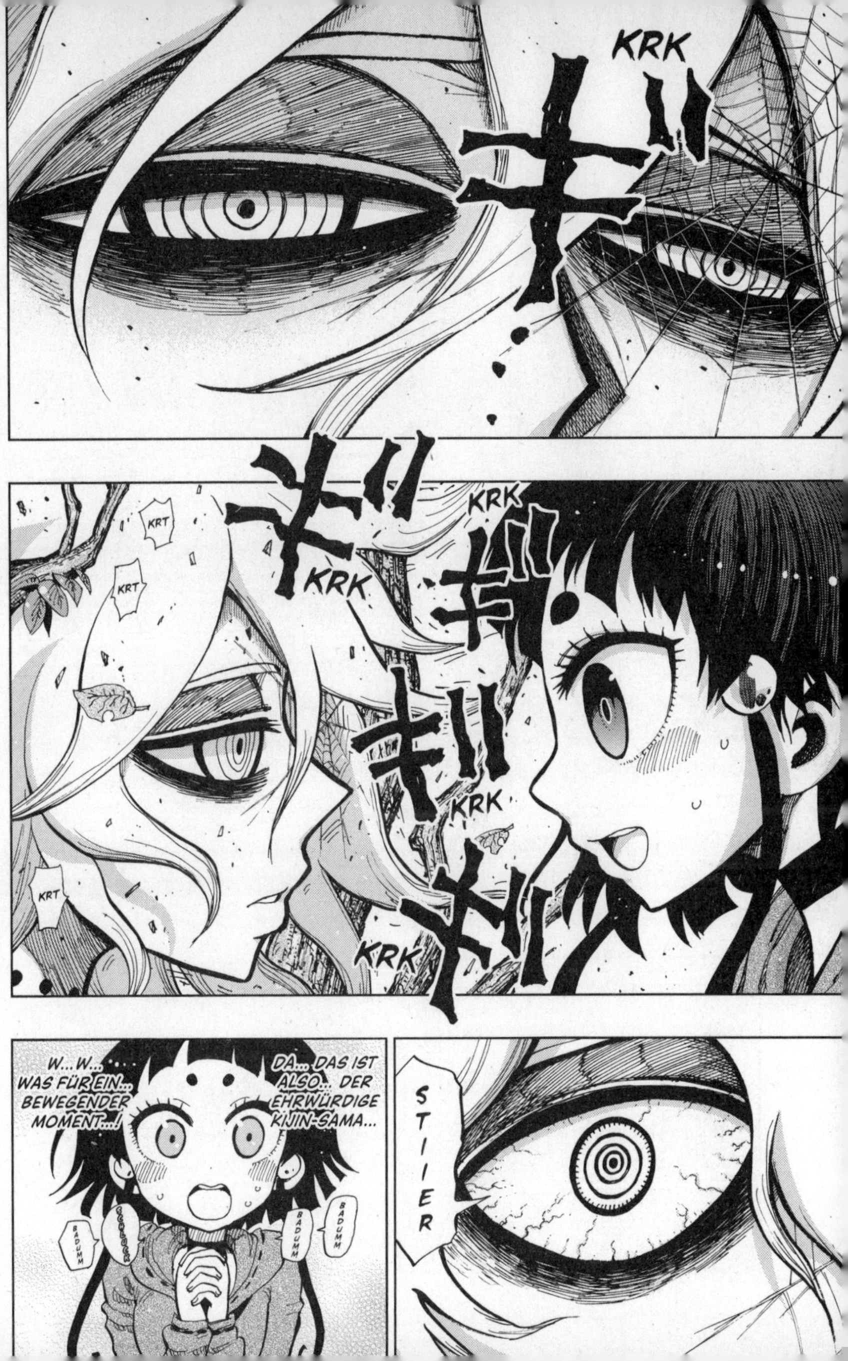
KRK
KRK
KRK
KRT
KRT
KRK
KRT
KRK
STIIER
DA... DAS IST ALSO... DER EHRWÜRDIGE KIJIN-SAMA...
W... W... WAS FÜR EIN... BEWEGENDER MOMENT...!
BADUMM
BADUMM
SCHLUCK
BADUMM

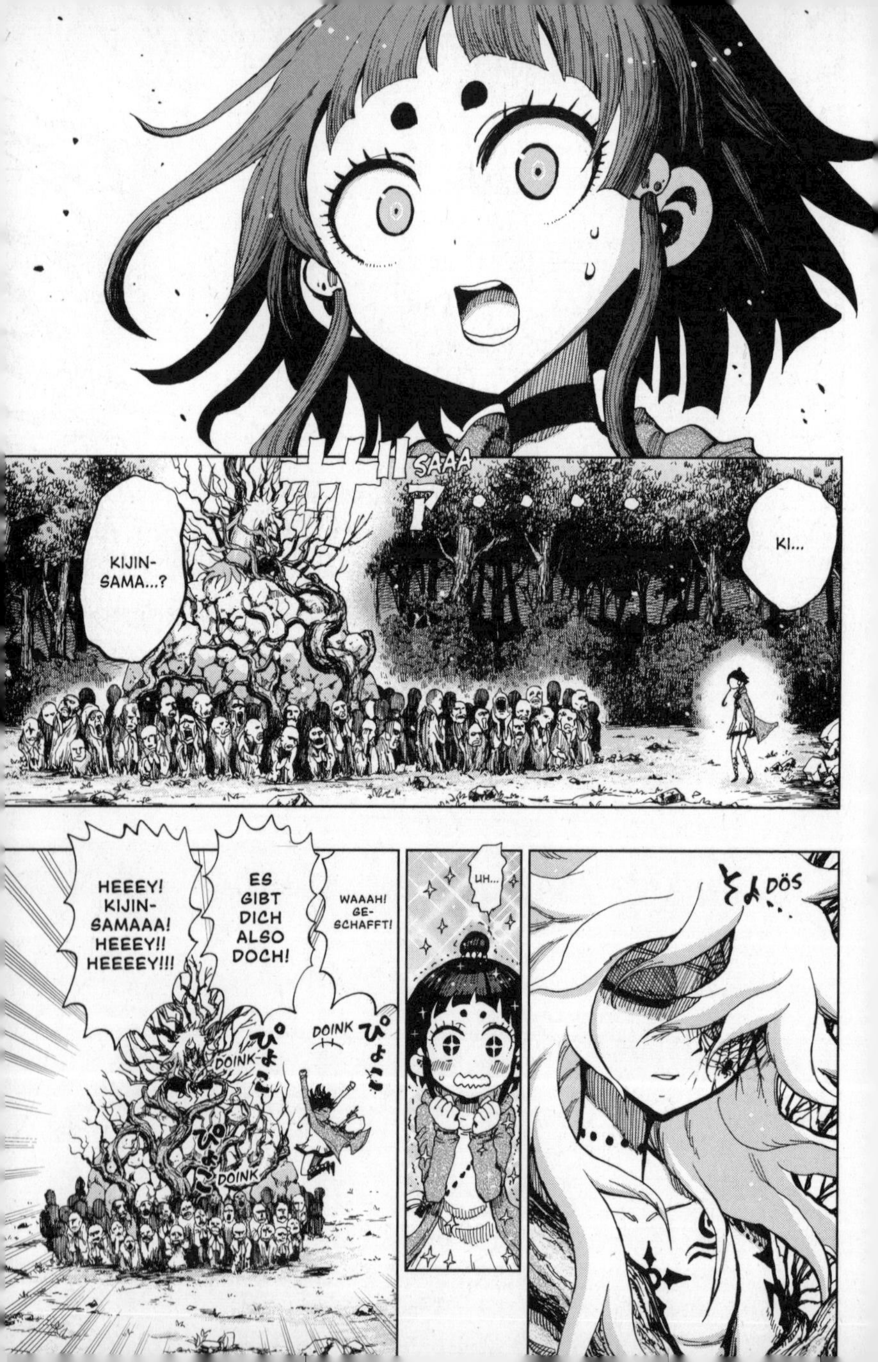

SAAA
KI...
KIJIN-SAMA...?
HEEEY! KIJIN-SAMAAA! HEEEY!! HEEEEY!!!
ES GIBT DICH ALSO DOCH!
WAAAH! GE-SCHAFFT!
DOINK
DOINK
DOINK
UH...
DÖS

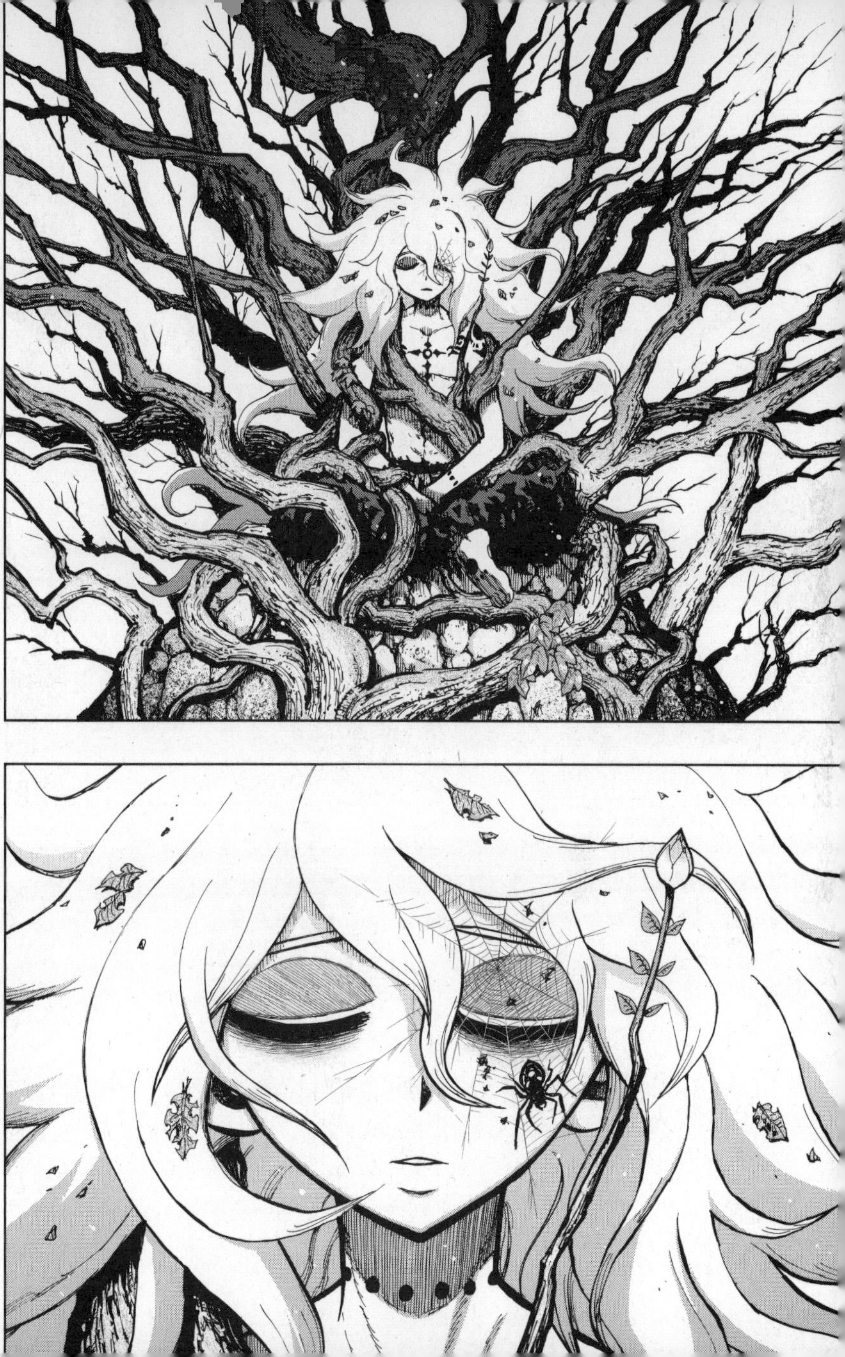

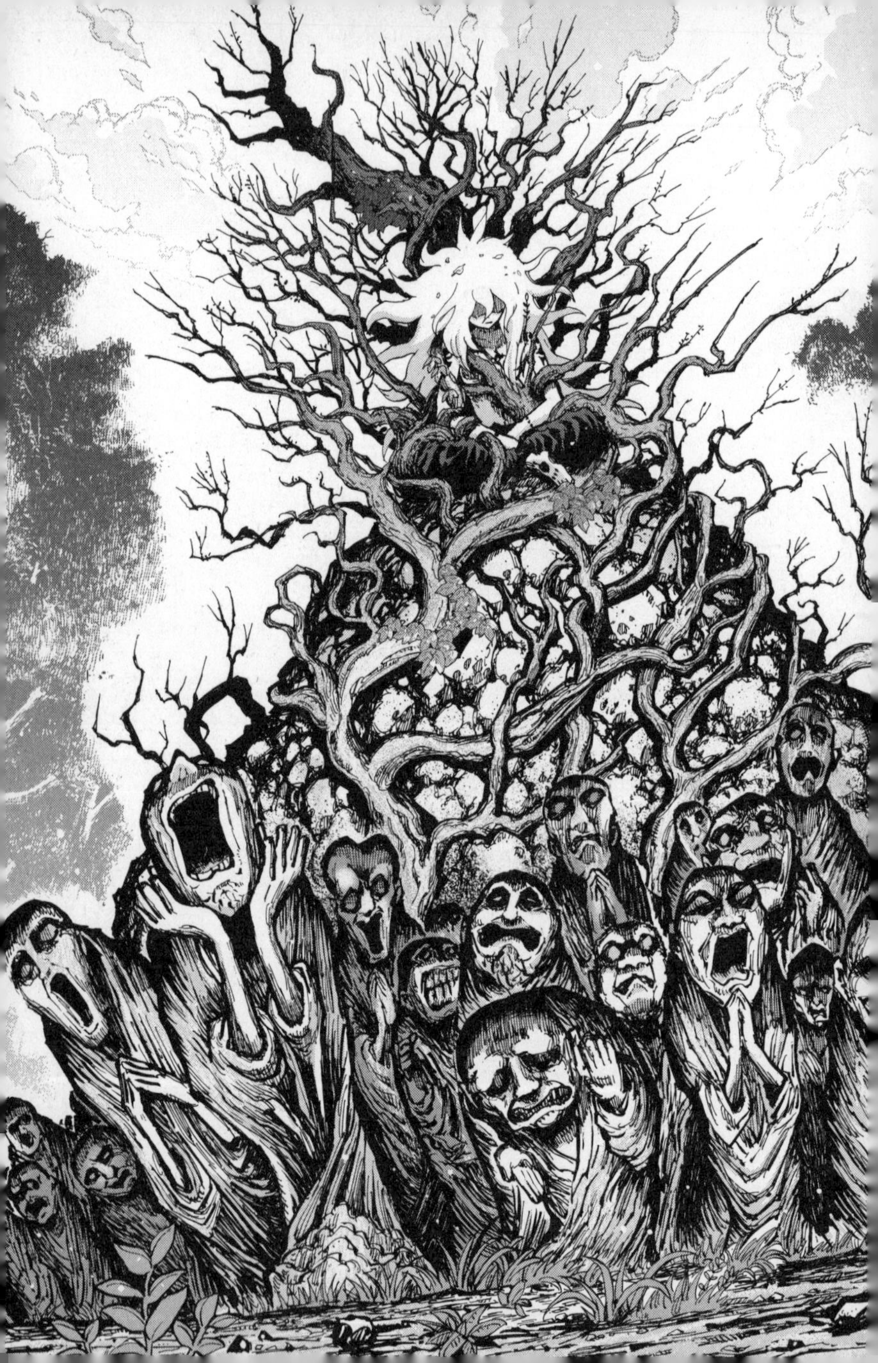

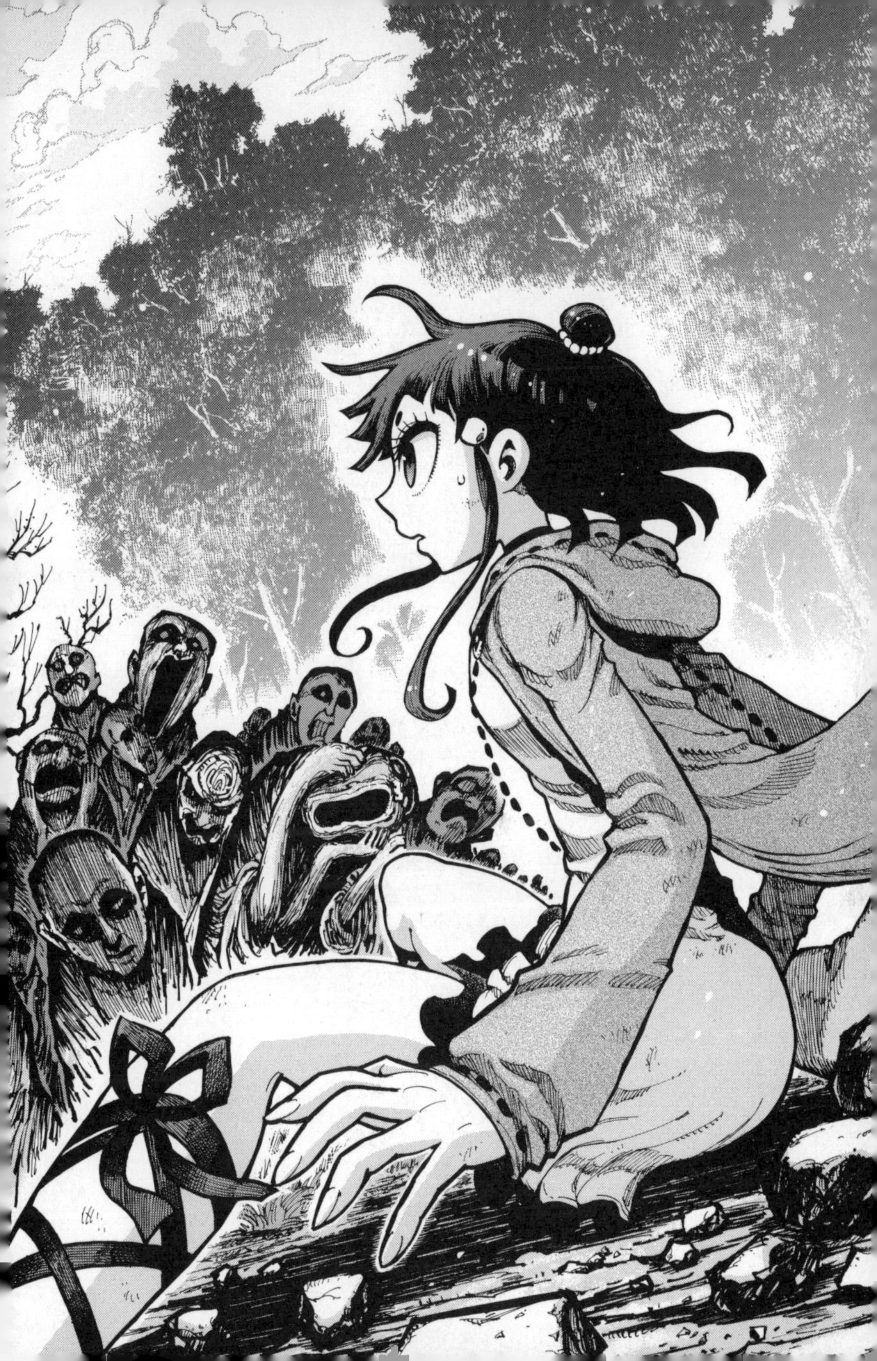

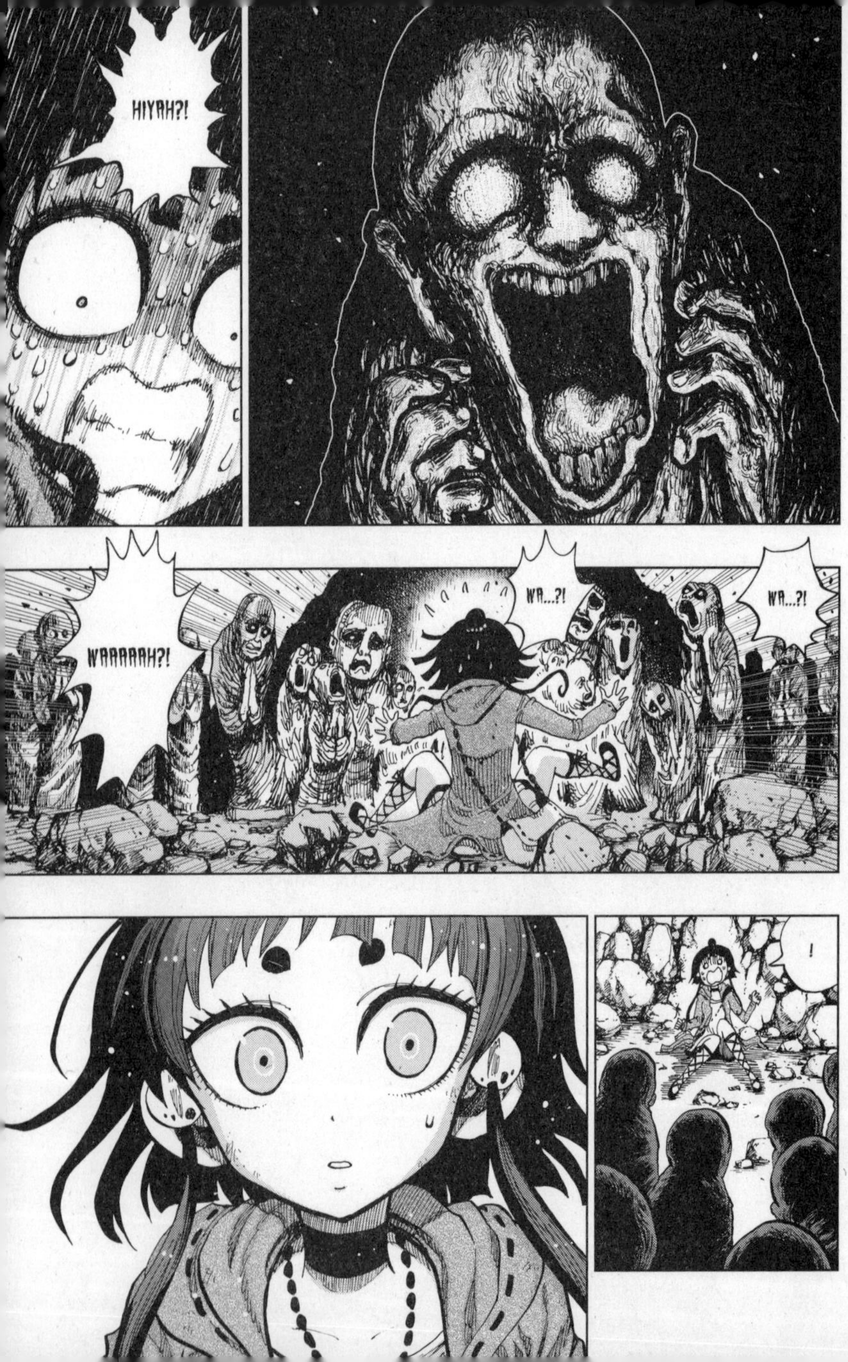

HIYAH?!
WA...?!
WA...?!
WAAAAAH?!
!

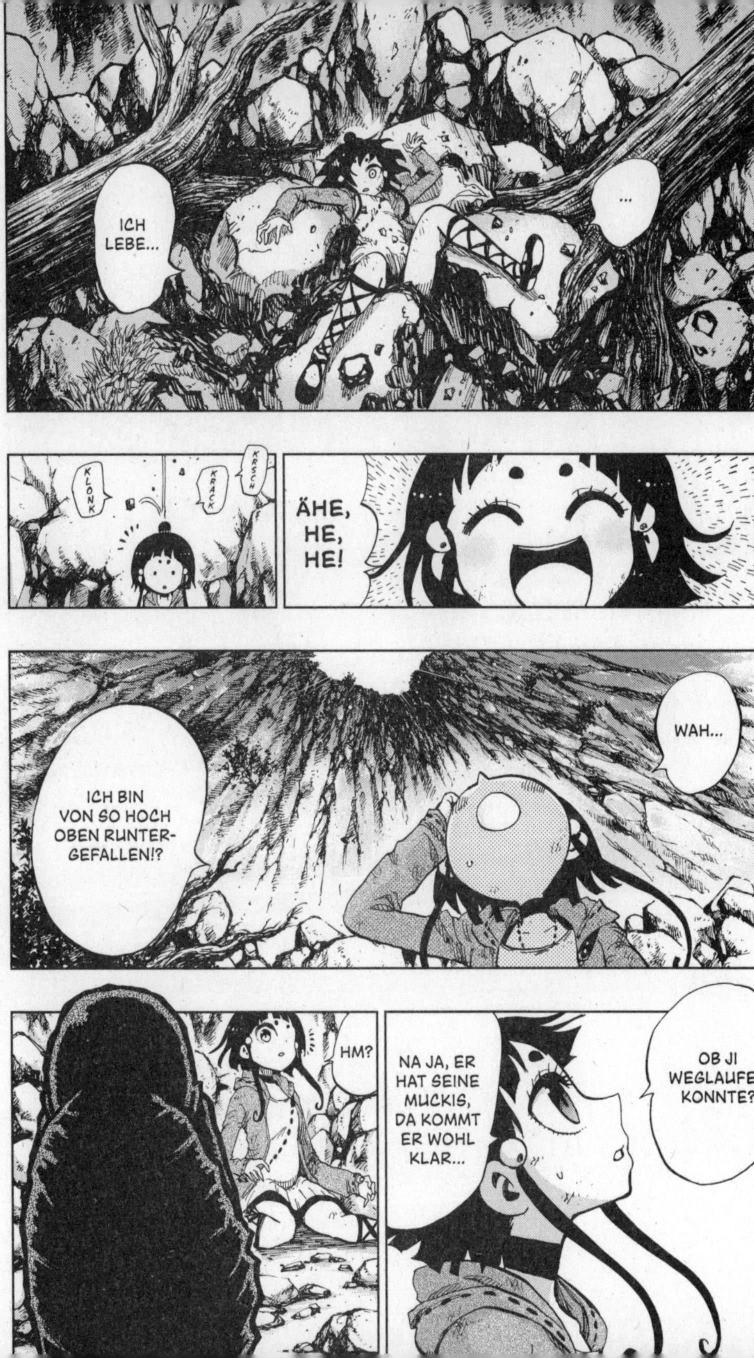
...
ICH LEBE...
ÄHE, HE, HE!
KRSCH
KRACK
KLONK
WAH...
ICH BIN VON SO HOCH OBEN RUNTER-GEFALLEN!?
OB JI WEGLAUFEN KONNTE?
NA JA, ER HAT SEINE MUCKIS, DA KOMMT ER WOHL KLAR...
HM?

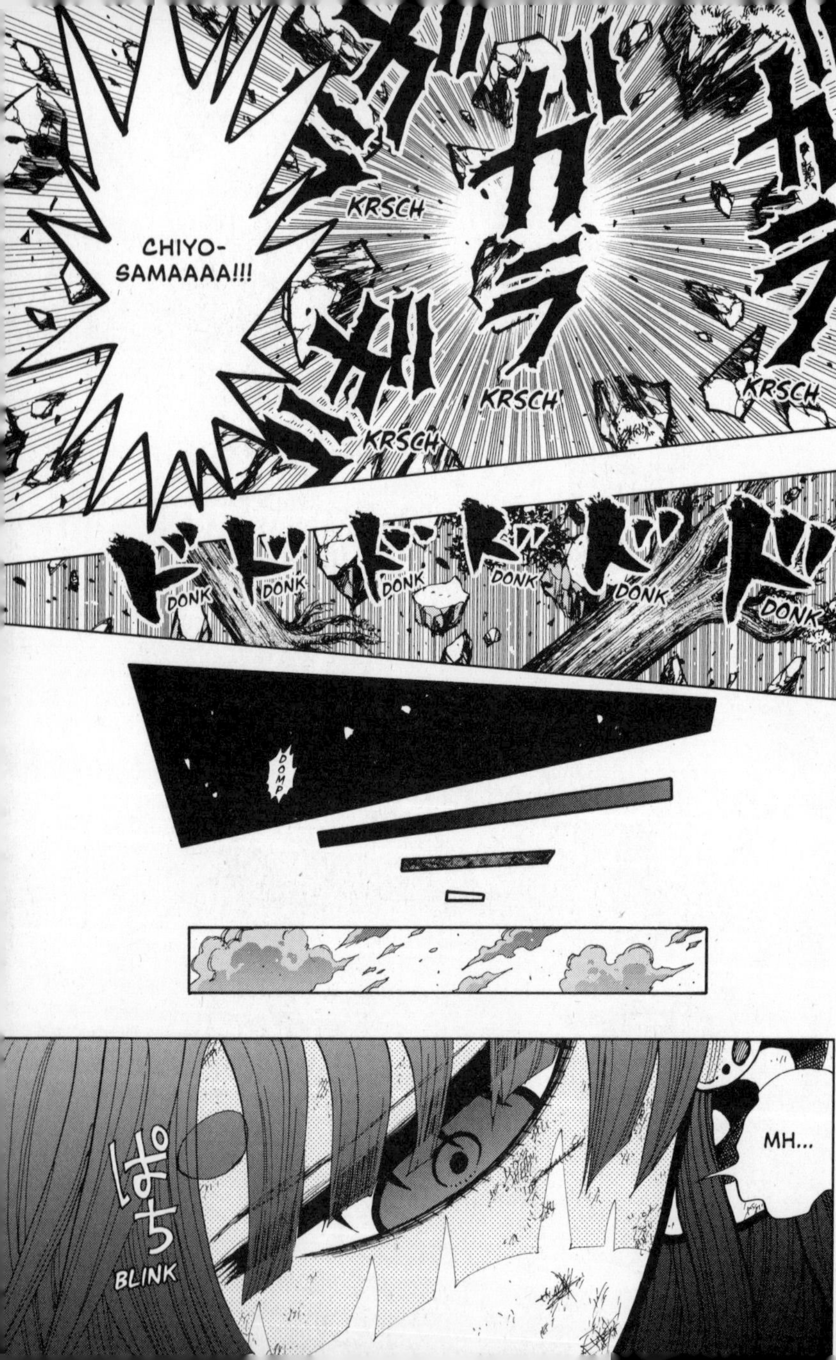
KRSCH
KRSCH
KRSCH
KRSCH
CHIYO-SAMAAAA!!!
ド
DONK
ド
DONK
ド
DONK
ド
DONK
ド
DONK
ド
DONK
DOMP
MH...
ぱち
BLINK

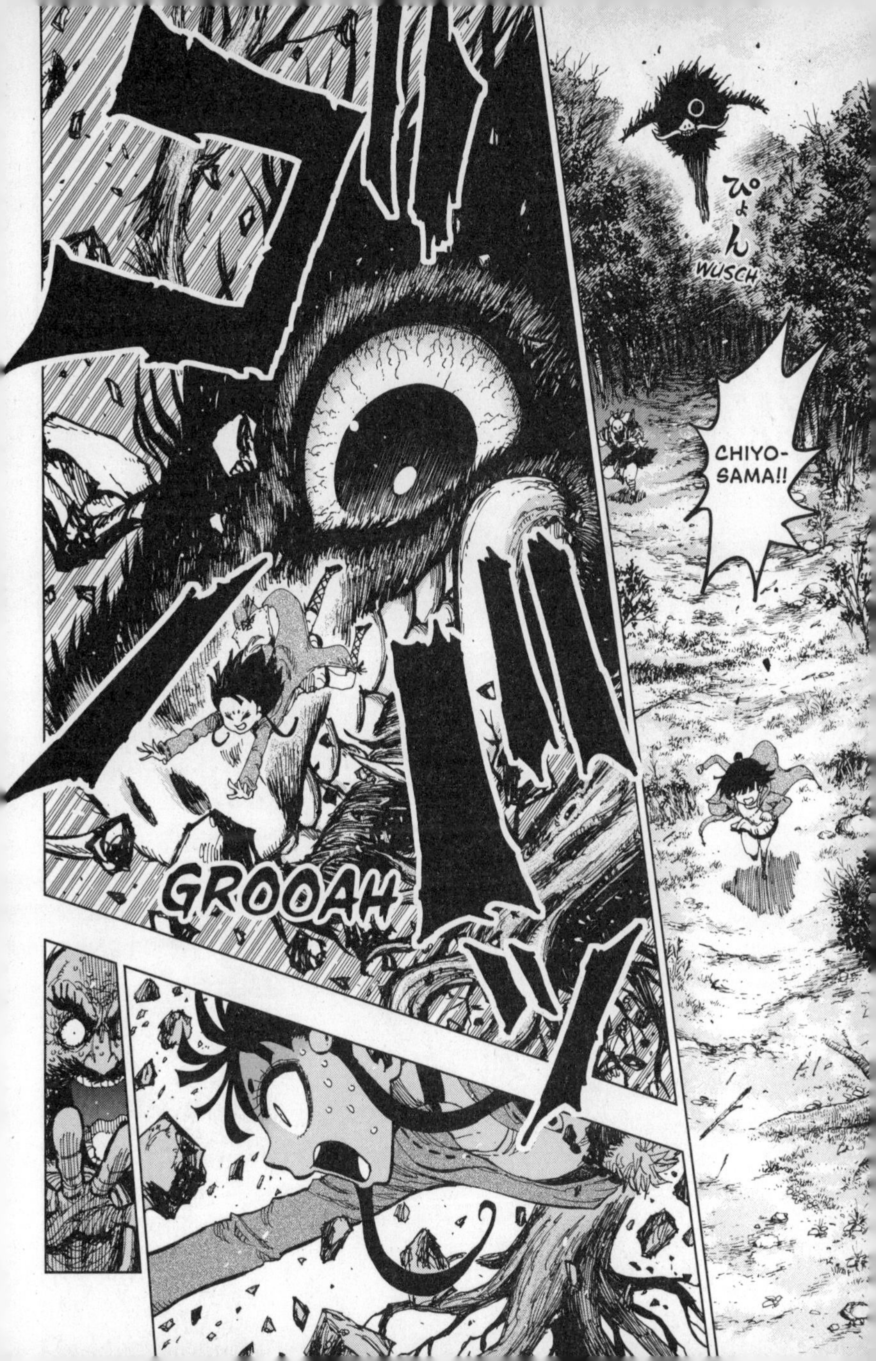
ぴょん
WUSCH
CHIYO-SAMA!!
GROOAH

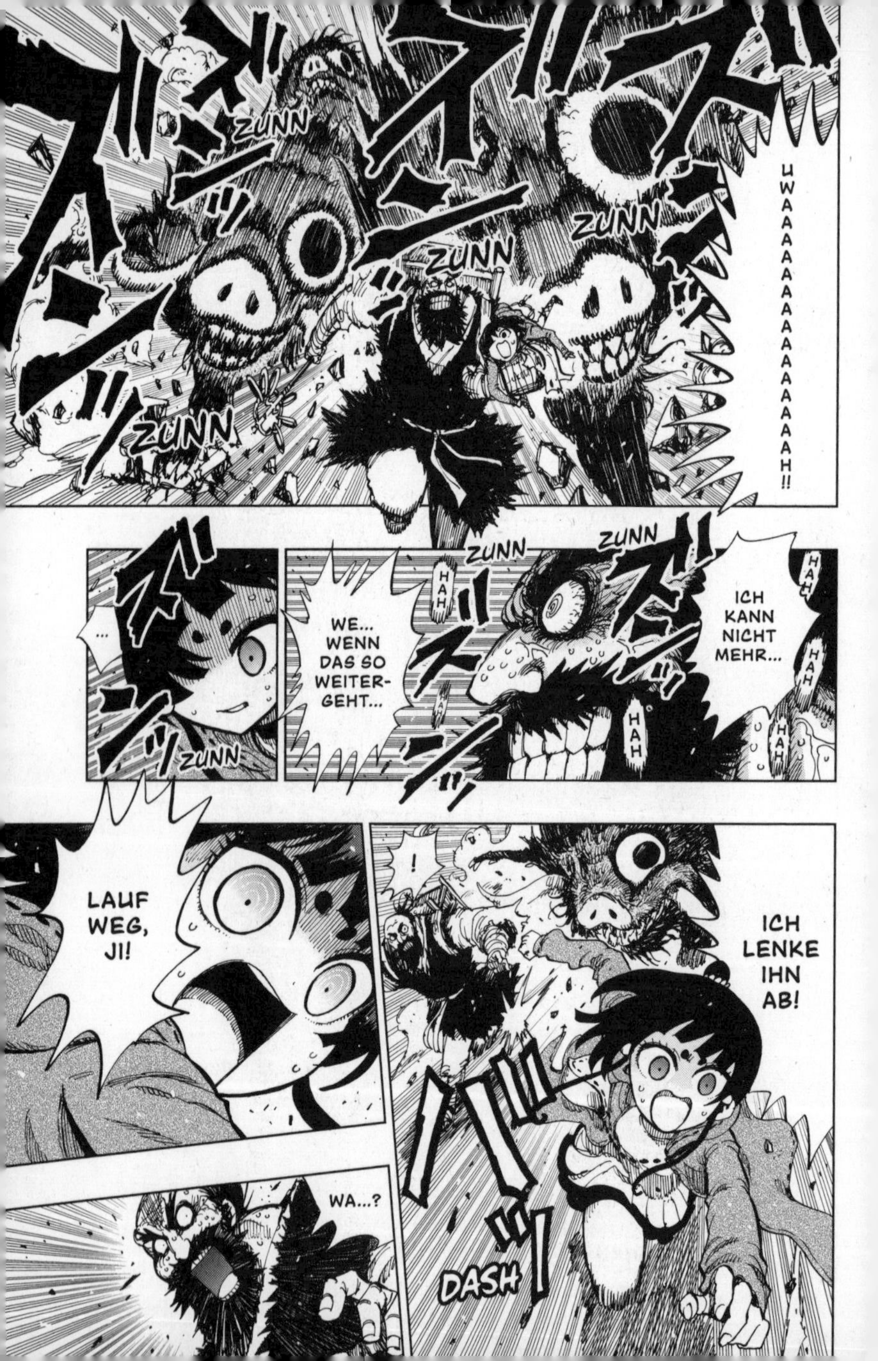

ZUNN
ZUNN
ZUNN
ZUNN
UWAAAAAAAAAAAAAAAAAAAH!!
HAH
ICH KANN NICHT MEHR...
HAH
HAH
HAH
HAH
ZUNN
ZUNN
WE... WENN DAS SO WEITER-GEHT...
...
ZUNN
ICH LENKE IHN AB!
!
LAUF WEG, JI!
WA...?
DASH

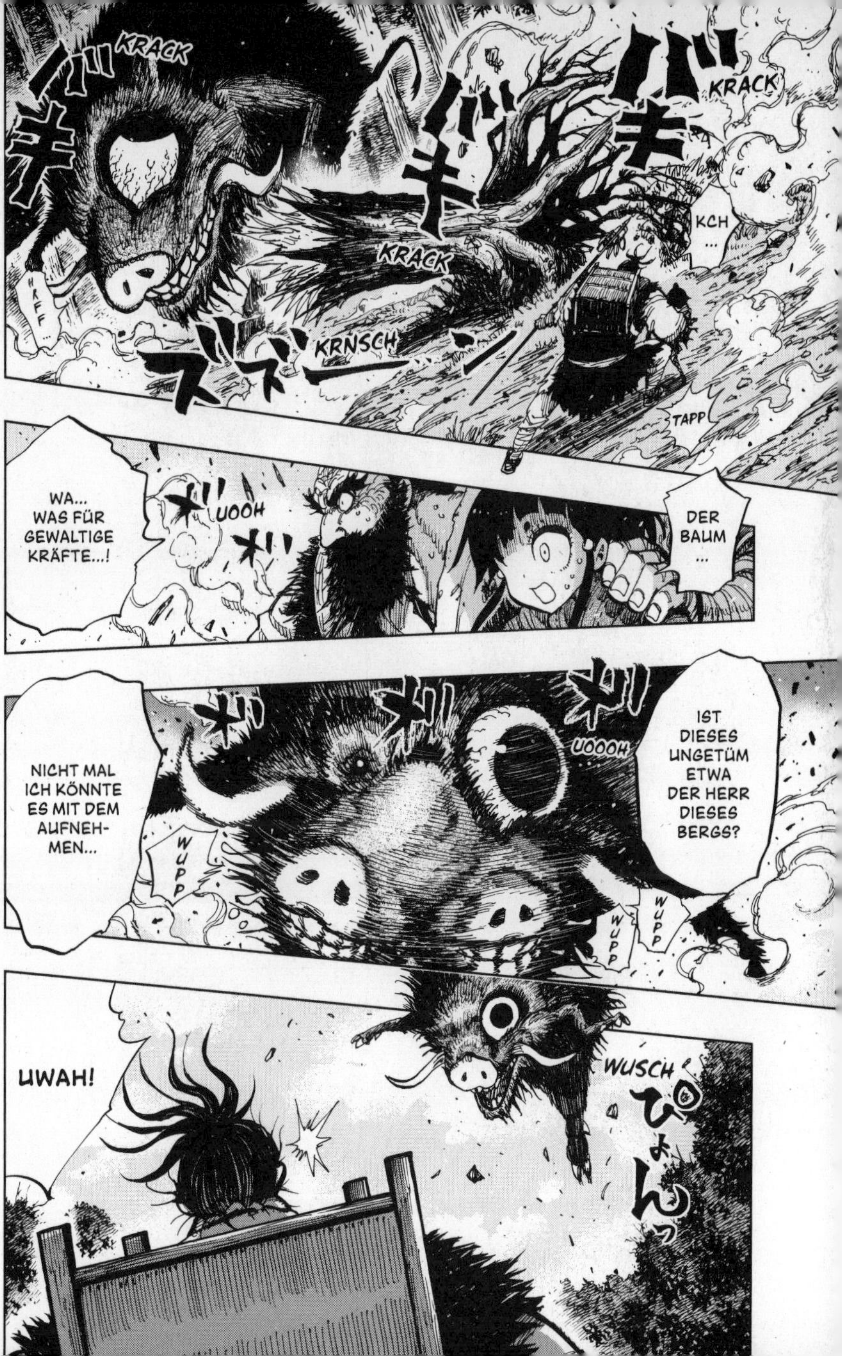
KRACK
KCH ...
KRACK
KRACK
HAFF ...
KRNSCH
TAPP
DER BAUM ...
UOOH
WA... WAS FÜR GEWALTIGE KRÄFTE...!
IST DIESES UNGETÜM ETWA DER HERR DIESES BERGS?
UOOOH
WUPP
WUPP
NICHT MAL ICH KÖNNTE ES MIT DEM AUFNEHMEN...
WUPP
WUSCH
UWAH!

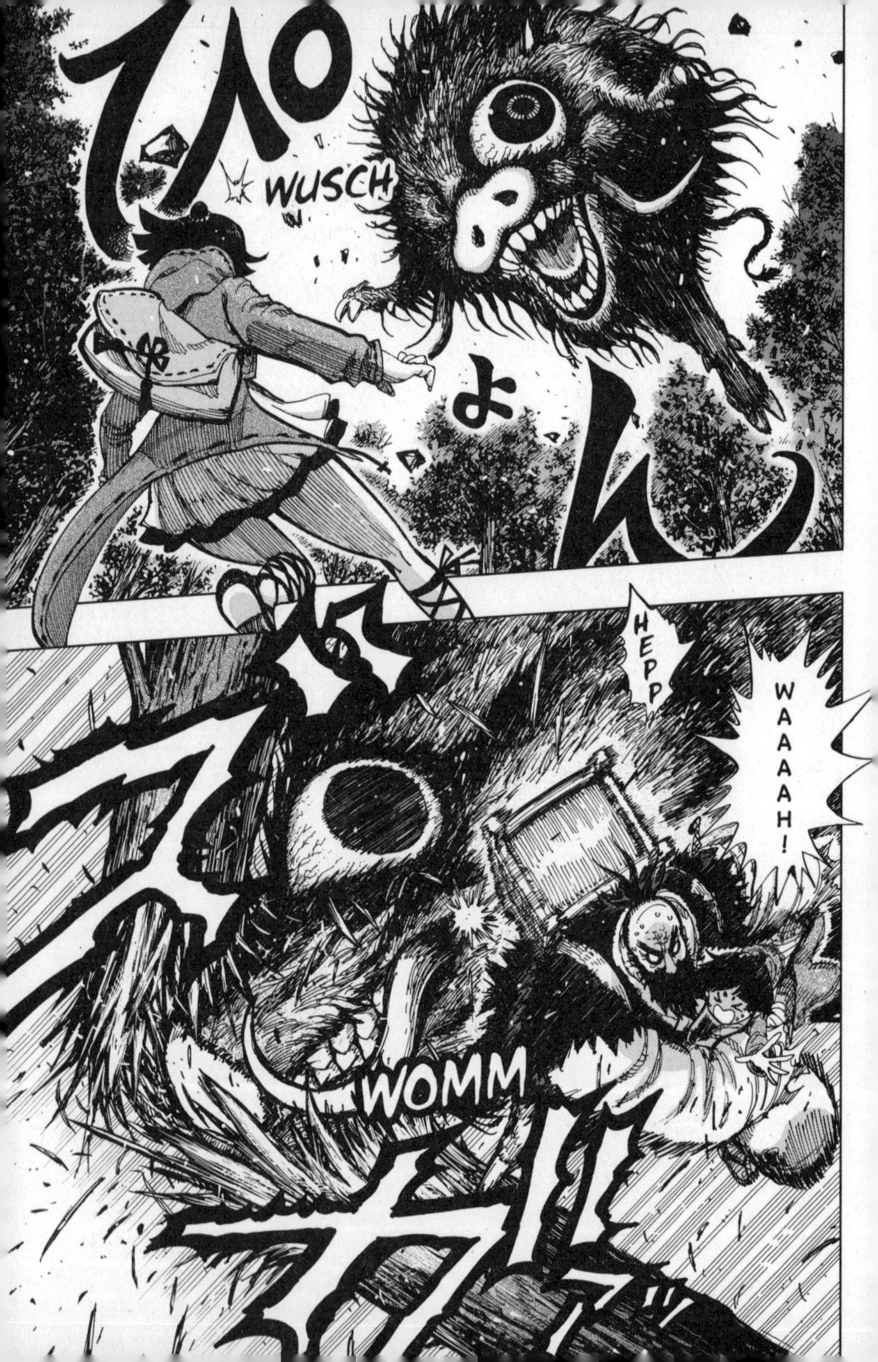
WUSCH
HEPP
WAAAAAH!
WOMM

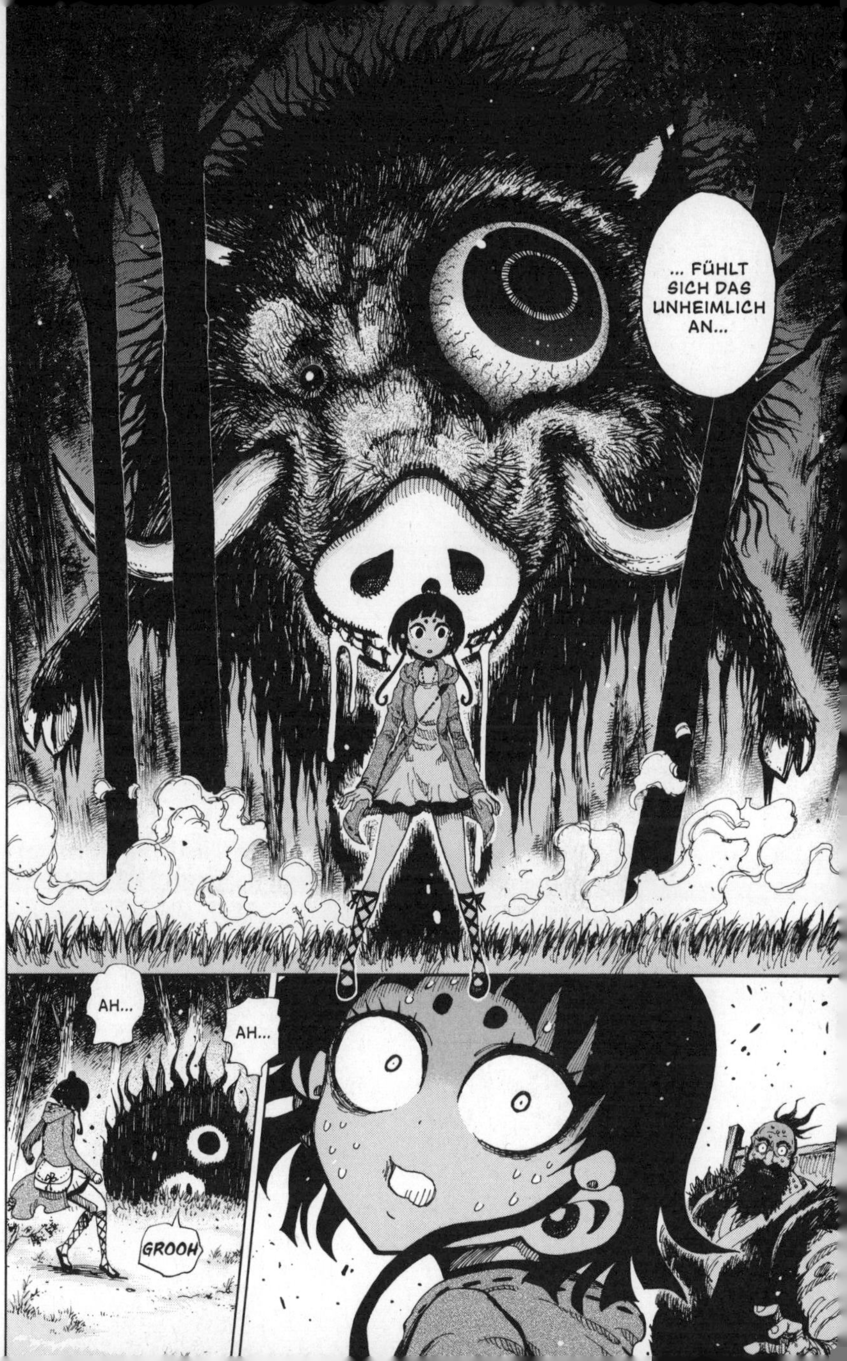

... FÜHLT SICH DAS UNHEIMLICH AN...
AH...
AH...
GROOH

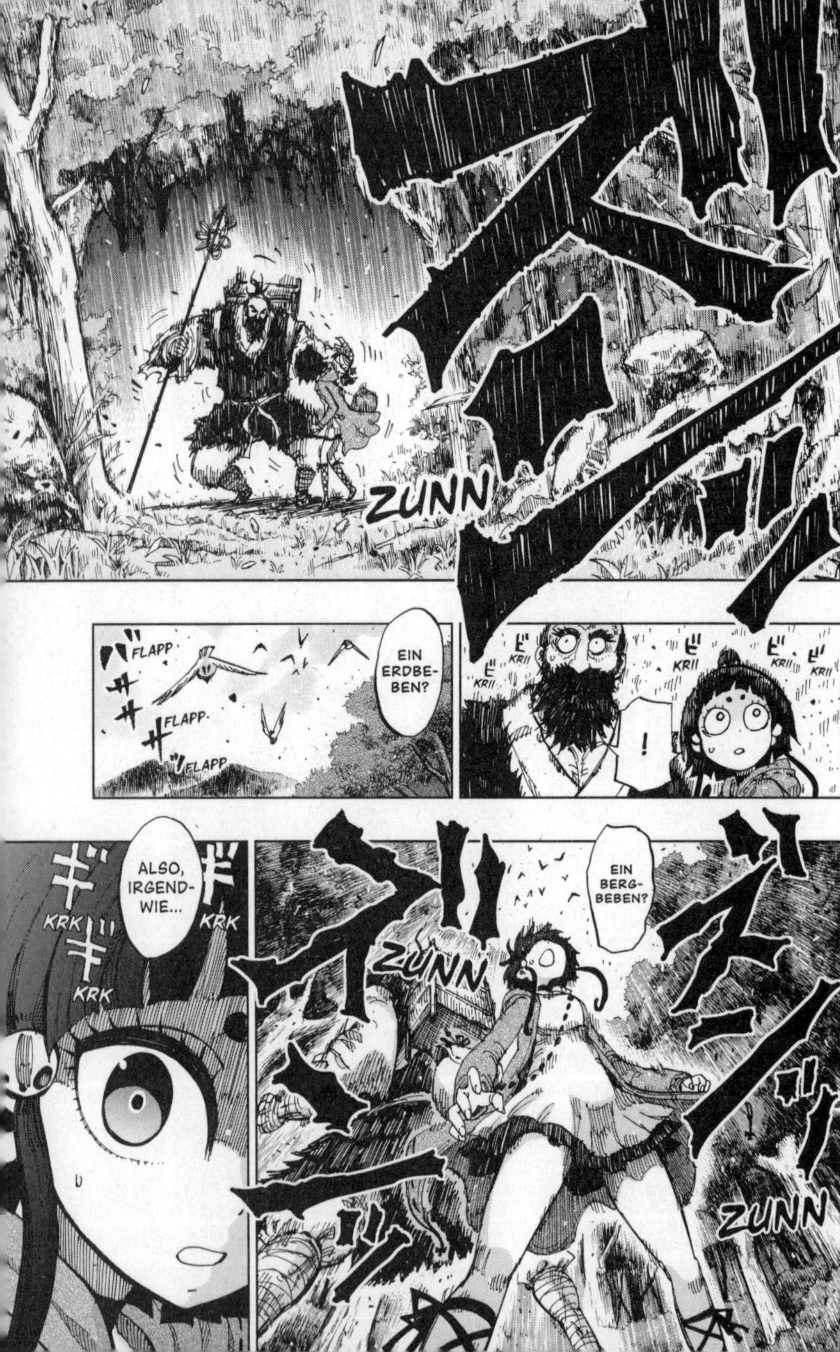

ZUNN
KRII
KRII
KRII
KRII
KRII
!
EIN ERDBE-BEN?
FLAPP
FLAPP
FLAPP
EIN BERG-BEBEN?
ZUNN
ZUNN
ALSO, IRGEND-WIE...
KRK
KRK

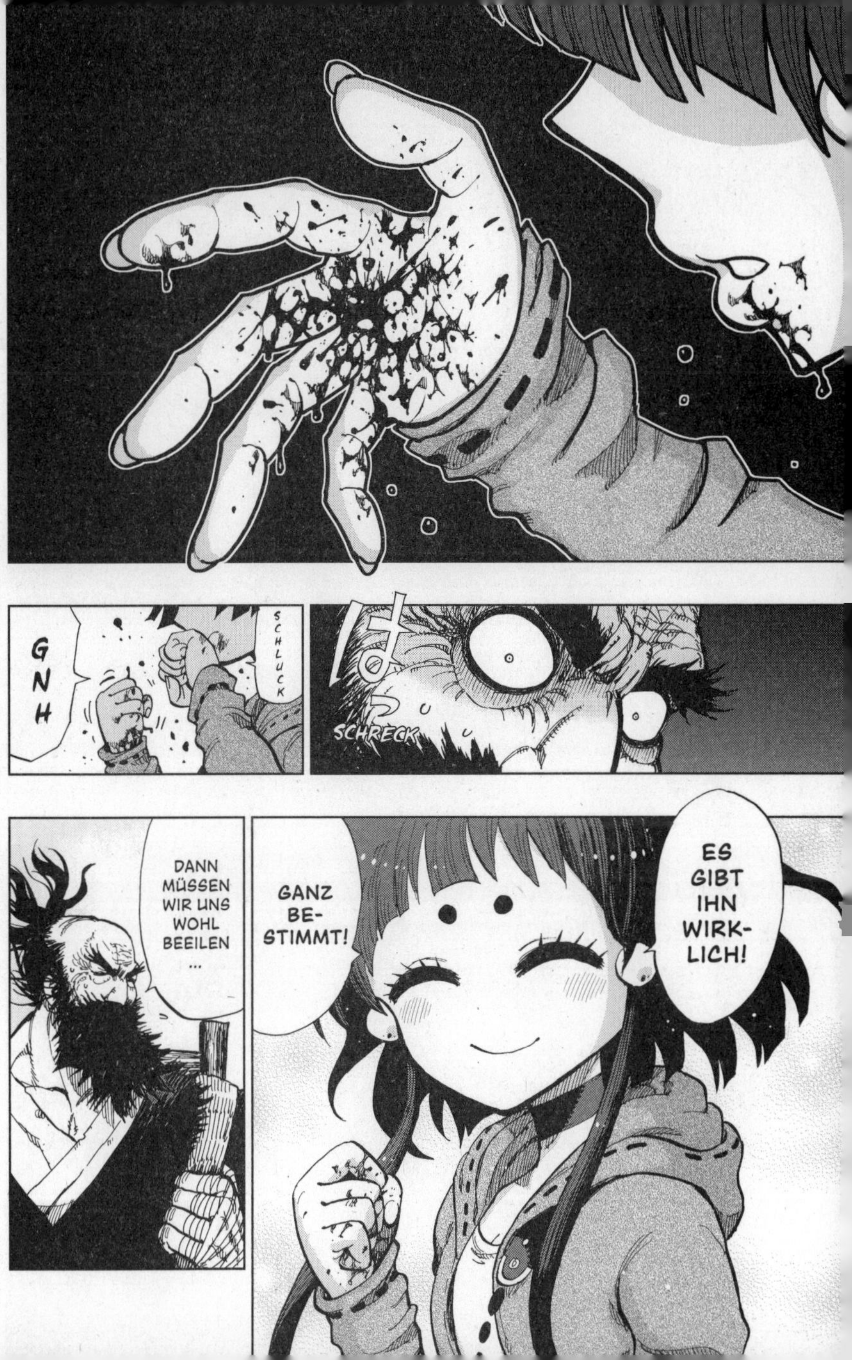
SCHRECK
SCHLUCK
GNH
ES GIBT IHN WIRKLICH!
GANZ BESTIMMT!
DANN MÜSSEN WIR UNS WOHL BEEILEN ...

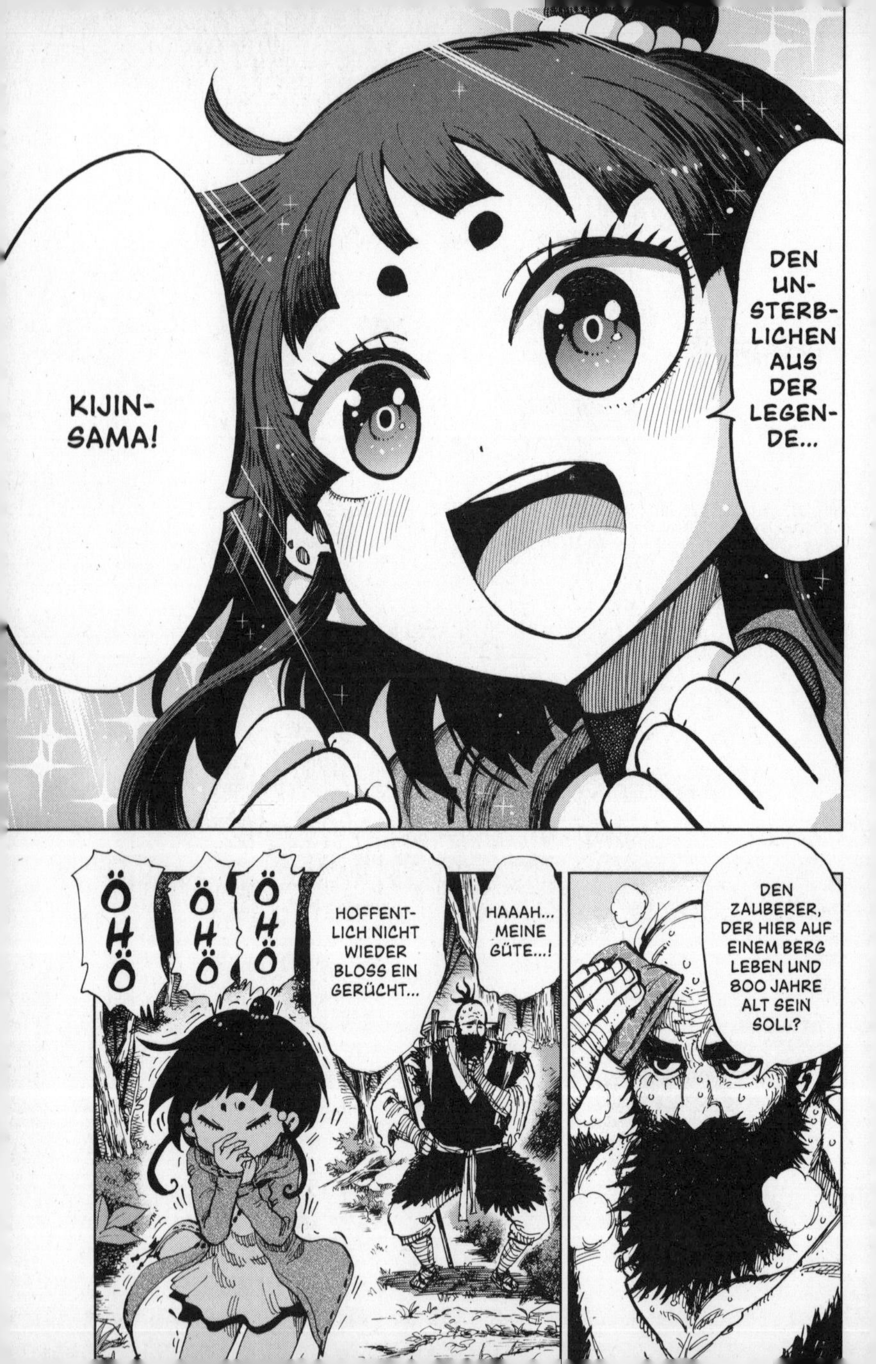
DEN UN-STERB-LICHEN AUS DER LEGEN-DE...
KIJIN-SAMA!
DEN ZAUBERER, DER HIER AUF EINEM BERG LEBEN UND 800 JAHRE ALT SEIN SOLL?
HAAAH... MEINE GÜTE...!
HOFFENT-LICH NICHT WIEDER BLOSS EIN GERÜCHT...
ÖHÖ
ÖHÖ
ÖHÖ

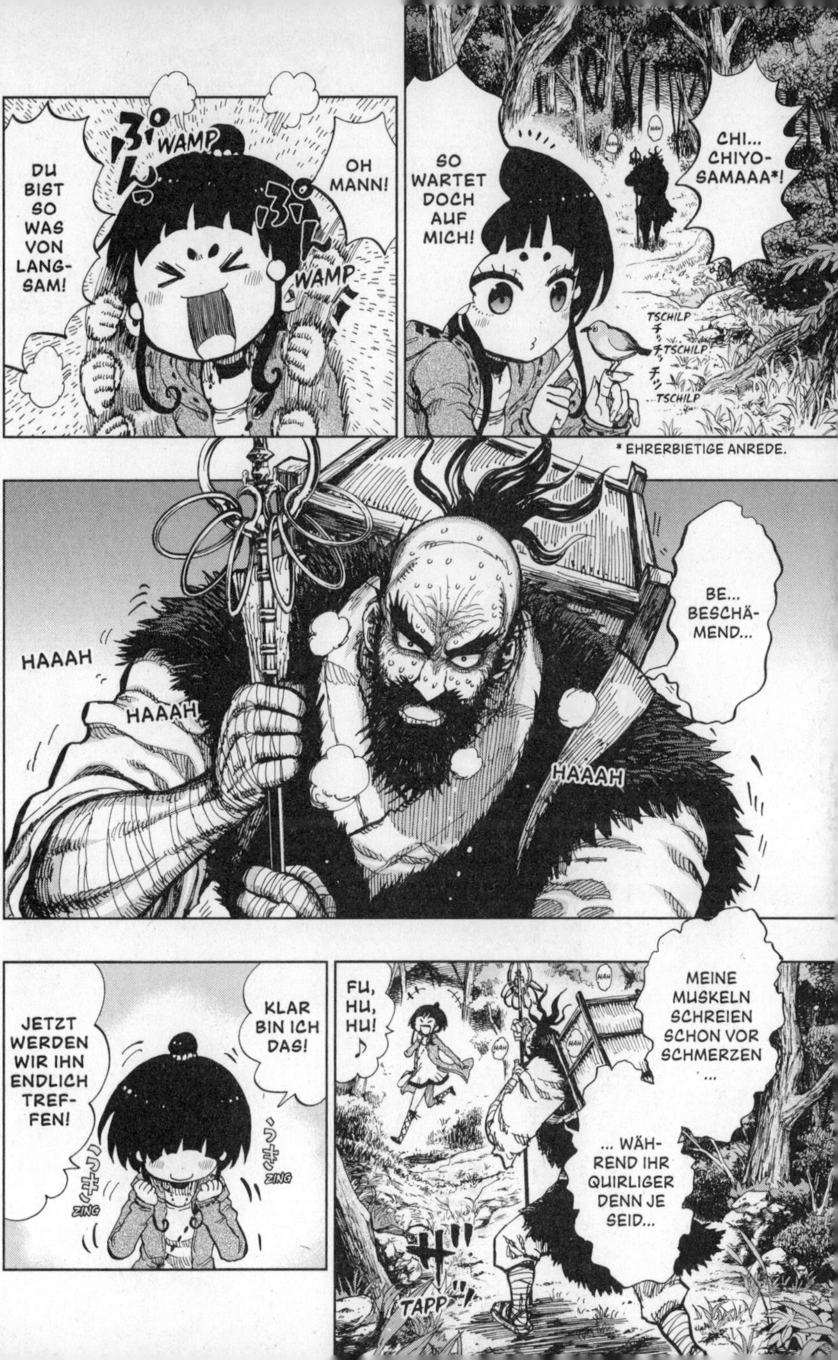

* EHRERBIETIGE ANREDE.

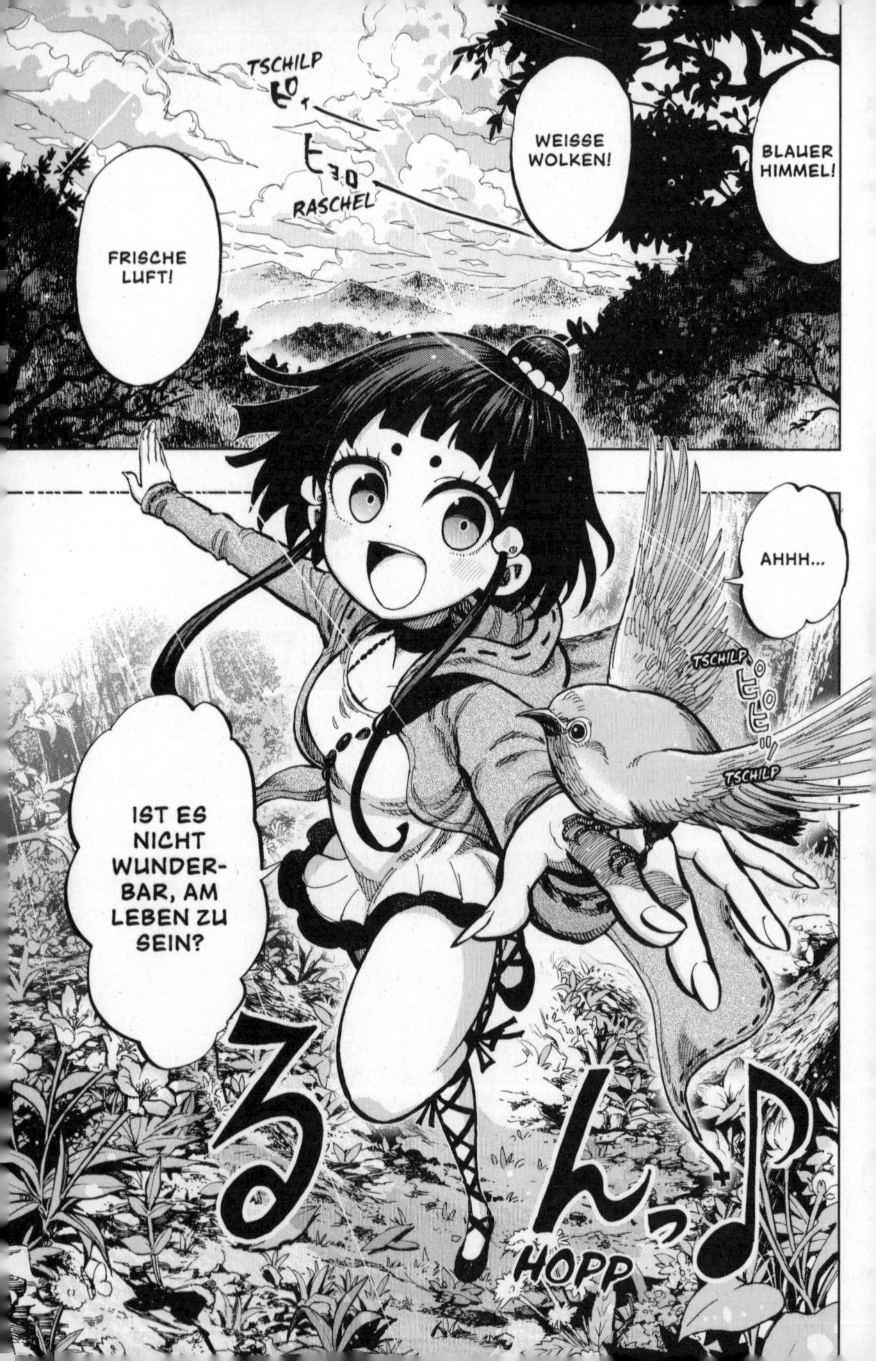
BLAUER HIMMEL!
WEISSE WOLKEN!
TSCHILP
RASCHEL
FRISCHE LUFT!
AHHH...
TSCHILP
TSCHILP
IST ES NICHT WUNDERBAR, AM LEBEN ZU SEIN?
HOPP

DER KLANG DER GLOCKEN DES GION-TEMPELS VERKÜNDET DIE UNBESTÄNDIGKEIT ALLER DINGE, UND DIE FÄRBUNG DER BLÜTEN DES SALA-BAUMS ENTHÜLLT, DASS DIEJENIGEN, DIE ERBLÜHEN, EBENFALLS VERWELKEN MÜSSEN.

DER STOLZE WÄHRT NICHT EWIG, ER IST WIE EIN TRAUM IN EINER FRÜHLINGSNACHT. SELBST DER MÄCHTIGSTE VERGEHT WIE STAUB VOR DEM WIND.
(AUSZUG AUS DEM HEIKE MONOGATARI – KAKUICHI-VERSION VON 1371)

1

URATARO

DEATHSEEKER

INHALT

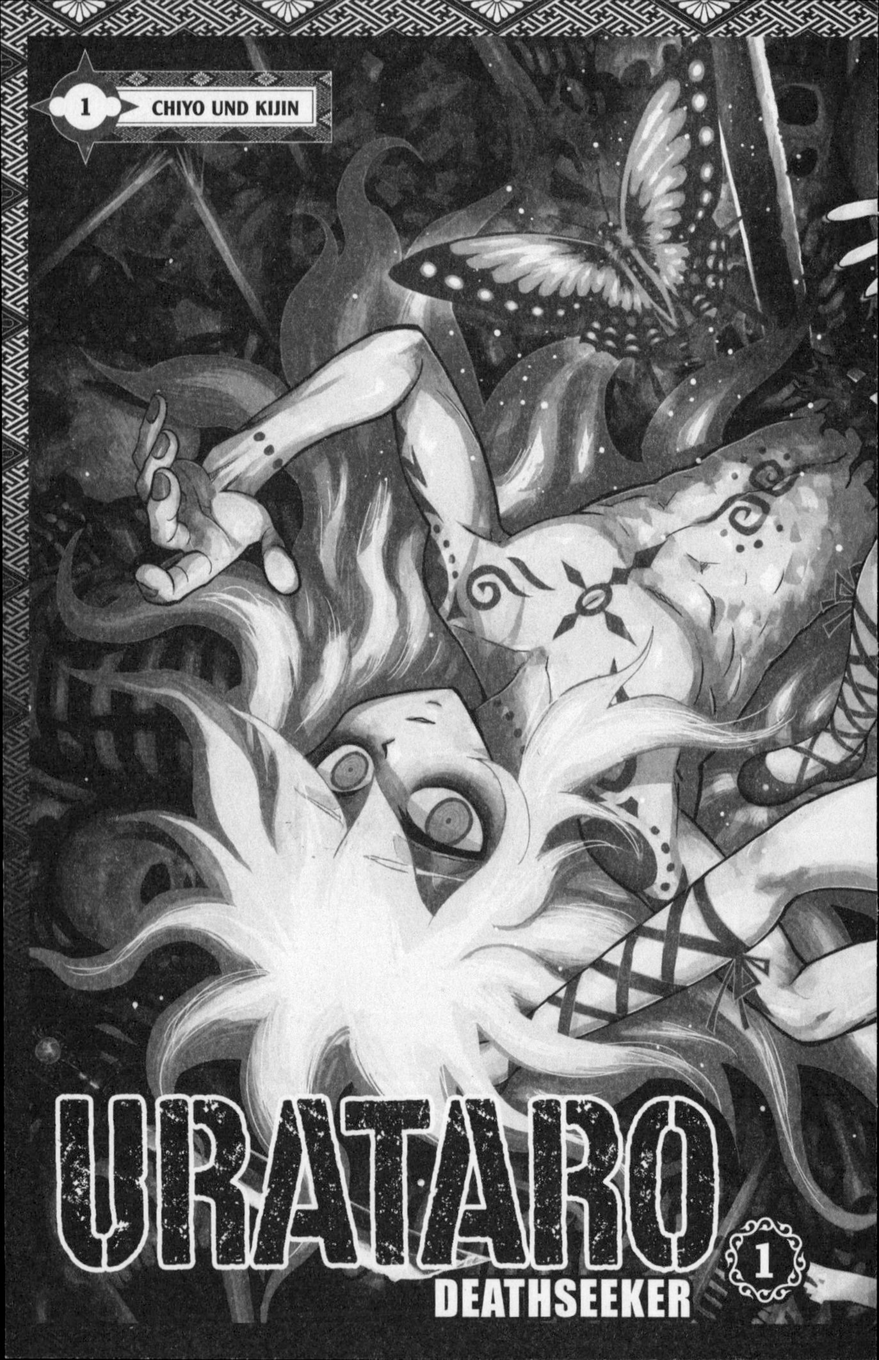
1
CHIYO UND KIJIN
URATARO
DEATHSEEKER
1

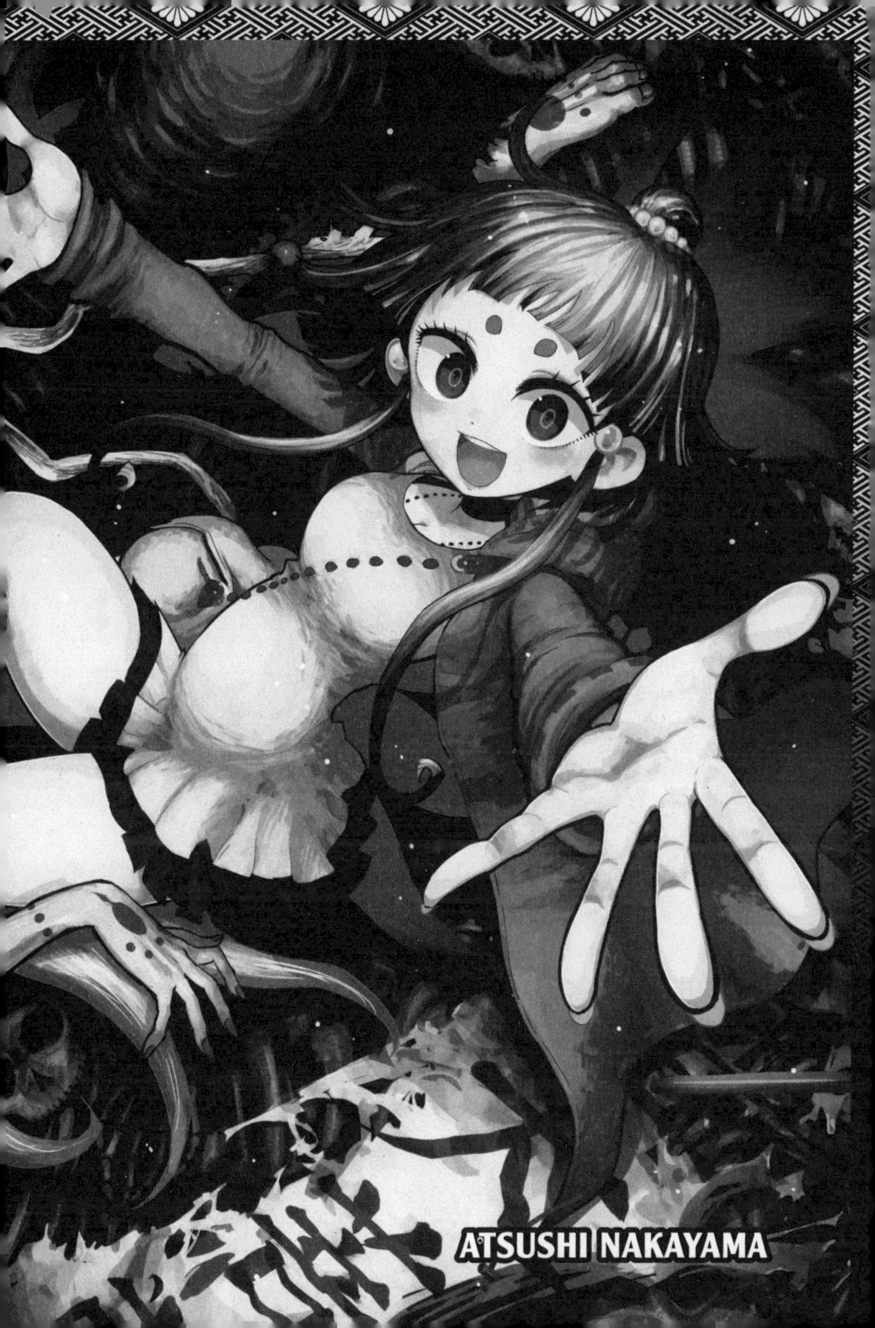
ATSUSHI NAKAYAMA

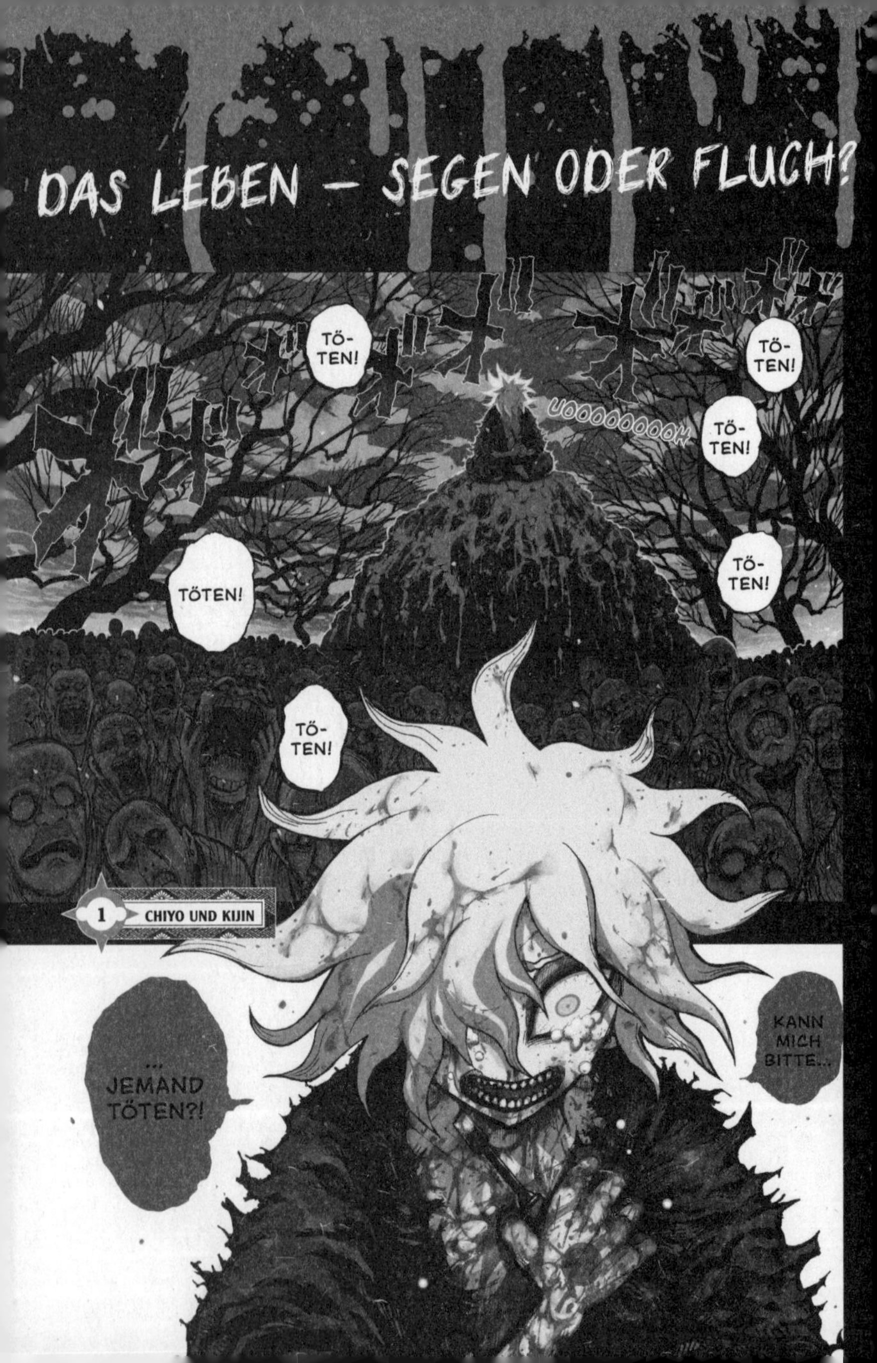
DAS LEBEN – SEGEN ODER FLUCH?
TÖ-TEN!
TÖ-TEN!
UOOOOOOOOOH
TÖ-TEN!
TÖ-TEN!
TÖTEN!
TÖ-TEN!
1 CHIYO UND KIJIN
KANN MICH BITTE...
... JEMAND TÖTEN?!